HISTOIRE

DE LA

LITTÉRATURE ANGLAISE

TOME PREMIER

OUVRAGES DU MÊME AUTEUR (LIBRAIRIE HACHETTE):

VOYAGE AUX PYRÉNÉES, 4ᵉ édition. In-18 jésus, broché...	3 fr.	50
LA FONTAINE ET SES FABLES, 4ᵉ édit. In-18 jésus, broché.	3	50
ESSAI SUR TITE LIVE, 2ᵉ édition. In-18 jésus, broché......	3	50
LES PHILOSOPHES FRANÇAIS AU XIXᵉ SIÈCLE, 2ᵉ édition. In-18 jésus, broché.............................	3	50
ESSAIS DE CRITIQUE ET D'HISTOIRE, 2ᵉ édit. In-18 jésus, br.	3	50
NOUVEAUX ESSAIS DE CRITIQUE ET D'HISTOIRE, 2ᵉ édition. In-18 jésus, broché............................	3	50
VOYAGE EN ITALIE, 2 volumes in-8° brochés :		
I. *Naples et Rome*............................	6	»
II. *Florence et Venise*........................	6	»
Chaque volume se vend séparément.		
LES ÉCRIVAINS ANGLAIS CONTEMPORAINS. In-8° broché......	7	50

(LIBRAIRIE GERMER-BAILLIÈRE) :

LE POSITIVISME ANGLAIS, étude sur Stuart Mill. In-18, br..	2	50
L'IDÉALISME ANGLAIS, étude sur Carlyle. In-18, broché....	2	50
PHILOSOPHIE DE L'ART. In-18, broché..................	2	50
PHILOSOPHIE DE L'ART EN ITALIE. In-18, broché..........	2	50

Imprimerie générale de Ch. Lahure, rue de Fleurus, 9, à Paris.

HISTOIRE

DE LA

LITTÉRATURE ANGLAISE

PAR H. TAINE

TOME PREMIER

DEUXIÈME ÉDITION REVUE ET AUGMENTÉE

PARIS
LIBRAIRIE DE L. HACHETTE ET Cie
BOULEVARD SAINT-GERMAIN, N° 77

1866
Tous droits réservés

INTRODUCTION.

> « L'historien pourrait se placer au sein de l'âme humaine, pendant un temps donné, une série de siècles, ou chez un peuple déterminé. Il pourrait étudier, décrire, raconter tous les événements, toutes les transformations, toutes les révolutions qui se seraient accomplies dans l'intérieur de l'homme ; et quand il serait arrivé au bout, il aurait une histoire de la civilisation chez le peuple et dans le temps qu'il aurait choisi. »
> (GUIZOT, *Civilisation en Europe*, p. 25.)

L'histoire s'est transformée depuis cent ans en Allemagne, depuis soixante ans en France, et cela par l'étude des littératures.

On a découvert qu'une œuvre littéraire n'est pas un simple jeu d'imagination, le caprice isolé d'une tête chaude, mais une copie des mœurs environnantes et le signe d'un état d'esprit. On en a conclu qu'on pouvait, d'après les monuments littéraires, retrouver la façon dont les hommes avaient senti et pensé il y a plusieurs siècles. On l'a essayé et on a réussi.

On a réfléchi sur ces façons de sentir et de penser, et on a jugé que c'étaient là des faits de premier ordre. On a vu qu'elles tenaient aux plus grands événements; qu'elles les expliquaient, qu'elles étaient expliquées par eux, que désormais il fallait leur donner une place, et l'une des plus hautes places, dans l'histoire. On la leur a donnée, et depuis ce temps on voit tout changer en histoire : l'objet, la méthode, les instruments, la conception des lois et des causes. C'est ce changement, tel qu'il se fait et doit se faire, qu'on va tâcher d'exposer ici :

I

<small>Les documents historiques ne sont que des indices au moyen desquels il faut reconstruire l'individu visible.</small>

Lorsque vous tournez les grandes pages roides d'un in-folio, les feuilles jaunies d'un manuscrit, bref un poëme, un code, un symbole de foi, quelle est votre première remarque? C'est qu'il ne s'est point fait tout seul. Il n'est qu'un moule pareil à une coquille fossile, une empreinte, pareille à l'une de ces formes déposées dans la pierre par un animal qui a vécu et qui a péri. Sous la coquille, il y avait un animal, et sous le document il y avait un homme. Pourquoi étudiez-vous la coquille, sinon pour vous figurer l'animal? De la même façon vous n'étudiez le document qu'afin de connaître l'homme; la coquille et le document sont des débris morts, et ne valent que comme indices de l'être entier et vivant. C'est jusqu'à cet être qu'il faut arriver ; c'est lui qu'il faut tâcher de reconstruire. On se trompe lorsqu'on étudie le document comme s'il était seul. C'est traiter les choses en simple érudit, et tomber dans une illusion de bibliothèque. Au fond il n'y a ni mythologie, ni langues, mais seulement des hommes qui arrangent des mots et des images d'après les besoins de leurs organes et la forme originelle de leur esprit. Un dogme n'est rien par lui-même ; voyez les gens qui l'ont fait, tel portrait du seizième siècle, la roide et énergique figure d'un archevêque ou d'un martyr anglais. Rien n'existe que par l'individu ; c'est l'individu lui-même qu'il faut connaître. Quand on a établi la filiation des dogmes, ou la classification des poëmes, ou le progrès des constitutions, ou la transformation des idiomes, on n'a fait que déblayer le terrain ; la véritable histoire s'élève seulement quand l'historien commence à démêler, à travers la distance des temps, l'homme vivant, agissant, doué de passions, muni d'habitudes, avec sa voix et sa physionomie, avec ses gestes et ses habits, distinct et complet comme celui que tout à l'heure nous avons quitté dans la rue. Tâchons donc de supprimer, autant que possible, ce grand intervalle de temps qui nous empêche d'observer l'homme avec nos yeux, *avec les yeux de notre tête.* Qu'y a-t-il sous les jolis feuillets satinés d'un poëme moderne ? Un poëte moderne, un homme comme Alfred de Musset, Hugo, Lamartine ou Heine, ayant fait ses classes et voyagé, avec un habit noir et des gants, bien vu des dames et faisant le soir cinquante saluts et une vingtaine de bons mots dans le monde, lisant les journaux le matin, ordinairement logé dans un second étage, point trop gai parce qu'il a des nerfs, surtout parce que, dans cette épaisse démocratie où nous étouffons, le discrédit des dignités officielles a exagéré ses prétentions en rehaussant son importance, et que la finesse de ses sensations habituelles lui donne quelque envie de se croire Dieu. Voilà ce que nous apercevons sous des *méditations* ou des *sonnets* modernes. — De même sous une tragédie du dix-septième siècle, il y a un poëte, un poëte comme Racine, par exemple, élégant, mesuré, courtisan, beau diseur, avec une perruque majestueuse et des souliers à rubans, monarchique et chrétien de cœur, « ayant reçu de Dieu la grâce de ne rougir en aucune compagnie, ni du roi, ni de l'Évangile; » habile à amuser le prince, à lui traduire en beau français « le gaulois d'Amyot, » fort respectueux envers les grands, et sachant toujours, auprès d'eux, « se tenir à sa place, » empressé et réservé à Marly comme à Versailles, au milieu des agréments réguliers d'une nature policée et décorative, parmi les révérences, les grâces, les manéges et les finesses des seigneurs brodés qui sont levés matin pour mériter une survivance, et des dames charmantes qui comptent sur leurs doigts les généalogies afin d'obtenir un tabouret. Là-dessus, consultez Saint-Simon et les estampes de Pérelle, comme tout à l'heure vous avez consulté Balzac et les aquarelles d'Eugène Lami. — Pareillement, quand nous lisons une tragédie grecque, notre premier soin doit être de nous figurer des Grecs, c'est-à-dire des hommes qui vivent à demi nus, dans des gymnases ou sur des places publiques, sous un ciel éclatant, en face des plus fins et des plus nobles paysages, occupés à se faire un corps agile et fort, à converser, à discuter, à voter, à exécuter des pirateries patriotiques, du reste oisifs et sobres, ayant pour ameublement trois cruches dans leur maison, et pour provisions deux anchois dans une jarre d'huile, servis par des esclaves qui leur laissent le loisir de cultiver leur esprit et d'exercer leurs membres, sans autre souci que le désir d'avoir la plus belle ville, les plus belles processions, les plus belles idées et les plus beaux hommes. Là-dessus une statue comme le Méléagre ou le Thésée du Parthénon, ou bien encore la vue de cette Méditerranée lustrée et bleue comme une tunique de soie et de laquelle sortent les îles comme des corps de marbre, avec cela vingt phrases choisies dans Platon et Aristophane vous instruiront beaucoup plus que la multitude des dissertations et des commentaires. — Pareillement encore, pour entendre un Pourana indien, commencez par vous figurer le père de famille qui, « ayant vu un fils sur les genoux de son fils, » se retire selon la loi, dans la solitude, avec une hache et un vase, sous un bananier au bord d'un ruisseau, cesse de parler, multiplie ses jeûnes, se tient nu entre quatre feux, et sous le cinquième feu, c'est-à-dire le terrible soleil dévorateur et rénovateur incessant de toutes les choses vivantes ; qui, tour à tour, et pendant des semaines entières, maintient son imagination fixée sur le pied de Brahma, puis sur le genou, puis sur la cuisse, puis sur le nombril, et ainsi de suite jusqu'à ce que, sous l'effort de cette méditation intense, les hallucinations paraissent, jusqu'à ce que toutes les formes de l'être, brouillées et transformées l'une dans l'autre, oscillent à travers cette tête emportée par le vertige, jusqu'à ce que l'homme immobile, reprenant sa respiration, les yeux fixes, voie l'univers s'évanouir comme une fumée au-dessus de l'Être universel et vide, dans lequel il aspire à s'abîmer. A cet égard, un voyage dans l'Inde serait le meilleur enseignement ; faute de mieux, les récits des voyageurs, des livres de géographie, de botanique et d'ethnologie tiendront la place. En tout cas, la recherche doit être la même. Une langue, une législation, un catéchisme n'est jamais qu'une chose abstraite ; la chose complète, c'est l'homme agissant, l'homme corporel et visible, qui mange, qui marche, qui se bat, qui travaille ; laissez là la théorie des constitutions et de leur mécanisme, des religions et de leur système, et tâchez de voir les hommes à leur atelier, dans leurs bureaux, dans leurs champs, avec leur ciel, leur sol, leurs maisons, leurs habits, leurs cultures, leurs repas, comme vous le faites, lorsque, débarquant en Angleterre ou en Italie, vous regardez les visages et les gestes, les trottoirs et les tavernes, le citadin qui se promène et l'ouvrier qui boit. Notre grand souci doit être de suppléer, autant que possible, à l'observation présente, personnelle, directe et sensible, que nous ne pouvons plus pratiquer ; car elle est la seule voie qui fasse connaître l'homme ; rendons-nous le passé présent ; pour juger une chose, il faut qu'elle soit présente ; il n'y a pas d'expérience des objets absents. Sans doute, cette reconstruction est toujours incomplète ; elle ne peut donner lieu qu'à des jugements incomplets ; mais il faut s'y résigner ; mieux vaut une connaissance mutilée qu'une connaissance nulle ou fausse, et il n'y a d'autre moyen pour connaître à peu près les actions d'autrefois, que de *voir* à peu près les hommes d'autrefois.

Ceci est le premier pas en histoire ; on l'a fait en Europe à la renaissance de l'imagination, à la fin du siècle dernier, avec Lessing, Walter Scott ; un peu plus tard en France avec Chateaubriand, Augustin Thierry, M. Michelet et tant d'autres. Voici maintenant le second pas :

II

<small>L'homme corporel et visible n'est qu'un indice au moyen duquel on doit étudier l'homme invisible et intérieur.</small>

Quand vous observez avec vos yeux l'homme visible, qu'y cherchez-vous ? L'homme invisible. Ces paroles qui arrivent à votre oreille, ces gestes, ces airs de tête, ces vêtements, ces actions et ces œuvres sensibles de tout genre, ne sont pour vous que des expressions; quelque chose s'y exprime, une âme. Il y a un homme intérieur caché sous l'homme extérieur, et le second ne fait que manifester le premier. Vous regardez sa maison, ses meubles et son costume; c'est pour y chercher les traces de ses habitudes et de ses goûts, le degré de son élégance ou de sa rusticité, de sa prodigalité ou de son économie, de sa sottise ou de sa finesse. Vous écoutez sa conversation, et vous notez ses inflexions de voix, ses changements d'attitudes; c'est pour juger de sa verve, de son abandon et de sa gaieté, ou de son énergie et de sa roideur. Vous considérez ses écrits, ses œuvres d'art, ses entreprises d'argent ou de politique; c'est pour mesurer la portée et les limites de son intelligence, de son invention et de son sang-froid, pour découvrir quel est l'ordre, l'espèce et la puissance habituelle de ses idées, de quelle façon il pense et se résout. Tous ces dehors ne sont que des avenues qui se réunissent en un centre, et vous ne vous y engagez que pour arriver à ce centre; là est l'homme véritable, j'entends le groupe de facultés et de sentiments que produit le reste. Voilà un nouveau monde, monde infini, car chaque action visible traîne derrière soi une suite infinie de raisonnements, d'émotions, de sensations anciennes ou récentes, qui ont contribué à la soulever jusqu'à la lumière, et qui, semblables à de longues roches profondément enfoncées dans le sol, atteignent en elle leur extrémité et leur affleurement. C'est ce monde souterrain qui est le second objet, l'objet propre de l'historien. Quand son éducation critique est suffisante, il est capable de démêler sous chaque ornement d'une architecture, sous chaque trait d'un tableau, sous chaque phrase d'un écrit, le sentiment particulier d'où l'ornement, le trait, la phrase sont sortis; il assiste au drame intérieur qui s'est accompli dans l'artiste ou dans l'écrivain; le choix des mots, la brièveté ou la longueur des périodes, l'espèce des métaphores, l'accent du vers, l'ordre du raisonnement, tout lui est un indice; tandis que ses yeux lisent un texte, son âme et son esprit suivent le déroulement continu et la série changeante des émotions et des conceptions dont ce texte est issu; il en fait *la psychologie*. Si vous voulez observer cette opération, regardez le promoteur et le modèle de toute la grande culture contemporaine, Goethe, qui, avant d'écrire son *Iphigénie*, emploie des journées à dessiner les plus parfaites statues, et qui, enfin, les yeux remplis par les nobles formes du paysage antique, et l'esprit pénétré des beautés harmonieuses de la vie antique, parvient à reproduire si exactement en lui-même les habitudes et les penchants de l'imagination grecque, qu'il donne une sœur presque jumelle à l'Antigone de Sophocle et aux déesses de Phidias. Cette divination précise et prouvée des sentiments évanouis a, de nos jours, renouvelé l'histoire ; on l'ignorait presque entièrement au siècle dernier ; on se représentait les hommes de toute race et de tout siècle comme à peu près semblables, le Grec, le barbare, l'Indou, l'homme de la Renaissance et l'homme du dix-huitième siècle comme coulés dans le même moule, et cela d'après une certaine conception abstraite, qui servait pour tout le genre humain. On connaissait l'homme, on ne connaissait pas les hommes ; on n'avait pas pénétré dans l'âme ; on n'avait pas vu la diversité infinie et la complexité merveilleuse des âmes ; on ne savait pas que la structure morale d'un peuple et d'un âge est aussi particulière et aussi distincte que la structure physique d'une famille de plantes ou d'un ordre d'animaux. Aujourd'hui, l'histoire comme la zoologie a trouvé son anatomie, et quelle que soit la branche historique à laquelle on s'attache, philologie, linguistique ou mythologie, c'est par cette voie qu'on travaille à lui faire produire de nouveaux fruits. Entre tant d'écrivains qui, depuis Herder, Ottfried Muller et Goethe, ont continué et rectifié incessamment ce grand effort, que le lecteur considère seulement deux historiens et deux œuvres, l'une le commentaire sur *Cromwell* de Carlyle, l'autre le *Port-Royal* de Sainte-Beuve ; il verra avec quelle justesse, quelle sûreté, quelle profondeur, on peut découvrir une âme sous ses actions et sous ses œuvres ; comment, sous le vieux général, au lieu d'un ambitieux vulgairement hypocrite, on retrouve un homme travaillé par les rêveries troubles d'une imagination mélancolique, mais positif d'instinct et de facultés, anglais jusqu'au fond, étrange et incompréhensible pour quiconque n'a pas étudié le climat et la race ; comment avec une centaine de lettres éparses et une vingtaine de discours mutilés, on peut le suivre depuis sa ferme et ses attelages jusqu'à sa tente de général et à son trône de protecteur, dans sa transformation et dans son développement, dans les inquiétudes de sa conscience et dans ses résolutions d'homme d'État, tellement que le mécanisme de sa pensée et de ses actions devient visible, et que la tragédie intime, perpétuellement renouvelée et changeante, qui a labouré cette grande âme ténébreuse, passe, comme celles de Shakspeare, dans l'âme des assistants. Il verra comment, sous des querelles de couvent et des résistances de nonnes, on peut retrouver une grande province de psychologie humaine, comment cinquante caractères enfouis sous l'uniformité d'une narration décente, reparaissent au jour chacun avec sa saillie propre et ses diversités innombrables ; comment, sous des dissertations théologiques et des sermons monotones, on démêle les palpitations de cœurs toujours vivants, les accès et les affaissements de la vie religieuse, les retours imprévus et le pêle-mêle ondoyant de la nature, les infiltrations du monde environnant, les conquêtes intermittentes de la grâce, avec une telle variété de nuances, que la plus abondante description et le style le plus flexible parviennent à peine à recueillir la moisson inépuisable que la critique a fait germer dans ce champ abandonné. Il en est de même ailleurs. L'Allemagne, avec son génie, si pliant, si large, si prompt aux métamorphoses, si propre à reproduire les plus lointains et les plus bizarres états de la pensée humaine; l'Angleterre avec son esprit si exact, si propre à serrer de près les questions morales, à les préciser par les chiffres, les poids, les mesures, la géographie, la statistique, à force de textes et de bon sens; la France enfin avec sa culture parisienne, avec ses habitudes de salon, avec son analyse incessante des caractères et des œuvres, avec son ironie si prompte à marquer les faiblesses, avec sa finesse si exercée à démêler les nuances; tous ont labouré le même domaine, et l'on commence à comprendre qu'il n'y a pas de région de l'histoire où il ne faille cultiver cette couche profonde, si l'on veut voir des récoltes utiles se lever entre les sillons.

Tel est le second pas; nous sommes en train de l'achever. Il est l'œuvre propre de la critique contemporaine. Personne ne l'a fait aussi juste et aussi grand que Sainte-Beuve; à cet égard, nous sommes tous ses élèves; sa méthode renouvelle aujourd'hui dans les livres et jusque dans les journaux toute la critique littéraire, philosophique et religieuse. C'est d'elle qu'il faut partir pour commencer l'évolution ultérieure.

J'ai essayé plusieurs fois d'indiquer cette évolution ; à mon avis, il y a là une voie nouvelle ouverte à l'histoire, et je vais tâcher de la décrire plus en détail.

III

Quand, dans un homme, vous avez observé et noté un, deux, trois, puis une multitude de sentiments, cela vous suffit-il, et votre connaissance vous semble-t-elle complète ? Est-ce une psychologie qu'un cahier de remarques ? Ce n'est pas une psychologie, et, ici comme ailleurs, la recherche des causes doit venir après la collection des faits. Que les faits soient physiques ou moraux, il n'importe, ils ont toujours des causes ; il y en a pour l'ambition, pour le courage, pour la véracité, comme pour la digestion, pour le mouvement musculaire, pour la chaleur animale. Le vice et la vertu sont des produits comme le vitriol et le sucre, et toute donnée complexe naît par la rencontre d'autres données plus simples dont elle dépend. Cherchons donc les données simples pour les qualités morales, comme on les cherche pour les qualités physiques, et considérons le premier fait venu ; par exemple une musique religieuse, celle d'un temple protestant. Il y a une cause intérieure qui a tourné l'esprit des fidèles vers ces graves et monotones mélodies, une cause plus large que son effet ; je veux dire l'idée gé-

Les états et les opérations de l'homme intérieur et invisible ont pour causes certaines façons générales de penser et de sentir.

nérale du vrai culte extérieur que l'homme doit à Dieu ; c'est elle qui a modelé l'architecture du temple, abattu les statues, écarté les tableaux, détruit les ornements, écourté les cérémonies, enfermé les assistants dans de hauts bancs qui leur bouchent la vue, et gouverné les mille détails des décorations, des postures et de tous les dehors. Elle-même provient d'une autre cause plus générale, l'idée de la conduite humaine tout entière, intérieure et extérieure, prières, actions, dispositions de tout genre auxquelles l'homme est tenu vis-à-vis de Dieu ; c'est celle-ci qui a intronisé la doctrine et la grâce, amoindri le clergé, transformé les sacrements, supprimé les pratiques, et changé la religion disciplinaire en religion morale. Cette seconde idée, à son tour, dépend d'une troisième plus générale encore, celle de la perfection morale, telle qu'elle se rencontre dans le Dieu parfait, juge impeccable, rigoureux surveillant des âmes, devant qui toute âme est pécheresse, digne de supplice, incapable de vertu et de salut, sinon par la crise de conscience qu'il provoque et la rénovation du cœur qu'il produit. Voilà la conception maîtresse, qui consiste à ériger le devoir en roi absolu de la vie humaine, et à prosterner tous les modèles idéaux au pied du modèle moral. On touche ici le fond de l'homme ; car pour expliquer cette conception, il faut considérer la race elle-même, c'est-à-dire le Germain et l'homme du Nord, sa structure de caractère et d'esprit, ses façons les plus générales de penser et de sentir, cette lenteur et cette froideur de la sensation qui l'empêchent de tomber violemment et facilement sous l'empire du plaisir sensible, cette rudesse du goût, cette irrégularité et ces soubresauts de la conception, qui arrêtent en lui la naissance des belles ordonnances et des formes harmonieuses, ce dédain des apparences, ce besoin du vrai, cette attache aux idées abstraites et nues, qui développe en lui la conscience au détriment du reste. Là s'arrête la recherche; on est tombé sur quelque disposition primitive, sur quelque trait propre à toutes les sensations, à toutes les conceptions d'un siècle ou d'une race, sur quelque particularité inséparable de toutes les démarches de son esprit et de son cœur. Ce sont là les grandes causes, car ce sont les causes universelles et permanentes, présentes à chaque moment et en chaque cas, partout et toujours agissantes, indestructibles et à la fin infailliblement dominantes, puisque les accidents qui se jettent au travers d'elles, étant limités et partiels, finissent par céder à la sourde et incessante répétition de leur effort; en sorte que la structure générale des choses et les grands traits des événements sont leur œuvre, et que les religions, les philosophies, les poésies, les industries, les formes de société et de famille, ne sont, en définitive, que des empreintes enfoncées par leur sceau.

IV

<small>Principales formes de pensées et de sentiments. Leurs effets historiques.</small>

Il y a donc un système dans les sentiments et dans les idées humaines, et ce système a pour moteur premier certains traits généraux, certains caractères d'esprit et de cœur communs aux hommes d'une race, d'un siècle ou d'un pays. De même qu'en minéralogie les cristaux, si divers qu'ils soient, dérivent de quelques formes corporelles simples, de même, en histoire, les civilisations, si diverses qu'elles soient, dérivent de quelques formes spirituelles simples. Les uns s'expliquent par un élément géométrique primitif, comme les autres par un élément psychologique primitif. Pour saisir l'ensemble des espèces minéralogiques, il faut considérer d'avance un solide régulier en général, ses faces et ses angles, et dans cet abrégé apercevoir les innombrables transformations dont il est capable. Pareillement, si vous voulez saisir l'ensemble des variétés historiques, considérez d'avance une âme humaine en général, avec ses deux ou trois facultés fondamentales, et dans cet abrégé vous apercevrez les principales formes qu'elle peut présenter. Après tout, cette sorte de tableau idéal, le géométrique comme le psychologique, n'est guère complexe, et on voit assez vite les limites du cadre où les civilisations, comme les cristaux, sont forcées de se renfermer.

Qu'y a-t-il, au point de départ, dans l'homme ? Des images, ou *représentations* des objets, c'est-à-dire ce qui flotte intérieurement devant lui, subsiste quelque temps, s'efface, et revient, lorsqu'il a contemplé tel arbre, tel animal, bref, une chose sensible. Ceci est la matière du reste, et le développement de cette matière est double, spéculatif ou pratique, selon que ces représentations aboutissent à *une conception générale* ou à *une résolution active*. Voilà tout l'homme en raccourci ; et c'est dans cette enceinte bornée que les diversités humaines se rencontrent, tantôt au sein de la matière primordiale, tantôt dans le double développement primordial. Si petites qu'elles soient dans les éléments, elles sont énormes dans la masse, et la moindre altération dans les facteurs amène des altérations gigantesques dans les produits. Selon que la représentation est nette et comme découpée à l'emporte-pièce, ou bien confuse et mal délimitée, selon qu'elle concentre en soi un grand ou un petit nombre de caractères de l'objet, selon qu'elle est violente et accompagnée d'impulsions ou tranquille et entourée de calme, toutes les opérations et tout le train courant de la machine humaine sont transformés. — Pareillement encore, selon que le développement ultérieur de la représentation varie, tout le développement humain varie. Si la conception générale à laquelle elle aboutit est une simple notation sèche, à la façon chinoise, la langue devient une sorte d'algèbre, la religion et la poésie s'atténuent, la philosophie se réduit à une sorte de bon sens moral et pratique, la science à un recueil de recettes, de classifications, de mnémotechnies utilitaires, l'esprit tout entier prend un tour positiviste. Si, au contraire, la conception générale à laquelle la représentation aboutit est une création poétique et figurative, un symbole vivant, comme chez les races aryennes, la langue devient une sorte d'épopée nuancée et colorée où chaque mot est un personnage, la poésie et la religion prennent une ampleur magnifique et inépuisable, la métaphysique se développe largement et subtilement, sans souci des applications positives; l'esprit tout entier, à travers les déviations et les défaillances inévitables de son effort, s'éprend du beau et du sublime et conçoit un modèle idéal capable, par sa noblesse et son harmonie, de rallier autour de soi les tendresses et les enthousiasmes du genre humain. Si maintenant la conception générale à laquelle la représentation aboutit est poétique, mais non ménagée, si l'homme y atteint, non par une gradation continue, mais par une intuition brusque, si l'opération originelle n'est pas le développement régulier, mais l'explosion violente, alors, comme chez les races sémitiques, la métaphysique manque, la religion ne conçoit que le Dieu roi, dévorateur et solitaire, la science ne peut se former, l'esprit se trouve trop roide et trop entier pour reproduire l'ordonnance délicate de la nature, la poésie ne sait enfanter qu'une suite d'exclamations véhémentes et grandioses, la langue ne peut exprimer l'enchevêtrement du raisonnement et de l'éloquence, l'homme se réduit à l'enthousiasme lyrique, à la passion irréfrénable, à l'action fanatique et bornée. C'est dans cet intervalle entre la représentation particulière et la conception universelle que se trouvent les germes des plus grandes différences humaines. Quelques races, par exemple les classiques, passent de la première à la seconde par une échelle graduée d'idées régulièrement classées et de plus en plus générales; d'autres, par exemple les germaniques, opèrent la même traversée par bonds, sans uniformité, après des tâtonnements prolongés et vagues. Quelques-uns, comme les Romains et les Anglais, s'arrêtent aux premiers échelons; d'autres, comme les Indous et les Allemands, montent jusqu'aux derniers. — Si maintenant, après avoir considéré le passage de la représentation à l'idée, on regardait le passage de la représentation à la résolution, on y trouverait des différences élémentaires de la même importance et du même ordre, selon que l'impression est vive, comme dans les climats du midi, ou terne, comme dans les climats du nord, selon qu'elle aboutit à l'action dès le premier instant, comme chez les barbares, ou tardivement, comme chez les peuples civilisés, selon qu'elle est capable ou non d'accroissement, d'inégalité, de persistance et d'attaches. Tout le système des passions humaines, toutes les chances de la paix et de la sécurité publiques, toutes les sources du travail et de l'action dérivent de là. Il en est ainsi des autres différences primordiales ; leurs suites embrassent une civilisation entière, et on peut les comparer à ces formules d'algèbre qui, dans leur étroite enceinte, contiennent d'avance toute la courbe dont elles sont la loi. Non que cette loi s'accomplisse toujours jusqu'au bout ; parfois des perturbations se rencontrent ; mais, quand il en est ainsi, ce n'est pas que la loi soit fausse, c'est qu'elle n'a pas seule agi. Des éléments nouveaux sont venus se mêler aux éléments anciens ; de grandes forces étrangères sont venues contrarier les forces primitives. La race a émigré, comme l'ancien peuple aryen, et le changement de climat a altéré chez elle toute l'économie de l'intelligence et toute l'organisation de la société. Le peuple a été conquis, comme la nation saxonne, et la nouvelle structure politique lui a imposé des habitudes, des capacités et des inclinations qu'il n'avait pas. La nation s'est installée à demeure au milieu de vaincus exploités et menaçants, comme les anciens Spartiates, et l'obligation de vivre à la façon d'une bande campée a tordu violemment dans un sens unique toute la constitution morale et sociale. En tout cas, le mécanisme de l'histoire humaine est pareil. Toujours on rencontre pour ressort primitif quelque disposition très-générale de l'esprit et de l'âme, soit innée et attachée naturellement à la race, soit acquise et produite par quelque circonstance appliquée sur la race. Ces grands ressorts donnés font peu à peu leur effet, j'entends qu'au bout de quelques siècles ils mettent la nation dans un état nouveau, religieux, littéraire, social, économique ; condition nouvelle qui, combinée avec leur effort renouvelé, produit une autre condition, tantôt bonne, tantôt mauvaise, tantôt lentement, tantôt vite, et ainsi de suite ; en sorte que l'on peut considérer le mouvement total de chaque civilisation distincte comme l'effet d'une force permanente qui, à chaque instant, varie son œuvre en modifiant les circonstances où elle agit.

V

Trois sources différentes contribuent à produire cet état moral élémentaire, *la race, le milieu* et *le moment*. Ce qu'on appelle *la race*, ce sont ces dispositions innées et héréditaires que l'homme apporte avec lui à la lumière, et qui ordinairement sont jointes à des différences marquées dans le tempérament et dans la structure du corps. Elles varient selon les peuples. Il y a naturellement des variétés d'hommes, comme des variétés de taureaux et de chevaux, les unes braves et intelligentes, les autres timides et bornées, les unes capables de conceptions et de créations supérieures, les autres réduites aux idées et aux inventions rudimentaires, quelques-unes appropriées plus particulière-

Les trois forces primordiales. La race.

ment à certaines œuvres et approvisionnées plus richement de certains instincts, comme on voit des races de chiens mieux douées, les unes pour la course, les autres pour le combat, les autres pour la chasse, les autres enfin pour la garde des maisons ou des troupeaux. Il y a là une force distincte, si distincte qu'à travers les énormes déviations que les deux autres moteurs lui impriment, on la reconnaît encore, et qu'une race, comme l'ancien peuple aryen, éparse depuis le Gange jusqu'aux Hébrides, établie sous tous les climats, échelonnée à tous les degrés de la civilisation, transformée par trente siècles de révolutions, manifeste pourtant dans ses langues, dans ses religions, dans ses littératures et dans ses philosophies, la communauté de sang et d'esprit qui relie encore aujourd'hui tous ses rejetons. Si différents qu'ils soient, leur parenté n'est pas détruite; la sauvagerie, la culture et la greffe, les différences de ciel et de sol, les accidents heureux ou malheureux ont eu beau travailler; les grands traits de la forme originelle ont subsisté, et l'on retrouve les deux ou trois linéaments principaux de l'empreinte primitive sous les empreintes secondaires que le temps a posées par-dessus. Rien d'étonnant dans cette ténacité extraordinaire. Quoique l'immensité de la distance ne nous laisse entrevoir qu'à demi et sous un jour douteux l'origine des espèces[1],

---

1. Darwin, *De l'origine des espèces.* — Prosper Lucas, *De l'hérédité.*

les événements de l'histoire éclairent assez les événements antérieurs à l'histoire, pour expliquer la solidité presque inébranlable des caractères primordiaux. Au moment où nous les rencontrons, quinze, vingt, trente siècles avant notre ère, chez un Aryen, un Égyptien, un Chinois, ils représentent l'œuvre d'un nombre de siècles beaucoup plus grand, peut-être l'œuvre de plusieurs myriades de siècles. Car dès qu'un animal vit, il faut qu'il s'accommode à son milieu; il respire autrement, il se renouvelle autrement, il est ébranlé autrement, selon que l'air, les aliments, la température sont autres. Un climat et une situation différente amènent chez lui des besoins différents, par suite un système d'actions différentes, par suite encore un système d'habitudes différentes, par suite enfin un système d'aptitudes et d'instincts différents. L'homme, forcé de se mettre en équilibre avec les circonstances, contracte un tempérament et un caractère qui leur correspond, et son caractère comme son tempérament sont des acquisitions d'autant plus stables, que l'impression extérieure s'est enfoncée en lui par des répétitions plus nombreuses et s'est transmise à sa progéniture par une plus ancienne hérédité. En sorte qu'à chaque moment on peut considérer le caractère d'un peuple comme le résumé de toutes ses actions et de toutes ses sensations précédentes, c'est-à-dire comme une quantité et comme un poids, non pas infini[1],

---

1. Spinoza, *Éthique*. 4ᵉ Partie, axiome.

puisque toute chose dans la nature est bornée, mais disproportionné au reste et presque impossible à soulever, puisque chaque minute d'un passé presque infini a contribué à l'alourdir, et que, pour emporter la balance, il faudrait accumuler dans l'autre plateau un nombre d'actions et de sensations encore plus grand. Telle est la première et la plus riche source de ces facultés maîtresses d'où dérivent les événements historiques ; et l'on voit d'abord que si elle est puissante, c'est qu'elle n'est pas une simple source, mais une sorte de lac et comme un profond réservoir où les autres sources, pendant une multitude de siècles, sont venues entasser leurs propres eaux.

Le milieu.   Lorsqu'on a ainsi constaté la structure intérieure d'une race, il faut considérer le *milieu* dans lequel elle vit. Car l'homme n'est pas seul dans le monde ; la nature l'enveloppe et les autres hommes l'entourent ; sur le pli primitif et permanent viennent s'étaler les plis accidentels et secondaires, et les circonstances physiques ou sociales dérangent ou complètent le naturel qui leur est livré. Tantôt le climat a fait son effet. Quoique nous ne puissions suivre qu'obscurément l'histoire des peuples aryens depuis leur patrie commune jusqu'à leurs patries définitives, nous pouvons affirmer cependant que la profonde différence qui se montre entre les races germaniques d'une part et les races helléniques et latines de l'autre, provient en grande partie de la différence des contrées où elles se sont établies, les unes dans les pays froids et humides, au fond d'âpres forêts marécageuses ou sur les bords d'un océan sauvage, enfermées dans les sensations mélancoliques ou violentes, inclinées vers l'ivrognerie et la grosse nourriture, tournées vers la vie militante et carnassière ; les autres au contraire au milieu des plus beaux paysages, au bord d'une mer éclatante et riante, invitées à la navigation et au commerce, exemptes des besoins grossiers de l'estomac, dirigées dès l'abord vers les habitudes sociales, vers l'organisation politique, vers les sentiments et les facultés qui développent l'art de parler, le talent de jouir, l'invention des sciences, des lettres et des arts. — Tantôt les circonstances politiques ont travaillé, comme dans les deux civilisations italiennes : la première tournée tout entière vers l'action, la conquête, le gouvernement et la législation, par la situation primitive d'une cité de refuge, d'un *emporium* de frontière, et d'une aristocratie armée qui, important et enrégimentant sous elle les étrangers et les vaincus, mettait debout deux corps hostiles l'un en face de l'autre, et ne trouvait de débouché à ses embarras intérieurs et à ses instincts rapaces que dans la guerre systématique ; la seconde exclue de l'unité et de la grande ambition politique par la permanence de sa forme municipale, par la situation cosmopolite de son pape et par l'intervention militaire des nations voisines, reportée tout entière, sur la pente de son magnifique et harmonieux génie, vers le culte de la volupté et de la beauté. — Tantôt enfin les conditions sociales ont imprimé leur marque, comme il y a dix-huit siècles par le christianisme, et vingt-cinq siècles par le bouddhisme, lorsque autour de la Méditerranée comme dans l'Hindoustan, les suites extrêmes de la conquête et de l'organisation aryenne amenèrent l'oppression intolérable, l'écrasement de l'individu, le désespoir complet, la malédiction jetée sur le monde, avec le développement de la métaphysique et du rêve, et que l'homme dans ce cachot de misères, sentant son cœur se fondre, conçut l'abnégation, la charité, l'amour tendre, la douceur, l'humilité, la fraternité humaine, là-bas dans l'idée du néant universel, ici sous la paternité de Dieu. — Que l'on regarde autour de soi les instincts régulateurs et les facultés implantées dans une race, bref le tour d'esprit d'après lequel aujourd'hui elle pense et elle agit; on y découvrira le plus souvent l'œuvre de quelqu'une de ces situations prolongées, de ces circonstances enveloppantes, de ces persistantes et gigantesques pressions exercées sur un amas d'hommes qui, un à un, et tous ensemble, de génération en génération, n'ont pas cessé d'être ployés et façonnés par leur effort : en Espagne, une croisade de huit siècles contre les Musulmans, prolongée encore au delà et jusqu'à l'épuisement de la nation par l'expulsion des Maures, par la spoliation des juifs, par l'établissement de l'inquisition, par les guerres catholiques; en Angleterre, un établissement politique de huit siècles qui maintient l'homme debout et respectueux, dans l'indépendance et l'obéissance, et l'accoutume à lutter en corps sous l'autorité de la loi ; en France, une organisation latine qui, imposée d'abord à des barbares dociles, puis brisée dans la démolition universelle, se reforme d'elle-même sous la conspiration latente de l'instinct national, se développe sous des rois héréditaires, et finit par une sorte de république égalitaire, centralisée, administrative, sous des dynasties exposées à des révolutions. Ce sont là les plus efficaces entre les causes observables qui modèlent l'homme primitif; elles sont aux nations ce que l'éducation, la profession, la condition, le séjour sont aux individus, et elles semblent tout comprendre, puisqu'elles comprennent toutes les puissances extérieures qui façonnent la matière humaine, et par lesquelles le dehors agit sur le dedans.

Il y a pourtant un troisième ordre de causes; car avec les forces du dedans et du dehors, il y a l'œuvre qu'elles ont déjà faite ensemble, et cette œuvre elle-même contribue à produire celle qui suit; outre l'impulsion permanente et le milieu donné, il y a la vitesse acquise. Quand le caractère national et les circonstances environnantes opèrent, ils n'opèrent point sur une table rase, mais une table où des empreintes sont déjà marquées. Selon qu'on prend la table à un *moment* ou à un autre, l'empreinte est différente ; et

Le moment.

cela suffit pour que l'effet total soit différent. Considérez, par exemple, deux moments d'une littérature ou d'un art, la tragédie française sous Corneille et sous Voltaire, le théâtre grec sous Eschyle et sous Euripide, la poésie latine sous Lucrèce et sous Claudien, la peinture italienne sous Vinci et sous le Guide. Certainement, à chacun de ces deux points extrêmes, la conception générale n'a pas changé ; c'est toujours le même type humain qu'il s'agit de représenter ou de peindre ; le moule du vers, la structure du drame, l'espèce des corps ont persisté. Mais entre autres différences, il y a celle-ci, qu'un des artistes est le précurseur, et que l'autre est le successeur, que le premier n'a pas de modèle, et que le second a un modèle, que le premier voit les choses face à face, et que le second voit les choses par l'intermédiaire du premier, que plusieurs grandes parties de l'art se sont perfectionnées, que la simplicité et la grandeur de l'impression ont diminué, que l'agrément et le raffinement de la forme se sont accrus, bref que la première œuvre a déterminé la seconde. Il en est ici d'un peuple, comme d'une plante : la même séve sous la même température et sur le même sol produit, aux divers degrés de son élaboration successive, des formations différentes, bourgeons, fleurs, fruits, semences, en telle façon que la suivante a toujours pour condition la précédente, et naît de sa mort. Que si vous regardez maintenant non plus un court moment comme tout à l'heure, mais quelqu'un de ces larges développements qui embrassent un ou plusieurs siècles, comme le moyen âge ou notre dernière époque classique, la conclusion sera pareille. Une certaine conception dominatrice y a régné ; les hommes, pendant deux cents ans, cinq cents ans, se sont représenté un certain modèle idéal de l'homme, au moyen âge, le chevalier et le moine, dans notre âge classique, l'homme de cour et le beau parleur ; cette idée créatrice et universelle s'est manifestée dans tout le champ de l'action et de la pensée, et, après avoir couvert le monde de ses œuvres involontairement systématiques, elle s'est alanguie, puis elle est morte, et voici qu'une nouvelle idée se lève, destinée à une domination égale et à des créations aussi multipliées. Posez ici que la seconde dépend en partie de la première, et que c'est la première qui, combinant son effet avec ceux du génie national et des circonstances enveloppantes, va imposer aux choses naissantes leur tour et leur direction. C'est d'après cette loi que se forment les grands courants historiques, j'entends par là les longs règnes d'une forme d'esprit ou d'une idée maîtresse, comme cette période de créations spontanées qu'on appelle la Renaissance, ou cette période de classifications oratoires qu'on appelle l'âge classique, ou cette série de synthèses mystiques qu'on appelle l'époque alexandrine et chrétienne, ou cette série de floraisons mythologiques, qui se rencontre aux origines de la Germanie, de l'Inde et de la Grèce. Il n'y a ici comme partout qu'un problème de mécanique : l'effet total est un composé déterminé tout entier par la grandeur et la direction des forces qui le produisent. La seule différence qui sépare ces problèmes moraux des problèmes physiques, c'est que les directions et les grandeurs ne se laissent pas évaluer ni préciser dans les premiers comme dans les seconds. Si un besoin, une faculté est une quantité capable de degrés ainsi qu'une pression ou un poids, cette quantité n'est pas mesurable comme celle d'une pression ou d'un poids. Nous ne pouvons la fixer dans une formule exacte ou approximative; nous ne pouvons avoir et donner, à propos d'elle, qu'une impression littéraire; nous sommes réduits à noter et citer les faits saillants par lesquels elle se manifeste, et qui indiquent, à peu près, grossièrement, vers quelle hauteur de l'échelle il faut la ranger. Mais quoique les moyens de notation ne soient pas les mêmes dans les sciences morales que dans les sciences physiques, néanmoins, comme dans les deux la matière est la même, et se compose également de forces, de directions et de grandeurs, on peut dire que dans les unes et dans les autres l'effet final se produit d'après la même règle. Il est grand ou petit selon que les forces fondamentales sont grandes ou petites, et tirent plus ou moins exactement dans le même sens, selon que les effets distincts de la race, du milieu et du moment se combinent pour s'ajouter l'un à l'autre ou pour s'annuler l'un par l'autre. C'est ainsi que s'expliquent les longues impuissances et les éclatantes réussites qui apparaissent irrégulièrement et sans raison apparente dans la vie d'un peuple ; elles ont pour causes des concordances ou des contrariétés intérieures. Il y eut une de ces concordances lorsque, au dix-septième siècle, le caractère sociable et l'esprit de conversation innés en France rencontrèrent les habitudes de salon et le moment de l'analyse oratoire, lorsqu'au dix-neuvième siècle, le flexible et profond génie d'Allemagne rencontra l'âge des synthèses philosophiques et de la critique cosmopolite. Il y eut une de ces contrariétés, lorsqu'au dix-septième siècle, le rude et solitaire génie anglais essaya maladroitement de s'approprier l'urbanité nouvelle, lorsqu'au seizième siècle le lucide et prosaïque esprit français essaya inutilement d'enfanter une poésie vivante. C'est cette concordance secrète des forces créatrices qui a produit la politesse achevée et la noble littérature régulière sous Louis XIV et Bossuet, la métaphysique grandiose et la large sympathie critique sous Hegel et Gœthe. C'est cette contrariété secrète des forces créatrices qui a produit la littérature incomplète, la comédie scandaleuse, le théâtre avorté sous Dryden et Wycherley, les mauvaises importations grecques, les tâtonnements, les fabrications, les petites beautés partielles sous Ronsard et la Pléiade. Nous pouvons affirmer avec certitude que les créations inconnues vers lesquelles le courant des siècles nous entraîne, seront suscitées et réglées tout entières par les trois forces primordiales ; que si ces forces pouvaient être mesurées et chiffrées, on en déduirait comme d'une formule les propriétés de la civilisation future, et que si, malgré la grossièreté visible de nos notations et l'inexactitude foncière de nos mesures, nous voulons aujourd'hui nous former quelque idée de nos destinées générales, c'est sur l'examen de ces forces qu'il faut fonder nos prévisions. Car nous parcourons en les énumérant le cercle complet des puissances agissantes, et lorsque nous avons considéré la race, le milieu, le moment, c'est-à-dire le ressort du dedans, la pression du dehors et l'impulsion déjà acquise, nous avons épuisé non-seulement toutes les causes réelles, mais encore toutes les causes possibles du mouvement.

VI

<small>Comment se distribuent les effets d'une cause primordiale. Communauté des éléments. Composition des groupes. Loi des dépendances mutuelles. Loi des influences proportionnelles.</small>

Il reste à chercher de quelle façon ces causes appliquées sur une nation ou sur un siècle y distribuent leurs effets. Comme une source sortie d'un lieu élevé épanche ses nappes selon les hauteurs et d'étage en étage jusqu'à ce qu'enfin elle soit arrivée à la plus basse assise du sol, ainsi la disposition d'esprit ou d'âme introduite dans un peuple par la race, le moment ou le milieu se répand avec des proportions différentes et par des descentes régulières sur les divers ordres de faits qui composent sa civilisation[1]. Si l'on dresse la carte géographique d'un pays, à partir de l'endroit du partage des eaux, on voit au-dessous du point commun les versants se diviser en cinq ou six bassins principaux, puis chacun de ceux-ci en plusieurs bassins secondaires, et ainsi de suite jusqu'à ce que la contrée tout entière avec ses milliers d'accidents soit comprise dans les ramifications de ce réseau. Pareillement, si l'on dresse la carte psychologique des événements et des sentiments d'une civilisation humaine, on trouve d'abord cinq ou six provinces bien tranchées, la religion, l'art, la philosophie, l'état, la famille, les industries; puis, dans chacune de ces provinces, des départements naturels, puis enfin dans chacun de ces départements des territoires plus petits, jusqu'à ce qu'on arrive à ces détails innombrables de la vie que nous observons tous les jours en nous et autour de nous. Si maintenant l'on examine et si l'on compare entre eux ces divers groupes de faits, on trouvera d'abord qu'ils sont composés de parties, et que tous ont des parties communes. Prenons d'abord les trois principales œuvres de l'intelligence humaine,

---

[1]. Consulter, pour voir cette échelle d'effets coordonnés : Renan, *Langues sémitiques*, 1er chapitre. — Mommsen, *Comparaison des civilisations grecque et romaine*, 2e chapitre, 1er volume, 3e édition. — Tocqueville, *Conséquences de la démocratie en Amérique*, 3e volume.

la religion, l'art, la philosophie. Qu'est-ce qu'une philosophie sinon une conception de la nature et de ses causes primordiales, sous forme d'abstractions et de formules? Qu'y a-t-il au fond d'une religion et d'un art sinon une conception de cette même nature et de ces mêmes causes primordiales, sous forme de symboles plus ou moins arrêtés et de personnages plus ou moins précis, avec cette différence que dans le premier cas on croit qu'ils existent, et dans le second qu'ils n'existent pas? Que le lecteur considère quelques-unes de ces grandes créations de l'esprit dans l'Inde, en Scandinavie, en Perse, à Rome, en Grèce, et il verra que partout l'art est une sorte de philosophie devenue sensible, la religion une sorte de poëme tenu pour vrai, la philosophie une sorte d'art et de religion desséchée et réduite aux idées pures. Il y a donc au centre de chacun de ces trois groupes un élément commun, la conception du monde et de son principe, et s'ils diffèrent entre eux, c'est que chacun combine avec l'élément commun, un élément distinct : ici la puissance d'abstraire, là la faculté de personnifier et de croire, là enfin le talent de personnifier sans croire. Prenons maintenant les deux principales œuvres de l'association humaine, la famille et l'État. Qu'est-ce qui fait l'État sinon le sentiment d'obéissance par lequel une multitude d'hommes se rassemble sous l'autorité d'un chef? Et qu'est-ce qui fait la famille sinon le sentiment d'obéissance par lequel une femme et des enfants agissent sous la direction d'un père et d'un mari? La famille est un État naturel, primitif et restreint, comme l'État est une famille artificielle, ultérieure et étendue ; et sous les différences qu'introduisent le nombre, l'origine et la condition des membres, on démêle, dans la petite société comme dans la grande, une même disposition d'esprit fondamentale qui les rapproche et les unit. A présent supposez que cet élément commun reçoive du milieu, du moment ou de la race des caractères propres, il est clair que *tous les groupes où il entre seront modifiés à proportion*. Si le sentiment d'obéissance n'est que de la crainte[1], vous rencontrerez comme dans la plupart des États orientaux la brutalité du despotisme, la prodigalité des supplices, l'exploitation du sujet, la servilité des mœurs, l'incertitude de la propriété, l'appauvrissement de la production, l'esclavage de la femme et les habitudes du harem. Si le sentiment d'obéissance a pour racine l'instinct de la discipline, la sociabilité et l'honneur, vous trouverez comme en France la parfaite organisation militaire, la belle hiérarchie administrative, le manque d'esprit public avec les saccades du patriotisme, la prompte docilité du sujet avec les impatiences du révolutionnaire, les courbettes du courtisan avec les résistances du galant homme, l'agrément délicat de la conversation et du

---

1. Montesquieu, *Esprit des lois, Principes des trois gouvernements*.

monde avec les tracasseries du foyer et de la famille, l'égalité des époux et l'imperfection du mariage sous la contrainte nécessaire de la loi. Si enfin le sentiment d'obéissance a pour racine l'instinct de subordination et l'idée du devoir, vous apercevrez comme dans les nations germaniques la sécurité et le bonheur du ménage, la solide assiette de la vie domestique, le développement tardif et incomplet de la vie mondaine, la déférence innée pour les dignités établies, la superstition du passé, le maintien des inégalités sociales, le respect naturel et habituel de la loi. Pareillement dans une race, selon que l'aptitude aux idées générales sera différente, la religion, l'art et la philosophie seront différents. Si l'homme est naturellement propre aux plus larges conceptions universelles, en même temps qu'enclin à les troubler par la délicatesse nerveuse de son organisation surexcitée, on verra, comme dans l'Inde, une abondance étonnante de gigantesques créations religieuses, une floraison splendide d'épopées démesurées et transparentes, un enchevêtrement étrange de philosophies subtiles et imaginatives, toutes si bien liées entre elles et tellement pénétrées d'une séve commune, qu'à leur ampleur, à leur couleur, à leur désordre, on les reconnaîtra à l'instant comme les productions du même climat et du même esprit. Si, au contraire, l'homme naturellement sain et équilibré limite volontiers l'étendue de ses conceptions pour en mieux préciser la forme, on verra, comme en Grèce, une théologie d'artistes et de conteurs, des dieux distincts promptement séparés des choses et transformés presque dès l'abord en personnes solides, le sentiment de l'unité universelle presque effacé et à peine conservé dans la notion vague du Destin, une philosophie plutôt fine et serrée que grandiose et systématique, bornée dans la haute métaphysique[1], mais incomparable dans la logique, la sophistique et la morale, une poésie et des arts supérieurs pour leur clarté, leur naturel, leur mesure, leur vérité et leur beauté à tout ce que l'on a jamais vu. Si enfin l'homme réduit à des conceptions étroites et privé de toute finesse spéculative, se trouve en même temps absorbé et roidi tout entier par les préoccupations pratiques, on verra, comme à Rome, des dieux rudimentaires, simples noms vides, bons pour noter les plus minces détails de l'agriculture, de la génération et du ménage, véritables étiquettes de mariage et de ferme, partant une mythologie, une philosophie et une poésie nulles ou empruntées. Ici, comme partout, s'applique *la loi des dépendances mutuelles*[2]. Une civilisation fait corps, et ses parties se tiennent à

---

[1]. La philosophie alexandrine ne naît qu'au contact de l'Orient. Les vues métaphysiques d'Aristote sont isolées; d'ailleurs chez lui, comme chez Platon, elles ne sont qu'un aperçu. Voyez par contraste la puissance systématique dans Plotin, Proclus, Schelling et Hegel, ou encore l'audace admirable de la spéculation brahmanique et bouddhique.

[2]. J'ai essayé plusieurs fois d'exprimer cette loi, notamment dans la préface des *Essais de critique et d'histoire*.

la façon des parties d'un corps organique. De même que dans un animal les instincts, les dents, les membres, la charpente osseuse, l'appareil musculaire, sont liés entre eux, de telle façon qu'une variation de l'un d'entre eux détermine dans chacun des autres une variation correspondante, et qu'un naturaliste habile peut sur quelques fragments reconstruire par le raisonnement le corps presque tout entier; de même dans une civilisation la religion, la philosophie, la forme de famille, la littérature, les arts composent un système où tout changement local entraîne un changement général, en sorte qu'un historien expérimenté qui en étudie quelque portion restreinte aperçoit d'avance et prédit à demi les caractères du reste. Rien de vague dans cette dépendance. Ce qui la règle dans un corps vivant, c'est d'abord sa tendance à manifester un certain type primordial, ensuite la nécessité où il est de posséder des organes qui puissent fournir à ses besoins et de se trouver d'accord avec lui-même afin de vivre. Ce qui la règle dans une civilisation, c'est la présence dans chaque grande création humaine d'un élément producteur également présent dans les autres créations environnantes, j'entends par là quelque faculté, aptitude, disposition efficace et notable qui, ayant un caractère propre, l'introduit avec elle dans toutes les opérations auxquelles elle participe, et selon ses variations fait varier toutes les œuvres auxquelles elle concourt.

VII

Arrivés là nous pouvons entrevoir les principaux traits des transformations humaines, et commencer à chercher les lois générales qui régissent non plus des événements, mais des classes d'événements, non plus telle religion ou telle littérature, mais le groupe des littératures ou des religions. Si par exemple on admettait qu'une religion est un poëme métaphysique accompagné de croyance; si on remarquait en outre qu'il y a certains moments, certaines races et certains milieux, où la croyance, la faculté poétique et la faculté métaphysique se déploient ensemble avec une vigueur inusitée; si on considérait que le christianisme et le bouddhisme sont éclos à des époques de synthèses grandioses et parmi des misères semblables à l'oppression qui souleva les exaltés des Cévennes; si d'autre part on reconnaissait que les religions primitives sont nées à l'éveil de la raison humaine, pendant la plus riche floraison de l'imagination humaine, au temps de la plus belle naïveté et de la plus grande crédulité; si on considérait encore que le mahométisme apparut avec l'avénement de la prose poétique et la conception de l'unité nationale, chez un peuple dépourvu de science, au moment d'un soudain développement de l'esprit; on pourrait conclure qu'une

Loi de formation d'un groupe. Exemples et indications.

religion naît, décline, se reforme et se transforme selon que les circonstances fortifient et assemblent avec plus ou moins de justesse et d'énergie ses trois instincts générateurs, et l'on comprendrait pourquoi elle est endémique dans l'Inde, parmi des cervelles imaginatives, philosophiques, exaltées par excellence; pourquoi elle s'épanouit si étrangement et si grandement au moyen âge, dans une société oppressive, parmi des langues et des littératures neuves; pourquoi elle se releva au seizième siècle avec un caractère nouveau et un enthousiasme héroïque, au moment de la renaissance universelle, et à l'éveil des races germaniques; pourquoi elle pullule en sectes bizarres dans la grossière démocratie américaine, et sous le despotisme bureaucratique de la Russie; pourquoi enfin elle se trouve aujourd'hui répandue en Europe avec des proportions et des particularités si différentes selon les différences des races et des civilisations. Il en est ainsi pour chaque espèce de production humaine, pour la littérature, la musique, les arts du dessin, la philosophie, les sciences, l'État, l'industrie, et le reste. Chacune d'elles a pour cause directe une disposition morale, ou un concours de dispositions morales; cette cause donnée, elle apparaît; cette cause retirée, elle disparaît; la faiblesse ou l'intensité de cette cause mesure sa propre intensité ou sa propre faiblesse. Elle lui est liée comme un phénomène physique à sa condition, comme la rosée au refroidissement de la température ambiante, comme la dilatation à la chaleur. Il y a ici des couples dans le monde moral, comme il y en a dans le monde physique, aussi rigoureusement enchaînés, et aussi universellement répandus dans l'un que dans l'autre. Tout ce qui dans un de ces couples produit, altère, ou supprime le premier terme, produit, altère ou supprime le second par contre-coup. Tout ce qui refroidit la température ambiante, fait déposer la rosée. Tout ce qui développe la crédulité en même temps que les vues poétiques d'ensemble engendre la religion. C'est ainsi que les choses sont arrivées; c'est ainsi qu'elles arriveront encore. Sitôt que nous savons quelle est la condition suffisante et nécessaire d'une de ces vastes apparitions, notre esprit a prise aussi bien sur l'avenir que sur le passé. Nous pouvons dire avec assurance dans quelles circonstances elle devra renaître, prévoir sans témérité plusieurs parties de son histoire prochaine et esquisser avec précaution quelques traits de son développement ultérieur.

VIII

Problème général et avenir de l'histoire. Méthode psychologique. Valeur des littératures. Objet de ce livre.

Aujourd'hui l'histoire en est là, ou plutôt elle est tout près de là, sur le seuil de cette recherche. La question posée en ce moment est celle-ci : Étant donné une littérature, une philosophie, une société, un art, telle classe d'arts, quel est l'état moral qui la produit? et quelles sont les conditions de race, de moment et de milieu les plus propres à produire cet état moral? Il y a un état moral distinct pour chacune de ces formations et pour chacune de leurs branches; il y en a un, pour l'art en général, et pour chaque sorte d'art, pour l'architecture, pour la peinture, pour la sculpture, pour la musique, pour la poésie; chacune a son germe spécial dans le large champ de la psychologie humaine; chacune a sa loi, et c'est en vertu de cette loi qu'on la voit se lever au hasard, à ce qu'il semble, et toute seule parmi les avortements de ses voisines, comme la peinture en Flandre et en Hollande au dix-septième siècle, comme la poésie en Angleterre au seizième siècle, comme la musique en Allemagne au dix-huitième siècle. A ce moment et dans ces pays, les conditions se sont trouvées remplies pour un art, et non pour les autres, et, une branche seule a bourgeonné dans la stérilité générale. Ce sont ces règles de la végétation humaine que l'histoire à présent doit chercher; c'est cette psychologie spéciale de chaque formation spéciale qu'il faut faire; c'est le tableau complet de ces conditions propres qu'il faut aujourd'hui travailler à composer. Rien de plus délicat et rien de plus difficile; Montesquieu l'a entrepris, mais de son temps l'histoire était trop nouvelle, pour qu'il pût réussir; on ne soupçonnait même point encore la voie qu'il fallait prendre, et c'est à peine si aujourd'hui nous commençons à l'entrevoir. De même qu'au fond l'astronomie est un problème de mécanique et la physiologie un problème de chimie, de même l'histoire au fond est un *problème de psychologie*. Il y a un système particulier d'impressions et d'opérations intérieures qui fait l'artiste, le croyant, le musicien, le peintre, le nomade, l'homme en société ; pour chacun d'eux, la filiation, l'intensité, les dépendances des idées et des émotions sont différentes ; chacun d'eux a son histoire morale et sa structure propre, avec quelque disposition maîtresse et quelque trait dominateur. Pour expliquer chacun d'eux, il faudrait écrire un chapitre d'analyse intime, et c'est à peine si aujourd'hui ce travail est ébauché. Un seul homme, Stendhal, par une tournure d'esprit et d'éducation singulière, l'a entrepris, et encore aujourd'hui la plupart des lecteurs trouvent ses livres paradoxaux et obscurs; son talent et ses idées étaient prématurés; on n'a pas compris ses admirables divinations, ses mots profonds jetés en passant, la justesse étonnante de ses notations et de sa logique; on n'a pas vu que sous des apparences de causeur et d'homme du monde, il expliquait les plus compliqués des mécanismes internes, qu'il mettait le doigt sur les grands ressorts, qu'il importait dans l'histoire du cœur les procédés scientifiques, l'art de chiffrer, de décomposer et de déduire, que le premier il marquait les causes fondamentales, j'entends les nationalités, les climats et les tempéraments ; bref, qu'il traitait des sentiments comme on doit en traiter, c'est-à-dire en naturaliste et en physicien, en faisant des classifications et en pesant des forces. A cause de tout cela, on l'a jugé sec et excentrique, et il est demeuré isolé, écrivant des romans, des voyages, des notes, pour lesquels il souhaitait et obtenait vingt lecteurs. Et cependant, c'est dans ses livres qu'on trouvera encore aujourd'hui les essais les plus propres à frayer la route que j'ai tâché de décrire. Nul n'a mieux enseigné à ouvrir les yeux et à regarder, à regarder d'abord les hommes environnants et la vie présente, puis les documents anciens et authentiques, à lire par delà le blanc et le noir des pages, à voir sous la vieille impression, sous le griffonnage d'un texte, le sentiment précis, le mouvement d'idées, l'état d'esprit dans lequel on l'écrivait. C'est dans ses écrits, chez Sainte-Beuve, chez les critiques allemands que le lecteur verra tout le parti qu'on peut tirer d'un document littéraire; quand ce document est riche et qu'on sait l'interpréter, on y trouve la psychologie d'une âme, souvent celle d'un siècle, et parfois celle d'une race. A cet égard un grand poëme, un beau roman, les confessions d'un homme supérieur sont plus instructifs qu'un monceau d'historiens et d'histoires; je donnerais cinquante volumes de chartes et cent volumes de pièces diplomatiques pour les mémoires de Cellini, pour les lettres de saint Paul, pour les propos de table de Luther ou les comédies d'Aristophane. En cela consiste l'importance des œuvres littéraires; elles sont instructives, parce qu'elles sont belles; leur utilité croît avec leur perfection; et si elles fournissent des documents, c'est qu'elles sont des monuments. Plus un livre rend les sentiments visibles, plus il est littéraire; car l'office propre de la littérature, est de noter les sentiments. Plus un livre note des sentiments importants, plus il est placé haut dans la littérature; car, c'est en représentant la façon d'être de toute une nation et de tout un siècle qu'un écrivain rallie autour de lui les sympathies de tout un siècle et de toute une nation. C'est pourquoi, parmi les documents qui nous remettent devant les yeux les sentiments des générations précédentes, une littérature, et notamment une grande littérature est incomparablement le meilleur. Elle ressemble à ces appareils admirables, d'une sensibilité extraordinaire, au moyen desquels les physiciens démêlent et mesurent les changements les plus intimes et les plus délicats d'un corps. Les constitutions, les religions n'en approchent pas; des articles de code et de catéchisme ne peignent jamais l'esprit qu'en gros, et sans finesse; s'il y a des documents dans lesquels la politique et le dogme soient vivants, ce sont les discours éloquents de chaire et de tribune, les mémoires, les confessions intimes, et tout cela appartient à la littérature; en sorte qu'outre elle-même, elle a tout le bon d'autrui. C'est donc principalement par l'étude des littératures que l'on pourra faire l'histoire morale et marcher vers la connaissance des lois psychologiques, d'où dépendent les événements. J'entreprends ici d'écrire l'histoire d'une littérature et d'y chercher la psychologie d'un peuple ; si j'ai choisi celle-ci, ce n'est pas sans motif. Il fallait trouver un peuple qui eût une grande littérature complète, et cela est rare ; il y a peu de nations qui aient, pendant toute leur vie, vraiment pensé et vraiment écrit. Parmi les anciens, la littérature latine est nulle au commencement, puis empruntée et imitée. Parmi les modernes, la littérature allemande est presque vide pendant deux siècles[1] ; la littérature italienne et la littérature espagnole finissent au milieu du dix-septième siècle. Seules, la Grèce ancienne, la France et l'Angleterre modernes, offrent une série complète de grands monuments expressifs. J'ai choisi l'Angleterre, parce qu'étant vivante encore et soumise à l'observation directe, elle peut être mieux étudiée qu'une civilisation détruite dont nous n'avons plus que les lambeaux, et parce qu'étant différente, elle présente mieux que la France des caractères tranchés aux yeux d'un Français. D'ailleurs, il y a cela de particulier dans cette civilisation, qu'outre son développement spontané, elle offre une déviation forcée, qu'elle a subi la dernière et la plus efficace de toutes les conquêtes, et que les trois données d'où elle est sortie, la race, le climat, l'invasion

---

1. De 1550 à 1750.

normande, peuvent être observées dans les monuments avec une précision parfaite; si bien, qu'on étudie dans cette histoire les deux plus puissants moteurs des transformations humaines, je veux dire la nature et la contrainte, et qu'on peut les étudier sans incertitude ni lacune, dans une suite de monuments authentiques et entiers. J'ai tâché de définir ces ressorts primitifs, d'en montrer les effets graduels, d'expliquer comment ils ont fini par soulever jusqu'à la lumière les grandes œuvres politiques, religieuses, littéraires, et de développer le mécanisme intérieur par lequel le Saxon barbare est devenu l'Anglais que nous voyons aujourd'hui.

HISTOIRE
DE LA
LITTÉRATURE ANGLAISE.

LIVRE I.

LES ORIGINES.

CHAPITRE I.

Les Saxons.

I. L'ancienne patrie. — Le sol, la mer, le ciel, le climat. — La nouvelle patrie. — Le pays humide et la terre ingrate. — Influence du climat sur le caractère.

II. Le corps. — La nourriture. — Les mœurs. — Les instincts rudes en Germanie, en Angleterre.

III. Les instincts nobles en Germanie. — L'individu. — La famille. — L'État. — La religion. — L'*Edda*. — Conception tragique et héroïque du monde et de l'homme.

IV. Les instincts nobles en Angleterre. — Le guerrier et son chef. — La femme et son mari. — Poëme de Beowulf. — La société barbare et le héros barbare.

V. Poëmes païens. — Genre et force des sentiments. — Tour de l'esprit et du langage. — Véhémence de l'impression et aspérité de l'expression.

VI. Poëmes chrétiens. — En quoi les Saxons sont prédisposés au christianisme. — Comment ils se convertissent au christianisme. — Comment ils entendent le christianisme. — Hymnes de Cœdmon. — Hymne des Funérailles. — Poëme de Judith. — Paraphrase de la Bible.

VII. Pourquoi la culture latine n'a point de prise sur les Saxons. — Raisons tirées de la conquête saxonne. — Bède, Alcuin, Alfred. — Traductions. — Chroniques. — Compilations. — Impuissance des latinistes. — Raisons tirées du caractère saxon. — Adhelm. — Alcuin. — Vers latins. — Dialogues poétiques. — Mauvais goût des latinistes.

VIII. Opposition des races germaniques et des races latines. — Caractère de la race saxonne. — Elle persiste sous la conquête normande.

I

Si vous longez la mer du Nord depuis l'Escaut jusqu'au Jutland, vous vous apercevrez d'abord que le trait marquant du pays est le manque de pente ; marécages, landes et bas-fonds : les fleuves, péniblement, se traînent, enflés et inertes, avec de longues ondulations noirâtres ; leur eau extravasée suinte à travers la rive, et reparaît au delà en flaques dormantes. En Hollande le sol n'est qu'une boue qui fond ; à peine si la terre surnage çà et là par une croûte de limon mince et frêle, alluvion du fleuve que le fleuve semble prêt à noyer. Au-dessus planent les lourds nuages, nourris par les exhalaisons éternelles. Ils tournent lentement leurs ventres violacés, noircissent, et tout d'un coup fondent en averses ; la vapeur, semblable aux fumées d'une chaudière, rampe incessamment sur l'horizon. Ainsi arrosées, les plantes pullulent ; à l'angle du Jutland et du continent, dans un sol gras, limoneux, « la verdure est aussi fraîche qu'en Angleterre[1]. » Des forêts immenses couvrirent la contrée jusqu'au delà du onzième siècle. C'est ici la séve du pays humide, grossière et puissante, qui coule dans l'homme comme dans les plantes, et par la respiration, la nourriture, les sensations et les habitudes, fait ses aptitudes et son corps.

Cette terre ainsi faite a un ennemi, la mer. La Hollande ne subsiste que par ses digues. En 1654, celles de Jutland se rompirent, et quinze mille habitants furent engloutis. Il faut voir la houle du nord clapoter au niveau du sol, blafarde et méchante[2] ; l'énorme mer jaunâtre arrive d'un élan sur la petite bande de côte plate qui ne semble pas capable de lui résister un seul instant ; le vent hurle et beugle, les mouettes crient ; les pauvres petits navires s'enfuient à tire-d'aile penchés, presque renversés, et tâchent de trouver un asile dans la bouche du fleuve, qui semble aussi hostile que la mer. Triste vie et précaire, comme devant une bête de proie ; les Frisons, dans leurs lois antiques, parlent déjà de la ligue qu'ils ont fait ensemble contre « le

---

1. Malte-Brun, t. IV, 398, Danemark signifie *champ bas*. Sans compter les baies, golfes et canaux, la seizième partie du pays est occupée par les eaux. Le patois jutlandais a encore beaucoup de ressemblance avec l'anglais.
2. Tableau de Ruysdaël, galerie de M. Baring. Des trois îles saxonnes, North Strandt, Busen et Héligoland, North Strandt a été envahie par la mer en 1300, 1483, 1532, 1615, et presque détruite en 1634, — Busen est une plaine unie, battue de tempêtes, qu'il a fallu entourer d'une digue, — Héligoland a été dévastée par la mer en 800, en 1300, en 1500, en 1649, cette dernière fois si terriblement, qu'il n'est resté d'elle qu'un morceau. — Turner, I, 118.

féroce Océan. » Même pendant le calme, cette mer reste inclémente. « Devant les yeux s'étale le grand désert des eaux ; au-dessus voguent les nuées, ces grises et informes filles de l'air, qui de la mer avec leurs seaux de brouillards, puisent l'eau, la traînent à grand'peine, et la laissent retomber dans la mer, besogne triste, inutile et fastidieuse[1]. » « A plat ventre étendu, l'informe vent du nord, comme un vieillard grognon, babille d'une voix gémissante et mystérieuse, et raconte de folles histoires. » Pluie, vent et houle, il n'y a de place ici que pour les pensées sinistres ou mélancoliques. La joie des vagues elles-même a je ne sais quoi d'inquiétant et d'âpre. De la Hollande au Jutland, une file de petites îles noyées[2] témoigne de leurs ravages ; les sables mouvants que les flots apportent obstruent d'écueils la côte et l'entrée des fleuves[3]. La première flotte romaine, mille vaisseaux, y périt ; encore aujourd'hui les navires demeurent en vue des ports un mois et davantage, ballottés sur les grandes vagues blanches, n'osant se risquer dans le chenal changeant, tortueux, célèbre par les naufrages. L'hiver, une cuirasse de glace couvre les deux fleuves ; la mer repousse les glaçons qui descendent ; ils s'entassent en craquant sur les bancs de sable, et oscillent ; parfois on a vu

---

Henri Heine, *Die nordsee.* Voir dans Tacite, *Annales,* liv. II, l'impression des Romains. *Truculentia cœli.*

2. *Watten, Platen, Sande, Düneninseln.*

3. C'est à 9 ou 10 milles, près d'Héligoland, qu'on trouve pour la première fois des profondeurs de vingt perches.

des vaisseaux, saisis comme par une pince, se fendre en deux sous leur effort. Figurez-vous, dans cet air brumeux, parmi ces frimas et ces tempêtes, dans ces marécages et ces forêts, des sauvages demi-nus, sortes de bêtes de proie, pêcheurs et chasseurs, mais surtout chasseurs d'hommes; ce sont eux, Saxons, Angles, Jutes, Frisons aussi [1], et plus tard Danois, qui au cinquième et au neuvième siècle, avec leurs épées et leurs grandes haches, prirent et gardèrent l'île de Bretagne.

Pays rude et brumeux, semblable au leur, sauf pour la profondeur de sa mer et la commodité de ses côtes, qui plus tard appellera les vraies flottes et les grands navires : la verte Angleterre, ce mot ici vient d'abord aux lèvres, et dit tout. Là aussi l'humidité surabonde; même en été, le brouillard monte; même dans les jours clairs, on le sent qui va venir de la grande ceinture maritime, ou sortir de l'immense prairie toujours abreuvée, qui, dans les bas-fonds, sur les hauteurs, ondule, coupée de haies, jusqu'au bout de l'horizon. Çà et là, un jet de soleil s'abat sur les hautes herbes avec un éclat violent, et la splendeur de la verdure devient éblouissante et brutale. L'eau regorgeante dresse les tiges mollasses; elles foisonnent fragiles et emplies de séve, et cette séve est incessamment renouvelée; car les nuages grisâtres rampent sur un fond de brouillard immobile, et de loin en loin, le bord du ciel est brouillé par une averse. « Il y a encore des *commons*, comme aux temps

---

[1]. Palgrave, *Saxon commonwealth*, t. I.

de la conquête, abandonnés[1], sauvages, pleins d'ajoncs et d'herbes épineuses, avec un cheval çà et là qui paît dans la solitude. Triste aspect, médiocre terre[2]. Quel travail il a fallu pour l'humaniser! Quelle impression elle a dû faire sur les hommes du Midi, sur les Romains de César! Je pensais, en la voyant, aux anciens Saxons, aux vagabonds de l'Ouest et du Nord, qui étaient venus camper dans ce pays de marécages et de brumes, sur la lisière des vieilles forêts, au bord de ces grands fleuves limoneux, qui roulent leur bourbe à la rencontre des vagues. Il leur fallait vivre en chasseurs et en porchers, devenir, comme auparavant, athlétiques, féroces et sombres. Mettez la civilisation en moins sur ce sol. Il ne restera aux habitants que la guerre, la chasse, la mangeaille et l'ivrognerie. L'amour riant, les doux songes poétiques, les arts, la fine et agile pensée sont pour les heureuses plages de la Méditerranée. Ici le barbare, mal clos dans sa chaumière fangeuse, qui entend la pluie ruisseler pendant des journées entières sur les feuilles des chênes, quelles rêveries peut-il avoir quand il contemple ses boues et son ciel terni? »

1. Notes d'un voyage en Angleterre.
2. Léonce de Lavergne, *De l'agriculture anglaise*. Le sol est beaucoup plus mauvais que celui de la France.

II

De grands corps blancs, flegmatiques, avec des yeux bleus farouches, et des cheveux d'un blond rougeâtre; des estomacs voraces, repus de viande et de fromage, réchauffés par des liqueurs fortes; un tempérament froid, tardif pour l'amour[1], le goût du foyer domestique, le penchant à l'ivrognerie brutale : ce sont là encore aujourd'hui les traits que l'hérédité et le climat maintiennent dans la race, et ce sont ceux que les historiens romains leur découvrent d'abord dans leur premier pays. On ne vit point, en ces contrées, sans une abondance de nourriture solide; le mauvais temps enferme les gens chez eux; il faut, pour les ranimer, des boissons fortes; les sens y sont obtus, les muscles résistants, les volontés énergiques. Par toutes ses racines corporelles l'homme en tout pays plonge dans la nature, et il y plonge d'autant davantage qu'étant plus inculte, il en est moins affranchi. Ceux-ci en Germanie, sous leurs tempêtes, dans leurs misérables bateaux de cuir, parmi les rigueurs et les périls de la vie maritime, se trouvaient entre tous façonnés pour la résistance et l'entreprise, en-

---

[1]. Tacite, *De moribus Germanorum*, passim : Diem, noctemque continuare potando, nulli probrum. — Sera juvenum Venus. — Totos dies juxta focum atque ignem agunt. — Dargaud, *Voyage en Danemark*. Six repas par jour, le premier à 5 heures du matin. Voir les figures et les repas à Hambourg et à Amsterdam.

durcis au mal et contempteurs du danger. Pirates d'abord : de toutes les chasses, la chasse à l'homme est la plus profitable et la plus noble; ils laissaient le soin de la terre et des troupeaux aux femmes et aux esclaves; naviguer, combattre et piller[1], c'était là pour eux toute l'œuvre d'un homme libre. Ils se lançaient en mer sur leurs barques à deux voiles, abordaient au hasard, tuaient, et allaient recommencer plus loin, ayant égorgé en l'honneur de leurs dieux le dixième de leurs prisonniers, et laissant derrière eux la lueur rouge de l'incendie. « Seigneur, disait une litanie, délivrez-nous de la fureur des Jutes. » « De tous les barbares[2], ce sont les plus fermes de corps et de cœur, les plus redoutés, » ajoutez les plus « cruellement féroces. » Quand le meurtre est devenu un métier, il devient un plaisir. Vers le huitième siècle, la décomposition finale du grand cadavre romain, que Charlemagne avait tenté de relever et qui s'affaissait dans sa pourriture, les appela comme des vautours à la proie. Ceux qui étaient restés en Danemark avec leurs frères de Norvége, païens fanatiques, et acharnés contre les chrétiens, se lancèrent sur tous les rivages. Leurs rois de mer[3], « qui n'avaient jamais dormi sous les poutres enfumées d'un toit, qui n'avaient jamais vidé la corne de bière auprès d'un foyer habité, » se riaient des vents et des orages, et chan-

---

1. Bède, V. 10. Sidoine, VIII, 6. Lingard, *Histoire d'Angleterre*.
2. Zosime, III, 147. Ammien Marcellin, XXVIII, 526.
3. Vikings. Aug. Thierry, *Hist. sancti Edmundi*, t. VI, 441 apud Surium. Voir l'*Yglingasaga*, et surtout la *Saga d'Egill*.

taient : « Le souffle de la tempête aide nos rameurs ; le mugissement du ciel, les coups de la foudre ne nous nuisent pas ; l'ouragan est à notre service et nous jette où nous voulions aller. » « Nous avons frappé de nos épées, dit un chant attribué à Ragnar Lodbrog ; c'était pour moi un plaisir égal à celui de tenir une belle fille à mes côtés !... Celui qui n'est jamais blessé mène une vie ennuyeuse. » Un d'entre eux, au monastère de Peterborough, tue de sa main tous les moines, au nombre de quatre-vingt-quatre ; d'autres, ayant pris le roi Ælla, lui coupent les côtes jusqu'aux reins, et lui arrachent les poumons par l'ouverture, de façon à figurer un aigle avec sa plaie. Harold Pied de Lièvre, ayant saisi son compétiteur Alfred avec six cents hommes, leur fit crever les yeux et couper les jarrets, ou scalper le crâne, ou dévider les entrailles. Supplices et carnages, besoin du danger, fureur de destruction, audaces obstinées et insensées du tempérament trop fort, déchaînement des instincts carnassiers, ce sont là les traits qui apparaissent à chaque pas dans les anciennes Sagas. La fille du Iarl danois, voyant Egill qui veut s'asseoir auprès d'elle, le repousse avec mépris, lui reprochant « d'avoir rarement fourni aux loups des mets chauds, de n'avoir pas vu dans tout l'automne le corbeau croassant au-dessus du carnage. » Mais Egill la saisit et l'apaise en chantant : « J'ai marché avec mon glaive sanglant, de sorte que le corbeau m'a suivi. Furieux, nous avons combattu, le feu planait sur la demeure des hommes, et nous avons endormi dans le sang ceux qui veillaient aux portes de la ville. » Par ces propos de table et ces goûts de jeune fille, jugez du reste[1].

Les voici maintenant en Angleterre, plus sédentaires et plus riches : croyez-vous qu'ils soient beaucoup changés? Changés peut-être, mais en pis, comme les Francs, comme tous les barbares qui passent de l'action à la jouissance. Ils sont plus gloutons, ils dépècent leurs porcs, ils s'emplissent de viandes, ils avalent coup sur coup l'hydromel, la bière, le vin de *pigment*, toutes ces fortes et âpres boissons qu'ils ont pu ramasser, et se trouvent égayés et ranimés. Ajoutez-y le plaisir de se battre. Ce n'est pas avec de tels instincts qu'on atteint vite à la culture; pour la trouver naturelle et prompte, il faut aller la chercher dans les sobres et vives populations du Midi. Ici le tempérament lent et lourd[2] reste longtemps enseveli dans la vie brutale; au premier aspect, nous autres, gens de race latine, nous ne voyons jamais chez eux que de grandes et grosses bêtes, maladroites et ridicules quand elles ne sont pas dangereuses et enragées. Jusqu'au seizième siècle, le corps de la nation,

---

[1]. Francs, Frisons, Saxons, Danois, Norvégiens, Islandais, sont un même peuple. La langue, les lois, la religion, la poésie diffèrent à peine. Ceux qui sont plus au nord restent plus tardivement dans les mœurs primitives. La Germanie aux quatrième et cinquième siècles, le Danemark et la Norvége au septième et au huitième, l'Islande aux dixième et onzième siècles, offrent le même état, et les documents de chaque pays peuvent combler les lacunes qu'il y a dans l'histoire des autres.

[2]. Tacite, *De moribus Germanorum*, XXII : Gens nec astuta, nec callida.

CHAPITRE I. LES SAXONS. 11

dit un vieil historien, ne se composa guère que de pâtres, gardeurs de bêtes à viande et à laine ; jusqu'à la fin du dix-huitième, l'ivrognerie fut le plaisir de la haute classe ; il est encore celui de la basse, et tous les raffinements des délicatesses et de l'humanité moderne n'ont point aboli chez eux l'usage des verges et des coups de poing. Si le barbare carnivore, belliqueux, buveur, dur aux intempéries, apparaît encore sous la régularité de notre société et sous la douceur de notre politesse, imaginez ce qu'il devait être lorsque, débarqué avec sa bande sur un territoire dévasté ou désert et pour la première fois devenu sédentaire, il voyait à l'horizon les pâturages communs de la Marche, et la grande forêt primitive qui fournissait des cerfs à ses chasses et des glands à ses porcs ! Ils étaient « d'appétit grand et grossier [1], » disent les anciennes histoires. Encore au temps de la conquête [2], « la coutume de boire excessivement était le vice commun des gens du haut rang, et ils y passaient, sans interruption, les jours et les nuits entières. » Henri de Huntington, au douzième siècle, regrettant l'antique hospitalité, dit que les rois normands ne fournissent à leurs courtisans qu'un repas par jour, tandis que les rois saxons en fournissaient quatre. Un jour qu'Athelstan visitait avec les nobles sa parente Ethelflède, la provision d'hydromel fut épuisée du premier coup par la grandeur des rasades ; mais saint

---

1. *Pictorial history of England*, by Craig and Mac-Farlane, I, 337. W. de Malmsbury. Henri de Huntington, VI, 365.
2. Turner, *History of the Anglo-Saxons*, III, 29.

Dunstan, ayant deviné l'immensité de l'estomac royal, avait muni la maison, en sorte « que les échansons, selon la coutume des fêtes royales, purent *toute la journée* servir à boire dans des cornes et autres vaisseaux. » Quand les convives étaient rassasiés, la harpe passait de mains en mains, et la rude harmonie de ces voix profondes montait haut sous les voûtes. Les monastères eux-mêmes, au temps du roi Edgard, retentissaient jusqu'au milieu de la nuit de jeux, de chants et de danses. Crier, boire, s'agiter, sentir ses veines échauffées et gonflées par le vin, entendre et voir autour de soi le tumulte de l'orgie, c'était le premier besoin des barbares[1]. La pesante brute humaine s'assouvit de sensations et de bruit.

Pour cet appétit, il y a une pâture plus forte, j'entends les coups et les batailles. En vain, ils s'attachent au sol et deviennent cultivateurs en troupes distinctes et en des endroits distincts, enfermés[2] dans leur marche avec leur parenté et leurs compagnons, liés entre eux, séparés d'autrui, bornés par des limites sacrées, par des chênes séculaires où ils ont gravé des figures d'oiseaux et de bêtes, par des perches plantées au milieu des marais et dont le violateur est puni de supplices atroces. En vain ces Marches et ces Gaus se

---

1. Tacite, *De moribus Germanorum*, XXII, XXIII.
2. Kemble, *Saxons in England*, I, 70; II, 184. « Les actes d'un parlement anglo-saxon sont une série de *traités de paix* entre toutes les associations qui composent l'État, une révision et un renouvellement continuels de toutes les alliances offensives et défensives entre tous les hommes libres. Ils sont universellement des contrats mutuels pour le maintien de la paix. » (Frid.)

groupent en états et finissent par former une société demi-réglée, pourvue d'assemblées, et régie par des lois, conduite par un roi unique; sa structure même indique les besoins auxquels elle pourvoit. C'est pour maintenir la paix qu'ils s'assemblent; ce sont des traités de paix qu'ils concluent entre eux dans leurs parlements; ce sont des provisions pour la paix qu'ils établissent dans leurs lois. La guerre est partout et journalière; il s'agit de ne pas être tué, rançonné, mutilé, pillé, pendu, et, par surcroît, violée si l'on est femme[1]. Chaque homme est tenu d'être armé, et prêt, avec son bourg ou sa ville, de repousser les maraudeurs; ceux-ci vont par bandes; il y en a de trente-cinq et au delà. L'animal est encore trop puissant, trop fougueux, trop indompté. La colère et la convoitise le jettent tout d'abord sur sa proie. L'histoire, telle que nous l'avons des Sept-Royaumes[2], ressemble à « celle des corbeaux et des milans. » Ils ont tué ou asservi les Bretons, ils combattent les Gallois qui restent, les Irlandais, les Pictes, ils se massacrent entre eux, ils sont hachés et taillés en pièces par les Danois. En cent ans, sur quatorze rois de Northumbrie, il y en a sept tués et six déposés. Penda le Mercien tue cinq rois, et, pour prendre la ville de Bamborough, démolit tous les villages voisins, amoncelle leurs rui-

1. Turner, III, 238. *Lois d'Ina*.
2. Mot de Milton (*Kites and Crows*). Lingard, t. I, ch. III. Cette histoire ressemble beaucoup à celle des Francs dans les Gaules. Voy. Grégoire de Tours. Les Saxons comme les Francs s'amollissent un peu, mais surtout se dépravent, et sont pillés et massacrés par leurs frères du Nord restés sauvages.

nes en un bûcher immense capable de brûler les habitants, entreprend d'exterminer les Northumbres, et périt lui-même par l'épée à quatre-vingts ans. Beaucoup d'entre eux sont assassinés par leurs thanes ; tel thane est brûlé vif ; les frères s'égorgent en trahison. Chez nous, la culture a interposé entre le désir et l'action le tissu entre-croisé et amollissant des réflexions et des calculs ; ici la détente est soudaine, et le meurtre et toute action extrême en partent à l'instant. Le roi Edwy[1], ayant épousé Elgita, sa parente à un degré prohibé, quitta, le jour même du couronnement, la salle où l'on buvait, pour aller près d'elle. Les nobles se crurent insultés, et sur-le-champ l'abbé Dunstan s'en fut lui-même chercher le jeune homme. « Il trouva la femme adultère, dit le moine Osbern, sa mère et le roi ensemble sur le lit de débauche. Il en arracha le roi violemment, et, lui mettant la couronne sur la tête, le ramena devant les thanes. » Alors Elgita envoya des hommes pour arracher les yeux de l'abbé, puis, sur une révolte, se sauva avec le roi, « en se cachant par les chemins ; mais les gens du Nord, l'ayant saisie, « lui coupèrent les muscles des jarrets, puis lui firent subir la mort dont elle était digne. » Barbarie sur barbarie : « A Bristol, au temps de la conquête[2], la coutume était d'acheter des hommes et des femmes dans toutes les parties de l'Angleterre et de les exporter en Irlande pour les vendre avec profit.

---

1. *Pictorial history*, I, 171. *Vita sancti Dunstani. Anglia sacra*, II.
2. *Pictorial history*, I, 270. Vie de S. Wulston, évêque.

Les acheteurs engrossaient ordinairement les jeunes femmes, et les menaient enceintes au marché afin d'en tirer un meilleur prix. Vous auriez vu avec chagrin de longues files de jeunes gens des deux sexes de la plus grande beauté, liés avec des cordes et journellement exposés en vente.... Ils vendaient ainsi comme esclaves leurs plus proches parents et même leurs propres enfants.... » Et le chroniqueur ajoute qu'ayant abandonné cet usage, « ils donnèrent ainsi un exemple à tout le reste de l'Angleterre. » — Veut-on savoir ce qu'étaient les mœurs dans les plus hauts rangs, dans la famille du dernier roi[1]? Harold servait à boire au roi Édouard le Confesseur. Soudain Tosti, son frère, irrité de sa faveur, le saisit aux cheveux; on les sépare. Tosti s'en va à Hereford, où Harold avait fait préparer un grand banquet royal, tue les serviteurs d'Harold, leur coupe la tête et les membres qu'il met dans des vases de bière, de vin, d'hydromel et de cidre, et envoie dire au roi : « Si tu vas à ta ferme, tu y trouveras force chair salée, mais tu feras bien d'emporter quelques autres pièces avec toi. » L'autre frère d'Harold, Sweyn, avait violé l'abbesse Edgive, assassiné le thane Beorn, et, banni du pays, s'était fait pirate. A voir leurs coups de main, leur férocité, leurs ricanements de cannibales, on devine qu'ils n'avaient pas beaucoup de chemin à faire pour

---

1. « Tantæ sævitiæ erant fratres illi quod, cum alicujus nitidam villam conspicerent, dominatorem de nocte interfici juberent, totamque progeniem illius possessionemque defuncti obtinerent. » Turner, III, 32. Henri de Huntington, VI, 367.

redevenir rois de la mer et parents de ces sectateurs d'Odin qui mangeaient la chair crue, pendaient des hommes aux arbres sacrés d'Upsal en guise de victimes, et se tuaient eux-mêmes pour mourir dans le sang comme ils avaient vécu. Vingt fois le vieil instinct farouche reparaît sous la mince croûte du christianisme. Au onzième siècle, « Sigeward[1], le grand duc de Northumberland, atteint d'un flux de ventre et sentant sa mort prochaine : « Quelle honte pour moi, « dit-il, de n'avoir pu mourir dans tant de guerres, et « de finir ainsi de la mort des vaches! Au moins revê- « tez-moi de ma cuirasse, ceignez-moi mon épée, met- « tez mon casque sur ma tête, mon bouclier dans ma « main gauche, ma hache dorée dans ma main droite, « afin qu'un grand guerrier comme moi meure en « guerrier. » On fit comme il disait, et il mourut ainsi honorablement avec ses armes. » Ils avaient fait un pas hors de la barbarie, mais ce n'était qu'un pas.

III

Sous cette barbarie native, il y avait des penchants nobles, inconnus au monde romain, et qui de ses débris devaient tirer un meilleur monde. Au premier rang, « un certain sérieux qui les écarte des sentiments frivoles et les mène sur la voie des sentiments

---

1. *Penè gigas statura,* dit le chroniqueur. 1055. Kemble, I, 393. Henri de Huntington, liv. VI, 367.

élevés[1]. » Dès l'origine, en Germanie, on les trouve tels, sévères de mœurs, avec des inclinations graves et une dignité virile. Ils vivent solitairement, chacun près de la source ou du bois qui lui a plu[2]. Même dans leurs villages, leurs chaumières ne se touchent pas ; ils ont besoin d'indépendance et d'air libre. Nul goût pour la volupté : chez eux l'amour est tardif, l'éducation dure, la nourriture simple ; pour tous divertissements, ils chassent l'uroch et sautent parmi les épées nues. L'ivresse violente et les paris dangereux, c'est de ce côté qu'ils donnent prise ; ils sont enclins à rechercher, non les plaisirs doux, mais l'excitation forte. En toutes choses, dans les instincts rudes et dans les instincts mâles, ils sont des *hommes*. Chacun chez soi, sur sa terre et dans sa hutte, est maître de soi, debout et entier, sans que rien le courbe ou l'entame. Quand la communauté prend quelque chose de lui, c'est qu'il l'accorde. Il vote armé dans toutes les grandes résolutions communes, juge dans l'assemblée, fait des alliances et des guerres privées, émigre, agit et ose[3]. L'Anglais moderne est déjà tout entier dans ce Saxon. S'il se plie, c'est qu'il veut bien se plier ; il n'est pas moins capable d'abnégation que d'indépendance : le sacrifice est fréquent ici, l'homme y fait bon marché de son sang et de sa vie. Chez Homère, le guerrier

---

1. « Ein sinniger Ernst, der sie dem Eitlen entfuhrt, und auf die Spur des Erhabenen leitet. » Grimm, *Mythologie*, 52. Vorrede.
2. Tacite, XX, XXIII, XI, XII, XIII *et passim*. On peut voir encore les traces de ce goût dans les constructions anglaises.
3. Tacite, XII.

faiblit souvent, et on ne le blâme point de fuir. Dans les Sagas, dans l'Edda, il est tenu d'être trop brave; en Germanie, le lâche est noyé dans la boue, sous une claie. A travers les emportements de la brutalité primitive, on voit percer obscurément la grande idée du devoir, qui est celle de la contrainte exercée par soi sur soi en vue de quelque but noble. Chez eux le mariage est pur et la pudicité volontaire. Chez les Saxons, l'homme adultère est puni de mort, la femme obligée de se pendre, ou percée à coups de couteau par ses compagnes. Les femmes des Cimbres, ne pouvant obtenir de Marius la sauvegarde de leur chasteté, se sont tuées par multitudes de leur propre main. Ils croient qu'il y a dans les femmes « quelque chose de saint, » n'en épousent qu'une, et lui gardent leur foi. Depuis quinze siècles, l'idée du mariage n'a pas changé dans cette race[1]. L'épouse, en entrant sous le toit de son mari, sait qu'elle se donne tout entière[2], « qu'elle n'aura avec lui qu'un corps, qu'une vie; qu'elle n'aura nulle pensée, nul désir au delà; qu'elle sera la compagne de ses périls et de ses travaux; qu'elle souffrira et osera autant que lui dans la paix et dans la guerre. » Comme elle, il sait se donner : quand il a choisi son chef, il s'oublie en lui, il lui attribue sa gloire, il se fait tuer pour lui; « celui-là est infâme pour toute sa vie, qui revient sans son chef du champ de bataille[3]. »

1. « Une fois mariées, ce sont exactement des couveuses occupées à faire des enfants, et en adoration perpétuelle devant le faiseur. » Stendhal, de l'Amour en Allemagne.
2. Tacite, XIX, VIII, XVI. Kemble, I, 232.
3. Tacite, XIV. Kemble, I, 32.

C'est sur cette subordination volontaire que s'assiéra la société féodale. L'homme, dans cette race, peut accepter un supérieur, être capable de dévouement et de respect. Replié sur lui-même par la tristesse et la rudesse de son climat, il a découvert la beauté morale pendant que les autres découvraient la beauté sensible. Cette espèce de brute nue qui gît tout le long du jour auprès de son feu, inerte et sale, occupée à manger et à dormir [1], dont les organes rouillés ne peuvent suivre les linéaments nets et fins des heureuses formes poétiques, entrevoit le sublime dans ses rêves troubles. Il ne le figure pas, il le sent; sa religion est déjà intérieure, comme elle le sera lorsqu'au seizième siècle il rejettera le culte sensible importé de Rome, et consacrera la foi du cœur [2]. Ses dieux ne sont point enfermés dans des murailles; il n'a point d'idoles. Ce qu'il désigne par des noms divins, c'est ce je ne sais quoi d'invisible et de grandiose qui circule à travers la nature et qu'on devine au delà d'elle [3], mystérieux infini que les sens n'atteignent pas, mais que « la vénération révèle; » et quand plus tard les légendes précisent et altèrent cette vague divination des puissances naturelles, une idée reste debout dans ce

1. « In omni domo, nudi et sordidi.... Plus per otium transigunt, dediti somno, ciboque; totos dies juxta focum atque ignem agunt. »

2. Grimm, 53, Vorrede, Tacite, X.

3. Deorum nominibus appellant secretum illud, quod sola reverentia vident. » Plus tard, à Upsal par exemple, il y eut des statues. (Adam de Brême.)

Wuotan (Odin) signifie, par sa racine, le Tout-Puissant, celui qui pénètre et circule à travers tout. (Grimm, *Mythologie*.)

chaos de rêves gigantesques : c'est que ce monde est une guerre et que l'héroïsme est le souverain bien.

Au commencement, disent ces vieilles légendes écrites en Islande[1], il y avait deux mondes : Niflheim le glacé et Muspill le brûlant. Des gouttes de la neige fondante naquit un géant, Ymer. « Ce fut le commencement des siècles, — quand Ymer s'établit. — Il n'y avait ni sables, ni mers, ni ondes fraîches. — On ne trouvait ni terres, ni ciel élevé. — Il y avait le gouffre béant, — mais de l'herbe nulle part. » — Il n'y avait qu'Ymer, l'horrible Océan glacé, avec ses enfants, nés de ses pieds et de son aisselle, puis leur informe lignée, les Terreurs de l'abîme, les Montagnes stériles, les Ouragans du Nord, et le reste des êtres malfaisants, ennemis du soleil et de la vie. Alors la vache Andhumbla, née aussi de la neige fondante, mit à nu, en léchant le givre des rochers, un homme, Bur, dont les petits-fils tuèrent Ymer. « De sa chair ils firent la terre, de son sang le sol et les fleuves, de ses os les montagnes, de sa tête le ciel, et de son cerveau enfin les nuées. » Ainsi commença la guerre entre les monstres de l'hiver et les dieux lumineux, fécondants, Odin, le fondateur, Balder, le doux et le bienfaisant, Thor, le tonnerre d'été qui épure l'air et par les pluies nourrit la terre. Longtemps les dieux

---

1. Voyez *passim*. Edda Sœmundi, Edda Snorri. Ed. Copenhague, 3 vol.

M. Bergmann en a traduit plusieurs poëmes; j'emprunte parfois sa traduction. Visions de la Vala. Discours de Vafthrudnis, etc.

combattront contre « les Iotes glacés, » contre les noires puissances bestiales, contre le loup Fenris, qu'ils tiendront enchaîné, contre le grand Serpent, qu'ils plongeront dans la mer, contre le perfide Loki, qu'ils lieront sur des rochers, sous une vipère dont le venin distillera incessamment sur son visage. Longtemps les braves qui par une mort sanglante ont mérité d'être mis « dans les enclos d'Odin et s'y livrent un combat chaque jour, » aideront les dieux dans leur grande guerre. Un jour pourtant viendra où, dieux et hommes, ils seront vaincus : « Alors tremble le grand frêne d'Yggdrasil. — Il frissonne, le vieil arbre. — Le Iote Loki brise ses liens. — Les ombres frémissent sur les routes de l'Enfer, — jusqu'à ce que le feu de Surtr — ait dévoré l'arbre. — Le nocher Hrymr s'avance de l'Orient, un bouclier le couvre. — Izrmungandr se roule — avec une rage de géant. — Le serpent soulève les flots, — l'aigle bat des ailes, — l'oiseau au bec pâle déchire les cadavres. — Le navire Naglfar est lancé. — Surtr arrive du Midi avec les épées désastreuses. — Le soleil resplendit sur les glaives des dieux héros. — Les montagnes de rochers s'ébranlent, — les géantes tremblent. — Les ombres foulent le chemin de l'enfer, — le ciel s'entr'ouvre. — Le soleil commence à noircir, — la terre s'affaisse dans la mer. — Elles disparaissent du ciel, — les étoiles brillantes. — La fumée tourbillonne — autour du feu destructeur du monde. — La flamme gigantesque joue — contre le ciel même. » Les dieux périssent tour à tour dévorés par les monstres, et la légende céleste, lugubre et grandiose ici comme l'histoire humaine, annonce des cœurs de combattants et de héros.

Nulle crainte de la douleur, nul souci de la vie. Ils en font litière sitôt que leur idée les prend. Le frémissement des nerfs, la répugnance de l'instinct animal qui, devant les plaies et la mort, se rejette en arrière, tout disparaît sous la volonté irrésistible. Voyez dans leur épopée[1] le sublime pousser au milieu de l'horrible, comme une éclatante fleur de pourpre au milieu d'une mare de sang. Sigurd a enfoncé son épée dans le cœur du dragon Fafnir, et « à ce moment tous deux se regardent. » Alors Fafnir chante en mourant :

« Jeune homme, jeune homme ! — de quel jeune homme es-tu né ? — de quelle race d'hommes es-tu ? — Car tu as trempé et rougi dans Fafnir — ton épée, cette épée étincelante. — Ton fer s'est arrêté dans mon cœur. »

« C'est mon cœur qui m'a poussé. — Ce sont mes mains qui ont accompli l'œuvre, — mes mains et mon fer aigu. — Rarement il devient brave — et aguerri aux blessures, — celui qui tremble — au moment du danger ! »

Sur ce cri d'aigle triomphant, Régin, le frère de Fafnir, arrive, lui arrache le cœur, boit le sang de la blessure et s'endort. Cependant Sigurd, qui faisait rôtir le cœur, porte sans y penser son doigt sanglant

---

1. Fafnismâl, Edda, t. III. Cette épopée est commune aux races du Nord comme l'Iliade aux peuplades de la Grèce, et se retrouve presque tout entière en Allemagne dans les Niebelungen.

à sa bouche. Aussitôt il comprend le langage des oiseaux qui gazouillent au-dessus de lui dans les feuilles vertes des arbres. Ils l'avertissent de se défier de Régin. Sigurd coupe la tête de Régin, mange le cœur de Fafnir, boit son sang et celui de son frère. C'est parmi « cette rosée de meurtres » que végètent ici le courage et la poésie. Sigurd a conquis Brynhild, la vierge indomptée, en traversant la flamme et en lui fendant sa cuirasse, et il a dormi avec elle trois nuits, mais ayant placé entre elle et lui son épée, « sans prendre entre ses bras la jeune fille florissante, sans lui donner un baiser, » parce que, selon la foi jurée, il doit la remettre à son ami Gunnar. Elle, amoureuse de lui, « demeurait assise seule, — à la chute du jour, — et ouvertement, — se dit en elle-même : — J'aurai Sigurd, — ou je mourrai, — Sigurd, l'homme florissant de jeunesse, — je l'aurai dans mes bras. » Mais le voyant marié, elle le fit tuer. « Alors elle rit, Brynhild, — la fille de Budli, — cette fois-là seulement, — de tout son cœur, — lorsque du lit, — on put entendre — le cri éclatant de la veuve. » Elle-même, revêtant sa cuirasse, se perça de son glaive, et, pour dernière demande, se fit étendre sur un grand bûcher avec Sigurd, l'épée entre eux, comme au jour où ils avaient dormi ensemble, avec des boucliers, avec des esclaves ornés d'or, avec deux faucons, avec cinq femmes, avec huit serviteurs, avec son père nourricier et sa nourrice, et tous brûlèrent ensemble. Cependant Gudrun, la veuve, restait immobile près du corps et ne pouvait pleurer. Les femmes des chefs vinrent près d'elle, et chacune pour la consoler lui conta ses propres peines, toutes les calamités des grandes dévastations et de l'antique vie barbare. « Alors parla Gjaflogd, — sœur de Gjuki : — « Je sais que sur la terre — je suis entre toutes la plus dénuée de joie. — De cinq maris — j'ai souffert la perte, — et aussi de deux filles, — de trois sœurs, — de huit frères; — pourtant me voilà, et je survis seule. » — Alors parla Herborgd, — reine de la terre des Huns : — « Moi j'ai à raconter — un deuil plus cruel. — Mes sept fils, — dans la région de l'Est, — et mon mari le huitième — sont morts dans la bataille. — Mon père et ma mère, — mes quatre frères, — le vent a joué avec eux — dans la mer. — Le flot a battu — le plancher de leur vaisseau. — Moi-même j'étais forcée de recueillir leurs corps, — moi-même j'étais forcée de veiller à leur sépulture, — moi-même j'étais forcée — de faire leurs funérailles. — Tout cela, je l'ai souffert — en une année, — et pendant ce temps, — nul d'entre les hommes — ne m'a apporté de consolation. — Cependant j'étais enchaînée — et captive de guerre, — quand six mois de cette année se furent écoulés. — J'étais forcée de parer — la femme d'un chef de guerre — et de lui attacher sa chaussure — chaque matin. Elle me menaçait — par jalousie, et me frappait de rudes coups. » — Tout cela est vain, nulle parole ne peut mouiller ces yeux secs; il faut qu'on mette le corps sanglant sur ses genoux pour lui tirer des larmes. Alors elle éclate, s'affaisse, et les cygnes de sa cour répondent à ses cris. Elle mourrait, comme Sigrun, sur le cadavre de celui qu'elle a uniquement aimé, si par un breuvage magique on ne lui faisait perdre la mémoire. Ainsi dénaturée, elle part pour épouser Atli, le roi des Huns. Et néanmoins elle part malgré elle, avec des prédictions sinistres. Car le meurtre engendre le meurtre; et ses frères, les meurtriers de Sigurd, attirés chez Atli, vont tomber à leur tour dans un piége pareil à celui qu'ils ont tendu. Gunnar est lié, et l'on veut qu'il livre le trésor; il répond avec l'étrange rire des barbares : « Je demande qu'on me mette dans la main — le cœur de mon frère Högni, — le cœur sanglant, — arraché de la poitrine du puissant cavalier, — du fils de roi, — avec un poignard émoussé. » — Ils arrachèrent le cœur — de la poitrine de l'esclave Hjalli. — Ils le mirent sanglant sur un plat — et le portèrent à Gunnar.... — Alors parla Gunnar, — le chef des hommes : — « Ici est le cœur — de Hjalli le lâche. — Il ne ressemble pas au cœur de Högni le brave. — Il tremble beaucoup — maintenant qu'il est sur le plat. — Il tremblait davantage — quand il était dans sa poitrine. » — .... « Högni rit — lorsqu'on coupa jusqu'à son cœur, — jusqu'au cœur vivant du guerrier qui savait arranger le panache des casques. — Il ne pensa pas du tout à pleurer. — Ils mirent le cœur sanglant dans un plat — et le portèrent à Gunnar. — Gunnar, d'un visage serein, parla ainsi, — le vaillant Niflung! — « Voici le cœur — d'Högni le brave! — Il ne ressemble pas au cœur — de Hjalli le lâche. — Il tremble peu — maintenant qu'il est dans le plat. — Il tremblait beaucoup moins — quand il était dans sa poitrine. — Que n'es-tu, — Atli, — aussi loin de mes yeux — que tu seras toujours loin — de nos colliers, de notre trésor ! — A moi seul est confié maintenant — tout le trésor caché, — toute la richesse des Niflungs. — Car Högni n'est plus parmi les vivants. — Je n'étais point rassuré — tant que nous vivions tous deux. — Mais maintenant je suis tranquille, — car je survis seul. » Suprême insulte de l'homme sûr de soi, à qui rien ne coûte pour s'assouvir, ni sa vie ni celle d'autrui. On l'a jeté parmi les serpents, et il y est mort, frappant du pied sa harpe. Mais la flamme inextinguible de la vengeance a passé de son cœur dans celui de sa sœur; cadavre sur cadavre, on les voit tomber tour à tour l'un sur l'autre; une sorte de fureur colossale les précipite les yeux ouverts dans la mort. Elle a égorgé les enfants qu'elle a eus d'Atli, elle lui donne à manger leurs cœurs dans du miel, un jour qu'il revient du carnage, et rit froidement en lui découvrant de quelle pâture il s'est repu. Les Huns hurlent, et sur les bancs, sous les tentes, chacun pleure; elle ne pleure point; elle n'a point pleuré depuis la mort de Sigurd, ni sur ses frères « au cœur d'ours, » ni sur « ses tendres enfants, ses enfants sans défiance. » La nuit venue, elle égorge Atli dans son lit, met le feu au palais, brûle tous les serviteurs et toutes les femmes guerrières. Jugez par ce monceau de dévastations et de carnages à quels excès la volonté ici est tendue. Il y avait des hommes parmi eux, les Berserkirs[1] qui, dans la bataille, saisis par une sorte de folie, déchaînaient tout d'un coup une force surhumaine et ne sentaient plus les blessures. Voilà le héros tel qu'il est conçu dans cette race à sa première aurore. N'est-il pas étrange de les voir mettre le bonheur dans les batailles et la beauté dans la mort? Y a-t-il un peuple, Hindous, Persans, Grecs ou Gaulois, qui se soit formé de la vie une conception aussi tragique? Y en a-t-il qui ait peuplé sa pensée enfantine de songes aussi funèbres? Y en a-t-il un qui ait chassé aussi entièrement de ses rêves la douceur de la jouissance et la mollesse de la volupté? L'effort, l'effort tenace et douloureux, l'exaltation dans l'effort, voilà leur état préféré. Carlyle disait bien que dans la sombre obstination du travailleur anglais subsiste encore la rage silencieuse de l'ancien guerrier scandinave. Lutter pour lutter, c'est là leur plaisir. Avec quelle tristesse, quelle fureur et quels dégâts un pareil naturel se déborde, on le verra dans Byron et dans Shakspeare; avec quelle efficacité, avec quels services il s'endigue et s'emploie sous les idées morales, on le verra dans les puritains.

1. Ce mot désigne les hommes qui combattaient sans cuirasse, probablement vêtus d'une simple blouse.

IV

Ils viennent s'établir en Angleterre, et si désordonnée que soit la société qui les assemble, elle est fondée, comme en Germanie, sur des sentiments généreux. La guerre est à chaque porte, je le sais, mais les vertus guerrières sont derrière chaque porte ; le courage d'abord, et aussi la fidélité. Sous la brute il y a l'homme libre et aussi l'homme de cœur. Il n'y a point d'homme parmi eux qui, à ses propres risques[1], ne puisse faire des ligues, aller combattre au dehors, tenter les entreprises. Il n'y a pas de groupe d'hommes libres parmi eux qui, dans leur Witanagemot, ne renouvelle incessamment ses alliances avec autrui. Chaque parenté, dans sa marche, forme une ligue dont tous les membres, « frères de l'épée, » se défendent l'un l'autre, et réclament l'un pour l'autre, aux dépens de leur sang, le prix du sang. Chaque chef dans sa salle compte qu'il a des amis, non des mercenaires, dans les fidèles qui boivent sa bière, et qui ayant reçu de lui, en marque d'estime et de confiance, des bracelets, des épées et des armures, se jetteront entre lui et les blessures le jour du combat[2]. L'indépendance et l'audace bouillonnent dans ce jeune monde avec des violences et des excès ; mais en elles-mêmes ce

---

1. Voyez la vie de Sweyn, d'Hereward, etc., même au temps de la conquête.
2. Beowulf, *passim*. Death of Byrhtnoth.

sont des choses nobles, et les sentiments qui les disciplinent, je veux dire le dévouement affectueux et le respect de la foi donnée, ne le sont pas moins. Ils apparaissent dans les lois, ils éclatent dans la poésie. C'est la grandeur du cœur ici qui fournit à l'imagination sa matière. Les personnages ne sont point égoïstes et rusés comme ceux d'Homère. Ce sont de braves cœurs, simples[1] et forts, « fidèles à leurs parents, à leur seigneur dans le jeu des épées, fermes et solides envers ennemis et amis, » prodigues de courage et disposés au sacrifice. « Tout vieux que je suis, dit l'un d'eux, je ne bougerai pas d'ici. Je pense à mourir au côté de mon seigneur, près de cet homme que j'ai tant aimé.... Il tint sa parole, la parole qu'il avait donnée à son chef, au distributeur des trésors, lui promettant qu'ils reviendraient ensemble à la ville, sains et saufs dans leurs maisons, ou que tous les deux ils tomberaient dans l'armée, à l'endroit du carnage, expirant de leurs blessures. Il gisait comme un fidèle serviteur auprès de son seigneur. » Quoique maladroits à parler, leurs vieux poëtes trouvent des mots touchants quand il s'agit de peindre ces amitiés viriles. On est ému quand on les entend conter comment le vieux « roi embrassa le meilleur des thanes, et lui mit ses bras autour du col..., » comment « les larmes coulaient sur les joues du chef à tête grise.... Le vaillant homme lui était si cher ! — Il ne pouvait point arrêter le flot qui montait de sa poitrine. Dans son cœur, pro-

---

2. « Gens nec callida, nec astuta. » Tacite.

fondément dans les liens de sa pensée, il soupirait secrètement après ce cher homme ! » Si peu nombreux que soient les chants qui nous restent, ils reviennent sur ce sujet : l'homme exilé pense en rêve à son seigneur[1]; « il lui semble dans son esprit — qu'il le baise et l'embrasse, — et qu'il pose sur ses genoux — ses mains et sa tête, — comme jadis parfois, — dans les anciens jours, — lorsqu'il jouissait de ses dons. — Alors il se réveille, — le mortel sans amis. — Il voit devant lui — les routes désertes, — les oiseaux de la mer qui se baignent, — étendant leurs ailes, — le givre et la neige qui descendent, mêlés de grêle. — Alors sont plus pesantes — les blessures de son cœur. »
— « Bien souvent, dit un autre, nous étions convenus tous deux — que rien ne nous séparerait, — sauf la mort seule. — Maintenant ceci est changé, — et notre amitié est — comme si elle n'avait jamais été. — Il faut que j'habite ici — bien loin de mon ami bien-aimé, — que j'endure des inimitiés. — On me contraint à demeurer — sous les feuillages de la forêt, — sous le chêne, dans cette caverne souterraine. — Froide est cette maison de terre. — J'en suis tout lassé. — Obscurs sont les vallons — et hautes les collines, — triste enceinte de rameaux — couverte de ronces, — séjour sans joie.... — Mes amis sont dans la terre. — Ceux que j'aimais dans leur vie, — le tombeau les garde. — Et moi ici avant l'aube, — je marche seul — sous le chêne, — parmi ces caves souter-

[1]. The Wanderer, the Exile's song. Codex Exoniensis, publié par Thorpe.

raines.... — Bien souvent ici le départ de mon seigneur — m'a accablé d'une lourde peine. » Parmi les mœurs périlleuses et le perpétuel recours aux armes, il n'y a pas ici de sentiment plus vif que l'amitié, ni de vertu plus efficace que la loyauté.

Ainsi appuyée sur l'affection puissante et sur la foi gardée, toute société est saine. Le mariage l'est comme l'État. On voit la femme apparaître mêlée aux hommes, dans les festins, sérieuse et respectée[1]. Elle parle et on l'écoute ; on n'a pas besoin de la cacher ni de l'asservir pour la contenir ou la préserver. Elle est une personne et non une chose. La loi exige son consentement pour le mariage, l'entoure des garanties et la pourvoit de protections. Elle peut hériter, posséder, léguer, paraître dans les cours de justice, dans les assemblées du comté, dans la grande assemblée des sages. Plusieurs fois le nom de la reine, le nom de plusieurs autres dames est inscrit dans les actes de Witanagemot. Comme l'homme et à côté de l'homme, la loi et les mœurs la maintiennent debout. Comme l'homme et à côté de l'homme, c'est le cœur qui l'attache. Il y a dans Alfred[2] un portrait de l'épouse qui, pour la pureté et l'élévation, égale tout ce qu'ont pu inventer nos délicatesses modernes : « Ta femme vit maintenant pour toi, pour toi seul. A cause de cela, elle n'aime rien, excepté toi. Elle a assez de toutes les sortes de biens dans cette vie présente, mais elle les a dédaignés

---

1. Beowulf, 48. Turner, III, 68. *Pictorial history*, I, 340.
2. Alfred emprunte ce portrait à Boëce, mais le refait presque entier.

tous à cause de toi seul. Elle les a tous laissés là parce qu'elle ne t'a pas avec eux. Ton absence lui fait croire que tout ce qu'elle possède n'est rien. Ainsi, pour l'amour de toi, elle se consume et elle est bien près d'être morte de larmes et de chagrin. » Déjà, dans les légendes de l'Edda, on a vu Sigrun au tombeau d'Helgi, « avec autant de joie que les voraces éperviers d'Odin lorsqu'ils savent que les proies tièdes du carnage leur sont préparées, » vouloir dormir encore dans les bras du mort et mourir à la fin sur son sépulcre. Rien de semblable ici à l'amour tel qu'on le voit dans les poésies primitives de la France, de la Provence, de l'Espagne et de la Grèce. Toute gaieté, tout agrément lui manque ; en dehors du mariage, il n'est qu'un appétit farouche, une secousse de l'instinct bestial. Nulle part il n'apparaît avec son charme et son sourire ; nulle chanson d'amour dans cette vieille poésie. C'est que l'amour n'y est point un amusement et une volupté, mais un engagement et un dévouement. Tout y est grave, et même sombre, dans les associations civiles, comme dans la société conjugale. Comme en Germanie, parmi les tristesses du tempérament mélancolique et les rudesses de la vie barbare, on ne voit dominer et agir que les plus tragiques facultés de l'homme, la profonde puissance d'aimer et la grande puissance de vouloir.

C'est pour cela que le héros, ici comme en Germanie, est véritablement héroïque. Parlons-en à loisir ; il nous reste un de leurs poëmes presque entier, celui de Beowulf. Voici les récits que les thanes, assis sur leurs escabeaux, à la clarté des torches, écoutaient en buvant la bière de leur prince : l'on y voit leurs mœurs, leurs sentiments, comme les sentiments et les mœurs des Grecs dans l'Iliade et l'Odyssée d'Homère. C'est un héros que ce Beowulf, et un chevalier avant la chevalerie, comme les conducteurs des bandes germaines sont des chefs féodaux avant l'établissement féodal[1]. Il a « ramé sur la mer, son épée nue serrée dans la main, parmi les vagues sauvages et les tempêtes glacées, pendant que la fureur de l'hiver bouillonnait sur les vagues de l'abîme; les monstres de la mer, les ennemis bigarrés le tiraient au fond, le tenaient serré dans leur griffe hideuse. Mais il a atteint les misérables avec sa pointe, avec sa hache de guerre. La grande bête de l'Océan a reçu par sa main l'assaut de la guerre, et il a tué neuf nicors[2]. » Maintenant le voilà qui vient à travers les flots pour secourir le vieux roi Hrothgar, qui est assis affligé dans « la grande salle à hydromel, haute et recourbée, » avec ses thanes. Car « un hideux étranger, un démon habitant des marais, » Grendel, est entré la nuit dans sa salle, a saisi trente nobles qui dormaient, et s'en est retourné dans sa bauge avec leurs cadavres; depuis douze ans, « l'ogre des repaires, » la bestiale et vorace créature, le parent des Orques et des Iotes, dévore les hommes

---

1. Kemble pense que le fond de ce poëme est très-ancien, peut-être contemporain de l'invasion des Angles et des Saxons, mais que la rédaction actuelle est postérieure au septième siècle. *Kemble's Beowulf*, texte et traduction. Les personnages sont danois.
2. Monstres de l'eau.

et « vide les meilleures maisons. Beowulf, le grand guerrier, s'offre pour le combattre seul, corps à corps, vie pour vie, sans épée ni cotte de mailles, « car la peau du maudit ne s'inquiète pas des armes, » demandant seulement que si la mort le prend, on emporte son corps sanglant, on l'enterre, on marque « sa demeure humide[1], » et qu'on renvoie à son chef Hygelac « la meilleure de ses chemises d'acier. »

Il s'est couché dans la salle, « confiant dans sa force hautaine, » et quand les brouillards de la nuit se sont levés, voici venir Grendel, qui arrache avec ses mains la porte, et saisissant un guerrier, « le déchire à l'improviste, mord son corps, boit le sang de ses veines, l'avale par morceaux coup sur coup. » Mais Beowulf à son tour l'a saisi, « se levant sur son coude. » « La salle royale tonnait. — La bière était répandue.... — Ils étaient tous deux de furieux, — d'âpres et forts combattants. — La maison résonnait. — Alors ce fut une grande merveille — que la salle à boire — pût résister aux deux taureaux de la guerre, — et qu'il ne croulât point à terre — le beau palais. Le bruit s'éleva — encore une fois. — Pour les Danois du Nord, — ce fut une terreur affreuse — pour tous ceux qui du mur — entendirent ce hurlement, — entendirent l'ennemi de Dieu — chanter son chant lugubre, — son chant de défaite — et se lamenter de sa blessure.... — L'infâme maudit — subissait la blessure mortelle. — Il y avait à son épaule — une grande plaie visible.

---

1. Fen-dwelling.

— Les muscles avaient été arrachés, — les jointures des os avaient craqué. — La victoire dans la bataille — était pour Beowulf. — Grendel était contraint — de fuir, atteint à mort, — dans son refuge des marais, — de chercher sa lugubre demeure. — Il savait bien — que la fin de sa vie — était venue, — que le nombre de ses jours était rempli. » Car il avait laissé par terre sa main, son bras et son épaule, et dans le lac des Nicors, où il s'était renfoncé, « la vague enflée de sang bouillonnait, la source impure des vagues était bouleversée toute chaude de poison, la teinte de l'eau était souillée par la mort, des caillots de sang venaient avec les bouillons à la surface. » Restait un monstre femelle, sa mère, « qui habitait comme lui les froids courants, et la terreur des eaux, » qui vint la nuit, et qui parmi les épées nues, arracha et dévora encore un homme, Œschere, le meilleur ami du roi. Une lamentation s'éleva dans le palais, et Beowulf s'offrit encore. Ils allèrent vers la bauge, dans un endroit désert, refuge des loups, près des promontoires où le vent souffle, où « un torrent des montagnes se précipitant sous l'obscurité des collines, faisait un flux sous la terre. » « Les bois se tenant par leurs racines avançaient leur ombre au-dessus de l'eau. La nuit, on y pouvait voir une merveille, du feu sur les vagues; » le cerf, lassé par les chiens, « aurait plutôt laissé son âme sur le bord » que d'y plonger pour y cacher sa tête. D'étranges dragons, des serpents y nageaient, et de temps en temps « le cor y sonnait un chant de mort, un chant terrible. « Beowulf se lança dans la vague, il descendit, à travers les monstres qui choquaient sa cotte de mailles, jusqu'à l'ogresse, jusqu'à « la détestable homicide, » qui, l'empoignant dans ses griffes, l'emporta vers son repaire. Un pâle rayon y luisait, et là, il vit en face « la louve de l'abîme, — la puissante femme de la mer. — Il donna l'assaut de la guerre — avec sa lame de bataille. — Il n'arrêta point l'essor de l'épée, en sorte que, sur sa tête, — le glaive chanta bien haut — une âpre chanson de guerre. » Mais voyant que ni le tranchant ni la pointe n'entamaient la chair, il la tordit de ses bras et l'abbattit par terre, pendant qu'elle, « de son couteau large au tranchant brun, » essayait de percer la chemise d'acier qui le couvrait. Ils roulèrent ainsi jusqu'à ce que Beowulf aperçut près de lui, parmi les armes, une lame fortunée dans la victoire, —une vieille épée gigantesque, — fidèle de tranchant, — bonne et prête à servir, — ouvrage des géants. — Il la saisit par la poignée, — le guerrier des Scyldings ; — violent et terrible, tournoyait le glaive. — Désespérant de sa vie, — il frappa furieusement ; — il l'atteignit rudement — à l'endroit du col ; — il brisa les anneaux de l'échine, — la lame pénétra à travers toute la chair maudite. — Elle s'affaissa sur le sol, — l'épée était sanglante. — L'homme se réjouit dans son œuvre. — La lumière entra. — Il y avait une clarté dans la salle, comme lorsque du ciel, — luit doucement — la lampe du firmament. » Alors il vit Grendel mort dans un coin de la salle, et quatre de ses compagnons, ayant soulevé avec peine la tête monstrueuse, la portèrent par les cheveux jusqu'à la maison du roi.

C'est là sa première œuvre, et le reste de sa vie est pareil : lorsqu'il eut régné cinquante ans dans sa terre, un dragon dont on avait dérobé le trésor sortit de la colline et vint brûler les hommes et les maisons de l'île « avec des vagues de feu. » Alors le refuge des comtes — commanda qu'on lui fît — « un bouclier bigarré — tout de fer, » sachant bien qu'un bouclier en bois de tilleul ne suffirait pas contre la flamme. « Le prince des anneaux — était trop fier — pour chercher la grande bête volante — avec une troupe, — avec beaucoup d'hommes. — Il ne craignait pas pour lui-même cette bataille. — Il ne faisait point cas — de l'inimitié du ver, — de son labeur, ni de sa valeur. » Et cependant il était triste et allait contre sa volonté, car « sa destinée était proche. » Il vit une caverne, « un enfoncement sous la terre — près de la vague de l'Océan, — près du clapotement de l'eau, — qui au dedans était pleine — d'ornements en relief et de bracelets. — Il s'assit sur le promontoire, — le roi rude à la guerre, — et dit adieu — aux compagnons de son foyer ; » car, quoique vieux, il voulait s'exposer pour eux, « être le gardien de son peuple. » Il cria, et le dragon vint jetant du feu ; la lame ne mordit point sur son corps, et le roi fut enveloppé dans la flamme. Ses camarades s'étaient enfuis dans le bois, sauf un, Wiglaf, qui accourut à travers la fumée, « sachant bien que ce n'était pas la vieille coutume d'abandonner son parent, son prince, de le laisser souffrir l'angoisse, de le laisser tomber dans la bataille. » « Le ver devient furieux, — l'ignoble étranger perfide, — tout bigarré de vagues de feu…. — Brûlant et féroce dans la guerre, — il accrocha tout le col du roi — avec ses griffes empoisonnées. — Il s'ensanglanta — (du sang de la vie. — Le sang bouillonnait en vagues. » Eux, de leurs épées, ils le fendirent par le milieu. Cependant la blessure du roi devint chaude et s'enfla, il connut que le poison était en lui, et s'assit près du mur, sur une pierre « regardant l'ouvrage des géants, — comment avec ses arches de pierre — l'éternelle caverne — se tenait au dedans — ferme sur des piliers. » Puis il dit : « J'ai tenu en ma garde ce peuple — cinquante hivers. Il n'y avait pas un roi — de tous mes voisins — qui osât me rencontrer, — avec des hommes de guerre, — m'attaquer avec la peur. — J'ai bien tenu ma terre. — Je n'ai point cherché des embûches de traître ; — je n'ai point juré — injustement beaucoup de serments. — A cause de tout cela, je puis, — quoique malade de mortelles blessures. — avoir de la joie…. — Maintenant, va tout de suite — voir le trésor — sous la pierre grise, cher Wiglaf…. Ce monceau de trésors, — je l'ai acheté, — vieux que je suis, par ma mort. — Il pourra servir — dans les besoins de mon peuple…. — Je me réjouis d'avoir pu, — avant de mourir, acquérir un tel trésor — pour mon peuple…. — A présent, je n'ai plus besoin de demeurer ici plus longtemps. »

C'est ici la générosité entière et véritable, non pas exagérée et factice, comme elle le sera plus tard, dans l'imagination romanesque des clercs bavards, arrangeurs d'aventures. La fiction n'est pas ici bien éloignée des choses, et l'on sent l'homme palpiter sous le héros. Toute grossière que soit leur poésie, celui-ci y est grand ; c'est qu'il l'est simplement et par ses œuvres. Il a été fidèle à son prince, puis à son peuple ; il a été de lui-même, dans une terre étrangère, s'exposer pour délivrer les hommes ; il s'oublie en mourant pour penser que sa mort profite à autrui. « Chacun de nous, dit-il quelque part, doit arriver à la fin de cette vie mortelle. Ainsi que chacun fasse justice, s'il le peut, avant sa mort. » Regardez à côté de lui ces monstres qu'il détruit, derniers souvenirs des anciennes guerres contre les races inférieures et de la religion primitive, considérez cette vie dangereuse, ces nuits passées sur les vagues, ces efforts de l'homme aux prises avec la nature brute, cette poitrine invaincue qui froisse contre soi les poitrines bestiales, et ces muscles colossaux qui, en se tendant, arrachent aux monstres un pan de chair ; vous verrez, dans le nuage de la légende et sous la lumière de la poésie, reparaître les vaillants hommes qui, à travers les folies de la guerre et les fougues du tempérament, commençaient à asseoir un peuple et à fonder un État.

V

Un poëme presque entier, deux ou trois débris de poëmes, voilà tout ce qui subsiste de cette poésie laïque en Angleterre. Le reste du courant païen, germain et barbare, a été arrêté ou recouvert, d'abord par l'entrée de la religion chrétienne, ensuite par la conquête des Français de Normandie. Mais ce qui a subsisté suffit et au delà pour montrer l'étrange et puissant génie poétique qui est dans la race, et pour faire voir d'avance la fleur dans le bourgeon.

Si jamais il y eut quelque part un profond et sérieux sentiment poétique, c'est ici. Ils ne parlent pas, ils chantent, ou plutôt ils crient. Chacun de leurs petits vers est une acclamation, et sort comme un grondement; leurs puissantes poitrines se soulèvent avec un frémissement de colère ou d'enthousiasme, et une phrase, un mot obscur, véhément, malgré eux, tout d'un coup, leur vient aux lèvres. Nul art, nul talent naturel pour décrire une à une et avec ordre les diverses parties d'un événement ou d'un objet. Les cinquante rayons de lumière que chaque chose envoie tour à tour dans un esprit régulier et mesuré arrivent dans celui-ci à la fois, en une seule masse ardente et confuse, pour le bouleverser par leur saccade et leur afflux. Écoutez ces chants de guerre, véritables chants, heurtés, violents, tels qu'ils convenaient à ces voix terribles : encore aujourd'hui, à cette distance, séparés de nous par les mœurs, la langue, et dix siècles, on les entend :

« L'armée sort[1]. — Les oiseaux chantent. — La ci-

---

1. Conybeare's illustrations of anglo-saxon poetry. Bataille de Finsburg. — La collection complète des poésies anglo-saxonnes a été publiée par M. Grein.

gale bruit. — La poutre de la guerre[1] résonne, — la lance choque le bouclier. — Alors brille la lune — errante sous les nuages ; — alors se lèvent les œuvres de vengeance, — que la colère de ce peuple — doit accomplir.... — Alors on entendit dans la cour — le tumulte de la mêlée meurtrière. — Ils saisissaient de leurs mains — le bois concave du bouclier. — Ils fendirent les os du crâne. — Les toits de la citadelle retentirent, — jusqu'à ce que dans la bataille — tomba Garulf, — le premier de tous les hommes — qui habitent la terre, — Garulf, le fils de Guthlaf. — Autour de lui beaucoup de braves — gisaient mourants. — Le corbeau tournoyait — noir et sombre comme la feuille de saule. — Il y avait un flamboiement de glaives, — comme si tout Finsburg — eût été en feu. — Jamais je n'ai entendu conter — bataille dans la guerre plus belle à voir. »

« Ici le roi Athelstan[2], — le seigneur des comtes, — qui donne des bracelets aux nobles, — et son frère aussi — Edmond l'Étheling, — noble d'ancienne race, — ont tué dans la bataille, — avec les tranchants des épées, — à Brunanburh. — Ils ont fendu le mur des boucliers, — ils ont haché les nobles bannières, — avec les coups de leurs marteaux, — les enfants d'Edward !... Ils ont abattu dans la poursuite — la nation des Scots, — et les hommes de vaisseaux, — parmi le tumulte de la mêlée, — et la sueur des com-

1. La lance, l'épée.
2. Turner, III, 280. Chant sur la bataille de Brunanburh.

battants. — Cependant le soleil là-haut, — la grande étoile, — le brillant luminaire de Dieu, — de Dieu le seigneur éternel, — à l'heure du matin, — a passé par-dessus la terre, — tant qu'enfin la noble créature — s'est précipitée vers son coucher. — Là gisaient les soldats par multitudes, — abattus par les dards ; — les hommes du Nord, frappés par-dessus leurs boucliers, — et aussi les Scots — las de la rouge bataille....
— Athelstan a laissé derrière lui — les oiseaux criards de la guerre, — le corbeau qui se repaîtra des morts, — le milan funèbre, — le corbeau noir — au bec crochu, — et le crapeau rauque, — et l'aigle qui bientôt — fera festin de la chair blanche — et le faucon vorace qui aime les batailles, — et la bête grise, — le loup du bois. »

Tout est image ici. Les événements n'apparaissent pas nus dans ces cerveaux passionnés, sous la sèche étiquette d'un mot exact; chacun d'eux y entre avec son cortége de sons, de formes et de couleurs; c'est presque une vision qu'il y suscite, une vision complète, avec toutes les émotions qui l'accompagnent, avec la joie, la fureur, l'exaltation qui la soutiennent. Dans leur langue, les flèches « sont les serpents de Héla, élancés des arcs de corne, » les navires sont « les grands chevaux de la mer, » la mer est la coupe des vagues, « le casque est « le château de la tête ; » il leur faut un langage extraordinaire pour exprimer la violence de leurs sensations, tellement que lorsque avec le temps, en Islande où l'on a poussé à bout cette poésie, l'inspiration primitive s'alanguit et l'art remplace la nature, les Skaldes se trouvent guindés jusqu'au jargon le plus contourné et le plus obscur. Mais quelle que soit l'image, ici comme en Islande, elle est trop faible, si elle est unique. Les poëtes n'ont point satisfait à leur trouble intérieur, s'ils ne l'ont épanché que par un seul mot. Coup sur coup, ils reviennent sur leur idée, et la répètent : « Le soleil là-haut ! La grande étoile ! Le brillant luminaire de Dieu ! La noble créature ! » Quatre fois de suite ils l'imaginent et toujours sous un aspect nouveau. Toutes ses faces se sont levées en un instant devant les yeux du barbare, et chaque mot a été comme un accès de la demi-hallucination qui l'obsédait. On juge bien que, dans un tel état, l'ordre régulier des mots et des idées est à chaque pas brisé. La suite des pensées dans le visionnaire n'est pas la même que dans le raisonneur tranquille. Une couleur en attire une autre, d'un son il passe à un autre son ; son imagination est une enfilade de tableaux qui se suivent sans s'expliquer. Chez lui, la phrase se retourne et se renverse, il crie le mot vivant qui lui vient, au moment où il lui vient ; il saute d'une idée dans une idée lointaine. Plus l'âme est transportée hors d'elle-même, plus elle franchit vite de grands intervalles. D'un élan, elle parcourt les quatre coins de son horizon, et touche en un instant des objets qui semblent séparés par tout un monde. Pêle-mêle ici, les idées s'enchevêtrent ; tout d'un coup, par un souvenir brusque, le poëte, reprenant la pensée qu'il a quittée, fait irruption dans la pensée qu'il prononce. On ne peut traduire ces idées fichées en travers, qui déconcertent toute l'économie de notre style moderne. Souvent on ne les entend pas [1] ; les articles, les particules, tous les moyens d'éclaircir la pensée, de marquer les attaches des termes, d'assembler les idées en un corps régulier, tous les artifices de la raison et de la logique sont supprimés [2]. La passion mugit ici comme une énorme bête informe, et puis c'est tout ; elle surgit et sursaute en petits vers abrupts ; point de barbares plus barbares. L'heureuse poésie d'Homère se développe abondamment en amples récits, en riches et longues images. Il n'a point trop de tous les détails d'une peinture complète ; il aime à voir les objets, il s'attarde autour d'eux, il jouit de leur beauté, il les pare de surnoms splendides ; il ressemble à ces filles grecques qui se trouveraient laides si elles ne faisaient ruisseler sur leurs bras et sur leurs épaules toutes les pièces d'or de leur bourse et tous les trésors de leur écrin ; ses larges vers cadencés ondoient et se déploient comme une robe de pourpre aux rayons du soleil ionien. Ici des mains rudes entassent et froissent les idées dans un mètre étroit ; s'il y a une sorte de mesure, on ne la garde qu'à peu près ; pour tout ornement ils choisissent trois mots

---

1. Les plus habiles entre les érudits qui savent l'anglo-saxon reconnaissent l'obscurité de cette pensée. V. Turner, Conybeare, Thorpe, etc.

2. Turner, III, 261. Nos traductions, si littérales qu'elles soient, faussent le texte ; notre langue est trop claire, trop gouvernée par la logique ; on ne peut comprendre cette forme d'esprit extraordinaire, qu'en prenant un dictionnaire, et en déchiffrant pendant quinze jours quelques pages d'anglo-saxon.

qui commencent par la même lettre. Tout leur effort est pour abréger, resserrer la pensée dans une sorte de clameur tronquée[1]. La force de l'impression intérieure qui, ne sachant pas s'épancher, se concentre et se double en s'accumulant, l'aspérité de l'expression extérieure, qui, asservie à l'énergie et aux secousses du sentiment intime, ne travaille qu'à le manifester intact et fruste en dépit et aux dépens de toute règle et de toute beauté, voilà les traits marquants de cette poésie, et ce seront aussi les traits marquants de la poésie qui suivra.

VI

Une race ainsi faite était toute préparée pour le christianisme, par sa tristesse, par son aversion pour la vie sensuelle et expansive, par son penchant pour le sérieux et le sublime. Quand les habitudes sédentaires eurent livré leur âme à de longs loisirs, et diminué la fureur qui soutenait leur religion meurtrière, ils inclinèrent d'eux-mêmes vers une foi nouvelle. La vague adoration des grandes puissances naturelles qui éternellement se combattent pour se détruire et renaissent pour se combattre, avait depuis longtemps disparu dans un lointain obscur. La société, en se formant, amenait avec soi l'idée de la paix et le besoin de la justice, et les dieux guerriers languissaient

---

1. Turner remarque que la même idée exprimée par le roi Alfred, en prose, puis en vers, occupe dans le premier cas seize mots, et dans le second sept. *History of the Anglo-Saxons*, III, 269.

dans l'imagination des hommes, en même temps que les passions qui les avaient faits. Un siècle et demi après la conquête[1], des missionnaires romains, portant une croix d'argent avec un tableau où était peint le Christ, arrivèrent en procession, chantant des litanies. Bientôt le grand prêtre des Northumbres déclara en présence des nobles que les dieux anciens étaient sans pouvoir, avoua « qu'auparavant il ne comprenait rien à ce qu'il adorait, » et lui-même le premier, la lance en main, renversa leur temple. De son côté un chef se leva dans l'assemblée, et dit :

« Tu te souviens peut-être, ô roi, d'une chose qui arrive quelquefois, dans les jours d'hiver, lorsque tu es assis à table avec tes comtes et tes thanes. Ton feu est allumé et ta salle chauffée, et il y a de la pluie, de la neige et de l'orage au dehors. Vient alors un passereau qui traverse la salle à tire-d'aile; il est entré par une porte, il sort par une autre; ce petit moment, pendant lequel il est dedans, lui est doux; il ne sent point la pluie ni le mauvais temps de l'hiver; mais cet instant est court, l'oiseau s'enfuit en un clin d'œil, et de l'hiver il repasse dans l'hiver. Telle me semble la vie des hommes sur la terre, en comparaison du temps incertain qui est au delà. Elle apparaît pour peu de temps; mais quel est le temps qui vient après, et le temps qui est avant? Nous ne le savons pas. Si donc cette nouvelle doctrine peut nous en appren-

---

1. 596-625. Aug. Thierry, I, 81. Bède, 2, XII. Il vaut mieux suivre la traduction du roi Alfred que le latin de Bède.

dre quelque chose d'un peu plus sûr, elle mérite qu'on la suive. »

Cette inquiétude, ce sentiment de l'immense et obscur *au delà*, cette grave éloquence mélancolique, sont le commencement de la vie spirituelle[1]; on ne trouve rien de semblable chez les peuples du Midi, naturellement païens et préoccupés de la vie présente. Ceux-ci, tout barbares, entrent de prime abord dans le christianisme par la seule vertu de leur tempérament et de leur climat. Ils ont beau être brutaux, épais, bridés par des superstitions enfantines, capables, comme le roi Knut, d'acheter pour cent talents d'or le bras de saint Augustin; ils ont l'idée de Dieu. Ce grand Dieu de la Bible, tout-puissant et unique, qui disparaît presque entièrement au moyen âge[2], offusqué par sa cour et sa famille, subsiste chez eux, en dépit des légendes niaises ou grotesques. Ils ne l'effacent pas sous des romans pieux, au profit des saints, ni sous des tendresses féminines, au profit de l'Enfant Jésus et de la Vierge. Leur grandiose et leur sévérité les mettent à son niveau; ils ne sont pas tentés, à l'exemple des peuples artistes et bavards, de remplacer la religion par le conte agréable ou beau. Plus qu'aucune race de l'Europe, ils sont voisins par la simplicité et l'énergie de leurs conceptions du vieil esprit hébraïque. L'enthousiasme est leur état naturel, et leur Dieu nouveau les remplit d'admiration comme

1. V. Jouffroy, *Problème de la destinée humaine.*
2. Michelet, préface de *la Renaissance.* Didion, *Histoire de Dieu.*

leurs dieux anciens les pénétraient de fureur. Ils ont des hymnes, de véritables odes qui ne sont qu'un amas d'exclamations. Nul développement; ils sont incapables de contenir ou d'expliquer leur passion; elle éclate; ce ne sont que transports à l'aspect du Dieu tout-puissant. C'est le cœur tout seul qui parle ici, un grand cœur barbare. Cœdmon, leur ancien poëte [1], était, dit Bède, un homme plus ignorant que les autres, et qui ne savait aucune poésie, en sorte que dans la salle, lorsqu'on lui passait la harpe, il était obligé de se retirer, ne pouvant chanter comme ses compagnons. Une fois qu'il gardait l'étable pendant la nuit, il s'endormit; un étranger lui apparut, qui lui demanda de chanter quelque chose; et les paroles suivantes lui vinrent dans l'esprit : « A présent, nous louerons — le gardien du royaume céleste, — et les conseils de son esprit, — le père glorieux des hommes! — comment, de toute merveille, — l'éternel Seigneur! — il a établi le commencement. — Il a formé d'abord, — pour les enfants des hommes, — le ciel comme un toit, — le saint Créateur! — Puis le gardien du genre humain! — l'éternel Seigneur! — c'est la région du milieu — qu'il fit ensuite, — c'est la terre pour les hommes, le maître tout-puissant! » Ayant retenu ce chant à son réveil, il vint à la ville, et on le mena devant les hommes savants, devant l'abbesse Hilda, qui, l'ayant entendu, pensèrent qu'il avait reçu un don du ciel, et le firent moine dans l'abbaye. Là il passait sa

---

[1]. Vers 680. Voyez *Codex Exoniensis*, publié par Thorpe.

vie à écouter les morceaux de l'Écriture, qu'on lui expliquait en saxon, « les ruminant comme un animal pur, et les mettant en vers très-doux. » Ainsi naît la vraie poésie; ceux-ci prient avec toute l'émotion d'une âme neuve; ils adorent, ils sont à genoux; moins ils savent, plus ils sentent. Quelqu'un a dit que le premier et le plus sincère des hymnes est ce seul mot *ô!* Ils n'en disent guère plus long; ils ne font que répéter coup sur coup quelque mot passionné, profond, avec une véhémence monotone. « Tu es, dans le ciel, — notre aide et notre secours — resplendissant de félicité! — Toutes choses se courbent devant toi! — devant la gloire de ton esprit. — D'une seule voix, elles appellent le Christ! — Toutes s'écrient : — « Tu es saint, saint, — le roi des anges du Ciel, — notre Seigneur, — et tes jugements sont — justes et vastes, — ils règnent éternellement partout — — dans la multitude de tes ouvrages. » On reconnaît là les chants des anciens serviteurs d'Odin, tonsurés à présent et enveloppés dans une robe de moine; leur poésie est restée la même; ils pensent à Dieu, comme à Odin, par une suite d'images courtes, accumulées, passionnées, qui sont comme une file d'éclairs; les hymnes chrétiennes continuent les hymnes païennes. Un d'entre eux, Adlhem, s'était établi sur le pont de sa ville, et répétait des odes guerrières et profanes en même temps que des poésies religieuses, pour attirer et instruire les hommes de son temps. Il le pouvait sans changer de ton. Il y a tel chant, un chant de funérailles, où c'est la Mort qui parle, l'un des derniers composés en saxon, d'un christianisme terrible, et qui en même temps semble sortir des plus noires profondeurs de l'Edda. Le mètre, bref, tinte brusquement à coups pressés comme le glas d'une cloche. Il semble qu'on entende les sourds répons retentissants qui roulent dans l'église pendant que la pluie fouette les vitraux ternes, que les nuages déchirés roulent lugubrement dans le ciel, et que les yeux, fixés sur la face pâle du mort, sentent d'avance l'horreur de la fosse humide où les vivants vont le jeter [1].

« Pour toi une maison fut bâtie — avant que tu fusses né. — Pour toi un moule fut façonné — avant que tu fusses sorti de ta mère; — sa hauteur n'est point marquée, — ni sa profondeur mesurée; — il ne sera point fermé, — si long que soit le temps, — jusqu'à ce que je t'amène — là où tu resteras, — jusqu'à ce que je mesure — toi et les mottes de la terre. — Ta maison n'est pas à haute charpente. — Elle n'est pas haute, elle est basse — quand tu es dedans. — L'entrée est basse. — Les côtés ne sont pas hauts. — Le toit est bâti — tout près de ta poitrine. — Ainsi tu habiteras — dans la terre froide, — obscure et noire, — qui pourrit tout. — Sans portes est cette maison, — et il fait sombre au dedans. — Là, tu es solidement retenu, — et la mort tient la clef. — Hideuse est cette maison de terre, — et il est horrible d'habiter dedans. — Là, tu habiteras, — et les vers avec toi. — Là, tu es déposé, — et tu quittes tes amis. — Tu n'as pas d'ami — qui veuille venir avec toi. — Qui jamais s'enquerra — si cette maison t'agrée! — Qui jamais ouvrira — pour toi la porte, — et te cherchera! — Car bientôt tu deviens hideux, — et odieux à regarder. »

Jérémie Taylor a-t-il trouvé une peinture plus lu-

---

1. Conybeare's *Illustrations*, 222.

CHAPITRE I. LES SAXONS. 51

gubre? Les deux poésies religieuses, la chrétienne et la païenne, sont si voisines, qu'elles peuvent fondre ensemble leurs disparates, leurs images et leurs légendes. Dans l'histoire de Beowulf, toute païenne, Dieu apparaît comme un Odin plus puissant et plus calme, et ne diffère de l'autre que comme un Bref-walda sédentaire diffère d'un chef de bandits aventurier et héros. Les monstres scandinaves, les Iotes ennemis des Ases ne se sont point évanouis; seulement ils descendent de Caïn, et des géants noyés par le déluge[1]; l'enfer nouveau est presque le Nastrond antique, « mortellement glacé, plein d'aigles sanglants et de serpents pâles; » et le formidable jour du jugement dernier, où tout croulera en poussière pour faire place à un monde plus pur, ressemble à la destruction finale de l'Edda, à « ce crépuscule des dieux, » qui s'achèvera par une renaissance victorieuse, et par une joie éternelle « sous un soleil plus beau. »

Par cette conformité naturelle, ils se sont trouvés capables de faire des poëmes religieux qui sont de véritables poëmes; on n'est puissant dans les œuvres de l'esprit que par la sincérité du sentiment personnel et original. S'ils peuvent conter des tragédies bibliques, c'est qu'ils ont l'âme tragique et à demi biblique. Ils mettent dans leurs vers, comme les vieux prophètes d'Israël, leur véhémence farouche,

---

1. Kemble, t. I, liv. I, xii. Dans ce chapitre il a rassemblé une foule de traits qui marquent la persistance de l'ancienne mythologie.

leurs haines meurtrières, leur fanatisme, et tous les frémissements de leur chair et de leur sang. Un d'entre eux, dont le poëme est mutilé, a conté l'histoire de Judith; avec quel souffle, on va le voir; il n'y a qu'un barbare pour montrer en traits si forts l'orgie, le tumulte, le meurtre, la vengeance et le combat :

« Alors Holopherne — fut échauffé par le vin. — Dans les salles de ses convives, — il poussa des éclats de rire et des cris, — il hurla et rugit, — de sorte que les enfants des hommes — purent entendre de loin — quelle clameur, quelle tempête de cris — poussait le chef terrible, — excité et enflammé par le vin. — Les coupes profondes — furent souvent portées — derrière les bancs. — De sorte que l'homme pervers, — le farouche distributeur de richesses, — lui et ses hommes, — pendant tout le jour — s'enivrèrent de vin, — jusqu'à ce qu'ils fussent tombés, — gisants et soûlés; — toute sa noblesse, — comme s'ils étaient morts. »

La nuit venue, il commande que l'on conduise dans sa tente « la vierge illustre, la jeune fille brillante comme une fée; » puis, étant allé la retrouver, il s'affaisse ivre au milieu de son lit. Le moment était venu pour « la fille du Créateur, pour la sainte femme. »

« Elle saisit le païen — fortement par la chevelure, — elle le tira par les membres — vers elle ignominieusement. — Et l'homme malfaisant, — odieux, — fut livré à sa volonté. — La femme aux cheveux tressés — frappa le détestable ennemi — avec l'épée rouge — jusqu'à ce qu'elle eût tranché à demi son cou. — De sorte qu'il était gisant, — évanoui et blessé à mort. — Il n'était pas encore mort, ni tout à fait sans vie. — Elle frappa alors violemment, — la femme glorieuse en force! — une seconde fois, — le chien païen, — jusqu'à ce que sa tête — eût roulé sur le sol. — L'ignoble carcasse gisait sans vie; — son âme alla tomber sous l'abîme,

CHAPITRE I. LES SAXONS.

— et là fut plongée au fond, — attachée avec du soufre, — blessée éternellement par les vers. — Enchaîné dans les tourments, — durement emprisonné, il brûle dans l'enfer. — Après sa vie, — englouti dans les ténèbres, — il ne peut plus espérer — qu'il s'échappera de cette maison des vers. — Mais il restera là, — toujours et toujours, — sans fin, dorénavant — dans cette caverne — vide des joies de l'espoir. »

Quelqu'un a-t-il entendu un plus âpre accent de haine satisfaite? Quand Clovis eut écouté la Passion, il s'écria : « Que n'étais-je là avec mes Francs! » Pareillement ici le vieil instinct guerrier s'enflammait au contact des guerres hébraïques. Sitôt que Judith est rentrée,

« Les hommes sous leurs casques — sortent de la sainte cité — dès l'aurore. — Ils font gronder les boucliers. — Ils rugissent bruyamment. — A ce cri se réjouissent — dans les bois le loup maigre — et le corbeau décharné, — l'oiseau avide de carnage ; — tous les deux accourent de l'Ouest, — parce que les fils des hommes ont — pensé à leur préparer — leur soûlée de cadavres. — Et vers eux volent dans leurs sentiers — le rapide dévorateur, l'aigle — aux plumes grises ; — le milan de son bec recourbé — chante la chanson d'Hilda. — Les nobles guerriers s'avancèrent, — les hommes aux cottes de mailles, vers la bataille, — armés de boucliers, — les bannières gonflées.... — Promptement ils firent voler — des pluies de flèches, — serpents d'Hilda, — de leurs arcs de corne. — Il y avait dans la plaine — une tempête de lances. — Furieusement se déchaînaient — les ravageurs de la bataille. — Ils envoyaient leurs dards — dans la foule des chefs.... — Eux qui auparavant avaient enduré — les reproches des étrangers, — les insultes des païens, — leur payèrent à ce jeu des épées — tout ce qu'ils avaient souffert. »

Entre tous ces poëtes inconnus[1], il y en a un dont on sait le nom, Cœdmon, peut-être l'ancien Cœdmon, l'inventeur du premier hymne, en tout cas semblable à l'autre, et qui, repensant la Bible avec la vigueur et l'exaltation barbare, a montré la grandeur et la fureur du sentiment avec lequel les hommes de ce temps entraient dans leur nouvelle religion. Lui aussi, il chante quand il parle; quand il nomme l'Arche, c'est par une profusion de noms poétiques, « la maison flottante, la plus grande des chambres flottantes, la forteresse de bois, le toit mouvant, la caverne, le grand coffre de mer, » et dix autres. Chaque fois qu'il y pense, il la voit intérieurement, comme une rapide apparition lumineuse, et chaque fois sous une face nouvelle, tantôt ondulant sur les vagues limoneuses entre deux bandes « d'écume, » tantôt allongeant sur l'eau son ombre énorme, noire, haute comme celle « d'un château, « tantôt enfermant dans ses flancs caverneux » le fourmillement infini des animaux entassés. Comme les autres, il combat de cœur avec Dieu; il triomphe, en guerrier, de la destruction et de la victoire; et quand il conte la mort de Pharaon, il balbutie ivre de colère, les regards troubles, parce que le sang lui monte aux yeux. » Le peuple fut épouvanté, — le flot terrible arriva sur eux. — Le vent frémissant — faisait un hurlement de mort... — La mer vomissait du sang — il y avait une lamentation sur les eaux... — L'obscurité de l'abîme commençait. — Les Égyp-

---

1. Grein, *Bibliothek der Angelsæchsischen poesie.*

tiens — s'étaient retournés. — Ils fuyaient effrayés ! — Ils sentirent la crainte jusqu'au fond de leur cœur. — L'armée aurait bien voulu — rentrer dans son pays. — Leur orgueil était abattu. — Une seconde fois le terrible roulement des flots — vint les saisir. — Il n'y avait pas un d'eux qui pût revenir, — pas un des guerriers qui pût rentrer dans sa maison. — La Destinée, au milieu de leur course, — par derrière, les avait enfermés. — Là où tout à l'heure la voie était ouverte, — roulait la mer furieuse. — L'armée fut engloutie. — Les flots s'enflaient. — La tempête montait — bien haut dans le ciel. — L'armée se lamentait. — Ils criaient, ô douleur ! — jusqu'à la nue ténébreuse, — d'une voix défaillante. — Avec un frémissement affreux, — la fureur de l'Océan se déchaînait, — réveillée de son sommeil. — Les terreurs se levaient, — et les cadavres roulaient. »

Le cantique de l'Exode est-il plus saccadé, plus véhément et plus sauvage? Ces hommes peuvent parler de la création comme la Bible, puisqu'ils parlent de la destruction comme la Bible. Ils n'ont qu'à descendre dans leur fond intime ils y trouveront une émotion assez forte pour tendre leur âme jusqu'au niveau du Tout-Puissant. Cette émotion était déjà dans leurs légendes païennes, et Cœdmon, pour raconter l'origine des choses, n'a besoin que de trouver les anciens rêves, tels qu'ils se sont fixés dans les prophéties de l'Edda.

« Il n'y avait encore — rien qui fût, — sauf l'obscurité, — comme d'une caverne ; — mais le vaste abîme — s'ouvrait profond et obscur, — étranger à son Seigneur, — sans forme encore et sans usage. — Sur lui le roi sévère — tourna les yeux, — et contempla le gouffre triste. — Il vit les noirs nuages — se presser sans repos, — noirs, sous le ciel — sombre et désert. — Il fit d'abord, l'éternel Seigneur! — le Père de toutes les créatures! — la terre et le firmament. — Il mit en haut le firmament, — et cette vaste étendue de la terre, il l'établit — par sa force redoutable, — le tout-puissant Roi!... — La terre n'était pas encore — verte de gazon ; — mais l'Océan, — noir d'une obscurité éternelle, — au loin et au large — couvrait les chemins déserts [1]. »

Ainsi parlera plus tard Milton, héritier des voyants hébreux, dernier des voyants scandinaves, mais muni, pour développer sa pensée, de toutes les ressources de l'éducation et de la civilisation latines. Et néanmoins il n'ajoutera rien au sentiment primitif. On n'acquiert point l'instinct religieux; on l'a dans le sang et on en hérite; il est ainsi des autres, en premier lieu de l'orgueil, de l'indomptable énergie qui a conscience d'elle-même, qui révolte l'homme contre toute domination, et l'affermit contre toute douleur. Le Satan de Milton est déjà dans celui de Cœdmon, comme un tableau dans une esquisse ; c'est que tous les deux ont leur modèle dans la race ; et Cœdmon a trouvé ses originaux dans les guerriers du Nord, comme Milton dans les puritains.

« Pourquoi implorerais-je — sa faveur — ou m'inclinerais-je devant lui — avec quelque obéissance? — Je puis

---

1. M. Kemble, 1, 407, a montré que l'analogie subsiste jusque dans les images de ce chant et du morceau correspondant de l'Edda.

être — un Dieu, comme lui. — Debout avec moi! — forts compagnons, — qui ne me tromperez pas dans cette lutte! — Guerriers au cœur hardi, — qui m'avez choisi — pour votre chef! — Illustres soldats! — Avec de tels guerriers, en vérité! — on peut choisir un parti; — avec de tels combattants, — on peut saisir un poste. — Ils sont mes amis zélés, — fidèles dans l'effusion de leur cœur. — Je puis, comme leur chef, — gouverner dans ce royaume, — je n'ai pas besoin de flatter personne, — je ne resterai plus dorénavant — son sujet! »

Il est vaincu; sera-t-il plié? Il est précipité « dans la cité d'exil, dans le séjour des gémissements et des haines âpres, dans la nuit éternelle, hideuse, traversée de fumée et de flammes rouges; » va-t-il se repentir? Il s'étonne d'abord, il se désespère; mais c'est le désespoir d'un héros :

« Est-ce là le lieu étroit[1] — où mon maître m'enferme? — Bien différent, en effet, des autres — que nous connaissions — là-haut dans le royaume du ciel! — Oh! si j'avais — le libre pouvoir de mes mains, — et si je pouvais, pour un temps, — sortir! — seulement pour un hiver, — moi et mon armée! — Mais des liens de fer — m'entourent, — des nœuds de chaînes me tiennent abattu. — Je suis sans royaume! — Les entraves de l'enfer — me serrent si étroitement! — m'enlacent si durement. — Ici sont de larges flammes, — au-dessus et au-dessous; — je n'ai jamais vu — de campagne plus hideuse. — Ce feu ne languit jamais; — sa chaleur monte par-dessus l'enfer. — Les anneaux qui m'entourent, — les menottes qui mordent ma chair — m'empêchent d'avancer, — m'ont barré mon chemin; — mes pieds sont liés, — mes mains emprisonnées. — Voilà où Dieu m'a confiné. »

1. Ce début est dans Milton. On pense que, par l'érudit Junius, il a pu avoir quelque connaissance de ce poëme.

Puisqu'il n'y a rien à faire contre lui, c'est à sa nouvelle créature, à l'homme, qu'il faut s'en prendre; à qui a tout perdu, la vengeance reste; et si le vaincu peut l'avoir, il se trouvera heureux, « il reposera doucement, même sous les chaînes » dont il est chargé.

VII

C'est ici que s'est arrêtée la culture étrangère ; par delà le christianisme, elle n'a pu greffer sur ce tronc barbare aucun rameau fructueux ni vivant. Toutes les circonstances qui ailleurs avaient adouci la séve sauvage, manquaient ici. Les Saxons avaient trouvé la Bretagne abandonnée des Romains; ils n'avaient point subi comme leurs frères du continent l'ascendant d'une civilisation supérieure ; ils ne s'étaient point mêlés aux habitants du sol; ils les avaient toujours traités en ennemis ou en esclaves, poursuivant comme des loups ceux qui s'étaient réfugiés dans les montagnes de l'Ouest, exploitant comme des bêtes de somme ceux qu'ils avaient conquis avec le sol. Tandis que les Germains de la Gaule, de l'Italie et de l'Espagne devenaient Romains, les Saxons gardant leur langue, leur génie et leurs mœurs, faisaient en Bretagne une Germanie hors de la Germanie. Cent cinquante ans après la conquête, l'importation du christianisme et le commencement d'assiette acquise par la société qui se pacifiait, firent germer une sorte de littérature, et l'on vit paraître Bède le Vénérable, plus tard Alcuin, Jean Érigène et quelques autres, commentateurs, traducteurs, précepteurs de barbares, qui essayaient non d'inventer, mais de compiler, de trier ou d'expliquer dans la grande encyclopédie grecque et latine ce qui pouvait convenir aux hommes de leur temps. Mais les guerres danoises vinrent écraser cette humble plante qui d'elle-même eût avorté[1]. Quand Alfred[2] le libérateur devint roi, « il y avait très-peu d'ecclésiastiques, dit-il, de ce côté de l'Humber, qui pussent comprendre en anglais leurs prières latines, ou traduire aucune chose écrite du latin en anglais. Au delà de l'Humber, je pense qu'il n'y en avait guère ; il y en avait si peu, qu'en vérité je ne me rappelle pas un seul homme qui en fût capable, au sud de la Tamise, quand je pris le royaume. » Il essaya, comme Charlemagne, d'instruire ses sujets, et mit en saxon à leur usage plusieurs livres, surtout des livres moraux, entre autres la *Consolation de Boëce;* mais cette traduction même témoigne de la barbarie des auditeurs. Il récrit le texte pour l'approprier à leur intelligence ; les jolis vers de Boëce, un peu prétentieux, travaillés, élégants, peuplés de souvenirs classiques, d'un style raffiné et serré, digne de Sénèque, se changent en une prose naïve, longue, traînante, et

1. Ils sentent eux-mêmes leur impuissance et leur décrépitude. Bède, divisant l'histoire du monde en six périodes, dit que la cinquième, qui s'étend du retour de Babylone à la naissance du Christ, est la période sénile ; la sixième est la présente, *ætas decrepita, totius morte sæculi consummanda.*

2. Mort en 901. Adlhem, mort en 709. Bède, mort en 735. Alcuin vivait sous Charlemagne, Érigène sous Charles le Chauve.

pourtant hachée, semblable à un conte de fées qu'une nourrice fait à un enfant, expliquant tout, recommençant et brisant les phrases, tournant dix fois autour d'un détail, tant il faut descendre pour se mettre au niveau de cet esprit tout neuf, qui n'a jamais pensé et ne sait rien[1].

« Il arriva autrefois qu'il y avait un joueur de harpe dans le pays qu'on appelait Thrace ; c'était un pays en Grèce. Ce joueur de harpe était extraordinairement bon. Son nom était Orphée. Il avait une femme très-bonne, elle s'appelait Eurydice. Alors les gens commencèrent à dire de ce joueur de harpe, qu'il savait si bien jouer de la harpe que les bois dan-

---

1. Voici le latin de Boëce, si étudié, si joli, et qu'on ne saurait rendre en français.

« Quondam funera conjugis
Vates Threicius gemens,
Postquam flebilibus modis
Silvas currere, mobiles
Amnes stare coegerat,
Junxitque intrepidum latus
Sævis cerva leonibus,
Nec visum timuit lepus
Jam cantu placidum canem ;
Cum flagrantior intima
Fervor pectoris ureret,
Nec qui cuncta subegerant
Mulcerent dominum modi ;
Immites superos querens,
Infernas adiit domos.
Illic blanda sonantibus
Chordis carmina temperans,
Quidquid præcipuis Deæ
Matris fontibus hauserat,
Quod luctus dabat impotens,
Quod luctum geminans amor,
Deflet Tartara commovens,
Et dulci veniam prece
Umbrarum dominos rogat.
Stupet tergeminus novo
Captus carmine janitor ;

saient et que les pierres se remuaient au son, et que les bêtes sauvages accouraient à lui et restaient là comme si elles eussent été apprivoisées, si tranquilles que, quand même des hommes ou des chiens venaient contre elles, elles ne les évitaient pas. Et on dit aussi que la femme du joueur de harpe mourut et que son âme fut conduite en enfer. Alors le joueur de harpe devint très-triste, si bien qu'il ne pouvait plus demeurer avec les autres hommes; mais il allait dans les bois, et s'asseyait sur les montagnes, la nuit comme le jour, et pleurait et jouait de la harpe; alors les bois se remuaient et les rivières s'arrêtaient, et nul cerf ne fuyait les lions, et nul lièvre les chiens; et nulle bête ne ressentait peur ou haine des autres, à cause de la douceur du son. Alors il sembla au joueur de harpe que rien ne lui plaisait plus dans ce

   Quæ sontes agitant metu
   Ultrices scelerum Deæ
   Jam mœstæ lacrymis madent.
   Non Ixionium caput
   Velox præcipitat rota,
   Et longa site perditus
   Spernit flumina Tantalus.
   Vultur dum satur est modis
   Non traxit Tityi jecur.
   Tandem, vincimur, arbiter
   Umbrarum miserans ait.
   Donemus comitem viro
   Emptam carmine conjugem.
   Sed lex dona coerceat,
   Nec, dum Tartara liquerit,
   Fas sit lumina flectere.
   Quis legem det amantibus!
   Major lex fit amor sibi.
   Heu! noctis prope terminos
   Orpheus Eurydicem suam
   Vidit, perdidit, occidit.
   Vos hæc fabula respicit,
   Quicunque in superum diem
   Mentem ducere quæritis.
   Nam qui tartareum in specus
   Victus lumina flexerit,
   Quidquid præcipuum trahit
   Perdit, dum videt inferos.
     (Livre III, metrum 12?)

monde. Alors il pensa qu'il pourrait aller trouver les dieux de l'enfer, et essayer de les adoucir avec sa harpe, et les prier de lui rendre sa femme. »

Voilà comme on parle quand on veut faire entrer une pensée bégayante. Boëce avait pour lecteurs des sénateurs, des hommes cultivés qui entendaient aussi bien que nous les moindres allusions mythologiques ; toutes ces allusions, Alfred est obligé de les reprendre, de les développer, à la façon d'un père ou d'un maître qui prend entre ses genoux son petit garçon, lui contant les noms, qualités, crimes, châtiments que le latin ne fait qu'indiquer ; mais l'ignorance est telle que le précepteur lui-même aurait besoin d'être averti ; il prend les Parques pour les Furies, et donne gratuitement trois têtes à Caron comme à Cerbère. Enfin, voici Orphée devant Pluton :

« Quand il eut longtemps et longtemps joué de la harpe, alors parla le roi des habitants de l'enfer. Et il dit : Donnons à l'homme sa femme. Car il l'a gagnée par sa musique. Il lui commanda alors de bien faire attention de ne pas regarder par derrière après qu'il serait parti, et dit que, s'il regardait par derrière, il perdrait sa femme. Mais les hommes ont beaucoup de peine, si même ils le peuvent, à retenir leur amour. Las ! las ! Voilà qu'Orphée emmena sa femme avec lui jusqu'à ce qu'il fût venu à la borne de la lumière et de l'obscurité. Puis venait après lui sa femme. Quand il fut arrivé à la lumière, il regarda derrière lui du côté de sa femme. Alors aussitôt elle fut perdue pour lui. »

Nul ornement dans ce récit ; nulle finesse comme dans l'original ; Alfred a bien assez de se faire comprendre. Que va devenir entre ses mains la noble morale platonicienne, l'adroite interprétation imitée

CHAPITRE I. LES SAXONS. 63

de Jamblique et de Porphyre? Tout s'alourdit. Il faut appeler ici les choses par leur nom, appliquer les yeux des gens sur une grosse idée bien visible. Encore celle-ci est peut-être trop relevée pour eux :

« Cette fable apprend à tout homme qui veut fuir les ténèbres de l'enfer et arriver à la lumière du vrai bien, à ne point regarder ses anciens vices, de façon à les pratiquer derechef aussi pleinement qu'auparavant. Car quiconque, avec une pleine volonté, tourne son âme vers les vices qu'il avait auparavant quittés, et les pratique, ils lui agréent pleinement, il ne pense jamais à les quitter, et il perd tout son ancien bien, si derechef il ne s'amende. »

Le sermon est approprié à son auditoire de thanes ; les Danois, qu'Alfred venait de convertir par l'épée, avaient besoin d'une morale claire. Si on leur eût traduit exactement les derniers mots de Boëce, ils auraient ouvert de grands yeux stupides et se seraient endormis.

C'est que tout le talent d'une âme inculte gît dans la force et dans la sincérité de ses sensations. Hors de là, elle est impuissante; l'art de penser et de raisonner est au-dessus d'elle. Ceux-ci perdent tout génie en perdant leur fièvre ardente. Ils balbutient gauchement et lourdement de sèches chroniques, sortes d'almanachs historiques. Vous diriez des paysans qui, en sortant du labour, viennent inscrire avec de la craie, sur une table enfumée, la date d'une disette, le prix du blé, les changements de temps et les décès[1]. De même, à côté des maigres

---

1. Ingram's *Saxon chronicle*.

chroniques de la Bible qui bégayent la suite des règnes et des massacres juifs, se déploient l'exaltation des Psaumes et le délire des prophéties. Le même poëte lyrique peut être tour à tour une brute et un homme de génie, parce que son génie vient et s'en va comme une maladie, et qu'au lieu de le posséder, il le subit :

« Année du Seigneur, 611. Cette année Cynegills succéda à la royauté dans le Wessex et l'occupa trente et un hivers. Cynegills était le fils de Céol, Céol celui de Cutha, Cutha celu de Cyuric.

« 614. Cette année Cynegills et Cwichelin combattirent à Bampton, et tuèrent deux mille quarante-six Gallois.

« 678. Cette année apparut une comète en août, et elle brilla chaque matin pendant trois mois, comme un rayon de soleil. — L'évêque Wilfrid ayant été chassé de son évêché par le roi Everth, deux évêques furent consacrés à sa place.

« 901. Cette année mourut Alfred, le fils d'Ethelwolf, six jours avant la messe de tous les saints. Il était roi de toute la nation anglaise, excepté de cette partie qui était sous le pouvoir des Danois. Il tint le gouvernement trente hivers, moins un an et demi. Et alors Edward, son fils, prit le gouvernement.

« 902. Cette année il y eut un grand combat dans l'Holme entre les hommes de Kent et les Danois.

« 1077. Cette année furent réconciliés le roi des Franks et Guillaume, roi d'Angleterre ; mais cela ne dura que peu de temps. Cette année Londres fut brûlée, la nuit d'avant l'Assomption de sainte Marie, si terriblement qu'elle ne l'avait jamais été autant depuis qu'elle fut bâtie. »

Ainsi parlent avec une sécheresse monotone les pauvres moines qui, après Alfred, compilent et notent les gros événements visibles ; de loin en loin, quelques réflexions pieuses, un mouvement de passion, rien de plus. Au dixième siècle, on voit le roi Edgard donner un manoir à un évêque à condition qu'il mettra en saxon la règle monastique écrite en latin par saint Benoît. Alfred lui-même est presque le dernier des hommes cultivés; il ne l'est devenu, comme Charlemagne, qu'à force de volonté et de patience. En vain les grands esprits de ce temps essayent de s'accrocher aux débris de la belle civilisation antique, et de se soulever au-dessus de la tumultueuse et fangeuse ignorance où les autres clapotent; ils se soulèvent presque seuls, et, eux morts, les autres se renfoncent dans leur bourbe. C'est la bête humaine alors qui est maîtresse; l'esprit ne peut trouver sa place parmi les révoltes et les appétits du sang, de l'estomac et des muscles. Même dans le petit cercle où il travaille, son labeur n'aboutit pas. Le modèle qu'il s'est proposé l'opprime et l'enchaîne dans une imitation qui le rétrécit; il n'aspire qu'à bien copier; il fait des assemblages de centons qu'il appelle vers latins; il s'étudie à retrouver les tournures vérifiées des bons modèles; il n'arrive qu'à fabriquer un latin emphatique, gâté, hérissé de disparates. En fait d'idées, les plus profonds récrivent les doctrines mortes d'auteurs morts. Ils font des manuels de théologie et de philosophie d'après les Pères; Érigène, le plus docte, va jusqu'à reproduire les vieilles rêveries compliquées de la métaphysique alexandrine. A quelle distance ces spéculations et ces réminiscences planent-elles au-dessus de la grande foule barbare qui hurle et s'agite dans les bas-fonds? nulle parole ne peut le dire. Il y a tel roi de Kent, au septième siècle, qui ne sait pas écrire. Figurez-vous des bacheliers en théologie qui disserteraient devant un auditoire de charretiers, non pas de charretiers parisiens, mais de charretiers tels qu'il y en a encore aujourd'hui en Auvergne ou dans les Vosges. Seul parmi ces clercs qui pensent en écoliers studieux d'après leurs chers auteurs, et sont doublement séparés du monde à titre d'hommes de collège et à titre d'hommes de couvent, Alfred, à titre de laïque et d'esprit pratique, descend par ses traductions en langue saxonne, par ses vers saxons, à la portée de son public ; et l'on a vu que son effort, comme celui de Charlemagne, s'est trouvé vain. Il y avait un mur infranchissable entre la savante littérature ancienne et l'informe barbarie présente. Incapables d'entrer dans l'ancien moule, et obligés d'entrer dans l'ancien moule, ils le tordaient. Faute de pouvoir refaire les idées, ils refaisaient le mètre. Ils tâchaient d'éblouir leurs collègues en versification par le raffinement de la facture et le prestige de la difficulté vaincue. Pareillement, dans nos collèges, les bons élèves imitent les coupes savantes et la symétrie de Claudien plutôt que l'aisance et la variété de Virgile. Ils se mettaient des fers aux pieds, et prouvaient leur force en courant avec leurs entraves. Ils s'imposaient les règles de la rime moderne avec les règles de la quantité antique. Ils y ajoutaient l'obligation de commencer chaque vers par la même lettre que le précédent. Quelques-uns, comme Adlhem, écrivaient des acrostiches carrés, où le premier vers, répété à la fin, se retrouvait encore sur la gauche et sur la droite du morceau ; ainsi formé par les premières et dernières lettres de tous les vers, il embrasse toute la pièce, et le morceau de poésie ressemble à un morceau de tapisserie. Étranges tours de force littéraires, qui transforment les poëtes en artisans ; ils témoignent de la contrariété qui opposait alors la culture et la nature et gâtait à la fois la forme latine et l'esprit saxon.

Par delà cette barrière, qui séparait invinciblement la civilisation de la barbarie, il y en avait une autre non moins forte qui séparait le génie saxon du génie latin. La puissante imagination germanique, où les visions éclatantes et obscures affluent subitement et débordent par saccades, faisait contraste avec l'esprit raisonneur dont les idées ne se rangent et ne se développent qu'en files régulières, en sorte que si le barbare, dans ses essais classiques, gardait quelque portion de ses instincts primitifs, il ne parvenait qu'à produire une sorte de monstre grotesque et affreux. Un d'entre eux, cet Adlhem, parent du roi Ina, qui sur le pont de la ville chantait à la fois des ballades profanes et des hymnes sacrées, trop imbu de la poésie nationale pour imiter simplement les modèles antiques, décora les vers latins et la prose latine de toute « la pompe anglaise[1]. » Vous diriez d'un barbare qui arrache une flûte aux mains exercées d'un artiste du palais d'Auguste, pour y souffler à pleine poitrine

1. Mot de Guillaume de Malmesbury.

comme dans une trompe mugissante d'auroch. La langue sobre des orateurs et des administrateurs romains se charge, sous sa main, d'images excessives et incohérentes. Il accouple violemment les mots par des alliances imprévues et extravagantes ; il entasse les couleurs ; il atteint le galimatias extraordinaire et inintelligible des derniers scaldes. En effet, c'est un scalde qui latinise, et transporte dans son nouveau langage les ornements de la poésie scandinave, entre autres la répétition de la même lettre, tellement que, dans une de ses épîtres, il y a quinze mots de suite qui commencent de même, et que, pour compléter ce nombre de quinze, il met un barbarisme grec parmi les mots latins [1]. Maintes fois chez les autres, chez les légendaires, on retrouvera cette déformation du latin violenté par l'afflux de l'imagination trop forte. Celle-ci éclate jusque dans leur pédagogie et leur science. Alcuin, dans les dialogues qu'il compose pour le fils de Charlemagne, emploie en manière de formules les petites phrases poétiques et hardies qui pullulent dans la poésie nationale. « Qu'est-ce que l'hiver ? L'exil de l'été. — Qu'est-ce que le printemps ? Le peintre de la terre. — Qu'est-ce que l'année ? Le quadrige du monde. — Qu'est-ce que le soleil ? La splendeur de l'univers, la beauté du firmament, la grâce de la nature, la gloire du jour, le distributeur des heures. — Qu'est-ce que

---

1. Primitus (pantorum procerum prætorumque pio potissimum paternoque præsertim privilegio) panegyricum poemataque passim prosatori sub polo promulgantes, stridula vocum symphonia ac melodiæ cantilenæque carmine modulaturi hymnizemus.

la mer? Le chemin des audacieux, la frontière de la terre, l'hôtellerie des fleuves, la source des pluies. » Bien plus, il achève ses instructions par des énigmes dans le goût des scaldes, comme on en trouve encore dans les vieux manuscrits avec les chants barbares. Dernier trait du génie national, qui, lorsqu'il travaille à comprendre les choses, laisse de côté la déduction sèche, nette, suivie, pour employer l'image bizarre, lointaine, multipliée, et remplace l'analyse par l'intuition.

VIII

Telle est cette race, la dernière venue, qui, dans la décadence de ses sœurs, la grecque et la latine, apporte dans le monde une civilisation nouvelle avec un caractère et un esprit nouveaux. Inférieure en plusieurs endroits à ses devanciers, elle les surpasse en plusieurs autres. Parmi ses bois, ses boues et ses neiges, sous son ciel inclément et triste, dans sa longue barbarie, les instincts rudes ont pris l'empire; le Germain n'a point acquis l'humeur joyeuse, la facilité expansive, le sentiment de la beauté harmonieuse; son grand corps flegmatique est resté farouche et roide, vorace et brutal; son esprit inculte et tout d'une pièce est demeuré enclin à la sauvagerie et rétif à la culture. Alourdies et figées, ses idées ne savent pas s'étaler aisément, abondamment, avec une suite naturelle et une régularité involontaire. Mais cet esprit exclu du sentiment du beau n'en est que plus propre au sentiment du vrai. La profonde et poignante impression qu'il reçoit du contact des objets et qu'il ne sait encore exprimer que par un cri, l'exemptera plus tard de la rhétorique latine, et se tournera vers les choses aux dépens des mots. Bien plus, sous la contrainte du climat et de la solitude, par l'habitude de la résistance et de l'effort, le modèle idéal s'est déplacé pour lui; ce sont les instincts virils et moraux qui ont pris l'empire, et parmi eux, le besoin d'indépendance, le goût des mœurs sérieuses et sévères, l'aptitude au dévouement et à la vénération, le culte de l'héroïsme. Ce sont là les rudiments et les éléments d'une civilisation plus tardive, mais plus saine, moins tournée vers l'agrément et l'élégance, moins fondée sur la justice et la vérité[1]. En tout cas, jusqu'ici, la race est intacte, intacte dans sa grossièreté primitive; la culture qui lui est venue de Rome, n'a pu ni la développer, ni la déformer. Si le christianisme y est entré, c'est par des affinités naturelles et sans altérer le génie natif. Voici venir une nouvelle conquête qui, cette fois, avec des idées apporte aussi des hommes. Mais les Saxons, selon l'usage des races germaines, races vigoureuses et fécondes, ont multiplié énormément depuis six siècles; il y en a peut-être deux millions en ce moment, et l'armée normande est de soixante mille hommes[2]. Ces Normands ont beau s'être altérés, fran-

---

1. En Islande, patrie des plus farouches rois de la mer, il n'y a plus de crimes; les prisons ont été employées à d'autres usages; les seules punitions sont des amendes.

2. *Pictorial history*, I, 249. « Toutes les villes, et même les vil-

cisés; d'origine et par quelque reste d'eux-mêmes ils sont parents de leurs vaincus. Ils ont beau importer leurs mœurs et leurs poëmes, faire entrer dans la langue un tiers de ses mots; cette langue reste toute germanique, de fonds et de substance[1]; si sa grammaire change, c'est d'elle-même, par sa propre force, dans le même sens que ses parentes du continent. Au bout de trois cents ans, ce sont les conquérants qui sont conquis; c'est l'anglais qu'ils parlent; c'est le sang anglais qui, par les mariages, a fini par maîtriser le sang normand dans leurs veines. Après tout, la race demeure saxonne. Si le vieux génie poétique disparaît après la conquête, c'est comme un fleuve qui s'enfonce et coule sous terre. Il en sortira dans cinq cents ans.

lages et les hameaux que possède aujourd'hui l'Angleterre, paraissent avoir existé depuis les temps saxons.... La division actuelle en paroisses est presque sans altération celle du dixième siècle. »

D'après le *Doomsday-book*, M. Turner évalue à trois cent mille le nombre des chefs de famille indiqués. Si chaque famille est de cinq personnes, cela fait un million cinq cent mille. Il ajoute cinq cent mille pour les quatre comtés du Nord, pour Londres et plusieurs grandes villes, pour les moines et le clergé des campagnes qui ne sont point comptés.... Il faut n'accepter ces chiffres que sous toute réserve. Néanmoins ils sont d'accord avec ceux de Mackintosh, de George Chalmers et de plusieurs autres; beaucoup de faits prouvent que la population saxonne était très-nombreuse, et tout à fait hors de proportion avec la population normande.

1. Warton, *History of English poetry*. Préface.

CHAPITRE II.

Les Normands.

I. Formation et caractère de l'homme féodal.

II. Expédition et caractère des Normands. — Contraste des Normands et des Saxons. — Les Normands sont Français. — Comment ils sont devenus Français. — Leur goût et leur architecture. — Leur curiosité et leur littérature. — Leur chevalerie et leurs amusements. — Leur tactique et leur succès.

III. Forme d'esprit des Français. — Deux traits principaux : les idées distinctes et les idées suivies. — Construction psychologique de l'esprit français. — Narrations prosaïques, manque de coloris et de passion, facilité et bavardage. — Logique et clarté naturelle, sobriété, grâce et délicatesse, finesse et moquerie. — L'ordre et l'agrément. — Quel genre de beauté et quelle sorte d'idées les Français ont apportés dans le monde.

IV. Les Normands en Angleterre. — Leur situation et leur tyrannie. — Ils importent leur littérature et leur langue. — Ils oublient leur littérature et leur langue. — Peu à peu ils apprennent l'anglais. — Peu à peu l'anglais se francise.

V. Ils traduisent en anglais des livres français. — Paroles de sir John Mandeville. — Layamon, Robert de Gloucester, Robert de Brunne. — Ils imitent en anglais la littérature française. — Manuels moraux, chansons, fabliaux, chansons de Geste. — Éclat, frivolité et vide de cette culture française. — Barbarie et ignorances de cette civilisation féodale. — La chanson de Geste de Richard Cœur de Lion, et les voyages de sir John de Mandeville. — Pauvreté de la littérature importée et implantée en Angleterre. — Pourquoi elle n'a point abouti sur le continent ni en Angleterre.

VI. Les Saxons en Angleterre. — Persistance de la nation saxonne, et formation de la constitution anglaise. — Persistance du caractère saxon et formation du caractère anglais.

VII. Opposition du héros populaire en France et en Angleterre. — Les fabliaux du Renard et les ballades de Robin Hood. — Comment le caractère saxon maintient et prépare la liberté politique. — Opposition de l'état des communes en France et en Angleterre. — Théorie de la constitution anglaise par sir John Fortescue. — Comment la constitution de la nation saxonne maintient et prépare la liberté politique. — Situation de l'Église et précurseurs de la Réforme en Angleterre. — Pierre Plowman et Wyclef. — Comment le caractère saxon et la situation de l'Église normande préparent la réforme religieuse. — Inachèvement et impuissance de la littérature nationale. — Pourquoi elle n'a pas abouti.

I

Il y avait déjà un siècle et demi que sur le continent, dans l'affaissement et la dissolution universelle, une nouvelle société s'était faite et de nouveaux hommes avaient surgi. Contre les Normands et les brigands, les braves à la fin avaient fait ferme. Ils avaient planté leurs pieds dans le sol, et le chaos mouvant des choses croulantes s'était fixé par l'effort de leurs grands cœurs et de leurs bras. A l'embouchure des fleuves, aux défilés des montagnes, sur la lisière des marches dévastées, à tous les passages périlleux, ils avaient bâti leurs forts, chacun le sien, chacun sur sa terre, chacun avec sa bande de fidèles, et ils avaient vécu à la façon d'une armée disséminée mais en éveil, campés et ligués dans leurs châteaux, les armes en main, et en face de l'ennemi. Sous cette discipline un peuple redoutable s'était formé, cœurs farouches dans des corps athlétiques[1], incapables de contrainte, affamés d'actions violentes, nés pour la guerre permanente, parce qu'ils s'étaient trempés dans la guerre permanente, héros et brigands qui, pour sortir de leur solitude, se lançaient dans les entreprises, et s'en allaient en Sicile, en Portugal, en Espagne, en Livonie, en Palestine, en Angleterre, conquérir des terres ou gagner le paradis.

II

Le 27 septembre 1066, à l'embouchure de la Somme, on pouvait voir un grand spectacle : quatre cents navires à grande voilure, plus de mille bateaux de transport, et soixante mille hommes qui s'embarquaient. Le soleil se levait magnifiquement après de longues pluies; les trompettes sonnaient, les cris de cette multitude armée montaient jusqu'au ciel; à perte de vue, sur la plage, dans la rivière largement

---

[1]. Voir, entre autres peintures de mœurs, les premiers récits de la première croisade : Godefroy fend un Sarrasin jusqu'à la ceinture. — En Palestine, une veuve était obligée, jusqu'à soixante ans, de se marier, parce que nul fief ne pouvait rester sans défenseur. — Un chef espagnol dit à ses hommes épuisés, après une bataille : « Vous êtes trop las et trop blessés; mais venez vous battre avec moi contre cette autre troupe; les blessures fraîches que nous recevrons nous feront oublier celles que nous avons reçues. » — En ce temps-là, dit la *Chronique générale d'Espagne*, les *rois*, comtes et nobles, et tous les chevaliers, afin d'être prêts à toute heure, tenaient leurs chevaux dans la salle où ils couchaient avec leurs femmes.

étalée, sur la mer qui s'ouvre au delà spacieuse et luisante, les mâts et les voiles se dressaient comme une forêt, et la flotte énorme s'ébranlait sous le vent du sud[1]. Le peuple qu'elle portait se disait originaire de Norvége, et on eût pu le croire parent de ces Saxons qu'il allait combattre; mais il avait avec lui une multitude d'aventuriers accourus par toutes les routes, de près et de loin, du Nord et du Midi, du Maine et de l'Anjou, du Poitou et de la Bretagne, de l'Ile-de-France et de la Flandre, de l'Aquitaine et de la Bourgogne[2], et lui-même, en somme, *était Français.*

III

Comment se fait-il qu'ayant gardé son nom il eût changé de nature, et quelle série de rénovations avait fait d'un peuple germanique un peuple latin? C'est que ce peuple, lorsqu'il vint en Neustrie, n'était ni un corps de nation, ni une race pure. Ce n'était qu'une bande, et à ce titre, épousant les femmes du pays, il faisait entrer dans ses enfants la séve étrangère. C'était une bande scandinave, mais grossie par tous les coquins courageux et par tous les malheureux déses-

1. Voir, pour tous les détails, les *Chroniques anglo-normandes*, III, p. 4, citées par Aug. Thierry. J'ai vu moi-même l'endroit et le paysage.
2. Sur trois colonnes d'attaque, à Hastings, il y en avait deux formées par les auxiliaires. Au reste, les chroniqueurs ne se trompent pas sur ce fait capital; ils sont tous d'accord pour déclarer que l'Angleterre fut conquise par des Français.

pérés qui vaguaient dans le pays conquis[1], et à ce titre il recevait dans sa propre substance la séve étrangère. D'ailleurs, si la troupe errante s'était trouvée mélangée, la troupe établie l'avait été davantage ; et la paix, par ses infiltrations, autant que la guerre par ses recrues, était venue altérer l'intégrité du sang primitif. Quand Rollon, ayant divisé la terre au cordeau entre ses hommes, eut pendu les voleurs et ceux qui leur donnaient assistance, des gens de tous les pays accoururent. La sécurité, la bonne et « roide » justice étaient si rares qu'elles suffisaient pour repeupler un pays[2]. Il appela les étrangers, disent les vieux auteurs, « et fit un seul peuple de tant de gens de natures diverses. » Ce ramassis de barbares, de réfugiés, de brigands, de colons émigrés, parla si promptement roman ou français, que le second duc voulant faire apprendre à son fils la langue danoise, fut obligé de l'envoyer à Bayeux où elle était encore en usage. Les grosses masses finissent toujours par faire le sang, et le plus souvent l'esprit et la langue. C'est pourquoi ceux-ci, transformés, se dégourdirent vite : la race fabriquée se trouva d'esprit alerte, bien plus avisée que les Saxons, ses voisins d'outre-Manche, toute semblable à ses voisines de Picardie, de Champagne et

---

1. Ce fut un pêcheur de Rouen, soldat de Rollon, qui tua le duc de France à l'embouchure de l'Eure. Hastings, le fameux roi de mer, était fils d'un laboureur des environs de Troyes.

2. « Au dixième siècle, dit Stendhal, un homme souhaitait deux choses : 1° n'être pas tué ; 2° avoir un bon habit de peau. » — *Voy.* ici la *Chronique* de Fontenelle.

d'Ile-de-France. « Les Saxons[1], dit un vieil auteur, buvaient à l'envi, et consumaient jour et nuit leurs revenus en festins, tandis qu'ils se contentaient d'habitations misérables : tout au contraire des Français et des Normands qui faisaient peu de dépense dans leurs belles et vastes maisons, étant d'ailleurs délicats dans leur nourriture et soigneux dans leurs habits, jusqu'à la recherche. » Les uns, encore alourdis par le flegme germanique, étaient des ivrognes gloutons que secouait par accès l'enthousiasme poétique; les autres, allégés par leur transplantation et leur mélange, sentaient déjà se développer en eux les besoins de l'esprit. « Vous auriez pu voir, chez eux, des églises s'élever dans chaque village, et des monastères dans les cités, construits dans un style inconnu auparavant, » en Normandie d'abord et tout à l'heure en Angleterre[2]. Le goût leur était venu tout de suite, c'est-à-dire l'envie de plaire aux yeux, et d'exprimer une pensée par des formes, une pensée neuve : l'arche circulaire s'appuyait sur une colonne simple ou sur un faisceau de colonnettes : les moulures élégantes s'arrondissaient autour des fenêtres; la rosace s'ouvrait simple encore et semblable à la rose des buissons, et le style normand se déployait original et mesuré entre le style gothique dont il annonçait la richesse, et le style roman dont il rappelait la solidité.

1. Guillaume de Malmesbury.
2. *Pictorial history*, I, 615. Églises de Londres, de Sarum, de Norwich, Durham, Chichester, Peterborough, Rochester, Hereford, Glocester, Oxford, etc. — Guillaume de Malmesbury.

Avec le goût, aussi naturellement et aussi vite, la curiosité leur était venue. Les peuples sont comme les enfants; chez les uns la langue se délie aisément, et ils comprennent d'abord; chez les autres la langue se délie péniblement, et ils comprennent tard. Ceux-ci avaient fait lestement leur éducation, à la française. Les premiers en France, ils avaient débrouillé le français, le fixant, l'écrivant, si bien, qu'aujourd'hui nous entendons encore leurs codes et leurs poëmes. En un siècle et demi, ils s'étaient cultivés au point de trouver les Saxons « illettrés et grossiers[1]. » Ce fut là leur prétexte pour les chasser des abbayes et de toutes les bonnes places ecclésiastiques. Et, en vérité, ce prétexte était aussi une raison, car ils haïssaient d'instinct la lourdeur stupide. Entre la conquête et la mort du roi Jean, ils établirent cinq cent cinquante-sept écoles en Angleterre. Henri Beauclerc, fils du conquérant, fut instruit dans les sciences; Henri II et ses trois fils l'étaient aussi; l'aîné, Richard Cœur de Lion, fut poëte. Lanfranc, premier archevêque normand de Cantorbéry, logicien subtil, discuta habilement sur la présence réelle; saint Anselme, son successeur, le premier penseur du siècle, crut découvrir une nouvelle preuve de l'existence de Dieu, et tenta de rendre la religion philosophique en faisant de la raison le chemin de la foi; certainement l'idée était grande, surtout au douzième siècle, et on ne pouvait aller plus vite en besogne.

1. Mot d'Orderic Vital.

Sans doute cette science est la scolastique, et ces terribles in-folio tuent plus d'esprits qu'ils n'en nourrissent; mais on commence comme on peut, et le syllogisme, même latin, même théologique, est encore un exercice d'intelligence et une preuve d'esprit. Parmi ces abbés du continent qui s'installent en Angleterre, tel établit une bibliothèque ; un autre, fondateur d'une école, fait représenter à ses écoliers « le jeu de sainte Catherine ; » un autre écrit en latin poli des épigrammes « aiguisées comme celles de Martial. » Ce sont là les plaisirs d'une race intelligente, avide d'idées, d'esprit dispos et flexible, dont la pensée nette n'est point offusquée comme celle des têtes saxonnes par les hallucinations de l'ivresse et par les fumées de l'estomac vorace et rempli. Ils aiment les entretiens, les récits d'aventures. A côté de leurs chroniqueurs latins, Henri de Huntington, Guillaume de Malmesbury, hommes réfléchis déjà, et qui savent non-seulement conter, mais juger parfois, ils ont des chroniques rimées, en langue vulgaire, celle de Geoffroy Gaimar, de Benoît de Sainte-Maure, de Robert Wace. Et croyez que leurs faiseurs de vers ne seront pas stériles de paroles et ne les feront pas chômer de détails. Ils sont causeurs, conteurs, diseurs par excellence, agiles de langue et jamais à court. Chanteurs, point du tout; ils parlent, c'est là leur fort, dans leurs poëmes comme dans leurs chroniques. Ils ont écrit les premiers la chanson de Roland ; par-dessus celle-là, ils en accumulent une multitude sur Charlemagne et ses pairs, sur Arthur et Merlin, sur les Grecs et les

Romains, sur le roi Horn, sur Guy de Warwick, sur tout prince et tout peuple. Leurs trouvères, comme leurs chevaliers, prennent des deux mains chez les Gallois, chez les Francs, chez les Latins, et se lancent en Orient, en Occident, dans le large champ des aventures. Ils parlent à la curiosité comme les Saxons parlaient à l'enthousiasme, et détrempent dans leurs longues narrations claires et coulantes les vives couleurs des traditions germaines et bretonnes : des batailles, des surprises, des combats singuliers, des ambassades, des discours, des processions, des cérémonies, des chasses, une variété d'événements amusants, voilà ce que demande leur imagination agile et voyageuse. Au début, dans la chanson de Roland, elle se contient encore ; elle marche à grands pas, mais elle ne fait que marcher. Bientôt les ailes lui viennent : les incidents se multiplient ; les géants et les monstres foisonnent ; la vraisemblance disparaît, la chanson du jongleur s'allonge en poëme sous la main du trouvère ; il parlerait, comme le vieux Nestor, cinq années ou même six années entières, sans se lasser ni s'arrêter. Quarante mille vers, ce n'est point trop pour contenter leur bavardage : esprit facile, abondant, curieux, conteur, tel est le génie de la race ; les Gaulois, leurs pères, arrêtaient les voyageurs sur les routes pour leur faire conter des nouvelles, et se piquaient comme eux « de bien se battre et de facilement parler. »

Avec les poëmes de chevalerie, ils ont la chevalerie ; d'abord, il est vrai, parce qu'ils sont robustes, et qu'un homme fort aime à se prouver sa force en assommant ses voisins ; mais aussi par désir de renommée et par point d'honneur. Par ce seul mot, l'honneur, tout l'esprit de la guerre est changé. Les poëtes saxons la peignaient comme une fureur meurtrière, comme une folie aveugle qui ébranlait la chair et le sang et réveillait les instincts de la bête de proie ; les poëtes normands la décrivent comme un tournoi. La nouvelle passion qu'ils y font entrer, c'est la vanité et la galanterie ; Guy de Warwick désarçonne tous les chevaliers de l'Europe pour mériter la main de la sévère et dédaigneuse Félice. Le tournoi lui-même n'est qu'une cérémonie, un peu brutale, à la vérité, puisqu'il s'agit de casser des bras et des jambes, mais brillante et française ; faire parade d'adresse et de courage, étaler la magnificence de ses habits et de ses armes, être applaudi et plaire aux dames, de tels sentiments indiquent des hommes plus sociables, plus soumis à l'opinion, moins concentrés dans la passion personnelle, exempts de l'inspiration lyrique et de l'exaltation sauvage, doués d'un autre génie, puisqu'ils sont enclins à d'autres plaisirs.

Ce sont là les hommes qui, en ce moment, débarquaient en Angleterre pour y importer de nouvelles mœurs et y importer un nouvel esprit, Français de fond, d'esprit et de langue, quoique avec des traits propres et provinciaux ; entre tous, les plus positifs, attentifs au gain, calculateurs, ayant les nerfs et l'élan de nos soldats, mais avec des ruses et des précautions de procureurs ; coureurs héroïques d'aventures profitables ; ayant voyagé en Sicile, à Naples, et prêts à voyager à Constantinople, à Antioche, mais pour prendre le pays ou rapporter de l'argent ; politiques déliés, habitués, en Sicile, à louer leur valeur au plus offrant, et capables, au plus fort de la croisade, de faire des affaires, à l'exemple de leur Bohémond qui, devant Antioche, spéculait sur la disette de ses alliés chrétiens et ne leur ouvrait la ville qu'à condition de la garder pour lui ; conquérants méthodiques et persévérants, experts dans l'administration et féconds en paperasses, comme ce Guillaume qui avait su organiser une telle expédition et une telle armée, qui en tenait le rôle écrit, et qui allait cadastrer sur son Domesdaybook toute l'Angleterre : seize jours après le débarquement on vit à Hastings, par des effets sensibles, le contraste des deux nations.

Les Saxons « toute la nuit mangèrent et burent. Vous les eussiez vus moult se démener, et saillir, et chanter, » avec les éclats d'une grosse joie bruyante[1]. Au matin, ils serrèrent derrière leurs palissades les masses compactes de leur lourde infanterie ; et, la hache pendue au col, ils attendirent l'assaut. Les Normands, hommes avisés, calculèrent les chances du paradis et de l'enfer et voulurent mettre Dieu dans leurs intérêts. Robert Wace, leur historien et leur compatriote, n'est pas plus troublé par l'inspiration poétique qu'ils ne le sont par l'inspiration guerrière ; et, la veille de la bataille, il a l'esprit aussi prosaïque et

---

1. Robert Wace, roman de *Rou*.

CHAPITRE II. LES NORMANDS.

aussi lucide qu'eux[1]. Cet esprit parut aussi dans la bataille. Ils étaient, pour la plupart, archers et cavaliers, bons manœuvriers, adroits et agiles. Taillefer le jongleur, qui demanda l'honneur de frapper le premier coup, allait chantant, en vrai volontaire français, et faisant des tours d'adresse[2]. Arrivé devant les Anglais,

1.
> Et li Normanz et li Franceiz
> Tote nuit firent oreisons,
> Et furent en aflicions.
> De lor péchiés confèz se firent
> As proveires les regehirent,
> Et qui n'en out proveires prèz,
> A son veizin se fist confèz,
> Pour ço ke samedi esteit
> Ke la bataille estre debveit.
> Unt Normanz a pramis e voé,
> Si com li cler l'orent loé,
> Ke à ce jor mez s'il veskeient,
> Char ni saunc ne mangereient.
> Giffrei, éveske de Coustances,
> A plusors joint lor pénitances.
> Cli reçut li confessions
> Et dona li béneiçons.

2.
> Taillefer ki moult bien cantout
> Sur un roussin qui tot alout,
> Devant li dus alout cantant
> De Kalermaine e de Rolant,
> E d'Oliver et des vassals
> Ki morurent à Roncevals.
> Quant ils orent chevalchié tant
> K'as Engleis vindrent aprismant :
> « Sires, dist Taillefer, merci !
> Jo vos ai languement servi.
> Tut mon servise me debvez,
> Hui, si vos plaist, me le rendez :
> Por tout guerredun vos requier,
> Et si vos voil forment preier,
> Otreiez-mei, ke jo n'i faille,
> Li primier colp de la bataille. »
> Et li dus répont : « Je l'otrei. »
> Et Taillefer point à desrei ;
> Devant toz li altres se mist,
> Un Englez féri, si l'ocist.
> De sos le pis, parmie la pance,
> Li fist passer ultre la lance,

il jeta trois fois sa lance, puis son épée en l'air, les recevant toujours par la poignée ; et les pesants fantassins d'Harold, qui ne savaient que pourfendre les armures à coups de hache, « s'émerveillèrent, l'un disant à l'autre que c'était enchantement. » Pour Guillaume, entre vingt actions prudentes ou matoises, il fit deux bons calculs qui, dans ce grand embarras, le tirèrent d'affaire. Il ordonna à ses archers de tirer en l'air ; ses flèches blessèrent beaucoup de Saxons au visage, et crevèrent l'œil d'Harold. Après cela, il feignit de fuir ; les Saxons, ivres de joie et de colère, quittèrent leurs retranchements, et se livrèrent aux lances de ses cavaliers. Pendant le reste de la guerre, ils ne surent que se lever par petites bandes, combattre furieusement et se faire massacrer. La race forte, fougueuse et brutale se jette sur l'ennemi à la façon d'un taureau sauvage ; les habiles chasseurs de Normandie la blessent avec dextérité, l'abattent et lui mettent le joug.

IV

Qu'est-ce donc que cette race française qui, par les armes et les lettres, fait dans le monde une entrée si éclatante, et va dominer si visiblement qu'en Orient,

> A terre estendu l'abati.
> Poiz trait l'espée, altre féri.
> Poiz a crié : « Venez, venez!
> Ke fetes-vos? Férez, férez! »
> Donc l'unt Englez aviron̄é,
> Al secund colp k'il ou doné.
> (Robert Wace.)

par exemple, on donnera son nom de Francs à tous les peuples de l'Occident? En quoi consiste cet esprit nouveau, inventeur précoce, ouvrier de toute la civilisation du moyen âge? Il y a dans chaque esprit une action élémentaire qui, incessamment répétée, compose sa trame et lui donne son tour : à la ville ou dans les champs, cultivé ou inculte, enfant ou vieillard, il passe sa vie et emploie sa force *à concevoir un événement ou un objet;* c'est là sa démarche originelle et perpétuelle, et il a beau changer de terrain, revenir, avancer, allonger et varier sa course, tout son mouvement n'est jamais qu'une suite de ces pas joints bout à bout; en sorte que la moindre altération dans la grandeur, la promptitude ou la sûreté de l'enjambée primitive transforme et régit toute la course, comme dans un arbre la structure du premier bourgeon dispose tout le feuillage et gouverne toute la végétation[1]. Quand le Français conçoit un événement ou un objet, il le conçoit vite et *distinctement;* nul trouble intérieur, nulle fermentation préalable d'idées confuses et violentes qui, à la fin concentrées et élaborées, fassent éruption par un cri. Les mouvements de son intelligence sont adroits et prompts comme ceux de ses membres; du premier coup, et sans effort, il met la main sur son idée. Mais il ne met la main que sur elle; il a laissé de côté tous les profonds prolongements enchevêtrés par

---

1. Cette idée des types s'applique dans toute la nature physique et morale.

lesquels elle plonge et se ramifie dans ses voisines ; il ne s'embarrasse pas d'eux, il n'y songe pas ; il détache, cueille, effleure, et puis c'est tout. Il est privé, ou, si vous l'aimez mieux, il est exempt de ces soudaines demi-visions, qui, secouant l'homme, lui ouvrent en un instant les grandes profondeurs et les lointaines perspectives. C'est l'ébranlement intérieur qui suscite les images ; n'étant point ébranlé, il n'imagine pas. Il n'est ému qu'à fleur de peau ; la grande sympathie lui manque ; il ne sent pas l'objet tel qu'il est, complexe et d'ensemble, mais par portions, avec une connaissance discursive et superficielle. C'est pourquoi nulle race en Europe n'est moins poétique. Regardez leurs épopées qui naissent, on n'en a jamais vu de plus prosaïques. Ce n'est pas le nombre qui manque : la chanson de Roland, Garin le Loherain, Ogier le Danois, Berthe aux grands pieds, il y en a une bibliothèque ; bien plus, alors les mœurs sont héroïques et les âmes sont neuves ; ils ont de l'invention, ils content des événements grandioses ; et malgré tout cela, leurs récits sont aussi ternes que ceux des bavards chroniqueurs normands. Sans doute, quand Homère conte, il est clair autant qu'eux et développe comme eux ; mais à chaque instant les magnifiques noms de l'Aurore aux doigts rosés, de l'Air au large sein, de la Terre divine et nourrice, de l'Océan qui ébranle la terre, viennent étaler leur floraison empourprée au milieu des discours et des batailles, et les grandes comparaisons surabondantes qui suspendent le récit annoncent un peuple plus

CHAPITRE II. LES NORMANDS. 87

enclin à jouir de la beauté qu'à courir droit au fait. Des faits ici, toujours des faits, il n'y a rien autre chose ; le Français veut savoir si le héros tuera le traître, si l'amant épousera la demoiselle ; ne le retardez pas dans la poésie ni les peintures. Il marche agilement vers l'issue, sans s'attarder aux rêves du cœur, ou devant les richesses du paysage. Nulle splendeur, nulle couleur dans son récit : son style est tout à fait nu, jamais de figures ; on peut lire dix mille vers de ces vieux poëmes sans en rencontrer une. Voulez-vous ouvrir le plus ancien, le plus original, le plus éloquent, à l'endroit le plus émouvant, la chanson de Roland au moment où Roland meurt ? Le conteur est ému, et pourtant son langage reste le même, uni, sans accent, tant ils sont pourvus du génie de la prose et dépourvus du génie de la poésie ! Il donne un abrégé de motifs, le sommaire des événements, la suite des raisons affligeantes, la suite des raisons consolantes[1]. Rien de plus. Ces hommes

---

[1].
Ço sent Rollans que la mort le trespent,
Devers la teste sur le quer li descent ;
Desuz un pin i est alet curant,
Sur l'herbe verte si est culchet adenz ;
Desuz lui met l'espée et l'olifan ;
Turnat sa teste vers la païene gent ;
Pour ço l'at fait què il voelt veirement
Que Carles diet e trestute sa gent,
Li gentilz quens, qu'il fut mort cunquérant.
Cleimet sa culpe, e menut e suvent,
Pur ses pecchez en puroffrid lo guant.
Li quens Rollans se jut desuz un pin,
Envers Espaigne en ad turnet sun vis,
De plusurs choses a remembrer le prist.
De tantes terres cume li bers cunquist,
De dulce France, des humes de sun lign,

voient la chose ou l'action en elle-même, et s'en tiennent à cette vue. Leur idée demeure exacte, nette et simple, et n'éveille pas une image voisine pour se confondre avec elle, se colorer et se transformer. Elle reste sèche ; ils conçoivent une à une les parties de l'objet sans jamais les rassembler, comme les Saxons, en une brusque demi-vision passionnée et lumineuse. Rien de plus opposé à leur génie que les vrais chants et les profondes hymnes, telles que les moines anglais en chantent encore sous les voûtes basses de leurs églises. Ils seraient déroutés par les saccades et l'obscurité de ce langage. Ils ne sont pas capables de tels accès d'enthousiasme et de tels excès d'émotions. Ils ne crient jamais, ils parlent ou plutôt ils causent, et jusque dans les moments où l'âme bouleversée devrait, à force de trouble, cesser de penser et de sentir. Ainsi, dans un mystère, Amis, qui est lépreux, demande tranquillement à son ami Amille de tuer ses deux fils

> De Carlemagne sun seignor ki l' nurrit.
> Ne poet muer n'en plurt et ne susprit.
> Mais lui meisme ne volt mettre en ubli.
> Cleimet sa culpe, si priet Dieu mercit :
>   « Veire paterne, ki unques ne mentis,
> Seint Lazaron de mort resurrexis,
> Et Daniel des lions guaresis,
> Guaris de mei l'anme de tuz perilz,
> Pur les pecchez que en ma vie fis. »
> Sun destre guant à Deu puroffrit.
> Seint Gabriel de sa main l'ad pris.
> Desur sun bras teneit le chef enclin,
> Juntes ses mains est alet à sa fin.
> Deus i tramist sun angle cherubin,
> Et seint Michel qu'on cleimet del péril
> Ensemble ad els seint Gabriel i vint,
> L'anme del cunte portent en pareis.
>   (*Chanson de Roland*, Ed. Génin.)

pour le gûérir de la lèpre, et Amille répond plus tranquillement encore[1]. Si jamais ils essayent de chanter, fût-ce dans le ciel, sur l'invitation de Dieu « un rondel haut et clair, » ils produiront[2] de petits raisonnements rimés aussi ternes que la plus terne des conversations. Poussez cette littérature à bout, regardez-la comme celle des Scaldes, au moment de la décadence, lorsque ses vices exagérés comme ceux des Scaldes manifestent avec un grossissement marqué le genre d'esprit qui la produit. Les Scaldes tombaient dans le galimatias; elle se perd dans le bavardage et la platitude. Le Saxon ne maîtrisait point son besoin d'exaltation; le Français ne contient pas la volubilité de sa langue. Il est trop long et trop clair, de même que le Saxon est trop obscur et trop court. L'un s'agitait et s'emportait avec excès; l'autre explique et développe sans mesure. Dès le douzième siècle, les chansons de Geste délayées débordent en

Mon très-chier ami débonnaire,
Vous m'avez une chose ditte
Qui n'est pas à faire petite
Mais que l'on doit moult resongnier.
Et nonpourquant, sanz eslongnier,
Puisque garison autrement
Ne povez avoir vraiement,
Pour vostre amour les occiray,
Et le sang vous apporteray.

2. Vraiz Diex, moult est excellente,
Et de grant charité plaine,
Vostre bonté souveraine.
Car vostre grâce présente,
A toute personne humaine,
Vraix Diex, moult est excellente,
Puisqu'elle a cuer et entente,
Et que à ce désir l'amaine
Que de vous servir se paine.

rapsodies et en psalmodies de trente à quarante mille vers. La théologie y entre; la poésie devient une litanie interminable, intolérable, où les idées expliquées, développées et répétées à l'infini, sans un élan d'émotion ni un accent d'invention, coulent comme une eau claire et fade, et bercent de leurs rimes monotones le lecteur édifié et endormi. Déplorable abondance des idées distinctes et faciles; on l'a retrouvée au dix-septième siècle, dans le cailletage littéraire qui s'échangeait au-dessous des grands hommes; c'est le défaut et le talent de la race. Avec cet art involontaire d'apercevoir et d'isoler du premier coup et nettement chaque partie de chaque objet, on peut parler, même à vide et toujours.

Voilà la démarche primitive; comment se continue-t-elle dans la suivante? Ici apparaît un trait nouveau de l'esprit français, le plus précieux de tous. Il faut, pour qu'il comprenne, que la seconde idée soit *contiguë à la première*, sinon il est dérouté et s'arrête; il ne sait pas bondir irrégulièrement; il ne va que pas à pas, par un chemin droit; l'ordre lui est inné; sans étude et de prime abord, il désarticule et décompose l'objet ou l'événement tout compliqué, tout embrouillé, quel qu'il soit, et pose une à une les pièces à la suite des autres, en file, suivant leurs liaisons naturelles. Il a beau être barbare encore, son intelligence est une raison qui se déploie en s'ignorant. Rien de plus clair que le style de ses vieux contes et de ses premiers poëmes; on ne s'aperçoit pas qu'on suit le conteur, tant sa démarche est aisée, tant le chemin qu'il ouvre est uni, tant il se laisse glisser doucement et insensiblement d'une idée dans l'idée voisine ; c'est pour cela qu'il conte si bien. Les chroniqueurs, Villehardouin, Joinville, Froissart, inventeurs de la prose, ont une aisance et une clarté dont nul n'approche et, par-dessus tout, un agrément, une grâce qu'ils ne cherchent point. La grâce est ici chose nationale, et vient de cette délicatesse native qui a horreur des disparates : point de chocs violents, leur instinct y répugne ; ils les évitent dans les œuvres de goût comme dans les œuvres de raisonnement ; ils veulent que les sentiments comme les idées se lient et ne se choquent pas. Ils portent[1] partout cet esprit mesuré, fin par excellence. Ils se gardent bien, en un sujet triste, de pousser l'émotion jusqu'au bout ; ils évitent les grands mots. Souvenez-vous comme Joinville conte, en six lignes, la fin de son pauvre prêtre malade qui voulut achever de célébrer sa messe, et « oncques puis ne chanta et mourut. » Ouvrez un mystère, celui de Théophile, celui de la reine de Hongrie : quand on veut la brûler avec son enfant, elle dit deux petits vers sur « cette douce rosée qui est un si pur innocent ; » rien de plus. Prenez un fabliau, même dramatique ; lorsque le chevalier pénitent, qui s'est imposé de remplir un baril de ses larmes, meurt auprès de l'ermite, il ne lui demande qu'un don suprême :

> Que vous mettiez vos bras sur mi,
> Si mourrai aux bras mon ami.

1. *La Fontaine et ses Fables*, par H. Taine, p. 15.

Peut-on exprimer un sentiment plus touchant d'une façon plus sobre? Il faut dire de leur poésie ce qu'on dit de certains tableaux : Cela est fait avec rien. Y a-t-il au monde quelque chose de plus délicatement gracieux que les vers de Guillaume de Lorris? L'allégorie enveloppe les idées pour leur ôter leur trop grand jour; des figures idéales, à demi transparentes, flottent autour de l'amant, lumineuses quoique dans un nuage, et le mènent parmi toutes les douceurs des sentiments nuancés jusqu'à la rose dont « la suavité replenist toute la plaine. » Cette délicatesse va si loin que dans Thibaut de Champagne, dans Charles d'Orléans, elle tourne à la mignardise, à la fadeur. Chez eux toutes les impressions s'atténuent : le parfum est si faible que souvent on ne le sent plus; à genoux devant leur dame, ils chuchotent des mièvreries et des gentillesses; ils aiment avec politesse et esprit; ils arrangent ingénieusement en bouquet « les paroles peintes, » toutes les fleurs « du langage frais et joli; » ils savent noter au passage les sentiments fugitifs, la mélancolie molle, la rêverie incertaine; ils sont aussi élégants, aussi beaux diseurs, aussi charmants que les plus aimables abbés du dix-huitième siècle : tant cette légèreté de main est propre à la race, et prompte à paraître sous les armures et parmi les massacres du moyen âge, aussi bien que parmi les révérences et les douillettes musquées de la dernière cour! — Vous la trouverez dans leur coloris comme dans leurs sentiments. Ils ne sont point frappés par la magnificence de la nature, ils n'en

voient guère que les jolis aspects; ils peignent la
beauté d'une femme d'un seul trait qui n'est qu'aimable en disant « qu'elle est plus gracieuse que la
rose en mai. » Ils ne ressentent pas ce trouble terrible, ce ravissement, ce soudain accablement de
cœur que montrent les poésies voisines; ils disent
discrètement « qu'elle se mit à sourire, ce qui moult
lui avenait. » Ils ajoutent, quand ils sont en humeur
descriptive : « qu'elle eut douce haleine et savourée, »
et le corps aussi blanc « comme est la neige sur la
branche quand il a fraîchement neigé. » Ils s'en tiennent là; la beauté leur plaît, mais ne les transporte
pas. Ils goûtent les émotions agréables, ils ne sont
pas propres aux sensations violentes. Le profond rajeunissement des êtres, l'air tiède du printemps qui
renouvelle et ébranle toutes les vies, ne leur suggère
qu'un couplet gracieux; ils remarquent en passant
que « déjà est passé l'hiver, que l'aubépine fleurit,
et que la rose s'épanouit; » puis ils vont à leurs affaires. Légère gaieté prompte à passer, comme celle
que fait naître un de nos paysages d'avril; un instant
le conteur a regardé la fumée des ruisseaux qui
monte autour des saules, la riante vapeur qui emprisonne la clarté du matin; puis, quand il a chantonné un refrain, il revient à son conte. Il veut s'amuser, c'est là son fort.

Dans la vie, comme dans la littérature, c'est l'agrément qu'il recherche, non la volupté ou l'émotion. Il
est égrillard et non voluptueux, friand et non gourmand. Il prend l'amour comme un passe-temps, non

comme une ivresse. C'est un joli fruit qu'il cueille, goûte et laisse. Encore faut-il noter que le meilleur du fruit, à ses yeux, c'est d'être un fruit défendu. Il se dit qu'il dupe un mari, « qu'il trompe une cruelle et croit gagner des pardons à cela[1]. » Il veut rire, c'est là son état préféré, le but et l'emploi de sa vie; surtout il veut rire aux dépens d'autrui. Le petit vers de ses fabliaux gambade et sautille comme un écolier en liberté, à travers toutes les choses respectées ou respectables, daubant sur l'Église, les femmes, les grands, les moines. Gabeurs, gausseurs, nos pères ont en abondance le mot et la chose, et la chose leur est si naturelle que, sans culture et parmi des mœurs brutales, ils sont aussi fins dans la raillerie que les plus déliés. Ils effleurent les ridicules, ils se moquent sans éclat, et comme innocemment; leur style est si uni, qu'au premier aspect on s'y méprend, on n'y voit pas de malice. On les croit naïfs, ils ont l'air de n'y point toucher; un mot glissé montre seul le sourire imperceptible : c'est l'âne, par exemple, qu'on appelle l'archiprêtre, à cause de son air sérieux et de sa soutane feutrée, et qui gravement se met à « orguenner. » Au bout de l'histoire, le fin sentiment du comique vous a pénétré sans que vous sachiez comment il est entré chez vous. Ils n'appellent pas les choses par leur nom, surtout en matière d'amour; ils vous les laissent deviner : ils vous jugent aussi éveillé et avisé qu'eux-mêmes[2]. Sachez bien qu'on a

1. La Fontaine, *Contes*, *Richard Minutolo*.
2.   Parler lui veut d'une besogne,

pu choisir chez eux, embellir parfois, épurer peut-être, mais que leurs premiers traits sont incomparables. Quand le renard s'approche du corbeau pour lui voler son fromage, il débute en papelard, pieusement et avec précaution, en suivant les généalogies ; il lui nomme « son bon père, don Rohart qui si bien chantait ; » il loue sa voix qui est « si claire et si épurge. » « Au mieux du monde chantissiez, si vous vous gardissiez des noix. » Renard est un Scapin, un artiste en inventions, non pas un simple gourmand ; il aime la fourberie pour elle-même ; il jouit de sa supériorité, il prolonge la moquerie. Quand Tibert le Chat, par son conseil, s'est pendu à la corde de la cloche en voulant sonner, il développe l'ironie, il la goûte et la savoure : il a l'air de s'impatienter contre le pauvre sot qu'il a pris au lacs, l'appelle orgueilleux, se plaint de ce que l'autre ne lui répond pas, de ce qu'il veut monter aux nues, et aller retrouver les saints. Et d'un bout à l'autre, cette longue épopée est pareille ; la raillerie n'y cesse pas, et ne cesse pas d'être agréable. Renard a tant d'esprit qu'on lui pardonne tout. Le besoin de rire est le trait national, si particulier que les étrangers n'y entendent mot et s'en scandalisent. Ce plaisir ne ressemble en rien à la joie physique qui est méprisable parce qu'elle est grossière ; au contraire, il aiguise l'intelligence, et fait découvrir mainte idée fine ou scabreuse ; les fabliaux sont remplis de vérités sur

<small>Où crois que peu conquerrérois
Si la besogne vous nommois.</small>

l'homme et encore plus sur la femme, sur les basses conditions et encore plus sur les hautes; c'est une manière de philosopher à la dérobée et hardiment, en dépit des conventions et contre les puissances. Ce goût n'a rien de commun non plus avec la franche satire, qui est laide parce qu'elle est cruelle ; au contraire, il provoque la bonne humeur; on voit vite que le railleur n'est point méchant, qu'il ne veut point blesser; s'il pique, c'est comme une abeille sans venin; un instant après il n'y pense plus ; au besoin il se prendra lui-même pour objet de plaisanterie; tout son désir est d'entretenir en lui-même et en nous un petillement d'idées agréables. Est-ce que vous ne voyez point ici et d'avance l'abrégé de toute la littérature française, l'impuissance de la grande poésie, la perfection subite et durable de la prose, l'excellence de tous les genres qui touchent à la conversation ou à l'éloquence; le règne et la tyrannie du goût et de la méthode; l'art et la théorie du développement et de l'arrangement ; le don d'être mesuré, clair, amusant et piquant? Comment les idées s'ordonnent, voilà ce que nous avons enseigné à l'Europe; quelles sont les idées agréables, voilà ce que nous avons montré à l'Europe : et voilà ce que nos Français du onzième siècle vont pendant cinq cents ans, à coups de lance, puis à coups de bâton, puis à coups de férule, enseigner et montrer à leurs Saxons.

V

Considérez donc ce Français, Normand, Angevin ou Manceau, qui dans sa cotte de maille bien fermée, avec son épée et sa lance, est venu chercher fortune en Angleterre. Il a pris le manoir de quelque Saxon tué, et s'y est établi avec ses soldats et ses camarades, leur donnant des terres, des maisons, des péages, à charge de combattre sous lui et pour lui, comme hommes d'armes, comme maréchaux, comme porte-bannières; c'est une ligue en vue du danger. En effet, ils sont en pays ennemi et conquis, et il faut bien qu'ils se soutiennent. Chacun s'est hâté de se bâtir une place de refuge, un château ou forteresse[1], bien barricadée, en solides pierres, avec des fenêtres étroites, munie de créneaux, garnie de soldats, percée de meurtrières. Puis ils sont allés à Salisbury, au nombre de soixante mille, tous possesseurs de terres, ayant au moins de quoi entretenir un cheval ou une armure complète; là, mettant leur main dans celle de Guillaume; ils lui ont promis foi et assistance, et l'édit du roi a déclaré « qu'ils doivent être tous unis et conjurés comme des frères d'armes » pour se prêter défense et secours. Ils sont une colonie armée et campée à demeure, comme les Spartiates parmi

---

1. A la mort du roi Étienne, il y avait onze cent quinze châteaux de bâtis.

les Ilotes, et font des lois en conséquence. Quand un Français est trouvé mort dans un canton, les habitants doivent livrer le meurtrier, sinon ils payent quarante-sept marcs d'amende; si le mort est Anglais, c'est aux gens du lieu d'en faire la preuve par le serment de quatre proches parents du mort. Qu'ils se gardent de tuer un cerf, un sanglier ou une biche : pour un délit de chasse, ils auront les yeux crevés. De tous leurs biens, ils n'ont rien conservé qu'à « titre d'aumône, » ou à condition de tribut, ou sous serment d'hommage. Tel Saxon libre et propriétaire est devenu « serf de corps sur la glèbe de son propre champ[1]. » Telle Saxonne noble et riche sent peser sur ses épaules la main d'un valet normand devenu par force son mari ou son amant. Il y a des bourgeois saxons de deux sous, d'un sou, selon la somme qu'ils rapportent à leur maître; on les vend, on les engage, on les exploite de compte à demi, comme d'un bœuf ou d'un âne. Un abbé normand fait déterrer ses prédécesseurs saxons et jeter leurs ossements hors des portes. Un autre a des hommes d'armes qui, à coups d'épée, mettent à la raison ses moines récalcitrants. Imaginez, si vous pouvez, l'orgueil de ces nouveaux seigneurs, orgueil de vainqueurs, orgueil d'étrangers, orgueil de maîtres, nourri par les habitudes de l'action violente, et par la sauvagerie, l'ignorance et l'emportement de la vie féodale. « Tout ce qu'ils voulaient, disent les

---

1. A. Thierry, *Histoire de la Conquête de l'Angleterre*, II.

vieux chroniqueurs, ils se le croyaient permis. Ils versaient le sang au hasard, arrachaient le morceau de pain de la bouche des malheureux et prenaient tout l'argent, les biens, la terre [1]. » Par exemple, « tous les gens du pays bas avaient grand soin de paraître humbles devant Ives Taillebois, et de ne lui adresser la parole qu'un genou en terre; mais quoiqu'ils s'empressassent de lui rendre tous les honneurs possibles et de payer tout ce qu'ils lui devaient et au delà, en redevances et en services, il les vexait, les tourmentait, les torturait, les emprisonnait, lançait ses chiens à la poursuite du bétail..., cassait les jambes et l'échine des bêtes de somme..., et faisait assaillir leurs serviteurs sur les routes à coups de bâton ou d'épée. » Ce n'était pas à de pareils malheureux [2] que les Normands pouvaient ou voulaient emprunter quelque idée ou quelque coutume; ils les méprisaient comme « brutaux et stupides. » Ils étaient parmi eux, comme les Espagnols au seizième siècle parmi leurs sujets d'Amérique, supérieurs par la force, supérieurs par la culture, plus instruits dans les lettres, plus experts dans les arts de luxe. Ils gardèrent leurs mœurs et leur langue. Toute l'Angleterre apparente, la cour du roi, les châteaux des nobles, les

1. William de Malmesbury. A. Thierry, II, 20, 122-203.
2. « Dès l'an 652, dit Warton, l'usage commun des Anglo-Saxons était d'envoyer leurs enfants dans les monastères de France pour y être élevés; et l'on regardait non-seulement la langue, mais encore les manières françaises, comme un mérite et comme le signe d'une bonne éducation. »

palais des évêques, les maisons des riches, fut française, et les peuples scandinaves, dont soixante ans auparavant les rois saxons se faisaient chanter les poëmes, crurent que la nation avait oublié sa langue, et la traitèrent dans leurs lois comme si elle n'était plus leur sœur.

C'est donc une littérature française qui en ce moment s'établit au delà de la Manche[1], et les conquérants font effort pour qu'elle soit bien française, bien purgée de tout alliage saxon. Ils y tiennent si fort que les nobles de Henri II envoient leurs fils en France pour les préserver des barbarismes. Pendant deux cents ans « les enfants à l'école, dit Hygden[2], contre l'usage et l'habitude de toute nation, furent obligés de quitter leur langue propre, de traduire en français leurs leçons latines et de faire leurs exercices en français. » Les statuts des universités obligeaient les étudiants à ne converser qu'en français ou en latin. « Les enfants des gentilshommes apprenaient à parler français du moment où on les berçait dans leur berceau ; et les campagnards s'étudiaient avec beaucoup de zèle à parler français pour se donner l'air de gentilshommes. » A plus forte raison la poésie est-elle française. Le Normand a amené avec lui son ménestrel ; il y a un jongleur Taillefer qui chante la chanson de Roland à la bataille d'Hastings ; il y a une jongleuse, Adeline, qui reçoit une terre dans le partage qui suit

---

1. Warton. I, p. 5. Ed. Price, 1840.
2. Trevisa's translation of Hygden's Polychronicon.

la conquête. Le Normand, qui raille les rois saxons, qui déterre les saints saxons et les jette hors des portes de l'église, n'aime que les idées et les vers français. C'est en vers français que Robert Wace lui rédige l'histoire légendaire de cette Angleterre qu'il vient de conquérir et l'histoire positive de cette Normandie où il a pied encore. Entrez dans une de ces abbayes, où viennent chanter les ménestrels, « où les clercs, après dîner et souper, lisent les poëmes, les chroniques des royaumes, les merveilles du monde[1], » vous ne trouverez que vers latins ou français, prose française ou latine. Que devient l'anglais? Obscur, méprisé, on ne l'entend plus que dans la bouche des *francklins* dégradés, des *outlaws* de la forêt, des porchers, des paysans, de la basse classe. On ne l'écrit plus ou on ne l'écrit guère; insensiblement, on voit dans la chronique saxonne le vieil idiome s'altérer, puis s'éteindre; cette chronique s'arrête un siècle après la conquête[2]. Les gens qui ont assez de loisir et de sécurité pour lire ou écrire, sont Français; c'est pour eux que l'on invente et que l'on compose; la littérature s'accommode toujours au goût de ceux qui peuvent la goûter et la payer. Même les Anglais[3] se travaillent pour écrire en français; par exemple, Robert Grosthead, dans son

---

1. Statuts de fondation de New-College à Oxford. Dans l'abbaye de Glastonbury, en 1247 : *Liber de excidio Trojæ, gesta Ricardi regis, gesta Alexandri Magni*, etc. Dans l'abbaye de Peterborough : *Amys et Amelion, sir Tristam, Guy de Bourgogne, gesta Otuelis, les prophéties de Merlin, le Charlemagne de Turpin, la destruction de Troie*, etc. V. Warton, *ibidem*.
2. En 1154. — 3. Warton, t. I. 76-78.

poëme allégorique sur le Christ; Peter Langtoft, dans sa Chronique d'Angleterre et dans sa Vie de Thomas Becket; Hue de Rotheland dans son poëme d'Ipomedon; Jean Hoveden et bien d'autres. Plusieurs écrivent la première moitié du vers en anglais, et la seconde en français : étrange marque de l'ascendant qui les façonne et les opprime. Encore au quinzième siècle[1] plusieurs de ces pauvres gens s'emploient à cette besogne; le français est le langage de la cour, c'est de cette langue qu'est venue toute poésie, toute élégance; on n'est qu'un pataud tant qu'on est inhabile à la manier. Ils s'y attachent comme nos vieux érudits aux vers latins; ils se francisent comme ceux-ci se latinisaient, de force, et avec une sorte de crainte, sachant bien qu'ils ne sont que des écoliers et des provinciaux. Un de leurs meilleurs poëtes, Gower, sur la fin de ses œuvres françaises, s'excuse humblement de n'avoir point « de Français la faconde. — Pardonnez-moi, dit-il, que de ce je forsvoie; je suis Anglais. »

Après tout cependant, ni la race, ni la langue n'ont péri. Il faut bien que le Normand apprenne l'anglais pour commander à ses tenanciers; sa femme, la Saxonne, le lui parle, et ses fils le reçoivent des lèvres de leur nourrice; la contagion est bien forte, puisqu'il est obligé de les envoyer en France pour les préserver du jargon qui, sur son domaine, menace de les envahir et de les gâter. De génération en généra-

---

1. En 1400. Warton, t. III, 248. Gower meurt en 1408; ses ballades françaises appartiennent à la fin du quatorzième siècle.

tion, la contagion gagne; on la respire dans l'air, à la chasse avec les forestiers, dans les champs avec les fermiers, sur les navires avec les matelots; car ce ne sont pas ces gens grossiers, tout enfoncés dans la vie corporelle, qui peuvent apprendre un langage étranger; par le simple poids de leur lourdeur, ils imposent leur idiome, au moins pour ce qui est des mots vivants. Que les termes savants, la langue du droit, les expressions abstraites et philosophiques, bref tous les mots qui tiennent à la réflexion et à la culture, soient français, rien ne s'y oppose, et c'est ce qui arrive; ces sortes d'idées et cette sorte de langue restent au-dessus du gros public, qui, ne pouvant les toucher, ne peut les changer; cela fait du français, du français colonial sans doute, avarié, prononcé les dents serrées, avec une contorsion de gosier « à la mode non de Paris, mais de Stradford-at-Bow; » néanmoins c'est encore du français. Au contraire, pour ce qui est des actions usuelles et des objets sensibles, c'est le peuple, c'est le Saxon qui les dénomme; ces noms vivants sont trop enfoncés et enracinés dans son expérience pour qu'il s'en déprenne, et toute la substance de la langue vient ainsi de lui. Voilà donc le Normand qui, lentement et par force, parle et entend l'anglais, un anglais déformé, francisé, mais pourtant anglais de séve et de souche; il y a mis du temps, deux cents ans : c'est sous Henri III seulement que la nouvelle langue s'achève en même temps que la nouvelle constitution, et de la même façon, par alliance et mélange; les bourgeois viennent siéger dans le parlement avec les nobles, en même temps que les mots saxons viennent s'asseoir dans la langue côte à côte avec les mots français.

VI

Ainsi se forme l'anglais moderne, par compromis et obligation de s'entendre. Mais on devine bien que ces nobles, tout en parlant le patois naissant, ont gardé leur cœur plein des idées et des goûts français ; c'est la France qui demeure la patrie de leur esprit, et la littérature qui commence n'est qu'une traduction. Traducteurs, copistes, imitateurs, il n'y a pas autre chose. L'Angleterre est une province lointaine qui est à la France ce que les États-Unis, il y a trente ans, étaient à l'Europe ; elle exporte des laines et importe des idées. Ouvrez les Voyages de sir John Mandeville[1], le plus ancien prosateur, le Villehardouin du pays ; son livre n'est que la traduction d'une traduction[2] :

---

1. Il écrit en 1356, et meurt en 1372.
2. And, for als moch as it is long time passed that there was no general passage ne vyage over the sea, and many men desiren for to hear speak of the holy Lond, and han thereof great solace and comfort, I, John Maundeville, knight, all be it I be not worthy, that was born in Englond, in the town of Saint-Albons, passed the sea in the yer of our Lord Jesu-Christ 1322, in the day of saint Michel; and hider-to have ben long time over the sea, and have seen and gone thorough many divers londs, and many provinces, and kingdoms, and isles.

And ye shull understand that I have put this book out of Latin into French and translated it agen our of French into English, that every man of my nation may understond it.

« Vous saurez, dit-il, que j'ai mis ce livre de *latin* en *français*, et l'ai mis derechef de *français* en *anglais*, afin que chaque homme de ma nation puisse l'entendre. » Il écrit d'abord en latin, c'est la langue des clercs ; puis en français, c'est la langue du beau monde ; enfin il se ravise et découvre que les barons, ses compatriotes, à force de gouverner des rustres saxons, ont cessé de leur parler normand, et que le reste de la nation ne l'a jamais su ; il transcrit son manuscrit en anglais, et, par surcroît, prend soin de l'éclaircir, sentant qu'il parle à des esprits moins ouverts. « Il advint une fois, disait-il en français[1], que Mahomet allait dans une chapelle où il y avait un saint ermite. Il entra en la chapelle où il y avait une petite huisserie et basse, et était bien petite la chapelle ; et alors devint la porte si grande qu'il semblait que ce fût la porte d'un palais. » Il s'arrête, se reprend, veut mieux s'expliquer pour les auditeurs d'outre-Manche, et dit en anglais : « Et quand Mahomet entra dans la chapelle, laquelle était chose petite et basse, et n'avait qu'une porte petite et basse, alors l'entrée commença à devenir si grande, si large et si haute, que c'était comme si c'eût été l'entrée d'un grand monastère ou la porte d'un palais[2]. » Vous voyez qu'il

---

1. Texte français, imprimé en 1487. — Bibl. impériale.
2. And at the desartes of Arabye he wente into a chapell wher a Eremyte duelle. And whan he entred into the chapell that was but a lytill and a low thing, and had but a lytill dor and a low, than the entree began to wexe so great and so large, and so high, as though it had be of a gret mynster, or the zate of a paleys.

amplifie, et se croit tenu d'assener et d'enfoncer trois ou quatre fois de suite la même idée pour la faire entrer dans un cerveau anglais ; sa pensée s'est allongée, alourdie, et gâtée au passage. Ainsi que toute copie, la nouvelle littérature est médiocre, et répète sa voisine, avec des mérites moindres et des défauts plus grands.

Voyons donc ce que notre baron normand va se faire traduire : d'abord les chroniques[1] de Geoffroy Gaimar, de Robert Wace, qui sont l'histoire fabuleuse d'Angleterre continuée jusqu'au temps présent, plate rapsodie rimée, rendue en anglais par une rapsodie non moins plate. Le premier Anglais qui s'y essaye est un prêtre d'Ernely, Layamon[2], encore empêtré

---

1. On sait que l'original où Wace a puisé pour sa vieille *Histoire d'Angleterre* est la compilation latine de Geoffroy de Monmouth.
2. *Extract from the account of the Proceedings at Arthur's Coronation, given by Layamon, in his translation of Wace, executed about* 1180.

> Tha the king igeten hafde
> And al his mon-weorede,
> Tha bugan out of burhge
> Theines swithen balde.
> Alle tha kinges,
> And heore here-thringes.
> All tha biscopes,
> And alle tha clarckes,
> All the eorles,
> And alle tha beornes.
> Alle tha theines,
> Alle the sweines,
> Feire iscrudde,
> Helde geond felde.
> Summe heo gunnen æruen,
> Summe heo gunnen urnen,
> Summe heo gunnen lepen,
> Summe heo gunnen sceoten,
> Summe heo wræstleden
> And wither-gome makeden,

dans le vieil idiome, qui tantôt parvient à rimer, tantôt n'y réussit pas, tout barbare et enfant, incapable de développer une idée suivie, et qui balbutie de petites phrases heurtées ou inachevées, à la façon des anciens Saxons; après lui un moine, Robert de Gloucester[1], et un chanoine, Robert de Brunne[2], tous deux aussi insipides et aussi clairs que leurs modèles français; en cela ils se sont francisés et ont pris le trait marquant de la race, c'est-à-dire l'habitude et le talent de raconter aisément, de voir les objets émouvants sans émotion profonde, d'écrire de la poésie prosaïque,

>
> Summe heo on velde
> Pleouweden under scelde,
> Summe heo driven balles
> Wide geond the feldes.
> Moni ane kunnes gomen
> Ther heo gunnen drinen.
> And wha swa mihte iwenne
> Wurthscipe of his gomene,
> Hine me ladde mide songe
> At foren than leod kinge;
> And the king, for his gomene,
> Gaf him geven gode.
> Alle tha quene
> The icumen weoren there,
> And alle tha lafdies,
> Leoneden geond walles,
> To bihalden tha duge then,
> And that folc plæie.
> This ilæste threo dæges,
> Swulc gomes and swulc plæghs,
> Tha, at than veorthe dæie
> The king gon to spekene
> And agaf his gode cnihten
> All heore rihten;
> He gef seolver, he gef gold,
> He gef hors, he gef lond,
> Castles, and clæthes eke;
> His monnen he iquende.

[1]. Après 1297.
[2]. Terminé vers 1339. Son *Manuel des péchés* est de 1303.

de discourir et développer, de croire que des phrases terminées par des sons semblables sont de vrais vers. Nos honnêtes versificateurs anglais d'outre-Manche, comme leurs précepteurs de Normandie et de l'Ile-de-France, garnissent de rimes des dissertations et des histoires qu'ils appellent poëmes. A cette époque, en effet, sur le continent, toute l'encyclopédie des écoles descend ainsi dans la rue, et Jean de Meung, dans son poëme de *la Rose*, est le plus ennuyeux des docteurs. Pareillement ici Robert de Brunne traduit en vers le Manuel des péchés de l'évêque Grosthead; Adam Davie[1] versifie des histoires tirées de l'Écriture; Hampole[2] compose *l'Aiguillon de conscience*. Les titres seuls font bâiller; que sera-ce du texte! « Nous sommes faits pour obéir à la volonté de Dieu — et pour accomplir ses saints commandements. — Car de tous ses ouvrages grands ou petits, — l'homme est la principale créature. — Tout ce qu'il a fait a été fait pour l'homme, comme vous le verrez prochainement[3]. « C'est là un poëme, vous ne vous en doutiez guère; appelez-le sermon, c'est son vrai nom; il continue, bien divisé, bien allongé, limpide, et vide; la

---

1. Vers 1312. — 2. Vers 1349.

3. Mankynde mad ys to do Goddus wille,
    Und alle hys byddyngus to fulfille.
    For of al hys making more and les,
    Man most principal creature es.
    Al that he made, for man hit was done,
    As ye schal here after sone.

Ces morceaux sont extraits, pour la plupart, de Warton, Ellis, Thomas Wright, Ritson. Jusqu'au seizième siècle l'orthographe varie selon les auteurs et les éditeurs.

littérature qui l'entoure et lui ressemble témoigne de son origine par son bavardage et sa netteté.

Elle en témoigne aussi par d'autres traits plus agréables. Il y a çà et là des escapades plus ou moins gauches vers le domaine de l'esprit; par exemple, une ballade pourvue de calembours contre Richard, roi des Romains, qui fut pris à la bataille de Lewes. Ailleurs la grâce ne manque pas, la douceur non plus. Personne n'a parlé si vite et si bien aux dames que les Français du continent, et ils n'ont point tout à fait oublié ce talent en s'établissant en Angleterre. On s'en aperçoit vite à la façon dont ils célèbrent la Madone; rien de plus différent du sentiment saxon, tout biblique, que l'adoration chevaleresque de la Dame souveraine, de la Vierge charmante et sainte qui fut le véritable dieu du moyen âge. Elle respire dans cet hymne aimable[1] : « Bénie sois-tu, Dame, — pleine de délices célestes, — suave fleur du paradis, — mère de douceur. — Bénie sois-tu, Dame, — si brillante et si belle; — tout mon espoir est en toi — le jour et la nuit[2]. » Il n'y a qu'un pas, un pas bien

---

1. Temps de Henri III. *Reliquiæ antiquæ*. Edited by Th. Wright et Halliwell.
2. Blessed beo thu, Lavedi,
    Ful of hovene blisse,
    Swete flur of parais,
    Moder of milternisse....
    Blessed beo thu, Lavedi,
    So fair and so briht;
    Al min hope is upon the
    Bi dai and bi nicht....
    Bricht and scene quen of storre,
    So me liht and lere

petit et bien facile à faire, entre ce culte tendre de la Vierge et les sentiments des cours d'amour; les rimeurs anglais le font, et quand ils veulent louer les dames terrestres, ils prennent, ici comme tout à l'heure, nos idées et même nos formes de vers. L'un compare sa maîtresse à toutes sortes de pierres précieuses et de fleurs. D'autres chantent de vraies chansons amoureuses, parfois sensuelles : « Entre mars et avril[1] — quand les branches commencent à bourgeonner — et que les petits oiseaux ont envie — de chanter leurs chansons, — je vis dans l'attente d'amour — pour la plus gracieuse de toutes les choses. — Elle peut m'apporter des délices; — je suis à son commandement. — Un heureux lot que j'ai eu là! — Je crois qu'il m'est venu du ciel. — Mon amour a quitté toutes les autres femmes — et s'est posé sur Alison. » — « Avec ton amour, dit un autre, ma douce bien-aimée, tu ferais mon bonheur, — un doux baiser de ta bouche serait ma guérison[2]. » N'est-ce point là la vive et chaude imagina-

> In this false fikele world,
> So me led and steore,
> That ich at min ende dai
> Ne habbe non feond to fere.

[1]. Vers 1278. *Ritson's Essay on national Song. Ritson's ancient Songs.*

[2].
> Bytuene Mershe and Aueril,
> When spray biginneth to springe,
> The lutel foul hath hire wyl
> On hyre lud to synge,
> Ich libbe in loue-longinge
> For semlokest of alle thynge.
> He may me blysse bringe,
> Ich am in hire baundoun.

tion du Midi? Ils parlent du printemps et de l'amour,
« du temps beau et joli » comme des trouvères,
même comme des troubadours. La sale chaumière
enfumée, le noir château féodal, où tous, sauf le
maître, couchent pêle-mêle sur la paille dans la
grande salle de pierre, la pluie froide, la terre fangeuse rendent délicieux le retour du soleil et de l'air
tiède. « L'été est venu. — Chante haut, coucou! —
L'herbe croît, la prairie est en fleurs — et le bois
pousse. — Chante, coucou. — la brebis bêle après
l'agneau, — la vache mugit après le veau. — Le
taureau tressaille, — le chevreuil va s'abriter (dans
la fougère). — Chante joyeusement, coucou, — coucou, coucou! — Tu chantes bien, coucou. — Ne cesse
pas maintenant de chanter[1]. » Voilà des peintures

        An hendy hap ich abbe yhent,
        Ichot from heuene it is me sent.
        From all wymmen my love is lent,
           Lyht on Alysoun.

    Suete lemmon, y preye the, of loue one speche,
    Whil y lyue in world so wide other nulle y seche.
    With thy loue, my suete leof, my bliss thou mihtes eche,
    A sue cos of thy mouth mihte be my leche.

1.   Sumer is i-cumen in,
        Lhude sing cuccu :
        Groweth sed, and bloweth med,
        And springth the wde nu.
           Sing cuccu, cuccu.
        Awe bleteth after lomb,
        Llouth after calue cu,
        Bulluc sterteth, bucke verteth :
           Murie sing cuccu,
           Cuccu, cuccu.
        Wel singes thu, cuccu ;
        Ne swik thu, nauer nu.
           Sing, cuccu, nu,
           Sing, cuccu.

riantes, comme en fait en ce moment Guillaume de Lorris, même plus riches et plus vivantes, peut-être parce que le poëte a trouvé ici pour soutien le sentiment de la campagne qui, en ce pays, est profond et national. D'autres, plus imitateurs, essayent des gaietés comme celles de Rutebeuf et des fabliaux, des malices naïves[1] et même des polissonneries satiriques. Bien entendu, il s'agit ici de dauber sur les moines. En tout pays français ou qui imite la France, le plus visible emploi des couvents est de fournir matière aux contes égrillards et salés. Il s'agit de la vie qu'on mène à l'abbaye de Cocagne, « belle abbaye pleine de moines blancs et gris. » « Les murs sont tout en pâtés — de chair, de poissons, — de riches viandes — les plus agréables qu'homme puisse manger ; — les tuiles sont des gâteaux de fleur de farine, — les créneaux sont des pouddings gras. — Quoique le paradis soit gai et gracieux, — Cocagne est un plus beau pays[2]. » C'est ici le triomphe de la gueule et de

---

1. Poëme sur le Hibou et le Rossignol, qui disputent pour savoir qui a la plus belle voix.

2.
There is a wel fair abbèi,
Of white monkes and of grei.
Ther beth bowris and halles :
Al of pasteiis beth the walles,
Of fleis, of fisse, and rich met,
The likfullist that man may et.
Fluren cakes beth the schingles alle,
Of cherche, cloister, boure, and halle.
The pinnes beth fat podinges
Rich met to princes and kinges....
Though paradis be miri and bright
Cokaign is of fairir sight....
Another abbei is ther bi,

la mangeaille. Ajoutez qu'un couvent de « jeunes nonnes » est auprès, que lorsque les jours d'été sont chauds, elles prennent une barque et descendent la rivière « pour apprendre une oraison, » qu'on pouvait détailler au moyen âge, mais sur laquelle il faut glisser vite aujourd'hui.

Mais ce que le baron se fait le plus volontiers traduire, ce sont les poëmes de chevalerie, car ils lui peignent en beau sa propre vie. Comme il étale de la magnificence, et qu'il a importé le luxe et les jouissances de France, il veut que son trouvère les lui remette sous les yeux. La vie à ce moment, en dehors de la guerre et même pendant la guerre, est une grande parade, une sorte de fête éclatante et tumultueuse. Quand Henri II voyage[1], il emmène avec lui une multitude de cavaliers, de fantassins, des chariots à bagages, des tentes, des chevaux de charge, des comédiens, des courtisanes, des prévôts de courtisanes, des cuisiniers, des confiseurs, des mimes, des danseurs, des barbiers, des entremetteurs, des parasites; au matin, lorsqu'on s'ébranle, tout cela crie, chante, se bouscule et fait tapage et cohue

>Forsoth a gret fair nunnerie....
>When the someris dai is hote,
>The yung nunnes takith a bote....
>And doth ham forth in that river
>Both with ores and with stere....
>And each munk him takes on,
>And snelliche berrith forth har prei
>To the mochil grei abbei,
>And techith the nunnes an oreisun,
>With iamblene up and down.

1. Lettre de Pierre de Blois.

« comme si l'enfer était déchaîné. » William Longchamps, même en temps de paix, ne voyageait qu'avec une escorte de mille chevaux. Lorsque l'archevêque Becket vint en France, il fit son entrée dans la ville avec deux cents chevaliers, quantité de barons et de nobles, et une armée de serviteurs, tous richement armés et équipés; lui-même s'était muni de vingt-quatre costumes ; deux cent cinquante enfants marchaient d'abord, chantant des chansons nationales ; puis les chiens, puis les chariots, puis douze chevaux de charge, montés chacun par un singe et un homme; puis les écuyers avec les écus et les chevaux de guerre; puis d'autres écuyers, les fauconniers, les officiers de la maison, les chevaliers, les prêtres; enfin, l'archevêque lui-même avec ses amis particuliers. Figurez-vous ces processions, et aussi ces régalades ; car les Normands, depuis la conquête[1], « ont pris des Saxons l'habitude de boire et manger avec excès ; » aux noces de Richard de Cornouailles on servit trente mille plats. Vous pouvez ajouter qu'ils sont restés galants et pratiquent de point en point le grand précepte des cours amoureuses ; sachez bien qu'au moyen âge le sixième sens n'est pas resté plus oisif que les autres. Notez enfin que les tournois abondent, c'est une sorte d'opéra qu'ils se donnent à eux-mêmes. Ainsi va leur vie tout aventureuse et décorative, promenée en plein air et au soleil, parmi les cavalcades et les armes ; ils représentent et se réjouissent de représenter. Par exemple,

---

1. W. de Malmesbury.

le roi d'Écosse étant venu à Londres avec cent chevaliers[1], tous, mettant pied à terre, abandonnèrent au peuple leurs chevaux avec les superbes caparaçons, et aussitôt cinq seigneurs anglais qui étaient là suivirent par émulation leur exemple. Au milieu de la guerre, ils se divertissaient ; Édouard III[2], dans une de ses expéditions contre le roi de France, emmena avec lui trente fauconniers, et fit la campagne, chassant et combattant tour à tour[3]. Une autre fois, dit Froissart, les chevaliers qui se joignirent à l'armée portaient un emplâtre sur un de leurs yeux, ayant fait vœu de ne point le quitter jusqu'à ce qu'ils eussent fait des exploits dignes de leurs maîtresses. Par dévergondage d'esprit, ils pratiquent la poésie ; par légèreté d'imagination, ils jouent avec la vie : Édouard III fait bâtir à Windsor une salle et une table ronde, et dans un de ses tournois à Londres, comme dans un conte de fées, soixante dames, assises sur des palefrois, conduisent chacun un chevalier avec une chaîne d'or. N'est-ce point là le triomphe des galantes et frivoles façons françaises ? Sa femme Philippa servait de modèle aux artistes pour leurs madones ; elle paraissait sur les champs de bataille, écoutait Froissart qui

1. Couronnement d'Édouard Ier.
2. Les prodigalités et les raffinements croissent à l'excès sous son petit-fils Richard II.
3. A fête d'installation de George Nevill, frère de Warwick, archevêque d'York, on consomma 104 bœufs et 6 taureaux saüvages, 1000 moutons, 304 veaux, autant de porcs, 2000 cochons, 500 cerfs, chevreuils et daims, 204 chevreaux, 22 802 oiseaux sauvages ou domestiques, 300 quartels de blé, 300 tonnes d'ale, 100 de vin, une pipe d'hypocras, 12 marsouins et phoques.

la fournissait de moralités, d'amours, et « de beaux dires » ; à la fois déesse, héroïne et lettrée, et tout cela agréablement, n'est-ce point là la vraie souveraine de la chevalerie polie ? C'est à ce moment, comme aussi en France sous Louis d'Orléans et les ducs de Bourgogne, que s'épanouit la plus élégante fleur de cette civilisation romanesque, dépourvue de bon sens, livrée à la passion, tournée vers le plaisir, immorale et brillante, et qui, comme ses voisines d'Italie et de Provence, faute de sérieux, ne put durer.

Toutes ces merveilles, les conteurs en font l'étalage dans leurs récits. Voyez cette peinture du vaisseau qui amène en Angleterre la mère du roi Richard : « Le gouvernail était d'or pur ; — le mât était d'ivoire; « — les cordes de vraie soie, — aussi blanches que le « lait, — la voile était en velours. — Ce noble vais- « seau était, en dehors, tout tendu de draperies d'or... « — Il y avait dans ce vaisseau — des chevaliers et des « dames de grande puissance ; — et dedans était une « dame — brillante comme le soleil à travers le verre[1]. » En pareils sujets ils ne tarissent jamais. Quand le roi

---

1.   Swlk on ne seygh they never non;
     All it was whyt of huel-bon,
     And every nayl with gold begrave :
     Off pure gold was the stave.
     Her mast was of ivory;
     Off samyte the sayl wytterly.
     Her ropes wer off truely sylk,
     Al so whyt as ony mylk.
     That noble schyp was al withoute
     With clothys of golde sprede aboute ;
     And her loof and her wyndas
     Off assure forsothe it was.

de Hongrie veut consoler sa fille affligée, il lui propose
de la mener à la chasse dans un chariot couvert de
velours rouge, « avec des draperies d'or fin au-dessus
« de sa tête, avec des étoffes de damas blanc et azur,
« diaprées de lis nouveaux. — Les pommeaux seront
« en or, les chaînes en émail. — Elle aura d'agiles ge-
« nêts d'Espagne, caparaçonnés de velours éclatant
« qui descendra jusqu'à terre. — Il y aura de l'hypo-
« cras, du vin doux, des vins de Grèce, du muscat, du
« vin clair, du vin du coucher, des pâtés de venaison,
« et les meilleurs oiseaux à manger qu'on puisse
« prendre. » Quand elle aura chassé avec le lévrier et
« le faucon, et qu'elle sera de retour au logis, « elle
« aura fêtes, danses, chansons, des enfants, grands et
« petits, qui chanteront comme font les rossignols;
« puis à son concert du soir, des voix graves et des voix
« de fausset, soixante chasubles de damas brillant,
« pleines de perles, avec des chœurs, et le son des or-
« gues. — Puis elle ira s'asseoir à souper, dans un bos-
« quet vert, sous des tapisseries brodées de saphirs.
« Cent chevaliers bien comptés joueront aux boules
« pour l'amuser dans les allées fraîches. Puis une
« barque viendra la prendre, pleine de trompettes et
« de clairons, avec vingt-quatre rames, pour la pro-
« mener sur la rivière. Puis elle demandera le vin aro-
« matisé du soir, avec des dattes et des friandises.
« Quarante torches la ramèneront dans sa chambre ;
« ses draps seront en toile de Rennes, son oreiller
« sera brodé de rubis. Quand elle sera couchée dans
« son lit moelleux, on suspendra dans sa chambre

« une cage d'or où brûleront des aromates, et si elle
« ne peut dormir, toute la nuit les ménestrels veille-
« ront pour elle¹. » J'en ai passé, il y en a trop ; l'idée
disparaît comme une page de missel sous les enluminures. C'est parmi ces fantaisies et ces splendeurs que

1. To-morrow ye shall in hunting fare ;
    And yede, my doughter, in a chair ;
    It shall be covered with velvet red,
    And cloths of fine gold all about your head,
    With damask white and azure blue,
    Well diapered with lilies new :
    Your pommels shall be ended with gold,
    Your chains enamelled many a fold,
    Your mantle of rich degree ;
    Purple pall and ermine free.
    Jennets of Spain, that ben so light,
    Trapped to the ground with velvet bright.
    Ye shall have harp, sautry, and song,
    And other mirths you among.
    Ye shall have Rumney and Malespine,
    Both Hippocras and Vernage wine ;
    Montrese and wine of Greek,
    Both Algrade and despice eke ;
    Antioch and Bastard,
    Pyment also and garnard ;
    Wine of Greek and Muscadel ;
    Both clare, pyment, and Rochelle,
    The reed your stomach to defy ;
    And pots of Osy set you by.
    You shall have venison y-bake,
    The best wild fowl that may be take ;
    A leish of harebound with you to streek,
    And hart, and hind, and other like.
    Ye shall be set at such a tryst,
    That hart and hynd shall come to your fist,
    Your disease to drive you fro,
    To hear the bugles there y-blow.
    Homeward thus shall ye ride,
    On-hawking by the river's side,
    With gossawk and with gentle falcon,
    With bugle horn and merlion.
    When you come home your menzie among,
    Ye shall have revel, dances and song ;
    Little children, great and small,
    Shall sing as does the nightingale.
    Then shall ye go to your even song,

les poètes se complaisent et s'égarent, et le tissu, comme les broderies de leur toile, porte la marque de ce goût pour le décor. Ils la composent d'aventures, c'est-à-dire d'événements extraordinaires et surprenants. Tantôt c'est la vie du prince Horn qui, jeté tout jeune sur un vaisseau, est poussé sur la côte d'Angle-

> With tenors and trebles among.
> Threescore of copes of damask bright,
> Full of pearls they shall be pight.
> Your censors shall be of gold,
> Indent with azure many a fold.
> Your quire nor organ song shall want,
> With contre-note and descant.
> The other half on organs playing,
> With young children full fain singing.
> Then shall ye go to your supper,
> And sit in tents in green arber,
> With cloth of arras pight to the ground,
> With sapphires set of diamond....
> A hundred knights, truly told;
> Shall play with bowls in alleys cold,
> Your disease to drive away ;
> To see the fishes in pools play,
> To a drawbridge then shall ye,
> Th' one half of stone, th' other of tree;
> A barge shall meet you full right,
> With twenty-four oars full bright;
> With trumpets and with clarion,
> The fresh water to row up and down....
> Forty torches burning bright,
> At your bridges to bring you light.
> Into your chamber they shall you bring,
> With much mirth and more liking.
> Your blankets shall be of fustian,
> Your sheets shall be of cloth of Rennes.
> Your head sheet shall be of pery pight,
> With diamonds set and rubies bright.
> When you are laid in bed so soft,
> A cage of gold shall hang aloft,
> With long paper fair burning,
> And cloves that be sweet smelling.
> Frankincense and olibanum,
> That when ye sleep the taste may come;
> And if ye no rest can take,
> All night minstrels for you shall wake.

terre, et, devenu chevalier, va reconquérir le royaume
de son père. Tantôt c'est l'histoire de sir Guy qui dé-
livre les chevaliers enchantés, pourfend le géant Col-
brand, va défier et tuer le sultan jusque dans sa tente.
Je n'ai pas à conter ces poëmes, ils ne sont point anglais, ils ne sont que traduits; mais, ici comme en
France, ils pullulent, ils emplissent l'imagination de ce
jeune monde, et ils vont aller s'exagérant jusqu'au moment où, tombés jusqu'aux plus bas fonds de la fadeur
et de l'invraisemblance, ils sont enterrés pour toujours
par Cervantès. Que diriez-vous d'une société qui, pour
toute littérature, aurait l'opéra et ses fantasmagories?
C'est pourtant une littérature de ce genre qui nourrit les
esprits au moyen âge. Ce n'est point la vérité qu'ils
demandent, mais le divertissement, le divertissement
violent et vide, avec des éblouissements et des secousses. Ce sont bientôt des voyages impossibles, des
défis extravagants qu'ils veulent voir, un tapage de
combats, un entassement de magnificences, un im-
broglio de hasards; de l'histoire intérieure, nul souci :
ils ne s'intéressent pas aux événements du cœur, c'est
le dehors qui les attache; ils demeurent comme des
enfants les yeux fixés sur un défilé d'images coloriées
et grossies et, faute de pensée, ne sentent pas qu'ils
n'ont rien appris.

VII

Au-dessous de ce songe chimérique, qu'y a-t-il ? Les brutales et méchantes passions humaines, déchaînées d'abord par la rage religieuse, puis livrées à elles-mêmes, et, sous un appareil de courtoisie extérieure, aussi mauvaises qu'auparavant. Voyez le roi populaire, Richard Cœur de Lion, et comptez ses boucheries et ses meurtres : « Le roi Richard, dit le poëme, est le meilleur roi qu'on trouve en aucun geste[1]. » Je le veux bien, mais s'il a le cœur d'un lion, il en a aussi l'estomac. Un jour, sortant de maladie, sous les murs de Saint-Jean-d'Acre, il veut à toute force manger du porc. Point de porc. On tue un jeune Sarrasin frais et tendre, on le cuit, on le sale, le roi le mange et le trouve très-bon ; après quoi il veut voir la tête de son cochon. Le cuisinier la lui apporte en tremblant. Il se met à rire, et dit que l'armée n'a plus rien à craindre de la famine, qu'elle a des provisions sous la main. Il prend la ville, et aussitôt les ambassadeurs de Saladin viennent lui demander grâce pour les prisonniers. Richard fait décapiter trente des plus nobles, ordonne à son cuisinier de faire bouillir les têtes, et d'en servir une à chaque ambassadeur, avec un écriteau portant le nom et la

---

1.   In Fraunce these rymes were wroht.
Every Englyshe ne knew it not.
(Warton, I, 123.)

famille du mort. Cependant, en leur présence, il mange la sienne de bon appétit, et leur dit de raconter à Saladin de quelle façon les chrétiens font la guerre, et s'il est vrai qu'ils aient peur de lui. Puis il fait conduire les soixante mille prisonniers dans une plaine. « Là, ils entendirent les anges du ciel — qui disaient : « Seigneurs, tuez, tuez. — N'en épargnez pas ; coupez-leur la tête. — Le roi Richard entendit la voix des anges, et remercia Dieu et sa sainte croix[1]. » Là-dessus, on les décapite tous ; quand il prend une ville, c'est sa coutume de faire tout égorger, enfants et femmes. Telle était la dévotion du moyen âge, non pas seulement dans les romans, comme ici, mais dans l'histoire : à la prise de Jérusalem, toute la population, soixante-dix mille personnes, fut massacrée.

Ainsi percent, jusque dans les récits chevaleresques, les instincts farouches et débridés de la brute sanguinaire. A côté d'eux, les récits authentiques la montrent à l'œuvre. C'est Henri II qui, irrité contre un page, saute sur lui pour lui arracher les yeux. C'est Jean sans Terre qui fait mourir de faim vingt-trois otages dans une prison. C'est Édouard II qui fait pendre et éventrer en une fois vingt-huit nobles, et qu'on tuera en lui enfonçant un fer rouge dans

---

1. They were led into the place full even.
There they heard angels of heaven ;
They said : « Seigneures, tuez, tuez !
Spares hem nought, and beheadeth these ! »
King Richard heard the angels' voice
And thanked God and the holy cross.

les entrailles. Regardez chez Froissart, en France comme ici, les débauches et les meurtres de la grande guerre de Cent ans, puis ici les tueries de la guerre des Deux Roses; dans les deux pays, l'indépendance féodale aboutit à la guerre civile, et le moyen âge sombre sous ses vices. La courtoisie chevaleresque, qui recouvrait la férocité native, disparaît comme une draperie subitement consumée par l'irruption d'un incendie; en ce temps-là, en Angleterre, on tue les nobles de préférence, et aussi les prisonniers, même des enfants, avec insulte, et de sang rassis. Qu'est-ce donc que l'homme a appris dans cette civilisation et par cette littérature? En quoi s'est-il humanisé? Quelles maximes de justice, quelles habitudes de réflexion, quel assemblage de jugements vrais cette culture a-t-elle interposé entre ses désirs et ses actions, pour modérer sa fougue? Il a rêvé, il a imaginé une sorte de cérémonial élégant pour mieux parler aux seigneurs et aux dames, il a trouvé le code galant du petit Jehan de Saintré. Mais l'éducation véritable, où est-elle? En quoi a profité Froissart de toute sa vaste expérience? C'est un enfant aimable et bavard; ce qu'on appelle alors sa poésie, la *poésie neuve*, n'est qu'un babil raffiné, une puérilité vieillotte. Quelques rhétericiens, comme Christine de Pisan, essayent de calquer des périodes d'après l'antique; mais de toutes parts la littérature avorte. Nul ne pense; voici sir John de Mandeville qui a couru l'univers cent cinquante ans après Villehardouin, et qui a l'esprit aussi fermé que Villehardouin. Légendes et fables extravagantes, toutes les crédulités et toutes les ignorances foisonnent dans son livre. S'il veut expliquer pourquoi la Palestine a passé de main en main, sans rester jamais sous une domination fixe, « c'est que Dieu ne veut pas qu'elle soit longtemps entre les mains de traîtres et pécheurs, chrétiens ou autres. » Il a vu à Jérusalem, sur les degrés du temple, la marque des pieds de l'âne que Notre-Seigneur montait « lorsqu'il entra le dimanche des Rameaux. » Il décrit les Éthiopiens, gens qui n'ont qu'un pied, mais si large qu'ils peuvent s'en servir comme d'un parasol. Il cite une île où « les gens sont hauts de dix-huit ou trente pieds de haut, et non vêtus, fors de peaux de bêtes ; » puis une autre île « où il y a moult diverses femmes et cruelles, qui ont pierres précieuses dedans les yeux, et ont telle vue que si elles regardent un homme par dépit, elles le tuent seulement du regard comme fait un coq basilic. » Le bonhomme conte, et puis c'est tout ; le doute et le bon sens n'ont guère de place encore dans ce monde. Point de jugement ni de réflexion personnelle ; il met les faits les uns au bout des autres, sans les lier autrement ; son livre n'est qu'un miroir qui reproduit les souvenirs de ses yeux et de ses oreilles. « Et tous ceux qui diront un *Pater* et un *Ave Maria* à mon intention, je les fais participants, et leur octroie part à tous les saints pèlerinages que je fis oncques en ma vie. » C'est là sa fin, appropriée au reste. Ni la morale publique ni la science publique n'ont gagné quelque chose à ces trois siècles de culture. Cette culture française, vainement imitée dans toute l'Europe, n'a fait qu'orner les dehors de l'homme, et le vernis dont elle l'a paré se fane déjà partout ou s'écaille. C'est pis en Angleterre, où il est plus extérieur et plus mal appliqué qu'en France, où des mains étrangères l'ont plaqué, et où il n'a pu recouvrir qu'à demi la croûte saxonne, où cette croûte est demeurée fruste et rude. Voilà pourquoi trois siècles durant, pendant tout le premier âge féodal, la littérature des Normands d'Angleterre, composée d'imitations, de traductions, de copies maladroites, est vide.

VIII

Qu'est devenu cependant le peuple vaincu? Est-ce que la vieille souche sur laquelle sont venues se greffer les brillantes fleurs continentales n'a produit aucune pousse littéraire qui lui soit propre? Est-ce que pendant tout ce temps elle est demeurée stérile sous la hache normande qui a tranché tous ses bourgeons? Elle a végété bien peu, mais elle a végété pourtant. La race subjuguée n'est pas une nation démembrée, disloquée, déracinée, inerte comme les populations du continent qui, au sortir de la longue exploitation romaine, ont été livrées à l'invasion désordonnée des barbares; elle fait masse, elle est restée attachée à son sol, elle est en pleine sève; ses parties n'ont point été transposées, elle a été simplement décapitée pour recevoir, à son sommet, un faisceau de branches étrangères. Elle en a souffert, cela est vrai; mais enfin la plaie s'est fermée, les deux séves se sont mêlées[1]. Même les dures et roides ligatures dans lesquelles le conquérant l'a serrée, ajoutent dorénavant à sa fixité et à sa force. La terre a été cadastrée, chaque titre vérifié, défini et écrit[2], chaque droit ou redevance chiffrée, chaque homme enregistré à sa place, avec sa condition, ses devoirs, sa provenance et sa valeur; en sorte que la nation est comme enveloppée dans un réseau dont nulle maille ne rompt. Si désormais elle se développe, c'est dans ce cadre. Sa constitution est faite, et c'est dans cette enceinte définitive et fermée que l'homme va se déployer et agir. Solidarité et lutte : voilà les deux effets de ce grand établissement réglementé qui forme et maintient en corps, d'un côté l'aristocratie conquérante, de l'autre la nation conquise ; de même qu'à Rome l'importation systématique des vaincus dans la plèbe, et l'organisation forcée des patriciens en face de la plèbe, enrégimenta les particuliers en deux ordres dont l'opposition et l'union formèrent l'État. Ainsi se façonne et s'achève, ici comme à Rome, le caractère national par l'habitude d'agir en corps, par le respect du droit écrit, par l'aptitude politique et pratique, par le développement de l'énergie

---

1. *Pictorial history*, I, 666. *Dialogue on the Exchequer*. Temps de Henri II.
2. *Domsday book*. — *Froude's History of England*, t. I, 13. « A travers toutes les dispositions perce un but unique : c'est que tout homme, en Angleterre, a sa place définie, et son devoir défini, et que nul être humain n'a la liberté de mener sa vie à son gré sans en rendre compte à personne. C'est la discipline d'une armée transportée dans la vie sociale. »

CHAPITRE II. LES NORMANDS.

militante et patiente. C'est le *domsday-book* qui, enserrant cette jeune société dans une discipline rigide, a fait du Saxon l'Anglais que nous voyons aujourd'hui.

Lentement, par degrés, à travers les douloureuses plaintes des chroniqueurs, on voit ce nouvel homme se former en s'agitant, comme un enfant qui crie parce qu'une machine d'acier en le blessant lui fortifie la taille. Si réduits et rabaissés que soient les Saxons, ils ne sont pas tous tombés dans la populace. Quelques-uns[1], presque dans chaque comté, sont demeurés seigneurs de leurs terres, à condition d'en faire hommage au roi. Un grand nombre sont devenus vassaux de barons normands, et, à ce titre, demeurent propriétaires. Un plus grand nombre deviennent *socagers*, c'est-à-dire possesseurs libres, grevés d'une redevance, mais pourvus du droit d'aliéner leur bien, et les vilains saxons trouvent en tous ces hommes des patrons, comme jadis la plèbe rencontra des chefs dans les nobles italiens transplantés à Rome. C'est un patronage effectif que celui de ces Saxons restés debout ; car ils ne sont point isolés ; des mariages communs, comme jadis ceux des patriciens et des plébéiens à Rome, ont, dès l'abord, uni les deux races[2] ; le Normand, beau-

---

1. *Domsday-book*. Tenants in chief.
2. *Pictorial history*, I, 666. Selon Ailred (*Temps de Henri II*), « un roi, beaucoup d'évêques et d'abbés, beaucoup de grands comtes et de nobles chevaliers, descendus à la fois du sang anglais et du sang normand, étaient un soutien pour l'un et un honneur pour l'autre. » — « A présent, dit un autre auteur du même temps, comme les Anglais et les Normands habitent ensemble et se sont mariés constamment les uns avec les autres, les deux nations sont si complétement mêlées l'une à l'autre, que, du moins pour ce qui re-

frère d'un Saxon, se défend lui-même en défendant son beau-frère ; dans ces temps de troubles surtout, et dans une société armée, les parents, les alliés, sont obligés de se serrer les uns contre les autres pour faire ferme. Après tout, il faut bien que les nouveaux venus tiennent compte de leurs sujets : car ces sujets ont un cœur et un courage d'hommes ; les Saxons, comme les plébéiens de Rome, se souviennent de leur rang natal et de leur indépendance première. On s'en aperçoit aux plaintes et à l'indignation des chroniqueurs, aux grondements et aux menaces de révolte populaire, aux longues amertumes avec lesquelles ils se remettent incessamment sous les yeux la liberté antique, à la faveur dont ils accueillent les audaces et la rébellion des *outlaws*. Il y avait des familles saxonnes à la fin du douzième siècle qui, par un vœu perpétuel, s'étaient engagées à porter la barbe longue, de père en fils, en mémoire des coutumes nationales et de la vieille patrie. De pareils hommes, même tombés à l'état de *socagers*, même déchus jusqu'à la condition de vilains, ont le cou plus roide que les misérables colons du continent, foulés et façonnés par les quatre siècles de fiscalité romaine. Par leurs sentiments comme par leur condition, ils sont les débris rompus, mais aussi les rudiments vivants d'un peuple libre. On ne va pas avec eux jusqu'au bout de l'oppression. Ils font le corps de la nation, le corps laborieux, coura-

garde les hommes libres, on peut à peine distinguer qui est de race normande et qui est de race anglaise.... Les vilains attachés au sol, dit-il encore, sont seuls de pur sang saxon. »

geux, qui fournit la force. Les grands barons sentent que pour résister au roi, c'est là qu'il faut s'appuyer. Bientôt en stipulant pour eux-mêmes[1], ils stipulent aussi pour tous les hommes libres, même pour les marchands, même pour les vilains. Dorénavant, « nul marchand ne sera privé de sa marchandise, nul vilain de ses instruments de travail ; nul homme libre, marchand ou vilain, ne sera taxé déraisonnablement pour un petit délit. Nul homme libre ne sera arrêté ou emprisonné, ou dépossédé de sa terre, ou poursuivi en aucune façon, si ce n'est par le jugement légal de ses pairs et selon la loi du pays. » Ainsi protégés, ils se relèvent et ils agissent. Il y a une cour dans chaque comté où tous les francs tenanciers, petits ou grands, se réunissent pour délibérer des affaires municipales, rendre la justice, et nommer ceux qui répartiront l'impôt. Le Saxon à la barbe rouge, au teint clair, aux grandes dents blanches, vient s'y asseoir à côté du Normand ; on y voit des franklins, pareils à celui que décrit Chaucer, « sanguin de complexion, » libéral et grand mangeur comme ses ancêtres, amateur de repues franches, « chez qui le pain, la bière sont toujours sur la table, » dont la maison n'est jamais sans viande cuite au four, chez qui la mangeaille est si plantureuse « que chair et poisson neigent dans son logis, » qui « a maintes grasses perdrix en cage, qui a maintes brèmes et maints brochets dans son étang, » qui tempête contre son cuisinier, « si la sauce

---

[1]. Grande charte, 1215.

n'est pas piquante et forte, » et « dont la table reste à demeure, prête et garnie toute la journée. » C'est un homme important; il a été shérif, chevalier du comté; il figure « aux sessions[1]. A côté de lui, parfois dans l'assemblée, le plus souvent dans l'assistance, sont les *yeomen*, fermiers, forestiers, gens de métiers, ses compatriotes, hommes musculeux et décidés, bien disposés à défendre leur propriété, à soutenir de leurs acclamations, avec leurs poings, et aussi avec leurs armes, celui qui prendra en main leurs intérêts. Croyez-vous qu'on néglige le mécontentement de gens

---

1. A frankelein was in this compagnie;
White was his berd as is the dayesie.
Of his complexion he was sanguin.
Wel loved he by the morwe a sop in win.
To liven in delit was ever his wone.
For he was Epicures owen sone,
That held opinion, that plein delit
Was veraily felicite parfite.
An housholder, and that a grete was he;
Seint Julian he was in his contree.
His brede, his ale, was alway after on;
A better envyned man was no wher non.
Withouten bake mete never was his hous,
Of fish and flesh, and that so plenteous,
It snewed in his hous of mete and drinke,
Of alle deintees that men coud of thinke.
After the sondry sesons of the yere,
So changed he his mete and his soupere.
Ful many a fat partrich hadde he in mewe;
And many a breme, and many a luce, in stewe.
Wo was his coke but if his sauce were
Poinant and sharpe, and redy all his gere.
His table, dormant in his halle, alway
Stode redy covered alle the longe day.
At sessions ther was he lord and sire;
Ful often time he was knight of the shire.
An anelace and a gipciere all of silk
Heng at his girdel, white as morwe milk.
A shereve hadde he ben and a countour.
Was no wher swiche a worthy vavasour.

CHAPITRE II. LES NORMANDS.

comme celui que voici ?[1]. » « Un vigoureux rustre, par la messe ! gros de charnure et d'os, court, large d'épaules, épais comme un arbre noué, » capable « de gagner partout le bélier à la lutte : point de portes dont il ne pût faire sauter la barre, ou qu'il ne pût en courant enfoncer avec sa tête. Sa barbe était rousse comme le poil d'une truie ou d'un renard, et large comme une pelle. Sur l'aile droite du nez, il avait une verrue et sur elle une touffe de poils roux comme les soies d'une oreille de truie. Ses narines étaient larges et noires, et sa bouche large comme une fournaise. Il portait à son côté une épée et un bouclier; c'était un querelleur et un gaillard[2]. » Voilà les figures athlétiques, les culasses carrées, les façons de taureau joyeux, qu'on trouve encore là-bas, entretenues par

---

1. *Prologue des Contes de Cantorbéry*, v. 547. Édition Urry.

2.
   The Miller was a stout carl for the nones,
   Ful bigge he was of braun, and eke of bones;
   That proved wel; for over all ther he came,
   At wrastling he wold bere away the ram.
   He was short shuldered, brode, a thikke gnarre,
   Ther n'as no dore, that he n'olde heve of barre,
   Or breke it at a renning with his hede.
   His berd as any sowe or fox was rede,
   And therto brode, as though it were a spade !
   Upon the cop right of his nose he hade
   A wert, and theron stode a tufte of heres,
   Rede as the bristles of a sowes eres :
   His nose-thirles blacke were and wide.
   A swerd and bokeler bare he by his side.
   His mouth as wide was as a forneis :
   He was a jangler, and a goliardeis,
   And that was most of sinne and harlotries.
   Wel coude he stelen corne and tollen thries.
   And yet he had a thomb of gold parde.
   A white cote and a blew hode wered he.
   A baggepipe wel coude he blowe and soune,
   And therwithall he brought us out of toune.

le porter et la viande, soutenues par l'habitude des exercices du corps et des coups de poing. Ce sont ces hommes qu'il faut se représenter quand on veut comprendre comment s'est établie en ce pays la liberté politique. Peu à peu ils voient se rapprocher d'eux les simples chevaliers, leurs collègues à la cour du comté, trop pauvres pour assister avec les grands barons aux assemblées royales. Ils font corps avec eux par la communauté des intérêts, par la ressemblance des mœurs, par le voisinage des conditions; ils les prennent pour représentants; il les *élisent*[1]. A présent, ils sont entrés dans la vie publique, et voici venir une recrue qui, en les renforçant, les y assiéra pour toujours Les villes dévastées par la conquête se sont repeuplées peu à peu. Elles ont obtenu ou arraché des chartes; les bourgeois se sont rachetés des tributs arbitraires qu'on levait sur eux, ils ont acquis le sol de leurs maisons, ils sont unis sous des maires et des aldermen; chaque ville maintenant, sous les liens du grand rets féodal, est une puissance; Leicester, révolté contre le roi, appelle au Parlement[2], pour s'autoriser et se soutenir, deux bourgeois de chacune d'elles. Dorénavant, les anciens vaincus, campagnards ou citadins, se sont redressés jusqu'à la vie politique. S'ils se taxent, c'est volontairement; ils ne payent rien qu'ils n'accordent; au commencement du quatorzième siècle, leurs députés réunis font la Chambre des commu-

[1]. Dès 1214, et aussi en 1225 et 1254. Guizot, *Origine du système représentatif en Angleterre*, pages 297-299.
[2]. 1264.

nes, et, à la fin du siècle précédent, l'archevêque de Cantorbéry, parlant au nom du roi, disait déjà au pape : « C'est la coutume du royaume d'Angleterre que, dans toutes les affaires relatives à l'état de ce royaume, on prenne l'avis de tous ceux qui y sont intéressés. »

IX

S'ils ont acquis des libertés, c'est qu'ils les ont conquises ; les circonstances y ont aidé, mais le caractère a fait davantage. La protection des grands barons et l'alliance des simples chevaliers les a fortifiés ; mais c'est par leur rudesse et leur énergie native qu'ils se sont tenus debout. Car, regardez le contraste qu'ils font en ce moment avec leurs voisins. Qu'est-ce qui amuse le peuple en France? Les fabliaux, les malins tours du renard, l'art de duper le seigneur Ysengrin, de lui prendre sa femme, de lui escroquer son dîner, de le faire rosser sans danger pour soi et par autrui, bref le triomphe de la pauvreté jointe à l'esprit sur la puissance jointe à la sottise; le héros populaire est déjà le plébéien rusé, gouailleur et gai, qui s'achèvera plus tard dans Panurge et Figaro, assez peu disposé à résister en face, trop fin pour aimer les grosses victoires et les façons de lutteur, enclin, par agilité d'esprit, à tourner autour des obstacles, et n'ayant qu'à toucher les gens du bout du doigt pour les faire tomber dans le panneau. Ici il a d'autres mœurs : c'est Robin Hood, un vaillant *outlaw*, qui vit librement et audacieusement dans la forêt verte, et fait en franc cœur la guerre au shérif et à la loi[1]. Si jamais un homme en un pays fut populaire, c'est celui-là. « C'est lui, dit un vieil historien, que le bas peuple aime tant à fêter par des jeux et des comédies, et dont l'histoire chantée par des ménétriers l'intéresse plus qu'aucune autre. » Au seizième siècle, il avait encore son jour de fête, chômé par tous les gens des petites villes et des campagnes. L'évêque Latimer, faisant sa tournée pastorale, avertit un jour qu'il prêcherait. Le lendemain, allant à l'église, il trouva les portes closes et attendit plus d'une heure avant qu'on apportât la clef. Enfin, un homme vint et lui dit : « Messire, ce jour est un jour de grande occupation pour nous; nous ne pouvons vous entendre, c'est le jour de Robin Hood; tous les gens de la paroisse sont au loin à couper des branches pour Robin Hood; ce n'est pas la peine de les attendre. » — L'évêque fut obligé de quitter son costume ecclésiastique, et de continuer sa route, laissant sa place aux archers habillés de vert, qui jouaient sur un théâtre de feuillée les rôles de Robin Hood, de Petit-Jean et de sa bande. En effet, c'est le héros national : Saxon d'abord, et armé en guerre contre les gens de loi, « contre les évêques et archevêques, » dont les juridictions sont si pesantes; généreux de plus, et donnant à un pauvre chevalier ruiné des habits, un cheval et de l'argent pour racheter sa terre engagée à un

---

1. Augustin Thierry, IV, 56. Robin Hood, édition Ritson.

abbé rapace; compatissant d'ailleurs et bon envers le pauvre monde, recommandant à ses gens de ne pas faire de mal aux yeomen ni aux laboureurs; mais pardessus tout hasardeux, hardi, fier, allant tirer de l'arc sous les yeux du shérif et à sa barbe, et prompt aux coups, soit pour les embourser, soit pour les rendre. Il a tué quatorze forestiers sur quinze qui voulaient le prendre; il tue le shérif, le juge, le portier de la ville; il en tuera bien d'autres; tout cela joyeusement, gaillardement, en brave garçon qui mange bien, qui a la peau dure, qui vit en plein air, et en qui surabonde la vie animale. « Quand le taillis est brillant et que l'herbe est belle — et les feuilles larges et longues, — il est gai en se promenant dans la belle forêt — d'entendre les petits oiseaux chanter. » Ainsi commencent quantité de ballades, et ce beau temps qui donne aux cerfs et aux taureaux l'envie de foncer en avant avec leurs cornes, donne à ceux-ci l'idée d'aller échanger des coups d'épée ou de bâton. Robin a rêvé que deux yeomen le rossaient, il veut aller les chercher, et repousse avec colère Petit-Jean, qui s'offre pour aller en avant. « Combien de fois m'est-il arrivé d'envoyer mes hommes en avant, — et rester moi-même en arrière! — N'était la peur de faire éclater mon arc, — Jean, je te casserais la tête. » Il va donc seul, et rencontre le robuste yeomen, Gui de Gisborne. « Quiconque n'eût été ni leur allié ni leur parent, — eût eu un bien beau spectacle, — de voir comment les deux yeomen arrivèrent l'un contre l'autre — avec leurs lames brunes et brillantes; —

de voir comment les deux yeomen se combattirent — deux heures d'un jour d'été. — Et tout ce temps, ni Robin Hood, ni messire Guy, — ne songèrent à fuir[1]. » Vous voyez que Guy le yeoman est aussi brave que Robin Hood : il est venu le chercher dans le bois, et tire de l'arc presque aussi bien que lui. C'est que cette vieille poésie populaire n'est pas l'éloge d'un bandit isolé, mais de toute une classe, la yeomanry. « Dieu fasse miséricorde à l'âme de Robin Hood, — et sauve tous les bons yeomen ! » Ainsi finissent beaucoup de ballades. Le yeomen vaillant, dur aux coups, bon tireur, expert au jeu de l'épée et du bâton, est le

[1].
>In somer when the shawes be sheyne,
>And leves be large and longe,
>Hit is fulle mery in feyre foreste
>To here the foulys song;
>To se the dere draw to the dale,
>And leve the hilles hee,
>And shadow hem in the leves grene
>Undur the grene wode tree....
>
>Ah! John, by me thou settest noe store,
>And that I farley finde :
>How offt send I my men before,
>And tarry myselfe behinde?
>
>It is no cunning a knave to ken,
>And a man but heare him speake;
>And it were not for bursting of my bowe,
>John, I thy head wold breake....
>
>He that had neyther beene kythe nor kin,
>Might have scene a full fayre fight,
>To see how together these yeomen went
>With blades both browne and bright.
>
>To see how these yeomen together they fought,
>Two houres of a summers day
>Yet neither Robin Hood nor sir Guy
>Them fettled to flye away.
>
>God haffe mersey on Robin Hodys solle
>And saffe all god yemanry.

CHAPITRE II. LES NORMANDS.

favori. Il y a là une redoutable bourgeoisie armée et habituée à se servir de ses armes. Regardez-les à l'œuvre : « Ce serait une honte de t'attaquer, dit le joyeux Robin au garde[1], nous sommes trois, et tu es seul. » L'autre n'a pas peur, « il fait en arrière un saut de trente pieds, — même un saut de trente et un pieds, — s'appuie le dos contre une broussaille, — et le pied contre une pierre — il combat ainsi toute une longue journée, — toute une longue journée d'été, — jusqu'à ce que leurs épées se soient brisées entre leurs mains sur leurs larges boucliers[2]. » Souvent même Robin n'a pas l'avantage. Arthur le hardi tanneur, « avec son bâton de huit pieds et demi, qui aurait abattu un veau, » combat contre Robin deux heures durant ; le sang coule, ils se sont fendu la tête, ils sont « comme des sangliers à la chasse. » Robin enchanté lui dit que dorénavant il peut passer sans payer dans la forêt. « Grand merci pour rien, répond l'autre, j'ai gagné mon passage — et j'en rends grâce à mon bâton, non à toi. » — Qui es-tu donc ? demande Robin. — « Je suis un tanneur, répliqua le vaillant Arthur ; — j'ai travaillé longtemps

---

1. Pinder. Son emploi était de taxer le bétail qui vaguait sur le communal.
2. « O that were a shame, said jolly Robin,
We being three and thou but one. »
The pinder leapt back then thirty good foot,
'T was thirty good foot and one.

He leaned his back fast unto a thorn,
And his foot against a stone
And there he fought a long summers day,
A summers day so long,

Till that their swords on their broad bucklers
Were broke fast unto their hands....

à Nottingham, — et si tu veux y venir, je jure et fais vœu — que je tannerai ta peau pour rien. » — « Grand merci, mon brave, dit le joyeux Robin, — puisque tu es si bon et si libéral ; — et si tu veux tanner ma peau pour rien — j'en ferai autant pour la tienne[1]. » Sur ces offres gracieuses, ils s'embrassent ;

1. « I pass not for length, bold Arthur replyed,
    My staff is of oke so free ;
    Eight foot and a half, it will knock down a calf,
    And I hope it will knock thee down. »

    Then Robin could no longer forbear,
    He gave him such a knock,
    Quickly and soon the blood came down,
    Before it was ten a clock.

    Then Arthur he soon recovered himself,
    And gave him such a knock on the crown,
    That from every side of bold Robin head,
    The blood came trickling down.

    Then Robin raged like a wild boar,
    As soon as he saw his own blood :
    Then Bland was in hast he laid on so fast,
    As though he had been cleaving of wood.

    And about and about, and about they went,
    Like two wild bores in a chase.
    Striving to aim each other to maim,
    Leg, arm, or any other place.

    And knock for knock they lustily dealt,
    Which held for two hours and more,
    Till all the wood rang at every bang,
    They plyed their work so sore.

    Hold thy hand, hold thy hand, said Robin Hood,
    And let thy quarrel fall ;
    For here we may thrash our bones to mesh,
    And get no coyn at all.

    And in the forest of merry Sherwood,
    Hereafter thou shalt be free.
    « God a mercy for nought, my freedom I bought,
    I may thank my staff, not thee .... »

    « I am a tanner, bold Arthur reply'd,
    In Nottingham long I have wrought

un franc échange de loyales gourmades les prépare toujours à l'amitié. — C'est ainsi que Robin a essayé Petit-Jean, qu'il aima depuis toute sa vie. Petit-Jean avait sept pieds de haut, et se trouvant sur un pont, refusait de céder la place. L'honnête Robin ne voulut pas se servir contre lui de son arc, alla couper un bâton, long de sept pieds, et ils convinrent amicalement de combattre sur le pont jusqu'à ce que l'un d'eux tombât à l'eau. Ils frappent et cognent tellement « que leurs os résonnent; » à la fin, c'est Robin qui tombe, et il n'en a que plus d'estime pour Petit-Jean. Une autre fois, ayant une épée, il est rossé par un chaudronnier qui n'a qu'un bâton; plein d'admiration, il lui donne cent livres. Une fois c'est par un potier qui refuse le péage, une autre fois c'est par un berger. Ils se battent ainsi par passe-temps; leurs boxeurs encore aujourd'hui, avant chaque assaut, se donnent amicalement la main; on s'assomme en ce pays, honorablement, sans rancune, ni fureur, ni honte. Les dents cassées, les yeux pochés, les côtes enfoncées n'exigent pas de vengeance meurtrière; il paraît que les os sont plus solides et les nerfs moins sensibles ici qu'ailleurs. Les meurtrissures une fois données et reçues, ils se prennent par la main et dansent ensem-

    And if thoul't come there, I vow and swear,
      I will tan thy hide for « nought. »

« God a mercy, good fellow, said jolly Robin,
    Since thou art so kind and free;
And if thou wilt tan my hide for « nought. »
    I will do as much for thee. »

ble sur l'herbe verte[1]. « Trois hommes joyeux, trois hommes joyeux, nous étions trois hommes joyeux. » Comptez, de plus, que ces gens-là, dans chaque paroisse, s'exercent tous les dimanches à l'arc, et sont les premiers archers du monde, que, dès la fin du quatorzième siècle, l'affranchissement universel des vilains multiplie énormément leur nombre, et vous comprendrez comment à travers tous les tiraillements et tous les changements des grands pouvoirs du centre, la liberté du sujet subsiste. Après tout, la seule garantie permanente et invincible, en tout pays et sous toute constitution, c'est ce discours intérieur que beaucoup d'hommes se font, et qu'on sait qu'ils se font : « Si quelqu'un touche mon bien, entre dans ma maison, se met sur mon chemin et me moleste, qu'il prenne garde ; j'ai de la patience, mais j'ai aussi de bons bras, de bons camarades, une bonne lame, et, à certains moments, la résolution ferme, coûte que coûte, de lui planter ma lame jusqu'au manche dans le gosier. »

X

Ainsi pensait sir John Fortescue, chancelier d'Angleterre sous Henri VI, exilé en France pendant la guerre des Deux Roses, un des plus anciens prosateurs, et le premier qui ait jugé et expliqué la constitution de son

---

[1]. Then Robin took them both by the hands,
And danc'd round about the oke tree.
« For three merry men, and three merry men,
And three merry men we be. »

CHAPITRE II. LES NORMANDS. 141

pays[1]. « C'est la lâcheté, dit-il, et le manque de cœur et de courage qui empêche les Français de se soulever, et non la pauvreté[2]. Aucun Français n'a ce courage comme un Anglais. On a souvent vu en Angleterre trois ou quatre bandits, par pauvreté, se jeter sur sept ou huit hommes honnêtes, et les voler tous ; mais on n'a point vu en France sept ou huit bandits assez hardis pour voler trois ou quatre hommes honnêtes. C'est pourquoi il est tout à fait rare que des Français soient pendus pour vol à main armée; car ils n'ont point le cœur de faire une action si terrible. Aussi y a-t-il plus d'hommes pendus en Angleterre en un an pour vol à main armée et pour meurtre, qu'il y en a de pendus en France pour la même espèce de crime en sept ans.... Si l'Anglais est pauvre et voit un autre homme ayant des richesses qu'on puisse lui prendre par force, il ne manquera pas de le faire, à moins qu'il ne soit lui-même tout à fait honnête[3]. » Ceci jette un jour subit et terrible sur l'état violent de cette société armée

---

1. *The difference between an absolute and limited monarchy. — A learned commendation of the politique laws of England. Latine.* Je cite souvent ce second ouvrage, qui est plus complet.

2. Les Anglais oublient toujours d'être polis, et ne voient pas les nuances des choses. Entendez ici le courage brutal, l'instinct batailleur et indépendant. La race française, et en général la race gauloise, est peut-être, entre toutes, la plus prodigue de sa vie.

3. It is cowardise and lack of hartes and corage, that kepith the Frenchmen from rysyng, and not povertye; which corage no Frenche man hath like to the English man. It hath ben often seen in Englond that iij or iv thefes, for povertie, hath sett upon viij true men, and robbyd them al. But it hath not ben seen in Fraunce, that vij or viij thefes have ben hardy to robbe iij or iv true men. Wherfor it is right seld that Frenchmen be hangyd for robberye,

où les coups de main sont journaliers, et où chacun riche ou pauvre, vit la main sur la garde de son épée. Il y a sous Édouard Ier de grandes bandes de malfaiteurs qui courent le pays et combattent quand on veut les prendre ; il faut que les habitants de la ville s'attroupent, et aussi ceux des villes voisines, « avec des cris et des huées, » pour les poursuivre et les saisir. Il y a sous Édouard III des barons qui chevauchent avec de grandes escortes d'hommes d'armes et d'archers, « occupant les manoirs, enlevant les dames et les demoiselles, mutilant, tuant, rançonnant les gens jusque dans leurs maisons, comme si c'était en pays ennemi, et quelquefois venant devant les juges aux sessions, en telle façon, et en si grande force que les juges sont effrayés et n'osent faire justice[1]. » Lisez les lettres de la famille Paston, sous Henri VI et Édouard IV, et vous verrez comment la guerre privée est à chaque porte, comme il faut se munir d'hommes et d'armes, être debout pour défendre son bien, compter sur soi, sur sa vigueur et son courage. C'est cet excès de vigueur et cette promptitude aux coups qui, après leurs victoires en France, les a poussés l'un contre l'autre en Angleterre, dans les boucheries des Deux Roses. Les

for that thay have no hertys to do so terryble an acte. There be therfor mo men hangyd in Englond, in a yere, for robberye and manslaughter, than ther be hangid in Fraunce for such cause of crime in vij yers. — Aujourd'hui en France 42 vols sur les grands chemins contre 738 en Angleterre. — En 1843 il y avait, en Angleterre, quatre fois autant d'accusations de crimes et délits qu'en France, proportion gardée du nombre des habitants. (Moreau de Jonnès.)

1. *Pictorial history*, I, 833. Statut de Winchester, 1285. Ordonnance de 1378.

étrangers qui les voient sont étonnés de leur force de corps et de cœur, « des grandes pièces de bœuf » qui alimentent leurs muscles, de leurs habitudes militaires, de leur farouche obstination « de bêtes sauvages[1]. » Ils ressemblent à leurs bouledogues, race indomptable, qui, dans la folie de leur courage, « vont les yeux fermés se jeter dans la gueule d'un ours de Russie, et se font écraser la tête comme une pomme pourrie. » Cet étrange état d'une société militaire, si plein de dangers et qui exige tant d'efforts, ne les effraye pas. Le roi Édouard, ayant ordonné de mettre les perturbateurs en prison sans procédure, et ne point les relâcher sous caution ni autrement, les communes déclarent l'ordonnance « horriblement vexatoire, » réclament, refusent d'être trop protégées. Moins de paix, mais plus d'indépendance. Ils maintiennent les garanties du sujet aux dépens de la sécurité du public et préfèrent la liberté turbulente à l'ordre arbitraire : mieux vaut souffrir des maraudeurs qu'on peut combattre que des prévôts sous lesquels il faudrait plier

C'est cette fière et persistante pensée qui produit et conduit tout le livre de Fortescue. « Il y a deux sortes de royautés, dit-il, desquelles l'une est le gouvernement royal et absolu, l'autre est le gouvernement royal et constitutionnel[2]. » Le premier est établi en France, le second en Angleterre. « Et ils diffèrent en

---

1. *Benvenuto Cellini* cité par *Froude*, I, 20, *History of England*, *Shakspeare*, *Henri V*; conversation des seigneurs français avant la bataille d'Azincourt.
2. *Jus regale*, par opposition à *jus regale et politicum*.

cela que le premier peut gouverner ses peuples par des lois qu'il fera lui-même, et ainsi mettre sur eux des tailles et autres impositions, telles qu'il voudra, sans leur consentement. Le second ne peut pas gouverner ses peuples par d'autres lois que par celles qu'ils ont consenties ; et ainsi ne peut mettre sur eux des impositions sans leur consentement[1]. » Dans un État comme celui-ci, c'est la volonté du peuple qui est « la première chose vivante, et qui envoie le sang dans la tête et dans tous les membres du corps politique.... Et de même que la tête du corps physique ne peut changer ses nerfs, ni refuser à ses membres les forces et le sang qui doit les alimenter, de même le roi qui est la tête du corps politique ne peut changer les lois de ce corps, ni enlever à son peuple sa substance lorsque celui-ci réclame et refuse.... Un roi de cette sorte n'a été élevé à sa dignité que pour protéger les sujets de la loi, leurs corps et leurs biens, et le peuple ne lui a délégué de pouvoir que pour cet objet; il ne lui est pas permis d'en exercer un autre[2]. » Voici

1. Ther be two kynds of kyngdomys, of the which that one ys a lordship callid in Latyne Dominium regale, and that other is callid Dominium politicum et regale. And they dyverson in that the first may rule his people by such lawys as he makyth hymself, and therfor, he may set upon them talys, and other impositions, such as he wyl himself, without their assent. The secund may not rule his people by other laws than such as they assenten unto. And therfor he may let upon them non impositions without their own assent.

2. Fortescue, *In leges Angliæ*, London, 1599, avec trad. anglaise.
Non potest rex Angliæ ad libitum suum leges mutare regni sui. Principatu namque nedum regali, sed et politico ipse suo populo dominatur.

In corpore politica, intentio populi primum vividum est, habens

donc, dès le quinzième siècle, toutes les idées de Locke ;
tant là pratique est puissante à suggérer la théorie !
tant la jouissance de la liberté fait vite découvrir aux
hommes la nature de la liberté ! Fortescue va plus
loin : il oppose, pied à pied, la loi romaine, héritage
des peuples latins, à la loi anglaise, héritage des
peuples teutoniques : l'une, œuvre de princes absolus, et toute portée à sacrifier l'individu ; l'autre,
œuvre de la volonté commune, et toute portée à protéger la personne. Il oppose les maximes des jurisconsultes impériaux qui accordent « force de loi à tout
ce qu'a décidé le prince, » aux statuts d'Angleterre

in se sanguinem, viz provisionem politicam utilitati populi illius,
quam in caput et in omnia membra ejusdem corporis ipsa transmittit, quo corpus illud alitur et vegetatur. Lex vero sub qua cœtus
hominum populus efficitur, nervorum corporis physici efficit rationem.... Et ut non potest caput corporis physici nervos suos commutare, neque membris suis proprias vires et propria sanguinis
alimenta denegare, nec rex qui caput est corporis politici, mutare
potest leges corporis illius, nec ejusdem populi substantias proprias
subtrahere, reclamantibus eis, aut invitis. Ad tutelam legis subditorum et eorum corporum et bonorum rex hujusmodi erectus est et ad
hanc, potestatem a populo effluxam ipse habet.

Anglia statuta.... nedum principis voluntate, sed et totius regni
assensu ipsa conduntur.... plus quam trecentorum electorum hominum prudentia.... (ita ut) populi læsuram illa efficere nequant, vel
non eorum commodum procurare.

Élection du shériff.

In quolibet comitatu est officiarius quidam unus, regis vicecomes
appellatus, qui inter cætera officii sui ministeria, omnium mandata et judicia curiarum regis in suo comitatu exsequenda exsequitur ; cui officium annale est, quo ei post annum in eodem ministrare non licet, nec duobus tum sequentibus annis ad idem officium
reassumetur. Officiarius iste sic eligitur : quolibet anno in crastino
Animarum* conveniunt in saccario regis**, omnes consiliarii ejus

* All Souls' day. — ** The kings exchequer.

« qui, bien loin d'être établis par la volonté du prince, soient décrétés du consentement de tout le royaume, par la sagesse de plus de trois cents hommes élus, en sorte qu'ils ne peuvent nuire au peuple ni manquer de lui être avantageux. » Il oppose la nomination arbitraire des fonctionnaires impériaux à l'élection du shérif qui, chaque année, pour chaque comté, est choisi par le roi entre trois chevaliers ou écuyers du comté désignés par le Conseil des Lords spirituels et temporels, des *justices*, des barons de l'Échiquier et d'autres grands officiers. Il oppose la procédure romaine, qui se contente de deux témoignages pour condamner un homme, au jury, aux trois récusations permises, aux admirables garanties d'équité dont l'honnêteté, le nombre, la réputation et la condition des jurés entourent la sentence. Ainsi protégées, les communes d'Angleterre ne peuvent manquer d'être florissantes. Considérez, au contraire, dit-il au jeune

tam domini spirituales et temporales quam ejus omnes justiciarii*, omnes barones de saccario, clericus rotulorum**, et quidam alii officiarii, ubi hi omnes communi assensu nominant de quolibet comitatu tres milites vel armigeros***, quos inter cæteros ejusdem comitatus ipsi opinantur melioris esse dispositionis et famæ, et ad officium vicecomitis comitatus illius melius dispositos. Ex quibus rex unum tantum eliget, quam per litteras suas patentes constituit vicecomitem comitatus....

Du jury, et des trois récusations successives, permises aux parties:
Juratis demum in forma prædicta XII probis et legalibus hominibus habentibus ultra mobilia sua possessiones sufficientes unde corum statum ipsi continere poterunt, et nulli partium suspectis nec invisis sed eisdem vicinis, legitur in anglico coram eis per curiam totum recordatum et processus placiti....

* Justices. — ** Master of the rolls. — *** Knights or squires.

prince qu'il instruit, l'état des communes en France. Par les tailles, la gabelle, les impôts sur le vin, les logements des gens de guerre, elles sont réduites à l'extrême misère. « Vous les avez vues en voyageant... Elles sont si appauvries et détruites, qu'elles ne peuvent presque pas vivre : ils boivent de l'eau, ils mangent des pommes avec du pain bien brun fait de seigle. Ils ne mangent pas de viande, si ce n'est rarement un peu de lard, ou quelque chose des entrailles et de la tête des bêtes tuées pour les nobles et les marchands.... Les gens d'armes leur mangent leurs volailles, tellement qu'il leur reste à peine les œufs, qui sont pour eux un très-grand régal. Ils ne portent point de laine, hormis un pauvre gilet sous leur vêtement de dessus, qui est fait de grosse toile et qu'ils appellent une blouse. Leurs culottes sont de toile pareille, et ne passent pas le genou, en sorte que le reste de la jambe est nu. Leurs femmes et leurs enfants vont pieds nus.... Car plusieurs d'entre eux qui avaient coutume de payer chaque année à leur seigneur un écu pour leur terre, payent maintenant au roi, par-dessus cet écu, cinq écus. C'est pourquoi ils sont contraints par nécessité de tellement veiller, travailler, fouiller le sol pour vivre, que leur corps est tout appauvri et leur espèce réduite à néant. Ils vont courbés et sont faibles, et ne sont pas capables de combattre et de défendre le royaume ; ils n'ont point d'armes non plus, ni d'argent pour en acheter[1]. »

1. The same Commons be so empoverished and distroyyd, that they may unneth lyve. They drink water, they eate apples, with

« Voilà les fruits du gouvernement absolu. Mais, béni soit Dieu! notre terre est régie par une meilleure loi, et, à cause de cela, le peuple de ce pays n'est point dans une telle pénurie; les gens n'y sont point non plus maltraités dans leurs personnes; mais ils sont riches, et ont toutes les choses nécessaires pour l'entretien de leur corps. C'est pourquoi ils sont puissants et capables de résister aux adversaires du royaume qui leur font ou voudront leur faire tort. Et ceci est le fruit de ce *jus politicum et regale* sous lequel nous vivons.... Tout habitant de ce royaume jouit des fruits que lui produit sa terre, ou que lui rapportent ses bêtes, et aussi de tous les profits qu'il peut faire

bread right brown made of rye. They eate no flesh, but if it be selden, a litill larde, or of the entrails or heads of beasts slayne for the nobles and merchants of the land. They weryn no wollyn, but if it be a pore cote under their uttermost garment made of grete canvass, and call it a frok. Their hosyn be of like canvas, and passen not their knee, wherfor they be gartrud and their thygles bare. Their wif and children gone bare fote.... For sum of them that was wont to pay to his lord for his tenement which he hyrith by the year a scute payth now to the kyng, over that scute, fyve skuts. Where thrugh they be artyd by necessitie so to watch, labour and grub in the ground for their sustenance, that their nature is much wastid and the kynd of them brought to nowght. They gone crokyd and ar feeble, not able to fight nor to defend the realm; nor they have wepon, nor monye to buy them wepon withal.... This is the frute first of hyre Jus regale.... But blessed be God this land ys rulid under a better lawe, and therfor the people therof be not in such penurye, nor therby hurt in their persons, but they be wealthie and have all things necessarie to the sustenance of nature. Wherefore they be myghty and able to resyste the adversaries of the realmes that do or will do them wrong. Loo, this is the frut of Jus politicum et regale under which we lyve.

par son industrie propre ou par celle d'autrui, sur terre et sur mer; il en use à son gré, et personne ne l'en empêche, par rapine ou injustice, sans lui faire une juste compensation[1].... Il n'est point appelé en justice, sinon devant les juges ordinaires et selon la loi du pays, ni saisi dans ses possessions ou dans ses biens-meubles, ni arrêté pour un crime, si grand ou si énorme qu'il soit, sinon selon la loi du pays et devant les juges susdits.... C'est pourquoi les gens de ce pays sont bien fournis d'or et d'argent et de toutes les choses nécessaires à la vie. Ils ne boivent point d'eau, si ce n'est par pénitence; ils mangent abondamment de toutes les sortes de chairs et de poissons. Ils ont des étoffes de bonne laine pour tous leurs vêtements; même ils ont quantité de couvertures dans leurs maisons, et de toutes les choses qu'on fait en laine; ils sont riches en mobiliers, en instruments de culture, et en toutes les choses qui servent à mener une vie tranquille et heureuse, chacun selon son état. » Tout cela vient de la constitution du pays, et de la distribution de la terre. Tandis que dans les autres contrées on ne trouve qu'une populace de pauvres et çà et là quelques seigneurs, l'Angleterre est si couverte et remplie de possesseurs de terres et de champs, « qu'il n'y a point de domaine si petit qui ne renferme un chevalier, un écuyer, ou quelque propriétaire, comme ceux qu'on appelle franklins, enrichi de grandes possessions, et aussi d'autres francs

---

1. Voir Commines, qui porte le même jugement.

tenanciers, et beaucoup de yeomen capables, par leurs revenus, de faire un jury dans la forme ci-dessus mentionnée. Car il y a dans ce pays plusieurs yeomen qui peuvent dépenser plus de six cents écus par an. » Ce sont eux qui sont la substance du pays [1]. « Ils sont très-supérieurs [2], dit un autre auteur au siècle suivant, aux simples laboureurs et aux journaliers. Ils ont de bonnes maisons où ils vivent à l'aise et travaillent pour s'enrichir. La plupart sont des fermiers qui entretiennent eux-mêmes plusieurs domestiques. C'est cette classe d'hommes qui s'est rendue jadis si redoutable aux Français, et, bien qu'ils ne soient appelés ni maîtres ni messires, comme les gentilshommes et les

---

1. The might of the realme most stondyth upon archers which be not rich men. ..

Comparer Hallam, II, 482. Tout cela remonte à la conquête et plus avant :

It is reasonable to suppose that the greater part of those who appear to have possessed small freeholds or parcels of manors were no other than the original nation.

A respectable class of free socagers, having in general full right of alienating their lands and holding them probably at a small certain rent from the lord of the manor, frequently occurs in the Domsday Book.

En tout cas, il y avait dans le Domsday Book des Saxons « parfaitement exempts de villenage. »

Cette classe est traitée avec respect dans les traités de Glanvil et Bracton.

Pour les vilains, ils se sont affranchis de bonne heure, au treizième et au quatorzième siècle, soit en se sauvant, soit en devenant copy-holders.

La guerre des Deux Roses releva encore les communes : avant les batailles, ordre fut donné souvent de tuer les nobles et d'épargner les roturiers.

2. Harrison, 275. *Description of England.*

chevaliers, mais simplement Jean et Thomas, ils ont rendu de grands services dans nos guerres. Nos rois ont livré avec eux huit batailles, et se tenaient dans leurs rangs qui formaient l'infanterie de nos armées, tandis que les rois de France se tenaient au milieu de leur cavalerie; le prince montrait ainsi des deux parts où était la principale force. » De pareils hommes, dit Fortescue, peuvent faire un vrai jury, et aussi voter, résister, s'associer, accomplir toutes les actions par lesquelles subsiste un gouvernement libre; car ils sont nombreux dans chaque canton; ils ne sont point « abrutis, » comme les paysans craintifs de France; ils ont leur honneur et celui de leur famille à conserver, » ils sont bien approvisionnés d'armes, ils se souviennent qu'ils ont gagné des batailles en France [1].

1. Portrait d'un yeoman par Latimer, prédicateur de Henri VIII.
My father was a yeoman, and had no lands of his own, only he had a farm of £3 or £4 by year at the uttermost, and hereupon he tilled so much as he kept half a dozen men. He had walk for an hundred sheep, and my mother milked thirty kine. He was able, and did find the king a harness, with himself and his horse, while he came to the place that he should receive the king's wages. I can remember that I buckled his harness when he went to Blackheath field. He kept me to school, or else I had not been able to have preached before the king's majesty now. He married my sisters with £5 or 20 nobles a-piece, so that he brought them up in godliness and fear of God. He kept hospitality for his poor neighbours. And some alms he gave to the poor, and all this did he of the said farm. Where he that now hath it, payeth £16 by the year, or more, and is not able to do any thing for his prince, for himself, nor for his children, or give a cup of drink to the poor.
In my time my poor father was as diligent to teach me to shoot, as to learn me any other thing, and so I think other men did their children : he taught me how to draw, how to lay my body in my bow, and not to draw with strength of arms as divers other nations

Telle est la classe obscure encore, mais chaque siècle plus riche et plus puissante, qui, fondée par l'aristocratie saxonne rabaissée et soutenue par le caractère saxon conservé, a fini, sous la conduite de la petite noblesse normande et sous le patronage de la grande noblesse normande, par établir et asseoir une constitution libre et une nation digne de la liberté.

XI

Quand des hommes sont, comme ceux-ci, doués d'un naturel sérieux, munis d'un esprit décidé, et pourvus d'habitudes indépendantes, ils s'occupent de leur conscience comme de leurs affaires, et finissent par mettre la main dans l'Église comme dans l'État. Il y a déjà longtemps que les exactions de la cour romaine ont provoqué les réclamations publiques[1] et que le haut clergé est impopulaire ; on se plaint que les plus grands bénéfices soient livrés par le pape à des étrangers qui ne résident pas ; que tel Italien inconnu en Angleterre possède à lui seul cinquante à soixante bénéfices en Angleterre ; que l'argent anglais coule à flots vers Rome, et que les clercs, n'étant plus

do, but with strength of the body. I had my bows bought me according to my age and strength; as I increased in them, so my bows were made bigger and bigger, for men shall never shoot well, except they be brought up in it : it is a worthy game, a wholesome kind of exercise, and much commended in physic.

1. *Pictorial history*, I, 802. En 1245, 1246, 1376. A. Thierry, III, 79.

CHAPITRE II. LES NORMANDS. 153

jugés que par les clercs, se livrent à leurs vices et abusent de l'impunité. Dans les premières années de Henri III, on comptait près de cent homicides commis par des prêtres encore vivants. Au commencement du quatorzième siècle, le revenu ecclésiastique était douze fois plus grand que le revenu civil. Environ la moitié du sol était aux mains du clergé. A la fin du siècle, les communes déclarent que les taxes payées à l'Église sont cinq fois plus grandes que les taxes payées à la couronne, et, quelques années après[1], considérant que les biens du clergé ne lui servent qu'à vivre dans l'oisiveté et dans le luxe, elles proposent de les confisquer au profit du public. Déjà l'idée de la Réforme avait percé. On se souvient que, dans les ballades, le héros populaire, Robin Hood, ordonne à ses gens d'épargner les yeomen, les gens de travail, même les chevaliers, s'ils sont « bons garçons, » mais de ne jamais faire grâce aux abbés ni aux évêques. Les prélats pèsent durement sur le peuple par leurs droits, leurs tribunaux et leurs dîmes, et, tout d'un coup, parmi les bavardages agréables ou les radotages monotones des versificateurs normands, on entend tonner contre eux la voix indignée d'un Saxon, d'un homme du peuple et d'un opprimé.

1. 1404-1409. Les Communes déclaraient qu'avec ces revenus le roi serait capable d'entretenir 15 comtes, 1500 chevaliers, 6200 écuyers et 100 hôpitaux; chaque comte recevant par an 300 marcs, chaque chevalier 100 marcs et le produit de quatre charrues de terre, chaque écuyer 40 marcs et le produit de deux charrues de terre. — *Pictorial history*, II, p. 142.

C'est la vision de Piers Plowman, un paysan à charrue[1], écrite, dit-on, par un prêtre séculier d'Oxford. Sans doute, les traces du goût français y sont visibles; il n'en saurait être autrement; les gens d'en bas ne peuvent jamais se défendre tout à fait d'imiter les gens d'en haut; et les plus francs des poëtes populaires, Burns et Béranger, gardent trop souvent le style académique. Pareillement ici, la machine à la mode, l'allégorie du roman de la Rose, est mise en usage : on voit s'avancer, Bien-Faire, Corruption, Avarice, Simonie, Conscience, et tout un peuple d'abstractions parlantes. Mais en dépit de ces vains fantômes étrangers, le corps du poëme est national et vivant. L'antique langage reparaît en partie, et l'antique mètre reparaît tout à fait; plus de rimes, mais des allitérations barbares; plus de badinage, mais une gravité âpre, une invective soutenue, une imagination grandiose et sombre, de lourds textes latins, assénés comme par la main d'un protestant. Il s'est endormi sur les hauteurs de Malverne, et là il a eu un merveilleux songe. Il a songé « qu'il était dans un désert, — il ne put jamais savoir en quel endroit, — et comme il regardait en l'air, — du côté du soleil, — il vit une tour sur une hauteur, — royalement bâtie, — une profonde vallée au-dessous, — et là-dedans un donjon, — avec de profonds fossés noirs, — et terribles à voir. » Puis, entre les deux, une grande plaine remplie de monde, « d'hommes de

---

[1]. Vers 1362.

toutes sortes, — pauvres et riches, — travaillant et s'agitant, — comme le veut le monde; — quelques-uns à la charrue — labouraient avec un grand effort, — pour ensemencer et planter, — et peinaient durement, — gagnant ce que des prodigues venaient détruire et engloutir[1]. » Lugubre peinture du monde, pareille aux rêves formidables qui reviennent si souvent chez Albert Durer et chez Luther; les premiers réformateurs sont persuadés que la terre est livrée au mal, que le diable y a son empire et ses officiers, que l'Antechrist, assis sur le trône de Rome, étale les pompes ecclésiastiques pour séduire les âmes et les précipiter dans le feu de l'enfer. De même ici l'Antechrist, la bannière levée, entre dans un couvent : les cloches sonnent; les moines, en procession solennelle, vont à sa rencontre pour recevoir et pour féliciter leur seigneur et leur père. Avec sept grands géants, les sept Péchés capitaux, il assiége Conscience, et l'assaut est conduit par Paresse, qui mène avec elle une armée de plus de mille prélats. Car ce sont les vices qui règnent, d'autant plus odieux qu'ils sont dans les places saintes et emploient au service du

---

1. And than gan I to mete a mervelyous swevene,
That I was in a wyldyrnese, wyst I never qwere;
And as I beheld on hey, est on to the sonne,
I saw a tour on a toft, ryaly emaked,
A depe dale benethe, a donjon therein,
With depe dykys and dyrke, and dredful of sygth.
A fayr feld ful of folke fond I ther betwene,
Of al maner of men, the mene and the ryche,
Werkynge and wanderyng, as the world askyth.
Some put hem to the plow, pleyid hem ful seeld
In syttynge and sowing swonken full harde,
And wan what wastours with gloteny dystroid....

diable l'église de Dieu. « La religion à présent est un beau cavalier, un coureur de rues, — un meneur de fêtes, un acheteur de terres, — qui éperonne son palefroi, de manoir en manoir, — avec une meute à ses talons, comme un seigneur, » et se fait servir à genoux par des valets[1]. Mais cette parade sacrilége n'a qu'un temps, et Dieu met la main sur les hommes pour les avertir. Au commandement de Conscience, voici que Nature envoie d'en haut l'escadron des fléaux et des maladies, « fièvres et fluxions, — toux et maux de cœur, — crampes et maux de dents, — rhumatismes et rougeoles, — teignes et gales de la tête, — inflammations et tumeurs — et enflures brûlantes, — frénésies et maladies ignobles, — fourriers de Nature. » Des cris partent : « Au secours! voici la Mort terrible, — qui vient pour nous détruire tous! » Et les pourritures arrivent, les pustules, les pestes, les douleurs perçantes : la Mort accourt, « brisant tout en poussière, — rois et chevaliers, empereurs et papes. — Maint seigneur qui vivait pour le plaisir, cria haut, — mainte aimable dame, et maîtresse de chevaliers, — pâma et mourut

---

1. L'archidiacre de Richmond étant en tournée, en 1216, vint au prieuré de Bridlington avec quatre-vingt-dix-sept chevaux, vingt-et-un chiens et trois faucons.

> And now is religion a ridere, a romere bi strectis,
> A ledar of love-daiyes and a load Ligere;
> A prickere on a pelfrey from maner to maner,
> An hep of hounds at his ars, as he a lord were.
> And but his knave knele that shall hym hys cuppe brynge,
> He loureth on him, and axeth who taughtte hym curteise.

dolente par les dents de la Mort[1]. » Ce sont là des entassements de misères pareils à ceux que Milton a étalés dans sa vision de la vie humaine[2]; ce sont là les tragiques peintures et les émotions dans lesquelles se complairont les réformateurs; il y a tel discours de Knox aux dames galantes de Marie Stuart, qui arrache aussi brutalement la parure du cadavre humain pour en montrer l'ignominie. Déjà paraît la conception du monde propre aux peuples du Nord, toute triste et morale. On n'est point à l'aise en ces pays; il y faut lutter à toute heure contre le froid, contre la pluie. On n'y peut point vivre nonchalamment étendu sous la belle lumière, dans l'air tiède et clair, les yeux occupés par les nobles formes et l'heureuse sérénité du paysage. Il faut travailler pour y subsister, être attentif, exact, clore et réparer sa maison, patauger courageusement dans la boue derrière sa charrue, allumer sa lampe en plein jour dans son échoppe; ce que le climat impose à l'homme d'incommodités et ce qu'il en exige de résistances est in-

---

1. Kynde Conscience tho herde, and cam out of the planett,
And sent forth his forreors Feveris and Fluxes,
Coughes, and Cardyacles, Crampes, and Tothe-aches,
Reumes and Redegoundes, and roynous Skalles,
Buyles and Botches, and brennynge Agwes,
Frennesyes and foule Evelis, forageris of Kynde.
There was " Harrow! and Helpe! Here cometh Kynde!
With Death that is dreadful, to undon us alle."
The lord that lyved after lust tho lowde criede.
Deeth came dryving aftir, and al to dust pashed
Kyngs and Knyghttes, Kaysours and popis.
Many a lovely lady and lemmanys of Knyghttes
Swowed and sweltid for sorwe of Dethe's dentes.

2. Dernier livre. *The Lazar House.*

fini. De là la mélancolie et l'idée du devoir. L'homme pense naturellement à la vie comme à un combat, plus souvent encore à la noire mort qui clôt cette parade meurtrière, et fait descendre tant de cavalcades empanachées et tumultueuses dans le silence et l'éternité du cercueil. Tout ce monde visible est vain ; il n'y a de vrai que la vertu de l'homme, l'énergie courageuse par laquelle il prend le commandement de lui-même, et l'énergie généreuse par laquelle il s'emploie au service d'autrui. C'est sur ce fond que les yeux s'attachent ; ils percent la décoration mondaine et négligent la jouissance sensuelle, pour aller jusque-là. Par ce mouvement intérieur, le modèle idéal est déplacé, et l'on voit jaillir une nouvelle source d'action, l'idée du juste. Ce qui les révolte contre la pompe et l'insolence ecclésiastique, ce n'est ni l'envie du plébéien pauvre, ni la colère de l'homme exploité, ni le besoin révolutionnaire d'appliquer la vérité abstraite, mais la conscience ; ils tremblent de ne point faire leur salut, s'ils restent dans une église corrompue ; ils ont peur des menaces de Dieu, et n'osent point s'embarquer avec des guides douteux pour le grand voyage. « Qu'est-ce que la justice, se demandait anxieusement Luther, et comment l'aurai-je ? » Avec les mêmes inquiétudes, Piers -Plowman part pour chercher Bien-Faire, et demande à chacun de lui enseigner où il le trouvera. « Chez nous, » lui disent deux moines. « Non, dit-il, puisque l'homme juste pèche sept fois par jour, vous péchez, et ainsi la vraie justice n'est pas chez vous. » C'est à

« l'étude et à l'écriture, » comme Luther, qu'il a recours; les clercs parlent bien de Dieu à table et aussi de la Trinité, « en citant saint Bernard, avec force beaux arguments pompeux, quand les ménestrels ont fini leur musique ; mais pendant ce temps les pauvres peuvent pleurer à la porte et trembler de froid sans que nul les soulage. » Au contraire, on crie contre eux comme après des chiens, et on les chasse. « Tous ces grands maîtres ont Dieu à la bouche, ce sont les pauvres gens qui l'ont dans le cœur[1], » et c'est le cœur, c'est la foi intérieure, c'est la vertu vivante qui font la religion vraie. Voilà ce que les lourds Saxons ont commencé à découvrir ; la conscience germanique s'est éveillée et aussi le bon sens anglais, l'énergie personnelle, la résolution de juger et de décider seul, par soi et pour soi.

« Christ est notre tête, nous n'avons pas d'autre tête », dit un poëme attribué à Chaucer, et qui revendique avec d'autres l'indépendance pour les consciences chrétiennes[2]. « Nous aussi, nous sommes ses membres. — Il nous a dit à tous de l'appeler notre père. — Il nous a interdit ce nom de maître ; — tous les maîtres sont faux et méchants. » Point d'intermédiaire entre l'homme et Dieu ; les docteurs ont beau revendiquer l'autorité pour leurs paroles, il y en a une plus autorisée, celle de Dieu. On l'entend dès le quatorzième siècle, cette grande parole ; elle a quitté les

---

[1]. Ce poëme fut imprimé plus tard, en 1550. Il y en eut trois éditions en une année, tant il était visiblement protestant.
[2]. Voyez *Piers Plowman's crede*, *The Plowman's tale*, etc.

écoles savantes, les langues mortes, les poudreux rayons où les clercs la laissaient dormir, recouverte par l'entassement des commentateurs et des Pères[1]. Wicleff a paru, et l'a traduite comme Luther, et dans le même esprit que Luther. « Tous les chrétiens, « hommes et femmes [2], vieux et jeunes, dit-il dans sa « préface, doivent étudier fort le Nouveau Testament, « car il a pleine autorité, et il est ouvert à l'entende-« ment des gens simples dans les points qui sont le « plus nécessaires au salut. » Il faut que la religion soit séculière, qu'elle sorte des mains du clergé qui l'accapare ; chacun doit écouter et lire par lui-même la parole de Dieu ; il sera sûr qu'elle n'aura pas été corrompue au passage ; il la sentira mieux ; bien plus, il l'entendra mieux ; « car chaque endroit de la sainte « Écriture, les clairs comme les obscurs, enseignent « la douceur et la charité. C'est pourquoi celui qui « pratique la douceur et la charité a la vraie intelli-« gence et toute la perfection de la sainte Écriture.... « Ainsi, que nul homme simple d'esprit ne s'effraye « d'étudier le texte de la sainte Écriture.... Et que nul « clerc ne se vante d'avoir la vraie intelligence de « l'Écriture, car la vraie intelligence de l'Écriture sans

---

1. Knighton, vers 1400, écrit ceci sur Wycleff : « Transtulit de Latino in anglicam linguam, non angelicam. Unde per ipsum fit vulgare, et magis apertum laicis et mulieribus legere scientibus quam solet esse clericis admodum litteratis, et bene intelligentibus. Et sic evangelica margarita spargitur et a porcis conculcatur... (ita) ut laicis commune æternum quod ante fuerat clericis et ecclesiæ doctoribus talentum supernum.

2. Wycleff's Bible, édition de Forshall and Madden, préface, édition d'Oxford.

« la charité ne fait que damner un homme plus à
« fond.... Et l'orgueil et la convoitise des clercs sont
« causes de leur aveuglement et de leur hérésie, et
« les privent de la vraie intelligence de l'Écriture¹. »
« Ce sont là les redoutables paroles qui commencent
à circuler dans les échoppes et dans les écoles ; on lit
cette Bible traduite, et on la commente ; on juge d'après elle l'Église présente. Quels jugements ces esprits sérieux et neufs en portèrent, avec quelle promptitude ils s'élancèrent jusqu'à la vraie religion de leur race, c'est ce qu'on peut voir dans leur pétition au Parlement² : Cent trente ans avant Luther, ils disaient que le pape n'est point établi par le Christ, que les pèlerinages et le culte des images sont voisins de l'idolâtrie, que les rites extérieurs sont sans importance, que les prêtres ne doivent point posséder de biens temporels, que la doctrine de la transsubstantiation rend le peuple idolâtre, que les prêtres n'ont

---

1. Prologue de Wicleff, p. 2.
Cristen men and wymmen, olde and yonge, shulden studie fast in the Newe Testament. For it is of full autorite, and opyn to the undirstonding of simple men, as to the poyntis that be moost medful to saluacioun.... and ech place of holy writ, bothe opyn and dark, techith mekenes and charite. And therfore he that kepith mekenes and charite hath the trewe undirstonding and perfectioun of al holi writ.... Therfore no simple man of wit be aferd unmesurabli to studie in the text of holy writ.... and no clerk be proude of the verry undirstondyng of holy writ, for the verrey undirstoudyng of hooly writ withouten charite that kepith Goddis heestis, makith a man depper damned. — .... and pride and covetise of clerkis is cause of her blindness and eresie, and priveth them fro verrey undirstondyng of holy writ.
2. 1395.

point le pouvoir d'absoudre les péchés. En preuve de tout cela, ils apportaient des textes de l'Écriture. Figurez-vous ces braves esprits, ces simples et fortes âmes, qui commencent à lire le soir, dans leur boutique, sous leur mauvaise chandelle; car ce sont des hommes de boutique, un tailleur, un pelletier, un boulanger qui, côte à côte avec quelques lettrés, se mettent à lire, bien plus à croire, et à se faire brûler[1]. Quel spectacle au quinzième siècle, et quelle promesse! Il semble qu'avec la liberté de l'action, la liberté de l'esprit va paraître, que ces communes vont penser, parler, que sous la littérature officielle, imitée de France, une nouvelle littérature va paraître, et que l'Angleterre, la vraie Angleterre, à demi muette depuis la conquête, va enfin trouver une voix.

Elle ne l'a pas trouvée. Le roi, les pairs s'allient à l'Église, établissent des statuts terribles, détruisent les livres, brûlent les hérétiques vivants, souvent avec des raffinements, l'un dans un tonneau, l'autre pendu au milieu du corps par une chaîne de fer; le temporel du clergé était attaqué, et avec lui toute la constitution anglaise, et de tout son poids le grand établissement d'en haut écrasa les démolisseurs d'en bas. Obscurément, en silence, pendant que, dans les guerres des Deux Roses, les grands s'égorgent, les communes continuent à travailler et à vivre, à se dégager de l'Église officielle, à garder leurs libertés, à accroî-

---

1. 1401. William Sawtre, premier lollard brûlé vif.

CHAPITRE II. LES NORMANDS.

tre leur richesse [1], mais sans aller au delà. Comme une énorme et longue roche qui fait le fond du sol et pourtant n'affleure que de loin en loin, elles ne se montrent qu'à peine. Nulle grande œuvre poétique ou religieuse ne les manifeste à la lumière. Ils ont chanté, mais leurs ballades ignorées, puis transformées, ne nous arrivent que sous une rédaction tardive. Ils ont prié, mais, sauf un ou deux poëmes médiocres, leur doctrine incomplète et réprimée n'a point abouti. On voit bien par le chant, l'accent et le tour de leurs ballades [2], qu'ils sont capables de la plus belle invention poétique; mais leur poésie reste entre les mains des yeomen et des joueurs de harpe. On sent bien, par la précocité et l'énergie de leurs réclamations religieuses, qu'ils sont capables des croyances les plus passionnées et les plus sévères; mais leur foi demeure enfouie dans les arrière-boutiques de quelques sectaires obscurs. Ni leur foi ni leur poésie n'a pu atteindre son achèvement ou son issue. La Renaissance et la Réforme, qui sont les deux explosions nationales,

1. Commines, liv. V. chapitre xix et xx.
« Or selon mon avis, entre toutes les seigneuries du monde dont j'ay connaissance où la chose publique est mieux traitée, et règne moins de violence sur le peuple, et où il n'y a nuls édifices abattus ny démolis pour guerre, c'est Angleterre, et tombe le sort et le malheur sur ceux qui font la guerre.... Cette grâce a le royaume d'Angleterre par dessus les autres royaumes, que le peuple ni le pays ne s'en détruit point, ny ne brulent, ny ne démolissent les édifices, et tombe la fortune sur les gens de guerre, et par espécial sur les nobles. »
2. Voir les ballades sur *Chevy Chace*, *The Nut Brown maid*, etc. Beaucoup d'entre elles sont d'admirables petits drames.

sont encore lointaines, et la littérature du temps va garder jusqu'au bout, comme la haute société anglaise, l'empreinte presque pure de son origine française et de ses modèles étrangers.

———

CHAPITRE III.

La nouvelle langue.

I. Chaucer. — Son éducation. — Sa vie politique et mondaine. — En quoi elle a servi son talent. — Il est le peintre de la seconde société féodale.

II. Comment le moyen âge a dégénéré. — Diminution du sérieux dans les mœurs, dans les écrits et dans les œuvres d'art. — Besoin d'excitation. — Situations analogues de l'architecture et de la littérature.

III. En quoi Chaucer est du moyen âge. — Poëmes romantiques et décoratifs. — *Le Roman de la Rose.* — *Troïlus et Cressida.* — *Contes de Cantorbéry.* — Défilé de descriptions et d'événements. — *La Maison de la Renommée.* — Visions et rêves fantastiques. — Poëmes d'amour. — *Troïlus et Cressida.* — Développement exagéré de l'amour au moyen âge. — Pourquoi l'esprit avait pris cette voie. — L'amour mystique. — *La Fleur et la Feuille.* — — L'amour sensuel. — *Troïlus et Cressida.*

IV. En quoi Chaucer est Français. — Poëmes satiriques et gaillards. — *Contes de Cantorbéry.* — La bourgeoise de Bath et le mariage. — Le frère quêteur et la religion. — La bouffonnerie, la polissonnerie et la grossièreté du moyen âge.

V. En quoi Chaucer est Anglais et original. — Conception du caractère et de l'individu. — Van Eyck et Chaucer sont contemporains. — *Prologue des Contes de Cantorbéry.* — Portraits du franklin, du moine, du meunier, de la bourgeoise, du chevalier, de l'écuyer, de l'abbesse, du bon curé. — Liaison des événements et des caractères. — Conception de l'ensemble. — Importance de cette conception. — Chaucer précurseur de la Renaissance. — Il s'arrête en chemin. — Ses longueurs et ses enfances. — Causes de cette impuissance. — Sa prose et ses idées scolastiques. — Comment dans son siècle il est isolé.

VI. Liaison de la philosophie et de la poésie. — Comment les idées générales ont péri sous la philosophie scolastique. — Pourquoi la poésie périt. — Comparaison de la civilisation et de la décadence au moyen âge et en Espagne. — Extinction de la littérature anglaise. — Traducteurs. — Rimeurs de chroniques. — Poëtes didactiques. — Rédacteurs de moralités. — Gower. — Occlève. — Lydgate. — Analogie du goût dans les costumes, dans les bâtiments et dans la littérature. — Idée triste du hasard et de la misère humaine. — Hawes. — Barcklay. — Skelton. — Rudiments de la Réforme et de la Renaissance.

I

Cependant, à travers tant de tentatives infructueuses, dans la longue impuissance de la littérature normande qui se contentait de copier et de la littérature saxonne qui ne pouvait aboutir, la langue définitive s'était faite, et il y avait place pour un grand écrivain. Un homme supérieur parut, Jeffrey Chaucer, inventeur quoique disciple, original quoique traducteur, et qui, par son génie, son éducation et sa vie, se trouva capable de connaître et de peindre tout un monde, mais surtout de contenter le monde chevaleresque et les cours somptueuses qui brillaient sur les sommets[1]. Il en était, quoique lettré et versé dans toutes les branches de la scolastique, et il y eut si bien part, que sa vie fut d'un bout à l'autre celle d'un homme du monde et d'un homme d'action. Tour à tour on le voit à l'armée du roi Édouard, gentilhomme du roi, mari

1. Né entre 1328 et 1345, mort en 1400.

d'une demoiselle de la reine, muni d'une pension, pourvu de places, député au parlement, chevalier, fondateur d'une famille qui fit fortune jusqu'à s'allier plus tard à la race royale. Cependant il était dans les conseils du roi, beau-frère du duc de Lancastre, employé plusieurs fois en ambassades ouvertes ou en missions secrètes, à Florence, à Gênes, à Milan, en Flandre, négociateur en France pour le mariage du prince de Galles, parmi les hauts et les bas de la politique, disgracié, puis rétabli : expérience des affaires, des voyages, de la guerre, de la cour, voilà une éducation tout autre que celle des livres. Comptez qu'il est à la cour d'Edouard III, la plus splendide de l'Europe, parmi les tournois, les entrées, les magnificences, qu'il figurait dans les pompes de France et de Milan, qu'il conversait avec Pétrarque, peut-être avec Boccace et Froissart, qu'il fut acteur et spectateur des plus beaux et des plus tragiques spectacles. Dans ces quelques mots, que de cérémonies et de cavalcades ! quel défilé d'armures, de chevaux caparaçonnés, de dames parées ! quel étalage de mœurs galantes et seigneuriales ! quel monde varié et brillant, capable de remplir l'esprit et les yeux d'un poëte ! Comme Froissart et mieux que Froissart, il a pu peindre les châteaux des nobles, leurs entretiens, leurs amours, même quelque chose d'autre, et leur plaire par leur portrait.

II

Deux idées avaient soulevé le moyen âge hors de l'informe barbarie : l'une religieuse, qui avait dressé les gigantesques cathédrales et arraché du sol les populations pour les pousser sur la Terre sainte; l'autre séculière, qui avait bâti les forteresses féodales et planté l'homme de cœur debout et armé sur son domaine; l'une qui avait produit le héros aventureux, l'autre qui avait produit le moine mystique; l'une qui est la croyance en Dieu, l'autre qui est la croyance en soi. Toutes deux, excessives, avaient dégénéré par l'emportement de leur propre force : l'une avait exalté l'indépendance jusqu'à la révolte, l'autre avait égaré la piété jusqu'à l'enthousiasme; la première rendait l'homme impropre à la vie civile, la seconde retirait l'homme de la vie naturelle; l'une, instituant le désordre, dissolvait la société; l'autre, intronisant la déraison, pervertissait l'intelligence. Il avait fallu réprimer la chevalerie qui aboutissait au brigandage et refréner la dévotion qui amenait la servitude. La féodalité turbulente s'était énervée comme la théocratie oppressive, et les deux grandes passions maîtresses, privées de leur sève et retranchées de leur tige, s'alanguissaient jusqu'à laisser la monotonie de l'habitude et le goût du monde germer à leur place et fleurir sous leur nom.

Insensiblement le sérieux diminue dans les écrits

comme dans les mœurs, dans les œuvres d'art comme dans les écrits. L'architecture, au lieu d'être la servante de la foi, devient l'esclave de la fantaisie. Elle s'exagère, elle poursuit les ornements, elle oublie l'ensemble pour les détails, elle lance ses clochers à des hauteurs démesurées, elle festonne ses églises de dais, de pinacles, de trèfles en pignons, de galeries à jour : « Son unique souci est de monter toujours, de revêtir l'édifice sacré d'une éblouissante parure qui le fait ressembler à une fiancée[1]. » Devant cette merveilleuse dentelle, quelle émotion peut-on avoir sinon l'étonnement agréable ? et que devient le sentiment chrétien devant ces décorations d'opéra ? Pareillement la littérature s'amuse. Au dix-huitième siècle, second âge de la monarchie absolue, on vit d'un côté les pompons et les coupoles enguirlandées, de l'autre les jolis vers de société, les romans musqués et égrillards remplacer les lignes sévères et les écrits nobles. Pareillement au quatorzième siècle, second âge du monde féodal, on voit d'un côté des guipures de pierre et la svelte efflorescence des formes aériennes, de l'autre les vers raffinés et les contes divertissants remplacer la vieille architecture grandiose et la vieille épopée simple. Ce n'est plus le trop-plein d'un sentiment vrai, c'est le *besoin d'excitation* qui les produit. Considérez Chaucer, quels sont ses sujets et comment il les choisit. Il va les quêter partout, en Italie, en France, dans les légendes populaires, dans les vieux classiques. Ses lecteurs ont

---

1. Renan, *de l'Art au moyen âge*.

besoin de diversité, et son office est de les « fournir de beaux dits : » c'est l'office du poëte en ce temps[1]. Les seigneurs à table ont achevé leur dîner, les ménestrels viennent chanter, la clarté des torches tombe sur le velours et l'hermine, sur les figures fantastiques, les bigarrures, les broderies ouvragées des longues robes ; à ce moment le poëte arrive, offre son manuscrit « richement enluminé, relié en violet cramoisi, embelli de fermoirs, de bossettes d'argent, de roses d'or ; » on lui demande de quoi il traite, et il répond « d'amour. »

III

En effet, c'est le sujet le plus agréable, le plus propre à faire couler doucement les heures du soir, entre la coupe de vin épicé et les parfums qui brûlent dans la chambre. Chaucer traduit d'abord le grand magasin de galanterie, le roman de *la Rose*. Nul passetemps plus joli : il s'agit d'une rose que l'amant veut cueillir, on devine bien laquelle ; les peintures du mois de mai, des bosquets, de la terre parée, des haies reverdies, foisonnent et fleuronnent. Puis viennent les portraits des dames riantes, Richesse, Franchise, Gaieté, et par contraste, ceux des personnages tristes, Danger, Travail, tous abondants, minutieux, avec le détail des traits, des vêtements, des gestes ; on s'y

---

[1]. *Voy.* Froissart, sa vie chez le comte de Foix et chez le roi Richard II.

promène, comme le long d'une tapisserie, parmi des paysages, des danses, des châteaux, entre des groupes d'allégories, toutes en vives couleurs chatoyantes, toutes étalées, opposées, incessamment renouvelées et variées pour le plaisir des yeux. Car un mal est venu, inconnu aux âges sérieux, l'ennui ; du nouveau et du brillant, encore du nouveau et du brillant, il en faut absolument pour le combattre, et Chaucer, comme Boccace et Froissard, s'y emploie de tout son cœur. Il emprunte à Boccace son histoire d'Arcite et Palémon, à Lollius son histoire de Troïle et Cressida, et les arrange. Comment les deux jeunes chevaliers thébains Arcite et Palémon s'éprennent ensemble de la belle Émilie, et comment Arcite, vainqueur dans le tournoi, tombe et meurt de sa chute en léguant Émilie à son rival ; comment le beau chevalier troyen Troïle gagne la faveur de Cressida, et comment Cressida l'abandonne pour Diomède, voilà encore des romans en vers et des romans d'amour. Ils sont un peu longs ; tous les écrits de ce temps, français ou imités du français, partent d'esprits trop faciles; mais comme ils coulent ! Un ruisseau sinueux, qui va sans flots sur un sable uni et luit au soleil par intervalles, peut seul en donner l'image. Les personnages parlent trop, mais ils parlent si bien ! Même quand ils se querellent, on a plaisir à les entendre, tant les colères et les injures se fondent dans l'abondance heureuse de la conversation continue. Rappelez-vous Froissart, et comment les égorgements, les assassinats, les pestes, les tueries de Jacques, tout l'entassement des misères humaines disparaît chez lui dans la belle humeur uniforme, tellement que les figures furieuses et grimaçantes ne semblent plus que des ornements et des broderies choisies pour mettre en relief l'écheveau des soies nuancées et colorées qui fait la trame de son récit.

Mais surtout des descriptions viennent par multitudes y insérer leurs dorures. Chaucer vous promène parmi les armures, les palais, les temples, et s'arrête devant chaque belle pièce : ici[1] « l'oratoire et la chapelle de Vénus, » « et la figure de Vénus elle-même » glorieuse à voir — nue et flottant sur la large mer — depuis le nombril jusqu'au bas toute couverte — de vagues vertes aussi brillantes que le verre, — ayant dans sa main droite une citole — et sur sa tête gracieuse à voir — une guirlande de roses fraîches, à la douce odeur — pendant qu'au-dessus de sa tête voltigent ses colombes ; » —[2] là-bas le temple de Mars, dans une forêt — où n'habite ni homme ni bête, —

---

1. The statue of Venus glorious for to see
Was naked fleting in the large see,
And fro the navel down all covered was
With wawes grene, and bright as any glas.
A citole in hire right hand hadde she,
And on hire hed, ful semely for to see,
A rose gerlond fresshe, and wel smelling,
Above hire hed hire doves fleckering.

2. First on the wall was peinted a forest,
In which there wonneth neyther man ne best,
With knotty knarry barrein trees old
Of stubbes sharpe and hidous to behold ;
In which there ran a romble and a swough,
As though a storme shuld bresten every bough.
And downward from an hill under a bent,
Ther stood the temple of Mars armipotent,
Wrought all of burned stele, of which th' entree
Was long and streite, and gastly for to see.
And therout came a rage and swiche a vise,

avec de vieux arbres noueux, rugueux, stériles, — aux souches pointues, et hideux à voir, — à travers lesquels couraient un bruissement et un frémissement, — comme si la tempête allait briser chaque branche. — Puis le temple lui-même sous un escarpement — tout entier bâti d'acier bruni et dont l'entrée — était longue, étroite, affreuse à regarder, » — tandis que du dehors « venait un souffle si furieux — qu'il soulevait toutes les portes. » Nulle lumière, sauf celle du nord ; chaque pilier en fer luisant et gros comme une tonne ; la porte en diamant indestructible et barrée de fer solide en long et en travers : partout sur les murs les images du meurtre, et dans le sanctuaire « la statue de Mars sur un chariot, armé, l'air furieux et sombre, avec un loup debout devant lui à ses pieds, qui, les yeux rouges, mangeait la chair d'un homme. » Ne sont-ce point là des contrastes bien faits pour réveiller l'attention ? Vous rencontrerez dans Chaucer des enfilades de peintures pareilles. Regardez le défilé des combattants qui viennent jouter en champ clos pour Arcite et Palémon[1] : les uns[2] avec une targe, d'autres avec un

> That it made all the gates for to rise.
> The northern light in at the dore shone,
> For window on the wall ne was none,
> Thurgh which men mighten any light discerne.
> The dore was all of athamant eterne,
> Yclenched overthwart and endelong
> With yren tough, and for to make it strong.
> Every piler the temple to sustene
> Was tonne-gret, of yren bright and shene.

1. *Knight's tale*, p. 21-20.

2. With him ther wenten knightes many on.
    Som wol ben armed in a habergeon,

bouclier, d'autres avec une cuirasse et un jupon d'acier; chacun armé à sa guise, d'épées, de haches, de masses, selon la mode capricieuse de la fantaisie guerrière. En tête « le roi de l'Inde sur un coursier bai, caparaçonné d'acier et couvert de drap d'or brodé; son habit semé de grosses perles blanches et rondes; son manteau constellé de rubis rouges étincelants comme le feu, ses cheveux bouclés et blonds luisant au soleil, ses yeux comme ceux d'un lion, sa voix comme une trompette tonnante, une fraîche guirlande de laurier sur sa tête, et sur son poing un aigle apprivoisé, blanc comme un lis. » Puis, d'un autre côté, Lycurgue, le roi de Thrace,

> And in a brest plate, and in a gipon;
> And some wol have a pair of plates large;
> And some wol have a Pruce sheld or a targe,
> Som wol ben armed on his legges wele
> And have an axe, and som a mace of stele....
> There maist thou se coming with Palamon
> Licurge himself, the grete king of Trace :
> Blake was his berd and manly was his face.
> The cercles of his eyen in his hed
> They gloweden betwixen yelwe and red,
> And like a griffon loked he about,
> With kemped heres on his browes stout.
> His limmes gret, his braunes hard and stronge,
> His shouldres brode, his armes round and longe
> And as the guise was in his contree,
> Ful highe upon a char of gold stood he,
> With foure white bolles in the trais.
> Instede of cote-armure on his harnais,
> With nayles yelwe and bright as any gold,
> He hadde a beres skin, cole-blake for old.
> His longe here was kempt behind his bake,
> As any ravenes fether it shone for blake.
> A wreth of gold arm gret, of huge weight
> Upon his hed sate ful of stones bright,
> Of fine rubins and diamants.
> About his char ther wenten whit alauns,
> Twenty and mo, as gret as any stere,
> To hunten at the leon or the dere,
> And folwed him with mosel fast ybound,

« aux grands membres, aux muscles durs et forts, aux épaules larges, noir de barbe et viril de face, sa longue chevelure de corbeau tombant derrière son dos, un lourd diadème d'or et de rubis sur la tête, lui-même debout sur un char d'or traîné par quatre taureaux blancs, derrière lui vingt lévriers grands comme de petits buffles et munis de colliers d'or ouvragé, à l'entour cent seigneurs bien armés et bien braves. » Un hérault d'armes ne décrirait pas mieux ni davantage. Les nobles et les dames du temps retrouvaient ici leurs mascarades et leurs tournois.

>Colered with gold and torettes filed round.
>A hundred lordes had he in his route,
>Armed full wel, with hertes sterne and stout.
>With Arcita, in stories as man find,
>The gret Emetrius the king of Inde,
>Upon a stede bay, trapped in stele;
>Covered with cloth of gold diapred wele,
>Came riding like the God of armes Mars.
>His cote-armure was of a cloth of Tars,
>Couched with perles, white, round and grete.
>His sadel was of brent gold new ybete;
>A mantelet upon his shouldres hanging
>Bret-ful of rubies red, as fire sparkling.
>His crispe here like ringes was yronne,
>And that was yelwe and glitered as the sonne.
>His nose was high, his eyen bright citrin,
>His lippes round, his colour was sanguin,...
>And as a leon he his loking caste.
>Of five and twenty yere his age I caste.
>His berd was well begonnen for to spring;
>His vois was as a trompe tundering.
>Upon his hed he wered of laurer grene
>A gerlond fresshe and lusty for to sene.
>Upon his hond he bare for his deduit
>An egle tame, as any lily whit.
>An hundred Lordes had he with him there,
>All armed save hir hedes in all hir gere,
>Ful richely in alle manere thinges....
>About this king there ran on every part
>Ful many a tame leon and leopart.

Il y a quelque chose de plus agréable qu'un beau conte, c'est un assemblage de beaux contes, surtout quand les contes sont de toutes couleurs. Froissart en fait sous le nom de Chroniques, Boccace encore mieux; puis, après lui, les seigneurs des *Cent Nouvelles nouvelles*, et plus tard encore Marguerite de Navarre. Quoi de plus naturel parmi des gens qui s'assemblent, causent et veulent se divertir? Les mœurs du temps les suggèrent; car les usages et les goûts de la société ont commencé, et la fiction, ainsi conçue, ne fait que transporter dans les livres les conversations qui s'échangent dans les salles et sur les chemins. Chaucer décrit une troupe de pèlerins, gens de toute condition qui vont à Cantorbéry, un chevalier, un homme de loi, un clerc d'Oxford, un médecin, un meunier, une abbesse, un moine, qui conviennent de dire chacun une histoire. « Car il n'eût été ni gai ni réconfortant de chevaucher, muets comme des pierres[1]. » Ils content donc; sur ce fil léger et flexible, tous les joyaux, faux ou vrais, de l'imagination féodale viennent poser bout à bout leurs bigarrures et faire un collier : tour à tour de nobles récits chevaleresques, le miracle d'un enfant égorgé par des juifs, les épreuves de la patiente Griselidis, Canace et les merveilleuses inventions de la fantaisie orientale, des fabliaux graveleux sur le mariage et sur les moines, des contes allégoriques ou moraux, la fable du *Coq et de la Poule*, l'énumération des grands

---

1. For trewely comfort ne mirthe is non,
To riden by the way domb as the ston.

CHAPITRE III. LA NOUVELLE LANGUE.

infortunés : Lucifer, Adam, Samson, Nabuchodonosor, Zénobie, Crésus, Ugolin, Pierre d'Espagne. J'en passe, car il faut abréger. Chaucer est comme un joaillier, les mains pleines; perles et verroteries, diamants étincelants, agates vulgaires, jais sombres, roses de rubis, tout ce que l'histoire et l'imagination ont pu ramasser et tailler depuis trois siècles en Orient, en France, dans le pays de Galles, en Provence, en Italie, tout ce qui a roulé jusqu'à lui entrechoqué, rompu, ou poli par le courant des siècles et par le grand pêle-mêle de la mémoire humaine, il l'a sous la main, il le dispose, il en compose une longue parure nuancée, à vingt pendants, à mille facettes, et qui par son éclat, ses variétés, ses contrastes, peut attirer et contenter les yeux les plus avides d'amusement et de nouveauté.

IV

Il fait davantage. L'essor universel de la curiosité intempérante exige des jouissances plus raffinées; il n'y a que le rêve et la fantaisie qui puissent la satisfaire, non pas la fantaisie profonde et pensive telle qu'on la trouvera dans Shakspeare, non pas le rêve passionné et médité tel qu'on l'a trouvé chez Dante, mais le rêve et la fantaisie des yeux, des oreilles, de tous les sens extérieurs, qui, dans la poésie comme dans l'architecture, réclament des singularités, des merveilles, des défis engagés, gagnés contre le raisonnable et le probable, et qui ne s'assouvissent que par l'entassement et l'éblouissement. Lorsque vous regardez une cathédrale du temps, vous sentez en vous-même un mouvement de crainte. La substance manque; les murailles évidées pour faire place aux fenêtres, l'échafaudage ouvragé des portes, le prodigieux élan des colonnettes grêles, les sinuosités frêles des arceaux, tout menace; l'appui s'est retiré pour faire place à l'ornement. Sans le placage extérieur des contre-forts, et l'aide artificielle des crampons de fer, l'édifice aurait croulé au premier jour; tel qu'il est, il se défait de lui-même; et il faut entretenir sur place des colonies de maçons pour combattre incessamment sa ruine incessante. Mais les yeux s'oublient à suivre les ondoiements et les enroulements de sa filigrane infinie; la rose flamboyante du portail et les vitraux peints versent une lumière diaprée sur les stalles sculptées du chœur, sur l'orfévrerie de l'autel, sur les processions de chappes damasquinées et rayonnantes, sur le fourmillement des statues étagées; et dans ce jour violet, sous cette pourpre vacillante, parmi ces flèches d'or qui percent l'ombre, l'édifice entier ressemble à la queue d'un paon mystique. Pareillement la plupart des poëmes du temps sont dénués de fond; tout au plus une moralité banale leur sert d'étai; en somme, le poëte n'a songé qu'à étaler devant nous l'éclat des couleurs et le pêle-mêle des formes. Ce sont des *rêves* ou des *visions*; il y en a cinq ou six dans Chaucer, et vous allez en trouver sur tout votre chemin jusqu'à la Renaissance. Mais l'étalage est splendide. Chaucer est transporté en songe dans un temple de verre[1] où sur les murs sont figurées en or toutes les légendes d'Ovide et de Virgile, défilé infini de personnages et d'habits, semblable à celui qui sur les vitraux des églises occupe alors les yeux des fidèles. Tout d'un coup un grand aigle d'or qui plane près du soleil et luit comme une escarboucle descend avec l'élan de la foudre et l'emporte dans ses serres jusqu'au-dessus des étoiles, pour le déposer ensuite devant le palais de la Renommée, palais resplendissant, bâti de béril avec des fenêtres luisantes et des tourelles dressées, et posé au sommet d'une haute roche de glace presque inaccessible. Tout le côté du sud était couvert par les noms gravés d'hommes fameux, mais le soleil les fondait sans cesse. Du côté du nord, les noms, mieux protégés, restaient entiers. Au sommet des tourelles paraissaient des ménestrels et des jongleurs avec Orphée, Arion et les grands joueurs de harpe, puis derrière eux des myriades de musiciens avec des cors, des flûtes, des cornemuses, des chalumeaux, qui sonnaient et remplissaient l'air; puis tous les charmeurs, magiciens et prophètes. Il entre, et, dans une haute salle lambrissée d'or, bosselée de perles, sur un trône d'escarboucle, il voit assise une femme, « une grande et noble reine », parmi une multitude infinie de hérauts, dont les surtouts brodés portent les armoiries des plus fameux chevaliers du monde, au son des instruments et de la mélodie céleste que font Calliope et ses sœurs. De son

---

1. *The House of Fame.*

trône jusqu'à la porte s'étend une file de piliers où se tiennent debout les grands historiens et les grands poëtes, Josèphe sur un pilier de plomb et de fer, Stace sur un pilier de fer teint de sang; Ovide, « le clerc de Vénus », sur un pilier de cuivre; puis, sur un pilier plus haut que les autres, Homère, et aussi Tite-Live, Darès Phrygius, Guido Colonna, Geoffroy de Monmouth et les autres historiens de la guerre de Troie. Faut-il achever de transcrire cette fantasmagorie, où l'érudition troublée vient gâter l'invention pittoresque, où le badinage fréquent atteste que la vision n'est qu'un divertissement volontaire? Le poëte et son lecteur se sont figuré pendant une demi-heure des salles parées, des foules bruissantes; un mince filet de bon sens ingénieux a coulé par-dessous la vapeur diaphane et dorée qu'ils se complaisaient à suivre; c'en est assez, ils se sont amusés de leurs illusions fugitives et ne demandent rien au delà.

V

A travers ces dévergondages d'esprit, parmi ces exigences raffinées et cette exaltation inassouvie de l'imagination et des sens, il y avait une passion, l'amour, qui, les réunissant toutes, s'était développée à l'extrême, et montrait en abrégé le charme maladif, l'exagération foncière et fatale, qui sont les traits propres de cet âge, et que la civilisation espagnole reproduisit plus tard en florissant et en périssant. Depuis longtemps les Cours d'amour en avaient établi la théorie en Provence. « Toute personne qui aime, disaient-elles, pâlit à l'aspect de celle qu'il aime. — Toute action de l'amant se termine par penser à ce qu'il aime. L'amour ne peut rien refuser à l'amour[1]. » Cette recherche de la sensation excessive avait abouti aux extases et aux transports de Guido Cavalcanti et de Dante, et l'on avait vu s'établir en Languedoc une compagnie d'enthousiastes, les pénitents de l'amour, qui, pour prouver la violence de leur passion, s'habillaient l'été de fourrures et de lourdes étoffes, l'hiver de gaze légère, et se promenaient ainsi dans la campagne, tellement que plusieurs d'entre eux en devinrent malades et moururent. Chaucer, d'après eux, expliqua dans ses vers[2] l'art d'aimer, les dix commandements, les vingt statuts de l'amour, loua sa dame, « sa délicieuse pâquerette, sa rose vermeille, » peignit l'amour dans des ballades, des visions, des allégories, des poëmes didactiques, en cent façons. C'est ici l'amour chevaleresque, exalté, tel que l'a conçu le moyen âge, mais surtout tendre. Troïlus aime Cressida, en troubadour ; sans Pandarus, l'oncle de Cressida, il languirait et finirait par mourir en silence. Il ne veut pas révéler le nom de celle qu'il aime ; il faut que Pandarus le lui arrache, prenne sur lui toutes les hardiesses, invente tous les stratagèmes. Troïlus, si brave et si fort dans la bataille, ne sait de-

---

1. André le chapelain, en 1170.
2. *The craft of love; the ten commandments of love; ballades; the court of love*, peut-être aussi, *the assemble of ladies*, et *la belle dame sans merci*.

vant Cressida que pleurer, demander pardon et s'évanouir. De son côté, Cressida a toutes les délicatesses. Quand Pandarus lui apporte pour la première fois une lettre de Troïlus, elle refuse d'abord, elle a honte de l'ouvrir; elle ne l'ouvre que parce qu'on lui dit que le pauvre chevalier va mourir. Dès les premiers mots elle devient plus « vermeille qu'une rose, » et, si respectueuse que soit la lettre, elle ne veut pas répondre. Elle ne cède enfin qu'aux importunités de son oncle, et répond à Troïlus qu'elle aura pour lui l'affection d'une sœur. Pour Troïlus, il est tout tremblant; il pâlit quand il voit revenir le messager; il doute de son bonheur et n'ose croire les assurances qu'on lui en donne. « Tout comme les fleurs par le froid de la nuit — fermées, s'inclinent bas sur leur tige. — Mais le soleil brillant les redresse, — et elles s'ouvrent par rangées sous son doux passage. » Ainsi tout d'un coup son cœur s'épanouit de joie. Lentement après mille peines, et par les soins de Pandarus, il obtient un aveu, et dans cet aveu quelle grâce délicieuse!

> Et comme le jeune rossignol étonné,
> Qui s'arrête d'abord, lorsqu'il commence sa chanson,
> S'il entend la voix d'un pâtre,
> Ou quelque chose qui remue dans la haie,
> Puis, rassuré, il déploie sa voix,
> Tout de même Cresside, quand sa crainte eut cessé,
> Ouvrit son cœur et lui dit sa pensée [1].

1. And as the new abashed nightingale,
    That stinteth first, whan she beginneth sing,
    Whan that she heareth any heerdes tale,
    Or in the hedges any wight stearing,
    And after siker doeth her voice outring :

CHAPITRE III. LA NOUVELLE LANGUE. 183

Lui, sitôt qu'il aperçoit dans le lointain une espérance :

> La voix changée, de pure crainte,
> Et cette voix tremblante ainsi que toute sa personne,
> Tout à fait humble, et le teint tantôt rouge,
> Tantôt pâle, devant Cresside, sa dame bien-aimée,
> Les yeux baissés, la contenance humble et soumise,
> Oh! le premier mot qui s'échappa de sa bouche
> Fut deux fois : Merci, merci, ô mon cher cœur [1]!

Cet ardent amour éclate en accents passionnés, en élans de félicité. Loin d'être regardé comme une faute, il est la source de toute vertu. Troïlus en devient plus brave, plus généreux, plus honnête; ses discours roulent maintenant « sur l'amour et sur la vertu, il a en mépris toute vilainie, » il honore ceux qui ont du mérite, il soulage ceux qui sont dans la détresse. Et Cressida ravie se répète tout le jour avec un transport d'allégresse cette chanson qui est comme le gazouillement d'un rossignol :

> Qui remercierai-je, si ce n'est vous, Dieu de l'amour,
> Pour tout le bonheur dans lequel je commence à être plongée?
> Et merci à vous, Seigneur, de ce que j'aime;
> Car je suis justement ainsi dans la droite vie,

> Right so Creseide, whan that her drede stent,
> Opened her herte, and told him her entent.
> (Liv. III.)

[1]. In chaunged voice, right for his very drede,
Which voice eke quoke, and thereto his manere,
Goodly abashed, and now his hewes rede,
Now pale, unto Creseide his ladie dere,
With look doun cast, and humble iyolden chere,
Lo, the alderfist word him astart
Was twice : « Mercy, mercy, o my sweet herte! ».
(Liv. III.)

Pour fuir toute sorte de vice et de péché.
Elle me mène si bien à la vertu
Que de jour en jour ma volonté s'amende.
Et celui qui dit qu'aimer est un vice
Est envieux, novice tout à fait
Ou, par sécheresse, impuissant à aimer.
Mais moi, de tout mon cœur et de toute ma puissance,
Je l'ai dit, je veux aimer jusqu'à la fin
Mon cher cœur, mon fidèle chevalier,
A qui mon cœur s'est si fort attaché,
Comme lui à moi, que cela durera toujours[1] !

Mais le malheur est venu. Son père Calchas la redemande, et les Troyens décident qu'on la rendra en échange des prisonniers. A cette nouvelle, elle s'évanouit, et Troïlus veut se tuer. L'amour semble infini en ce temps; il joue avec la mort, c'est qu'il fait toute la vie; hors de la vie supérieure et délicieuse qu'il enfante, il semble qu'il n'y ait plus rien.

Mais Dieu le voulut, de sa pâmoison elle se réveilla
Et commença à soupirer et cria : « Troïlus! »
Et il répondit : « Cresside, ma dame,

1. Whom should·I thanken but you, God of Love,
Of all this blisse, in which to bathe I ginne?
And thanked be ye, Lorde, for that I love,
This is the right life that I am inne
To flemen all maner vice and sinne..
This doeth me so to vertue for to entende
That daie by daie I in my will amende....
And who says that for to love is vice,....
He either is envious, or right nice,
Or is unmightie for his shrewdness
To loven....
But I with all mine herte and all my might,
As I have said, woll love unto my last
My owne dere herte, and all mine owne knight,
In whiche mine herte growen is so fast,
And his in me, that it shall ever last.
(Liv. II.)

CHAPITRE III. LA NOUVELLE LANGUE. 185

Vivez-vous encore ? » Et il laissa échapper son épée.
« Oui, mon cœur, dit-elle, grâces soient rendues à Cupidon »;
Et là-dessus elle soupira péniblement.
Il se mit à la ranimer comme il put,
Il la prit dans ses deux bras et l'embrassa souvent.
A cause de cela son âme qui voltigeait déjà en l'air
Revint dans son triste sein.
Mais enfin, quand ses yeux regardèrent
De côté, alors elle aperçut l'épée
Qui était nue ; et de peur se mit à crier.
Et lui demanda pourquoi il l'avait tirée.
Et Troïlus alors lui en dit la cause,
Et comment de son épée il se serait tué.
Ce pourquoi, Cresside se mit à le regarder
Et à le serrer étroitement dans ses bras,
Et dit : O miséricorde ! Mon Dieu ! Hélas ! quelle action !
Ah ! comme nous avons été près de mourir tous deux [1] !

Ils se séparent enfin, avec quels serments et quelles

1.   But as God would, of swough she abraide
     And gan to sighe, and Troïlus she cride,
     And he answerde : « Lady mine, Creseide,
     Live ye yet ? » And let his swerde doun glide :
     « Ye, herte mine, that thanked be Cupide »
     (Quod she), and there withal she sore sight,
     And he began to glade her as he might.

     Took her in armes two and kist her oft,
     And her to glad, he did al his entent,
     For which her gost, that flickered aie a loft,
     Into her woful herte agen it went :
     But at the last, as that her eye glent
     Aside, anon she gan his sworde aspie,
     As it lay bare, and began for feare crie.

     And asked him why he had it out drawn,
     And Troïlus anon the cause her told,
     And how himself therwith he wold have slain,
     For which Creseide upon him gan behold,
     An gan him in her armes faste fold
     And said : « O mercy God, lo which a dede !
     Alas, how nigh we weren bothe dede ! »
                              (Liv. IV).

larmes! Et Troïlus, seul dans sa chambre, se répète :
« Où est ma dame chérie et bien-aimée? — Où est sa
blanche poitrine? où est-elle? où? — Où sont ses bras
et ses yeux brillants qui hier, à ce moment, étaient
avec moi[1]? » Il va à l'endroit où il l'a vue pour la
première fois, puis à un autre où il l'a entendue chanter; « il n'y a point d'heure du jour ou de la nuit où
il ne pense à elle. » Personne n'a depuis trouvé des
paroles plus vraies et plus tendres; voilà les charmantes « branches poétiques » qui avaient poussé à
travers l'ignorance grossière et les parades pom-

1. « Where is my owne lady lefe and dere?
    Where is here white brest, where is it, where?
    Where been her armes, and her eyen clere
    That yesterday this time with me were?... »
    Nor there nas houre in all the day or night,
    Whan he was ther as no man might him here,
    That he ne sayd : « O lovesome lady bright,
    How have ye faren sins that ye were there?
    Welcome ywis mine owne lady dere!... »
    Fro thence-forth he rideth up and doune,
    And every thing came him to remembraunce,
    As he rode forth by the places of the toune,
    In which he whilom had all his pleasaunce :
    « Lo, yonder saw I mine owne lady daunce,
    And in that temple with her eien clere,
    Me caught first my right lady dere.
    And yonder have I herde full lustely
    My dere herte laugh, and yonder play
    Saw her ones eke full blissfully,
    And yonder ones to me gan she say :
    « Now, good sweete, love me well, I pray. »
    And yonde so goodly gan she me behold,
    That to the death mine herte is to her hold....

    « And at the corner in the yonder house,
    Herde I mine alderlevest lady dere,
    So womanly, with voice melodiouse,
    Singen so wel, so goodly and so clere,
    That in my soul yet me thinketh I here
    The blissful sowne, and in that yonder place,
    My lady first me toke unto her grace. »
                                        (Liv. V.)

peuses; l'esprit humain au moyen âge avait fleuri du côté où il apercevait le jour.

Mais le récit ne suffit point à exprimer le bonheur et le rêve; il faut que le poëte aille[1] « dans les plaines qui s'habillent de verdure nouvelle, où les petites fleurs commencent à pousser, où les pluies bonnes et saines renouvellent tout ce qui est vieux et mort; » où « l'alouette affairée, messagère du jour, salue dans ses chansons le matin gris, où le soleil dans les buissons sèche les gouttes d'argent suspendues aux feuilles. » Il faut qu'il s'oublie dans les vagues félicités de la campagne, et que, comme Dante, il se perde dans la lumière idéale de l'allégorie. Les songes de l'amour, pour rester vrais, ne doivent pas prendre un corps trop visible, ni entrer dans une histoire trop suivie; ils ont besoin de flotter dans un lointain vaporeux; l'âme où ils bourdonnent ne peut plus penser aux lois de la vie; elle habite un autre monde;

1.
When shouris sote of rain descendid soft,
Causing the ground, felè times and oft,
Up for to give many a wholesome air,
And every plain was yclothid faire

With newè grene, and makith smalè flours
To springen here and there in field and mede,
So very gode and wholesome be the shours,
That they renewin that was old and dede
In winter time, and out of every sede
Springeth the herbè, so that every wight
Of this seson venith richt glad and light....

In which (grove) were okis grete, streight as a line,
Under the which the grass so freshe of hew
Was newly sprong, and an eight fote or nine
Every tre well fro his fellow grew,
With braunchis brode, ladin with levis new,
That sprongin out agen the sonne shene,
Some very red, and some a glad light grene....

elle s'oublie dans la ravissante émotion qui la trouble et voit ses visions bien-aimées se lever, se mêler, revenir et disparaître, comme on voit, l'été, sur la pente d'une colline, des abeilles voltiger dans un nuage de lumière et tourbillonner autour des fleurs.

Un matin[1], dit une dame, aux premières blancheurs du jour, j'entrai dans un bois de chênes « où les larges branches, chargées de fleurs nouvelles, se déployaient en face du soleil, quelques-unes rouges, d'autres avec une belle lumière verte. »

>Et comme je regardais ce bel endroit,
>Soudainement je crus respirer une si douce odeur
>D'églantier, que certainement
>Il n'y a point, je crois, de cœur au désespoir,
>Ni si surchargé de pensées chagrines et mauvaises,
>Qui n'eût eu bientôt consolation
>S'il eût une fois senti cette douce odeur.

>Et comme j'étais debout, jetant de côté les yeux,
>J'aperçus le plus beau néflier
>Que j'eusse jamais vu dans ma vie,
>Aussi rempli de fleurs que cela peut être,
>Et dessus un chardonneret qui sautait joliment
>De branche en branche, et, à son caprice, mangeait
>Çà et là les boutons et les douces fleurs.

>— Et comme j'étais assise, écoutant de cette façon les oiseaux,
>Il me sembla que j'entendais soudainement des voix,
>Les plus douces et les plus délicieuses
>Que jamais homme, je le crois vraiment,
>Eût entendues de sa vie; car leur harmonie
>Et leur doux accord faisaient une si excellente musique,
>Que les voix ressemblaient vraiment à celles des anges[2].

1. *The Flour and the Leafe.*
2.   And I, that all these plesaunt sightis se,
    Thought suddainly I felt so swete an air

Puis elle voit venir une grande troupe de dames en jupes de velours blanc, chaque jupe « brodée d'éme-

> Of the Eglentere, that certainly
> There is no hert (I deme) in such dispair
> Ne yet with thougtis froward and contraire
> So overlaid, but it should sone have bote,
> It it had onis felt this savour sote.
>
> And I as stode, and cast aside mine eye,
> I was ware of the fairist medler tre,
> That evir yet in all my life I se,
> As full of blossomis as it might be;
> Therein a goldfinch leping pretily
> From bough to bough, and as him list, he ete
> Here and there of buddis and flouris swete....
>
> And as I sat the birdis herkening thus,
> Methought that I herd voicis suadainly
> The most swetist and most delicious,
> That ever any wight, I trow trewly,
> Herdin in ther life, for the armony
> And swete accord was in so gode musike,
> That the voicis to angels most were like.
>
> At the last out of a grove evin by
> (That was right godely and pleasaunt to sight)
> I se where there came singing lustily
> A world of ladies, but to tell aright
> Ther beauty grete, lyith not in my might,
> Ne ther array; nevirtheless I shall
> Tell you a part, tho I speke not of all.
>
> The surcets white of velvet well fitting
> They werin clad, and the semis eche one,
> As it werin a mannir garnishing,
> Was set with emeraudis one and one
> By and by, but many a riche stone
> Was set on the purfilis out of dout
> Of collours, sleves, and trainis round about;
>
> As of grete pearls round and orient,
> And diamondis fine and rubys red,
> And many other stone of which I went
> The namis now; and everich on her hede
> A rich fret of gold, which withouten drede
> Was full of stately rich stonys set,
> And every lady had a chapelet
>
> On ther hedis of braunches fresh and grene,
> Lo well ywrought and so marvelously,
> That it was a right noble sight to sene,

raudes, de grandes perles rondes, de diamants fins et de rubis rouges. » Et toutes avaient sur les cheveux « un riche réseau d'or orné de riches pierres splendides, » avec une couronne de branches fraîches et vertes, les unes de laurier, les autres de chèvrefeuille, les autres d'agnus castus ; en même temps venait une armée de vaillants chevaliers en splendide appareil, avec des casques d'or, des hauberts polis qui brillaient comme le soleil, de nobles coursiers tout caparaçonnés d'écarlate. Chevaliers et dames, ils étaient les serviteurs de la Feuille, et ils s'assirent sous un vaste chêne aux pieds de leur reine.

De l'autre côté, arrivait une troupe de dames aussi magnifiques que les autres, mais couronnées de fleurs nouvelles. C'étaient les serviteurs de la Fleur. Elles descendirent de cheval et se mirent à danser dans la prairie. Mais de lourds nuages montaient dans le ciel et l'orage éclata. Elles voulurent se mettre à l'abri sous un chêne ; il n'y avait plus de place ; elles se cachèrent comme elles purent sous les haies, dans les broussailles ; la pluie vint qui flétrit leurs couronnes, ternit leurs robes et emporta leurs parures ; quand reparut le soleil, elles allèrent demander secours à la reine de la Feuille ; celle-ci, miséricordieuse, les consola, répara l'outrage de la pluie, et leur rendit leur beauté première. Puis tout disparut comme un songe.

> Some of laurir, and some full plesauntly
> Had chapelets of wodebind, and sadly
> Some of agnus werin also....
> (*The Flour and the Leafe.*)

La promeneuse s'étonnait, quand tout d'un coup elle aperçut une belle dame qui venait l'instruire. Elle apprit que les serviteurs de la Feuille avaient vécu en braves chevaliers, et que ceux de la Fleur avaient aimé l'oisiveté et le plaisir. Elle promit de servir la Feuille et s'en revint.

Ceci est-il une allégorie? A tout le moins, le bel esprit y manque. Il n'y a point ici d'ingénieuse énigme; la fantaisie est seule maîtresse, et le poëte ne songe qu'à dérouler en vers paisibles le fugitif et brillant cortége qui vient amuser son âme et enchanter ses yeux.

Lui-même[1], le premier jour de mai, il se lève et s'en va dans une prairie. L'amour entre dans son cœur

---

[1].
There sat I down among the faire flouris
And saw the birdes tripping out of ther bowris,
There as they restid 'hem had al night,
They were so joyful of the day 'is lyght,
They began of Maye for to done honouris.

They coudin wel that service all by rote,
And there was many a full lovely note,
Some songin loude as they had yplained,
And some in other manir voice yfained
And some songin al out with the ful throte.

The proynid 'hem and madin 'hem right gay,
And daunsidin, and leptin on the spray,
And evirmore were two and two in fere,
Right so as they had chosin 'hem to yere,
In Feverere, on saint Valentine's day.

And the rivir whiche that I sat upon,
It madin soche a noise, as it ron,
Accordaunt with the birdis armony,
The thought that it was the best melody
That migtin ben yherde of any mon....

For love and it hath do me mochil wo. —
— Ye hath it? use (quod she) this medicine,
Every day this maie or that thou dine
Go lokin upon the freshe Daisie,

avec l'air chaud et suave; la campagne se transfigure,
les oiseaux parlent, et il les entend :

> Là je m'assis parmi les belles fleurs,
> Et je vis les oiseaux sortir en sautillant des berceaux
> Où toute la nuit ils s'étaient reposés.
> Ils étaient si joyeux de la lumière du jour!
> Ils commencèrent à faire les honneurs de mai.
>
> — Ils savaient tous ce service par cœur.
> Il y avait mainte aimable note.
> Les uns chantaient haut, comme s'ils s'étaient lamentés,
> Les autres d'autre façon, comme s'ils languissaient de désir;
> Et quelques-uns à plein gosier, de toute leur voix.
>
> — Ils se lissaient les plumes et les faisaient bien brillantes;
> Ils dansaient et sautaient sur les brins d'herbe,
> Et toujours deux à deux, ensemble,
> Comme s'ils s'étaient choisis pour l'année,
> En février, le jour de saint Valentin.
>
> — Et la rivière près de laquelle j'étais assis,
> Faisait un tel bruit en coulant,
> Et si bien d'accord avec l'harmonie des oiseaux,
> Qu'il me semblait que c'était la meilleure mélodie
> Qui pût être entendue par aucun homme.

Cette confuse symphonie de bruits vagues trouble
les sens; une langueur secrète entre dans l'âme. Le
coucou jette sa voix monotone comme un soupir
douloureux et tendre entre les troncs blancs des
frênes; le rossignol fait rouler et ruisseler ses notes
triomphantes par-dessus la voûte du feuillage; le

> And though thou be for woe in poinct to die,
> That shall full gretly lessen the of thy pine.
>
> And loke alwaie that thou be gode and true,
> And I woll sing one of the songis newe,
> For love of the, as loude as I may crie,
> And then the began this songe full hie :
> « I shrewe all 'hem that ben of love untrue. »

CHAPITRE III. LA NOUVELLE LANGUE.

rêve naît de lui-même, et Chaucer les entend disputer sur l'amour. Ils chantent tour à tour une chanson contraire, et le rossignol pleure de chagrin en entendant le coucou mal parler de l'amour. Il se console pourtant à la voix du poëte, en le voyant souffrir comme lui.

« Eh bien, dit-il, use de ce remède :
Chaque jour, en ce beau mois de mai,
Va regarder la fraîche marguerite,
Et quand tu serais par chagrin sur le point de mourir,
Cela adoucira grandement ta peine.

— N'oublie jamais d'être fidèle et bon,
Et je chanterai une des chansons nouvelles,
Pour l'amour de toi, aussi haut que je pourrai chanter. »
Puis il commença bien haut la chanson :
« Je blâme tous ceux qui sont en amour infidèles. »

C'est jusqu'à ces délicatesses exquises que l'amour, ici comme chez Pétrarque, avait porté la poésie : même par raffinement, comme chez Pétrarque, il s'égare ici parfois dans le bel esprit, les concetti et les pointes. Mais un trait marqué le sépare à l'instant de Pétrarque. S'il est exalté, il est outre cela gracieux, poli, plein de mièvreries, de demi-moqueries, de fines gaietés sensuelles, et un peu bavard, tel que les Français l'ont toujours fait. C'est que Chaucer ici suit ses véritables maîtres, et qu'il est lui-même beau diseur, abondant, prompt au sourire, amateur du plaisir choisi, disciple du *Roman de la Rose*, et bien moins Italien que Français[1]. La pente du caractère

---

1. Stendhal, *de l'Amour* : différence de l'amour-goût et de l'amour-passion.

français fait de l'amour, non une passion, mais un joli festin, arrangé avec goût, où le service est élégant, la chère fine, l'argenterie brillante, les deux convives parés, dispos, ingénieux à se prévenir, à se plaire, à s'égayer et s'en aller. Certainement dans Chaucer, à côté des tirades sentimentales, cette autre veine coule, toute mondaine. Si Troïlus est un amoureux pleurard, l'oncle Pandarus est un coquin égrillard, qui s'offre au plus étrange rôle avec une insistance plaisante, avec une immoralité naïve[1], et l'accomplit consciencieusement, gratis et jusqu'au bout. Dans ces belles démarches, Chaucer l'accompagne aussi loin que possible, et n'est point scandalisé. Au contraire, il s'amuse. Au moment délicat, avec une hypocrisie transparente, il se couvre du nom de son auteur. Si vous trouvez le détail leste, dit-il, ce n'est pas ma faute, « les clercs l'ont écrit ainsi dans leurs vieux livres, » et il faut bien qu'on traduise ce qui est écrit. Non-seulement il est gai, mais il est moqueur d'un bout à l'autre du récit; il voit clair à travers les subterfuges de la pudeur féminine; il en rit malicieusement et sait bien ce qu'il y a derrière; il a l'air de nous dire, un doigt sur les lèvres : « Chut! laissez couler les grands mots, vous serez édifié tout à l'heure. » En effet, nous sommes édifiés, lui aussi; c'est pourquoi, au moment scabreux, il s'en va, emportant la lumière, et disant

---

1. Son nom aujourd'hui en Angleterre désigne la respectable maison de commerce Bonneau et Cie.

« qu'elle ne sert à rien, ni lui non plus. » « Troïlus, dit l'oncle Pandarus, si vous êtes sage, ne vous évanouissez plus, car cela ferait du bruit, et l'on viendrait. » Troïlus a soin de ne pas s'évanouir, et enfin, seule avec lui, Cressida parle; avec quel esprit, et quelle finesse discrète! la grâce est extrême ici; nulle grossièreté. Le bonheur couvre tout, même la volupté, sous la profusion et les parfums de ses divines roses; tout au plus une légère malice[1] vient y insérer sa pointe : Troïlus a sa dame dans ses bras : « Dieu ne nous donne jamais pire mésaventure. » Le poëte est presque aussi content qu'eux; pour lui comme pour les hommes de son temps, le souverain bien est l'amour non pas transi, mais satisfait; même on a fini par considérer cette sorte d'amour comme un mérite. Les dames ont déclaré dans leurs sentences « que lorsqu'on aime, on ne peut rien refuser à qui vous aime. » L'amour a force de loi; il est inscrit dans un code; on le mêle avec la religion, et il y a une messe de l'amour où les oiseaux, par leurs antiennes[2], font un office divin comme celui de la messe. Chaucer maudit de tout son cœur les avaricieux, les gens d'affaires qui le traitent de folie : « Dieu devrait leur donner des oreilles d'âne aussi longues que celles de Midas...., pour leur apprendre qu'ils sont dans le vice, et que les amants dont ils font fi n'y sont pas. Que Dieu leur donne

1. And gode thrift (Troïlus) had full oft.
2. *The Court of Love*, vers 1353 et suiv. *Voy.* aussi *le Testament de l'Amour*.

mauvaise chance, et protége tous les amants! » Il est clair qu'ici la sévérité manque. Elle est rare dans les littératures du Midi; les Italiens, au moyen âge, faisaient une vertu de « la joie, » et vous voyez que ce monde chevaleresque, tel qu'il a été inventé par la France, élargit la morale jusqu'à la confondre avec le plaisir.

VI

D'autres traits sont encore plus gais: voici venir la vraie littérature gauloise, les fabliaux salés, les mauvais tours joués au voisin, non pas enveloppés dans la phrase cicéronienne de Boccace, mais contés lestement et par un homme en belle humeur[1]. Surtout voici venir la malice alerte, l'art de rire aux dépens du prochain. Chaucer l'a mieux que Rutebeuf, et quelquefois aussi bien que la Fontaine. Il n'assomme pas, il pique, en passant, non par haine ou indignation profonde, mais par agilité d'esprit et prompt sentiment des ridicules; il les jette à pleines poignées sur les personnages. Son sergent de loi est plus affairé qu'homme au monde. — Et cependant il paraissait plus affairé qu'il n'était[1]. » — Ses trois bourgeois, « pour la sagesse qu'ils ont, sont bien capables d'être aldermen, car ils ont force bétail

---

1. *Le Poirier*, *le Berceau* sont parmi les *Contes de Cantorbéry*.

2.   Nower so besy a man as he ther n'as,
     And yet he semed besier than he was....
   His wallet lay beforne him in his lappe,

CHAPITRE III. LA NOUVELLE LANGUE.

et rentes; » et croyez que « leurs femmes y auraient bien consenti. » — Le quêteur marche portant devant lui sa valise, « elle est pleine de pardons venus de Rome tout chauds. » La moquerie ici coule de source, à la française, sans effort, ni calcul, ni violence. Il est si agréable et si naturel de dauber sur le prochain! Quelquefois la jolie veine devient si abondante qu'elle fournit toute une comédie, grivoise si l'on veut, mais combien franche et vive! Tel est le portrait de la bourgeoise de Bath, veuve de cinq maris « sans plus [1]. » Personne, dans toute la paroisse, qui la devançât à l'offrande; « s'il y en avait une, elle se mettait si fort en colère qu'elle en perdait toute charité. » Quelle langue! Impertinente, vaniteuse, hardie, bavarde effrénée, elle fait taire tout le monde et disserte seule pendant une heure avant d'en venir à son conte. On entend la voix vibrante, soutenue, haute et claire, avec laquelle elle assourdissait ses maris. Elle revient incessamment sur les mêmes idées, elle répète ses raisons, elle les amasse et les entasse, comme une mule entêtée qui court en secouant et en sonnant ses

Bret-ful of pardon come from Rome al hote....

Everich, for the wisdom that he can,
Was shapelich for to be an alderman.
For catel hadden they ynough and rent,
And eke hir wives wolde it wel assent....

1. Bold war hire face, and fayre and red of hew,
She was a worthy woman all hire live;
Housbandes at the chirche dore had she had five,
Without other compagnie in youthe....
In all the parish wif ne was ther non,
That to the offring before hire shulde gon,
And if ther did, certain so wroth was she,
That she was out of alle charitee....

sonnettes, si bien que les auditeurs étourdis restent la bouche ouverte, admirant qu'une seule langue puisse fournir à tant de mots. Le sujet en valait la peine. Elle prouve qu'elle a bien fait de se marier cinq fois, et elle le prouve d'un style clair, en femme expérimentée[1] : « Dieu nous a dit de croître et de multiplier. » Voilà un « gentil texte, » elle a « bien su le comprendre. » — « Je sais aussi que Dieu a dit que mon mari quitterait père et mère et s'attacherait à moi. Mais où Dieu a-t-il fait mention de nombre, et à quel endroit a-t-il défendu de prendre un second ou un huitième mari? Pourquoi donc parlerait-on vilainement de mon cas? Voyez le sage roi Salomon, j'imagine qu'il avait plus d'une femme. Plût à Dieu qu'il me fût permis de changer aussi souvent que lui.... Béni soit Dieu de ce que j'en ai épousé cinq !

1. God bad us for to wex and multiplie,
    That gentil text can I wel understond;
    Eke wel I wot, he sayed that min husbond,
    Shuld leve fader and moder, and take to me;
    But of no noumbre mention made he,
    Of bigamie or of octogamie;
    Why should men than speke of it vilanie?
    Lo here the wise king Dan Salomon,
    I trow he hadde wives mo than on,
    (As wolde God it leful were to me
    To be refreshed half so oft as he)
    Which a gift of God had he for all his wives?....
    Blessed be God that I hav wedded five.
    Welcome the sixthe whan that ever he shall.
    Christ spoke to hem that wold live parfitly
    And Lordlings (by your leve) that am not I.
    I wol bestow the flour of all myn age,
    In th' actes and the fruit of mariage....
    An husbond wol I have, I wol not lette,
    Which shall be both my dettour and my thrall,
    And have his tribulation withall
    Upon his flesh, while that I am his wif.

CHAPITRE III. LA NOUVELLE LANGUE.

Bienvenu sera le sixième quand il s'offrira!.... Christ a parlé pour ceux qui veulent vivre parfaitement. Et, seigneurs, avec vos permissions, je n'en suis pas. Je veux donner la fleur de mon âge aux actes et aux fruits du mariage.... Je veux un mari, et je ne le lâcherai pas! » Ici Chaucer a les franchises de Molière, et nous ne les avons plus; sa bourgeoise justifie le mariage aussi médicalement que Sganarelle; force est de tourner la page un peu vite et de suivre, en gros seulement, toute cette odyssée de mariages. L'épouse voyageuse qui a traversé cinq maris sait par quel art on les dompte et raconte comment elle les persécutait de ses jalousies, de ses soupçons, de ses gronderies, de ses querelles, quels soufflets elle donnait et recevait, comment le mari, maté par la continuité de la tempête, baissait la tête à la fin, acceptait le licou et tournait la meule domestique en baudet conjugal et résigné[1]. « Je les fai-

---

1.   For as an horse I couth both bite and whine,
I couth compleine though I were in the gilt....
I pleinid first, and so was our war stint.
They were full glad t' excusin them full blive
Of what they agilt nevir in their live....
I swore that all my walking out by night
Was for to espy wenchis that he dight....
For though the Pope had sittin him beside,
I wold not sparin them at their owes bord....
But certainly I madin folk soche chere
That in his own grese made I him to frie
For angir and for very jalousie.
By God, on erth I was his Purgatory,
For which I hope his soule is now in glory....
And Jenkin eke our clerk was one of tho,
As help me God, whan that I saw him go
Aftir the bere, methought he had a paire
Of leggis and of fete so clene, so faire,

sais frire dans leur propre graisse, de colère et de jalousie. J'allais me promener de nuit, et, au retour, je leur jurais que c'était pour surveiller leurs escapades. Jamais je ne leur laissais le dernier mot.... Quand le pape eût été à leurs côtés, je ne les aurais point épargnés, fût-ce à leur propre table. Pour le quatrième, par Dieu! j'ai été son purgatoire sur terre, c'est pourquoi j'espère que son âme est dans la gloire! » Pour le cinquième, elle le vit pour la première fois à l'enterrement du quatrième, derrière la bière; elle lui trouva la jambe si bien faite, que force lui fut de le prendre pour mari. « Il était vieux, je crois, de vingt hivers, et j'avais quarante ans, si je dois dire la vérité. Mais, grâce à Dieu! j'étais toute fringante, et belle, et riche, et *jeune* et bien née. » Quel mot! A-t-on jamais peint plus heureusement l'illusion humaine? Comme tout cela est vivant, et quel ton facile! Voilà déjà la satire du mariage; vous la trouverez chez Chaucer à vingt reprises : il n'y a plus, pour épuiser les deux perpétuels sujets de la moquerie française, qu'à joindre à la satire du mariage la satire de la religion.

Elle y est, et Rabelais n'en a pas de plus salée. Le moine que peint Chaucer est un papelard[1], un égril-

> That all my hert I gave unto his hold.
> He was, I trow, but twenty winter old,
> And I was forty, if I shall say sothe ...
> As help me God, I was a lusty one,
> And faire, and rich, and yong, and well begone

1. A Frere there was, a wanton and a merry....
Full wele beloved and familier was he
With Frankeleins all over his contre,

lard qui connaît mieux les bonnes auberges et les joyeux hôteliers que les pauvres et les hôpitaux. Il n'est pas « honnête, » dit-il, d'avoir affaire à telle racaille. Allons confesser les riches, « les vendeurs de victuaille. » On ne gagne honneur et profit que chez eux.—Mais il faut, comme lui, savoir s'y prendre. Il est homme expert, il écoute la confession d'un air agréable et doux; son absolution est tout aimable; pour les pénitences, il est accommodant. Il suffit qu'on lui donne « bonne pitance. » « Car donner aux pauvres frères, c'est signe qu'un homme est bien confessé. » Des méchants répandront le bruit que le pénitent est fort peu repentant et fort peu contrit; pure calomnie. Il y a des gens sincèrement touchés de leurs fautes qui pourtant ne peuvent pleurer et faire acte de remords. C'est le cas du riche; la vraie preuve, la preuve suffisante qu'il est bon pénitent, bien confessé, bien affligé, bien disposé, c'est qu'il a donné beaucoup.

> And with the worthie women of the towne....
> Full swetely herde he their confessioune,
> And plesaunt was his absolutionne.
> He was an esy man to give pennaunce,
> Ther as he wist to have a gode pittaunce;
> For unto a pore order for to give
> Is a signe that a man is wel yshrive....
> He knewe the tavernes wel in every toun,
> And every hostiler and tapistere,
> Better than a Lazere and a begger....
> It is naught honest, it may not avaunce,
> For to have deling with suche base poraille,
> But alle with rich and sellers of vitayle....
> For many a man so herde is of his herte,
> That he may not wepe, although him sore smert;
> Therefore instede of weping and prayers,
> Man mote give silver to the poor Freres.
> (*Prologue des Contes de Canterbury.*)

Cette ironie si vive est déjà dans Jean de Meung. Mais Chaucer la pousse plus loin et la met en action; son moine quête de maison en maison, tendant sa besace[1]. « Donnez-nous un boisseau de froment, d'orge ou de seigle, un demi-penny ou un morceau de fromage, ce que vous voudrez, nous ne choisissons pas. Ou bien donnez-nous de votre jambon, si vous en avez, une pièce de votre couverture, bonne dame, notre chère sœur (tenez, j'écris ici votre nom), du lard, du bœuf, ou tout ce que vous trouverez. » Il promet de prier pour tous ceux qu'il inscrit et qui lui donnent; à peine sorti, il efface les noms. Entre tous ces noms, il y en a un sur lequel il compte. Il a

1. In every house he began to por and prie,
    And beggid mele, and chese, or ellis corne....
    « Yeve us a bushell whete, or malte or rey,
    A Godd'is Kichel, or a trip of chese.
    Or ellis what ye list, I may not chese,
    A Godd'is half-penny, or a masse penny,
    Or yeve us of your brawn, if you have any,
    A dagon of your flanket, leve Dame,
    Our sustir dere, lo, here I write your name. »...
    .... And whan he was out at the dore anon,
    He playned away the namis everichone.
    .... « God wote, quod he, laboured have I full sore,
    And specially for thy salvacion,
    Haw I said many precious orison.
    I have this day ben at your chirche at messe.,...
    And there I saw our Dame, ah, where is she? »
    The Frere arisith up full curtisly,
    And her embracith in his armie narrow,
    And kissith her swetely and chirkith as a sparow....
    « Thankid be God that you have soul and life,
    Yet sawe I not this day so faire a wife
    In alle the whole chirche, so God me save....
    I woll with Thomas speke a litil throwe,
    These curates ben full negligent and slowe
    To gropin tenderly a man 'is conscience....
    Now, Dame, quod he, je vous die sans dout,
    Have I not of a capon but the liver,
    And of your white bred but a shiver,

CHAPITRE III. LA NOUVELLE LANGUE.   203

réservé, pour la fin de sa tournée, Thomas, une de ses plus fructueuses pratiques. Il le trouve au lit, et malade; voilà un excellent fruit à sucer et à pressurer. « Que j'ai eu de peine pour toi, mon pauvre Thomas! Combien j'ai dit pour ta santé d'oraisons précieuses! A propos, aujourd'hui, à la messe, j'ai vu la dame de céans. Où donc est-elle? » — La dame rentre. Il se lève courtoisement et va la saluer de grande affection. « Il la presse dans ses bras bien étroitement et doucement la baise, et gazouille comme un moineau avec ses lèvres. » Puis de son ton le plus bénin, avec des inflexions de voix caressantes, il la compliment. « Grâces soient rendues à Dieu qui vous a donné

> And aftir that a rostid pigg'is hedde,
> (But I n'old for me that no beste were dedde,)
> Than hadde I ynow for my suffisaunce.
> I am a man of litil sustenaunce,
> My spirit hath his fostring in the Bible.
> My bodie is so redie and penible
> To wakin, that my stomach is distroied.
> I praye you, Dame, that ye be nought annoied! »....
> « Now, sir, quod she, but one word er I go,
> My child is dedde within these wekis two. » —
> « — His dethe I saw by revelatioune,
> Sayid this Frere, at home in our dortour,
> I dare well saye, that within half an hour,
> After his dethe, I saw him bore to blisse
> In my visioune, so God my soule wisse.
> So did our sexton and our Fermetere
> That have ben true Freris these fifty yere.
> And up I rose and alle our covent eke
> With many a tere trilling on our cheke....
> Te Deum was our song and nothing elses....
> For, sir and dame, trustith ye me right well,
> Our orisouns ben more effectuell,
> And more we se of Crist'is secret things
> Than borell folk, albeit they were kings.
> We live in poverty and abstinence
> And borell folk in richesse and dispence....
> Lazar and Dives livid diversly,
> And diverse guerdons haddin they thereby.... »

l'âme et la vie, je n'ai point vu aujourd'hui à l'église de si belle femme que vous, Dieu me sauve! » N'est-ce pas là déjà Tartuffe auprès d'Elmire? Mais ici il est chez un fermier, il peut aller plus droit et plus vite en besogne. Les compliments expédiés, il pense au solide et demande à la dame de le laisser causer un peu avec Thomas. Il a besoin de s'enquérir de l'état de son âme. « Ces vicaires sont si négligents et si lents pour sonder délicatement une conscience! » Du reste, dit-il, ne vous mettez pas en frais pour moi. « Quand je n'aurais que le foie d'un chapon et une tranche de votre pain blanc, et avec cela la tête d'un cochon rôti (mais je ne voudrais pas qu'une bête pour moi fût tuée!), j'aurais encore bien ma suffisance : je suis homme de petite chère; mon esprit a son réconfort dans la Bible; » mon corps est si rompu par les veilles, « que j'ai l'estomac tout détruit. » Le pauvre homme! Il lève les yeux au ciel et finit par un soupir[1].

La femme lui dit que son enfant est mort il y a quinze jours. A l'instant il fabrique un miracle; peut-on mieux gagner son argent? Il a eu révélation de cette mort au dortoir du couvent; il a vu l'enfant emporté au paradis; soudain il s'est levé avec tous les frères, « mainte larme coulant sur leurs joues, » et ils ont fait de grandes oraisons pour remercier Dieu de cette faveur. « Car, sire et dame, fiez-vous à moi, nos oraisons sont plus efficaces et nous voyons

---

1. Comparer le tableau de Rembrandt au Louvre (*le Moine chez le menuisier*).

plus dans les secrets du Christ que les gens laïques,
fussent-ils rois. C'est que nous vivons dans l'absti-
nence et la pauvreté, et les laïques dans la richesse
et la dépense. Lazare et le riche vivaient différem-
ment; et aussi ils eurent des récompenses différentes. » -–Là-dessus il lâche tout un sermon en style
nauséabond avec des intentions visibles. Le malade
excédé répond qu'il a donné déjà la moitié de son
bien à toutes sortes de moines, et que pourtant il
souffre toujours. Écoutez le cri douloureux, l'indignation vraie du moine mendiant qui se voit menacé
par la concurrence d'un confrère, dans son client,
dans son revenu, dans sa chose, dans son pot-au-
feu[1] : « O Thomas, fais-tu bien ainsi ? Quel besoin a
celui que traite un parfait médecin d'aller chercher

---

1. The frere answerde : « O Thomas, dost thou so?
What nedith the diverse freris to seche?
What nedith him, that hath a parfit leche,
To sechin othir lechis in the toune?
Your inconstance is your confusioune.
Hold you me then and eke alle our covent
To prayin for you insufficient?
Thomas, that jape no is not worth a mite,
Your maladie is for we have to lite.
A, yeve that covent four and twenty grotes,
And yeve that covent half a quarter otes,
And yeve that frere a peny', and let him go :
Nay, nay, Thomas, it may be nothing so.
What is a farthing worth partie in twelve?
Lo! eche thing that is onid in himselve
Is more strong, than when it is so yskattered;
Thomas, of me thou shalt not be yflattered :
Thou woldist have our labour all for nought.
.... And yet, God wol, unnethe the fundament
Parfourmid is, ne of our pavement
There is not yet a tile within our wones,
By God, we owin fourtie pound for stones,
Now helpe, Thomas, for him that harrowed helle,
For ellis mote we alle our bokes selle,

d'autres médecins par la ville? Votre inconstance est votre confusion. Croyez-vous que moi et tout notre couvent nous ne suffisions pas à prier pour vous? Thomas, ce tour-là est pendable; ta maladie vient de ce que nous avons trop peu. » Reconnaissez ici le véritable orateur : il monte jusqu'aux grands effets de style pour faire bouillir sa marmite. « Qu'on donne à ce couvent un quart d'avoine, à cet autre vingt-quatre sous, à ce moine un penny, et qu'il s'en aille : voilà ce que vous dites, mécréants que vous êtes. Non, non, Thomas, cela ne se doit pas passer ainsi. Qu'est-ce qu'un liard divisé en douze? Voyez, chaque chose, lorsqu'elle reste entière, est plus forte que si elle est éparpillée. Thomas, tu voudrais avoir notre travail tout pour rien. » — Puis il recommence son sermon d'un ton véhément, criant plus haut à chaque parole, avec exemples tirés de Sénèque et des anciens. Terrible faconde, machine de métier, qui, appliquée avec constance, doit extraire l'argent du patient.» Donnez pour le pavé de notre cloître, pour les fondations, pour la maçonnerie. Secours-nous, Thomas, au nom de celui qui a vaincu l'enfer, car autrement nous devrons vendre nos livres. Et si vous êtes privés de nos instructions, voilà que ce monde s'en va tout entier à sa perte. Car celui qui priverait ce monde de nous, Dieu me sauve! Thomas, avec votre permission,

    And if men lak our predicatioune,
    Than goth this world all so destructioune.
    For who so fro this world wold us bereve,
    So God me savin, Thomas, by your leve,
    He wold bereve out of this world the sonne. »
                  (*The Sompnour's tale.*)

CHAPITRE III. LA NOUVELLE LANGUE. 207

il priverait le monde du soleil. » A la fin, Thomas, furieux, lui promet un don, lui dit de mettre sa main dans le lit pour le prendre, et le renvoie dupé, honni et sali.

Nous voilà descendus à la farce populaire; quand on veut s'amuser à tout prix, on va comme ici chercher la gaieté jusque dans la gaudriole, même jusque dans la gravelure. Elles ont fleuri, on sait comment, les deux grossières et vigoureuses plantes, dans le fumier du moyen âge, plantées par le peuple narquois de Champagne et de l'Ile-de-France, arrosées par les trouvères, pour aller s'ouvrir, éclaboussées et rougeaudes, entre les larges mains de Rabelais. En attendant Chaucer y cueille son bouquet. Maris trompés, méprises d'auberges, accidents de lit, gourmades, mésaventures d'échine et de bourse, il y a de quoi soulever le gros rire. A côté des nobles peintures chevaleresques, il met une file de magots à la flamande, charpentiers, menuisiers, moines, huissiers; les coups de bâton trottent, les poings se promènent sur les reins charnus; on voit s'étaler des nudités plantureuses; ils s'escroquent leur blé, leur femme, ils se font tomber du haut d'un étage; ils braillent et se prennent de bec. Une meurtrissure, une franche ordure passe en pareil monde pour un trait d'esprit. L'huissier raillé par le moine lui rend son panier par l'anse [1]. « Tu te vantes de connaître l'enfer, ce n'est pas étonnant : moines et diables sont toujours en-

---

1. This frere ybosti that he knowith hell,
And God it wat that it is litil wonder,
Freris and Fendis gon but little asonder.
For parde, ye han ofte time here tell

semble. Écoutez plutôt l'histoire[1] de ce moine qu'un ange conduisit en vision jusque dans l'enfer pour lui montrer Satan. Satan avait une queue plus large que la voile d'une caraque. Lève ta queue, Satan, dit l'ange, afin que le moine voie où est le nid des moines. — Et sur une largeur de plus d'un arpent on vit sortir, comme des abeilles de leur ruche, plus de vingt mille moines; ils s'éparpillèrent à travers l'enfer et revinrent aussi vite qu'ils purent se glisser jusqu'au dernier dans l'endroit d'où ils étaient sortis. Sur quoi Satan baissa sa queue et se tint tranquille.... » Ce bel endroit, ajoute le conteur, « est le vrai héritage des moines. » Voilà les rudes bouffonneries de l'imagination populaire. Songez que je n'ai traduit le texte qu'en partie, et dispensez-moi de montrer jusqu'au bout comment les gravelures françaises ont passé dans le poëme anglais.

> How that a Frere ravishid was to hell
> In spirit onis by a visioune,
> And as an Angel led him up and doune
> To shewin him the peynis that were there....
> And unto Sathanas ladd he him doune.
> « And now hath Sathanas, said he, a taile
> Brodir than of a Carike is the saile.
> Hold up thy taile, thou Sathanas, quod he,
> Shew forth thyn erse, and let the Frere se,
> Where is the nest of Freris in this place. »
> And er that half a furlong wey of place,
> Right so as bees swarmin out of a hive,
> Out of the Devil's erse they gan to drive,
> Twenty thousand Freris all on a rout,
> And throughout Hell they swarmid all about,
> And come agen as fast as they might gon,
> And into his erse they crepte everichone;
> He clapt his taile agen, and lay full stil.
>   (*The Sompnour's prologue.*)

1. *The Sompnour's prologue.*

VII.

Aussi bien est-il temps d'en venir à Chaucer lui-même ; par delà les deux grands traits qui le rangent dans son siècle et dans son école, il en est qui le tirent de son école et de son siècle ; s'il est romanesque et gai comme les autres, c'est à sa façon. Chose inouïe en ce temps, il observe les caractères, note leurs différences, étudie la liaison de leurs parties, essaye de mettre sur pied des hommes vivants et distincts, comme feront plus tard les rénovateurs du seizième siècle, et, au premier rang, Shakspeare. Est-ce déjà le bon sens positif anglais et l'aptitude à regarder le dedans qui commencent à paraître? Toujours est-il qu'un nouvel esprit perce, presque viril, en littérature comme en peinture, chez Chaucer comme chez Van Eyck, chez tous deux en même temps, non plus seulement l'imitation enfantine de la vie chevaleresque[1] ou de la dévotion monastique, mais la sérieuse curiosité et ce besoin de vérité profonde par lesquels l'art devient complet. Pour la première fois, chez Chaucer, comme chez Van Eyck, le personnage prend un relief, ses membres se tiennent, il n'est plus un fantôme sans substance, on devine son passé, on voit venir son action; ses dehors manifestent les particularités personnelles et incommu-

---

[1] Voir dans les *Contes de Cantorbéry* the Rhyme of sir Thopas, parodie des histoires chevaleresques. Chacun y semble un précurseur de Cervantès.

nicables de sa nature intime et la complexité infinie de son économie et de son mouvement; encore aujourd'hui, après quatre siècles, il est un individu et un type; il reste debout dans la mémoire humaine comme les créatures de Shakspeare et de Rubens. Cette éclosion, on la surprend ici sur le fait. Non-seulement Chaucer, comme Boccace, relie ses contes[1] en une seule histoire, mais encore, ce qui manque chez Boccace, il débute par le portrait de tous ses conteurs, chevalier, huissier, sergent de loi, moine, bailli, hôtelier, environ trente figures distinctes, de tout sexe, de toute condition, de tout âge, chacune peinte avec son tempérament, sa physionomie, son costume, ses façons de parler, ses petites actions marquantes, ses habitudes et son passé, chacune maintenue dans son caractère par ses discours et par ses actions ultérieures, si bien qu'on trouverait ici, avant tout autre peuple, le germe du roman de mœurs tel que nous le faisons aujourd'hui. Rappelez-vous les portraits du franklin, du meunier, du moine mendiant et de la bourgeoise. Il y en a bien d'autres qui achèvent de montrer les brutalités grivoises, les grosses finasseries et les naïvetés de la vie populaire, comme aussi les repues franches, et la plantureuse bombance de la vie corporelle: tantôt de braves soudards qui apprêtent leurs poings et retroussent leurs manches, tantôt des bedeaux contents qui, lorsqu'ils ont bu, ne veulent plus parler que latin. Mais tout à côté sont des person-

1. *Canterbury Tales.*

CHAPITRE III. LA NOUVELLE LANGUE.   211

nages choisis, le chevalier qui est allé à la croisade à Grenade et en Prusse, brave et courtois, « aussi doux qu'une demoiselle, et qui n'a jamais dit une vilaine parole¹; » le pauvre et savant clerc d'Oxford; le jeune squire, fils du chevalier, « un galant et amoureux, tout brodé comme une prairie pleine de fraîches fleurs blanches et rouges. » Il a chevauché déjà et servi vaillamment en Flandre et en Picardie, de façon à gagner la faveur de sa dame; « il est frais comme le mois de mai, chante ou siffle toute la journée, sait bien se tenir à cheval et chevaucher de bonne grâce, faire des chansons et bien conter, jouter et danser aussi, bien pourtraire et écrire; il est si chaudement amoureux, qu'aux heures de nuit il ne dort pas plus qu'un rossignol; courtois de plus, modeste et serviable, et à table découpant devant son père². » == Plus

1. — Though that he was worthy he was wise;
And of his port, as meke as is a mayde :
He never yet no vilainie ne sayde,
In all his lif, unto no manere wight,
He was a veray parfit gentil knight.

2. With him, ther was his sone, a yonge Squier,
A lover, and a lusty bacheler;
With lockes crull as they were laide in presse.
Of twenty yere of age he was, I gesse.
Of his stature he was of even lengthe;
And wonderly deliver, and grete of strengthe,
And he hadde be, somtime, in chevachie
In Flaundres, in Artois, and in Picardie,
And borne him wel, as of so litel space,
In hope to standen in his ladies grace.
Embrouded was he, as it were a mede
All full of freshe floures, white and rede.
Singing he was, or floyting all the day :
He was as freshe as is the moneth of May.
Short was his goune, with sleves long and wide.
Wel coude he sitte on hors, and fayre ride,

fine encore, et plus digne d'une main moderne est la figure de la prieure « madame Églantine, » qui, à titre de nonne, de demoiselle, de grande dame, est façonnière et fait preuve d'un ton exquis. Trouverait-on mieux aujourd'hui dans un chapitre d'Allemagne, dans la plus décente et la plus jolie couvée de chanoinesses sentimentales et littéraires ? « Son sourire était simple et modeste. — Son plus grand serment était seulement : Par saint Éloi. — Elle chantait aussi très-bien le service divin — avec des modulations du nez tout à fait convenables. — A table elle n'était pas moins bien apprise : — jamais elle ne laissait tomber un morceau de ses lèvres, — ni ne trempait ses doigts dans sa sauce..... — Le savoir-vivre était son grand plaisir. — Le dîner fini, elle rotait avec beaucoup de bienséance[1]. — Certainement elle était de très-bonne compagnie — et tout agréable et aimable de façons. » Sans doute elle s'efforce « de contrefaire les manières de cour, d'être imposante, » elle veut paraître du beau monde, et « parle le français tout à fait bien et joliment, à la façon de Stratford-at-Bow, car le français de Paris lui est inconnu. » Vous fâcherez-vous de ces affectations de province? Au contraire, il y a plaisir à voir ces gentillesses musquées, ces petites façons

> He coude songes make, and wel endite ;
> Juste and eke dance: and wel pourtraie and write :
> So hote he loved, that by nightertale
> He slep no more than doth the nightingale,
> Curteis he was, lowly and servisable ;
> And carf before his fader at the table.

1. J'aurais voulu traduire : « Elle réprimait les bruits de l'estomac. » — Mais le mot propre est naïf dans l'original.

CHAPITRE III. LA NOUVELLE LANGUE. 213

précieuses, la mièvrerie et tout à côté la pruderie, le sourire demi-mondain et tout à la fois demi-monastique ; on respire là un délicat parfum féminin conservé et vieilli sous la guimpe : « Elle était si charitable et si compatissante — qu'elle pleurait si par hasard elle voyait une souris — dans le piége, blessée ou morte. — Elle avait de petits chiens qu'elle nourrissait — de viande rôtie, de lait, de pain de fine farine. — Elle pleurait amèrement si l'un d'eux mourait — ou si quelqu'un leur donnait un méchant coup de bâton. — Elle était toute conscience et tendre cœur. » Beaucoup de vieilles filles se jettent dans ces affections, faute d'autre issue. Vieille fille, quel vilain mot ai-je dit là ? Elle n'est pas vieille, elle a les « yeux clairs comme verre, la bouche toute pet·te, molle et rouge. » Sa guimpe est bien ajustée, sa mante de bon goût, elle a deux chapelets au bras, en corail, émaillé de vert, « avec une broche d'or luisant, sur laquelle est écrit d'abord un A couronné, puis cette devise : *Amor vincit omnia*,[1] » jolie devise ambiguë,

1.   Ther was also a Nonne, a Prioresse,
    That of hire smiling was full simple and coy;
    Hire gretest othe n'as but by Seint Eloy;
    And she was cleped Madame Eglentine.
    Ful wel she sange the service devine,
    Entuned in hire nose ful swetely;
    And Frenche she spake ful fayre and fetisly,
    After the scole of Stratford atte Bowe,
    For Frenche of Paris was to hire unknowe.
    At mete was she wele ytaughte withalle;
    She lette no morsel from her lippes falle,
    Ne wette hire fingres in hir sauce depe.
    Wel coude she carie a morsel, and wel kepe,
    Thatte no drope ne fell upon hire brest.
    In curtesie was sette ful m·che hire lest.
    Hire over-lippe wiped she so clene,

galante et dévote; la dame est à la fois du monde et du cloître : du monde ; on le sent à l'appareil des gens qui l'accompagnent, une nonne et trois prêtres ; du cloître ; on le voit à l'*Ave Maria* qu'elle chante, aux légendes édifiantes qu'elle conte. Si fraîche et si fine, c'est une jolie cerise, faite pour mûrir au soleil, et qui, conservée dans un bocal ecclésiastique, s'est sucrée et affadie dans le sirop.

Voici donc la réflexion qui commence à poindre, et aussi le grand art. Chaucer ne s'amuse plus, il étudie ; il cesse de babiller, il pense ; il ne s'abandonne

> That in her cuppe was no ferthing sene
> Of grese, whan she dronked hadde hire draught.
> Ful semely after hire mete she raught.
> And sikerly she was of grete disport,
> And ful plesant, and amiable of port,
> And peined hire to contrefeten chere
> Of court, and ben estatelich of manere,
> And to ben holden digne of reverence.
> But for to speken of hire conscience,
> She was so charitable and so pitous,
> She wolde wepe if that she saw a mous
> Caughte in a trappe, if it were ded or bledde.
> Of smale houndes hadde she, that she fedde
> With rosted flesh, and milk, and wastel brede.
> But sore wept she if on of hem were dede,
> Or if men smote it with a yerde smerte :
> And all was conscience and tendre herte
> Ful semely hire wimple ypinched was,
> Hire nose tretis; hire eyen grey as glas;
> Hire mouth ful smale, and thereto soft and red;
> But sikerly she hadde a fayre forehed.
> It was almost a spanne brode I trowe;
> For hardily she was not undergrowe,
> Ful fetise was hire cloke, as I was ware.
> Of smale corall aboute hire arm she bare
> A pair of bedes, gauded all with grene ;
> And thereon heng a broche of gold ful shene,
> On whiche was first ywriten a crouned A,
> And after, *Amor vincit omnia.*
> Another Nonne also with hire hadde she,
> That was hire chapelleine, and Preestes thre.

plus à la facilité de l'improvisation coulante, il combine. Chaque conte est approprié au conteur ; le jeune écuyer raconte une histoire fantastique et orientale ; le meunier ivre, un fabliau graveleux et comique ; l'honnête clerc, la touchante légende de Griselidis. Tous ces récits sont liés, et beaucoup mieux que chez Boccace, par de petits incidents vrais, qui naissent du caractère des personnages, et tels qu'on en rencontre en voyage. Les cavaliers cheminent de bonne humeur sous le soleil, dans la large campagne ; ils causent. Le meunier a bu trop d'ale et veut parler à toute force. Le cuisinier s'endort sur sa bête, et on lui joue de mauvais tours. Le moine et l'huissier se prennent de querelle à propos de leur métier. L'hôte met la paix partout, fait parler ou taire les gens, en homme qui a présidé longtemps une table d'auberge, et qui a mis souvent le holà entre les criards. On juge les histoires qu'on vient d'écouter ; on déclare qu'il y a peu de Griselidis au monde ; on rit des mésaventures du charpentier trompé, on fait son profit du conte moral. Le poëme n'est plus, comme dans la littérature environnante, une simple procession, mais un tableau où les contrastes sont ménagés, où les attitudes sont choisies, où l'*ensemble* est calculé, en sorte que la vie afflue, qu'on s'oublie à cet aspect comme en présence de toute œuvre vivante, et qu'on se prend d'envie de monter à cheval par une belle matinée riante, le long des prairies vertes, pour galoper avec les pèlerins jusqu'à la châsse du bon saint de Cantorbéry.

Pesez ce mot, *l'ensemble;* selon qu'on y songe ou

non, on entre dans la maturité, ou l'on reste dans l'enfance. Tout l'avenir est là. Barbares ou demi-barbares, guerriers des sept royaumes ou chevaliers du moyen âge, jusqu'ici nul esprit n'est monté jusqu'à ce degré. Ils ont eu des émotions fortes, parfois tendres, et les ont exprimées chacun selon le don originel de leur race, les uns par des clameurs courtes, les autres par un babil continu; mais ils n'ont point maîtrisé ou guidé leurs impressions; ils ont chanté ou causé, par impulsion, à l'aventure, selon la pente de leur naturel, laissant aux idées le soin de se présenter et de les conduire, et lorsqu'ils ont rencontré l'ordre, c'est sans l'avoir su ni voulu. Ici, pour la première fois, paraît la supériorité de l'esprit, qui, au moment de la conception, tout d'un coup s'arrête, s'élève au-dessus de lui-même, se juge et se dit : « Cette phrase dit la même chose que la précédente, ôtons-la; ces deux idées ne se suivent pas, lions-les; cette description languit, repensons-la. » Quand on peut se parler ainsi, on a l'idée non pas scolastique et apprise, mais personnelle et pratique, de l'esprit humain, de ses démarches et de ses besoins, comme aussi des choses, de leur structure et de leurs attaches; on a un style, entendez par là qu'on est capable de faire entendre et voir toute chose à tout esprit humain. On est capable d'extraire dans chaque objet, paysage, situation, personnage, les traits spéciaux et significatifs, pour les amasser, les ranger et en composer une œuvre artificielle qui surpasse l'œuvre naturelle par sa pureté et son achèvement. On est capable, comme ici Chaucer, d'aller chercher dans la vieille forêt commune du moyen âge des histoires et des légendes, pour les replanter sur son terrain et leur faire donner une nouvelle pousse. On a le droit et le pouvoir, comme ici Chaucer, de copier et de traduire, parce qu'à force de retoucher on imprime dans ses traductions et dans ses copies son empreinte originale, parce qu'alors on refait ce qu'on imite, parce qu'à travers ou à côté des fantaisies usées et des contes monotones on peut rendre visibles, comme ici Chaucer, les charmantes rêveries d'une âme aimable et flexible, les trente figures maîtresses du quatorzième siècle, la magnifique fraîcheur du paysage humide et du printemps anglais. On n'est pas loin d'avoir une opinion sur la vérité et sur la vie. On est sur le bord de la pensée indépendante et de la découverte féconde. Chaucer y est. A cent cinquante ans de distance, il touche aux poëtes d'Élisabeth par sa galerie de peintures, et aux réformateurs du seizième siècle par son portrait du bon curé.

Il ne fait qu'y toucher. Il s'est avancé de quelques pas au delà du seuil de l'art, mais il s'est arrêté au bout du vestibule. Il a entr'ouvert la grande porte du temple, mais il ne s'y est point assis; du moins il ne s'y est assis que par intervalles. Dans Arcite et Palémon, dans Troïlus et Cressida, il esquisse des sentiments, il ne crée pas de personnages; il trace avec aisance et naturel la ligne sinueuse des événements et des entretiens, mais il ne marque pas les contours précis d'une figure frappante. Si quelquefois[1], sentant derrière lui le souffle ardent d'un poëte, il dégage ses pieds embourbés dans le limon du moyen âge et d'un bond atteint le champ poétique où Stace imite Virgile et égale Lucain, d'autres fois, à propos de « messire Phœbus ou Apollo-Delphicus, » il retombe dans le bavardage puéril des trouvères ou dans le radotage plat des clercs savants. Ailleurs c'est un lieu commun sur l'art qui s'étale au milieu d'une peinture passionnée. Il emploie trois mille vers pour conduire Troïlus à sa première entrevue. Il a l'air d'un enfant précoce et poëte qui mêlerait à ses rêveries d'amour les citations de son manuel et les souvenirs de son alphabet[2]. Même dans ses contes de Cantorbéry, il se répète, il se traîne en développements naïfs, il oublie de concentrer sa passion ou son idée. Il commence une moquerie qui aboutit à peine. Il détrempe une vive couleur dans une strophe monotone. Sa voix ressemble à celle d'un jeune garçon qui devient homme. L'accent mâle et ferme se soutient d'abord; puis une note grêle et douce vient indiquer que cette croissance n'est pas achevée et que cette force a des défaillances. Chaucer commence à sortir du moyen âge, mais il y est encore. Aujourd'hui il compose les contes de Cantorbéry, hier il traduisait le roman de *la Rose*. Au-

1. Description du temple de Mars d'après la *Théséide* de Stace.
2. En parlant de Cressida, il dit : « Aussi vrai que notre première lettre est maintenant un A, on ne vit jamais chose digne d'être plus chèrement louée, ni sous un noir nuage d'étoile si brillante. »

jourd'hui il étudie la machine compliquée du cœur, découvre les suites de l'éducation primitive ou de l'habitude dominante, et trouve la comédie de mœurs; demain il ne prendra plaisir qu'aux événements curieux, aux gentilles allégories, aux dissertations amoureuses imitées des Français, aux doctes moralités tirées des anciens. Tour à tour, c'est un observateur et un trouvère; au lieu du pas qu'il fallait faire, il n'a fait qu'un demi-pas.

Qui l'a arrêté et qui, autour de lui, arrête aussi les autres? On démêle l'obstacle dans ses dissertations, dans son conte de *Melibœus*, du *Curé*, dans son *Testament de l'Amour*; en effet, tant qu'il écrit en vers, il est à son aise; sitôt qu'il entre dans la prose, une sorte de chaîne s'enroule autour de ses pieds pour l'arrêter. Son imagination est libre et son raisonnement est esclave. Les rigides divisions scolastiques, l'appareil mécanique des arguments et des réponses, les ergo, les citations latines, l'autorité d'Aristote et des Pères viennent peser sur sa pensée naissante. Son invention native disparaît sous la discipline imposée. La servitude est si pesante, que, même dans son *Testament de l'Amour*, parmi les plus touchantes plaintes et les plus cuisantes peines, la belle dame idéale qu'il a toujours servie, la médiatrice céleste qui lui apparaît dans une vision, l'Amour pose des thèses, établit « que la cause d'une cause est cause de la chose causée, » et raisonne aussi pédantesquement qu'à Oxford. A quoi peut aboutir le talent, même le génie, quand de lui-même il se met dans de pareilles entraves? Quelle suite de vérités originales et de doctrines neuves peut-on trouver et prouver, lorsque, dans un conte moral comme celui de Mélibée et de sa femme Prudence, on se croit obligé d'établir une controverse en forme, de citer Sénèque et Job pour interdire les larmes, d'alléguer Jésus qui pleure pour autoriser les larmes, de numéroter chaque preuve, d'appeler à l'aide Salomon, Cassiodore et Caton, bref d'écrire un livre d'école? Il n'y a aux mains du public que la pensée agréable et brillante; les idées sérieuses et générales n'y sont pas; elles sont en d'autres mains qui les détiennent. Sitôt que Chaucer aborde la réflexion, à l'instant saint Thomas, Pierre le Lombard, les manuels de péchés, les traités de la définition et du syllogisme, le troupeau des anciens et des Pères descendent de leur rayon, entrent dans sa cervelle, parlent à sa place, et l'aimable voix du trouvère devient, sans qu'il s'en doute, la voix dogmatique et soporifique d'un docteur. En fait d'amour et de satire, il a de l'expérience et il invente; en fait de morale et de philosophie, il a de l'érudition et se souvient. C'est pour un instant, et par un élan isolé, qu'il est entré dans la grande observation et dans la véritable étude de l'homme; il ne pouvait s'y tenir, il ne s'y est point assis, il n'y a fait qu'une promenade poétique, et personne ne l'y a suivi. Le niveau du siècle est plus bas; lui-même s'y rabat le plus souvent; c'est parmi les conteurs comme Froissart qu'on le trouve, parmi les jolis diseurs comme Charles d'Orléans, parmi les versificateurs bavards et vides comme

Gower, Lydgate, Occlève. Point de fruits, mais des fleurs passagères et frêles, beaucoup de branches inutiles, encore plus de branches mourantes ou mortes, voilà cette littérature : c'est qu'elle n'a plus de racine; après trois cents ans d'efforts, un lourd instrument souterrain a fini par la couper. Cet instrument est la philosophie scolastique.

VIII

C'est qu'il y a une philosophie sous toute littérature. Au fond de chaque œuvre d'art est une idée de la nature et de la vie; c'est cette idée qui mène le poëte; soit qu'il le sache, soit qu'il l'ignore, il écrit pour la rendre sensible, et les personnages qu'il façonne comme les événements qu'il arrange ne servent qu'à produire à la lumière la sourde conception créatrice qui les suscite et les unit. C'est la noble vie du paganisme héroïque et de la Grèce heureuse qui apparaît chez Homère. C'est la douloureuse et violente vie du catholicisme exalté et de l'Italie haineuse qui apparaît chez Dante; en sorte que de chacun d'eux on pourrait tirer une théorie de l'homme et du beau. Il en est ainsi des autres; c'est pourquoi, selon les variations, la naissance, la floraison, le dépérissement ou l'inertie de la conception maîtresse, la littérature varie, naît, fleurit, dégénère ou finit. Quiconque plante l'une, plante l'autre; quiconque sape l'une, sape l'autre. Mettez dans tous les esprits d'un siècle une grande idée neuve de la nature et de la vie, de telle façon qu'ils la sentent et la créent de tout leur cœur et de toutes leurs forces; et vous les verrez, saisis du besoin de l'exprimer, inventer des formes d'art et des groupes de figures. Arrachez de tous les esprits d'un siècle toute grande idée neuve de la nature et de la vie, et vous les verrez, privés du besoin d'exprimer les pensées capitales, copier, se taire, ou radoter.

Que sont-elles devenues, ces pensées capitales? Quel travail les a élaborées? Quelles recherches les ont nourries? Ce n'est pas le zèle qui a manqué aux travailleurs. Au douzième siècle, l'élan des esprits est admirable. A Oxford, il y avait trente mille écoliers. Nul édifice à Paris n'eût pu contenir la foule des disciples d'Abeilard; quand il se retira dans une solitude, ils l'accompagnèrent en telle multitude, que le désert devint une ville. Nulle peine ne les rebutait. Il y a tel récit d'un jeune garçon qui, meurtri par son précepteur, veut à toute force le garder, afin d'apprendre. Quand arriva la terrible encyclopédie d'Aristote, toute défigurée et ininteligible, on la dévora. La seule question qui leur fut livrée, la question des universaux, si abstraite, si sèche, si embarrassée par les obscurités arabes et les raffinements grecs, pendant des siècles, ils s'y acharnèrent. Si lourd et si incommode que fût l'instrument qui leur était transmis, le syllogisme, ils s'en rendirent maîtres, ils l'alourdirent encore, ils l'enfoncèrent en tout sujet dans tous les sens. Ils construisirent des livres monstrueux, par multitudes, cathédrales de syllogismes, d'une architecture inconnue, d'un fini prodigieux, exhaussées avec une contention de tête extraordinaire et que toute l'accumulation du labeur humain n'a pu égaler que deux fois [1]. Ces jeunes et vaillants esprits avaient cru apercevoir le temple du vrai ; ils s'y ruèrent la tête basse, par légions, avec une vélocité et une énergie de barbares, enfonçant la porte, escaladant les murs, précipités dans l'enceinte, et se trouvèrent au fond d'une fosse. Trois siècles de travail au fond de cette fosse noire n'ajoutèrent pas une idée à l'esprit humain.

Car regardez les questions qu'ils y agitent. Ils ont l'air de marcher et ils piétinent en place. On dirait, à les voir suer et peiner, qu'ils vont tirer de leur cœur et de leur raison quelque grande croyance originale ; et toute croyance leur est imposée d'avance. Le système est fait, ils ne peuvent que l'ordonner et le commenter. La conception ne vient pas d'eux, mais de Byzance. Cette conception, infiniment compliquée et subtile, œuvre suprême du mysticisme oriental et de la métaphysique grecque, si disproportionnée à leur jeune intelligence, ils vont s'user à la reproduire, et, par surcroît, accabler leurs mains no-

---

[1]. Sous Proclus et sous Hégel. Duns Scott, à trente et un ans, meurt, laissant, outre ses sermons et ses commentaires, douze volumes in-folio en petit caractère serré, en style de Hégel, sur le même sujet que Proclus. Voyez aussi saint Thomas et toute la file des scolastiques. On n'a pas l'idée de ce travail avant de les avoir maniés.

vices sous le poids d'un instrument logique qu'Aristote avait construit pour la théorie, non pour la pratique, et qui devait rester dans le cabinet des curiosités philosophiques sans jamais être porté dans le champ de l'action. « Si[1] la divine essence a engendré le Fils ou a été engendrée par le Père. — Pourquoi les trois personnes ensemble ne sont pas plus grandes qu'une seule ? — Que les attributs déterminent les personnes, et non pas la substance, c'est-à-dire la nature. — Comment les propriétés peuvent être dans la nature de Dieu et ne pas la déterminer. — Si les esprits créés sont locaux et circumscriptibles. — Si Dieu peut savoir plus de choses qu'il n'en sait. » Voilà les idées qu'ils remuent ; quelle vérité en peut sortir ? De main en main la chimère grandit, ouvre davantage ses vastes ailes ténébreuses[2]. « Si Dieu peut faire que le lieu et le corps étant conservés, le corps n'ait point de position, c'est-à-dire d'existence en un lieu. — Si l'impossibilité d'être engendré est une propriété constitutive de la première personne de la Trinité. — Si l'identité, la similitude et l'égalité sont en Dieu des relations réelles. » Duns Scot distingue trois matières : la matière premièrement première, la matière secondement première, la matière troisièmement première ; selon lui, il faut franchir cette triple haie d'abstractions épineuses pour comprendre la

---

1. Pierre le Lombard, *Manuel des sentences*. C'est le livre classique du moyen âge.
2. Duns Scott, éd. 1639.

production d'une sphère d'airain. Sous un tel régime, l'imbécillité apparaît vite : saint Thomas lui-même examine « si le corps du Christ ressuscité avait des cicatrices, si ce corps se meut au mouvement de l'hostie et du calice pendant la consécration, si au premier instant de sa conception le Christ a eu l'usage du libre arbitre, si le Christ a été tué par lui-même, ou par un autre. » Vous vous croyez au bout de la sottise humaine ? Attendez. Il cherche « si la colombe dans laquelle apparut le Saint-Esprit était un animal véritable ; si un corps glorifié peut occuper un seul et même lieu en même temps qu'un autre corps glorifié ; si dans l'état d'innocence tous les enfants auraient été mâles. » J'en passe sur les digestions du Christ, et d'autres bien plus intraduisibles[1] ! C'est là qu'aboutit le docteur le plus accrédité, l'esprit le plus judicieux, le Bossuet du moyen âge. Même dans cette enceinte de niaiseries, la réponse est prescrite ; Roscelin et Abeilard sont excommuniés, exilés, enfermés, parce qu'ils s'en écartent. Il y a un dogme complet, minutieux, qui barre toutes les issues ; nul moyen d'échapper ; après cent tours

---

1. Utrum angelus diligat se ipsum dilectione naturali vel electiva ?
Utrum in statu innocentiæ fuerit generatio per coitum ? Utrum omnes fuissent nati in sexu masculino ?
Utrum cognitio angeli posset dici matutina et vespertina ?
Utrum martyribus aureola debeatur ?
Utrum virgo Maria fuerit virgo in concipiendo ?
Utrum remanserit virgo post partum ?
Le lecteur fera bien d'aller chercher dans le texte la réponse à ces deux dernières questions.
(Saint Thomas, *Summa Theologica*, édition de 1677.)

et cent efforts, il faut venir tomber sous une formule. Si par le mysticisme vous tentez de vous envoler au-dessus, si par l'expérience vous essayez de creuser au-dessous, des mains crochues et violentes vous attendent à la sortie. Le savant passe pour magicien, l'illuminé pour hérétique; les Vaudois, les Cathares, les disciples de Jean de Parme, sont brûlés; Roger Bacon meurt à temps pour ne pas être brûlé. Sous cette contrainte on cesse de penser; car qui dit pensée dit effort inventif, création personnelle, œuvre agissante. On récite une leçon et on psalmodie un catéchisme; même au paradis, même dans l'extase et dans les plus divins ravissements de l'amour, Dante se croit tenu de faire acte de mémoire exacte et d'orthodoxie scolastique. Que sera-ce des autres? Il y en a qui vont, comme Raymond Lulle, jusqu'à inventer une machine à raisonnement pour tenir lieu de l'intelligence. Vers le quatorzième siècle, sous les coups d'Occam, cette science verbale elle-même se décrépit; on reconnaît que ses entités ne sont que des mots; elle se discrédite. En 1367, à Oxford, de trente mille étudiants, il en restait six mille; on pose encore des Barbara et des Felapton, mais par routine. Chacun traverse à son tour et machinalement le petit pays des chicaniers râpés, s'écorche dans les broussailles des ergotages et se charge d'une dossée de textes : rien de plus; le vaste corps de sciences qui devait former et vivifier toute la pensée de l'homme s'est réduit à un manuel.

Ainsi peu à peu, par degrés, la conception qui féconde et régit les autres s'est desséchée ; la profonde source d'où ruissellent toutes les eaux poétiques est vide ; la science ne fournit plus rien au monde. Quelles œuvres le monde peut-il encore produire? Comme plus tard l'Espagne, renouvelant le moyen âge, après avoir éclaté splendidement et follement par la chevalerie et la dévotion, par Lope et Calderon, par saint Ignace et sainte Thérèse, s'énerva elle-même par l'inquisition et la casuistique, et finit par tomber dans le silence de l'abêtissement ; ainsi le moyen âge, devançant l'Espagne, après avoir étalé l'héroïsme insensé des croisades et les extases poétiques du cloître, après avoir produit la chevalerie et la sainteté, saint François d'Assise, saint Louis et Dante, s'alanguit sous l'inquisition et la scolastique, pour s'éteindre dans les radotages et le néant.

Faut-il citer toutes ces bonnes gens qui parlent sans avoir rien à dire? On les trouvera dans Warton[1] : des traducteurs par douzaines, qui importent les pauvretés de la littérature française et imitent des imitations; des rimeurs de chroniques, les plus plats des hommes, et qu'on ne lit que parce qu'il faut prendre l'histoire partout, même chez les imbéciles ; des faiseurs et des faiseuses de poëmes didactiques, qui compilent des vers sur l'éducation des faucons, sur les armoiries, sur la chimie; des rédacteurs de moralités qui inventent pour la centième fois le même songe, et se font enseigner par la déesse

1. *History of english poetry*, t. II.

Sapience l'histoire universelle. Comme les écrivains de la décadence latine, ces gens ne songent qu'à transcrire, à compiler, à abréger, à mettre en manuels, en mémentos rimés, l'encyclopédie de leur temps.

Voulez-vous écouter le plus illustre, le grave Gower, « moral Gower, » comme on l'appelle[1] ? Sans doute, de loin en loin, il y a en lui quelque reste de brillant, quelque grâce. Il ressemble au vieux secrétaire d'une cour d'amour, André le Chapelain ou tout autre, qui passerait le jour à enregistrer solennellement les arrêts des dames, et le soir, appesanti sur son pupitre, verrait dans un demi-songe leur doux sourire et leurs beaux yeux[2]. La veine ingénieuse et épuisée de Charles d'Orléans coule encore dans ses ballades françaises. Il a la même délicatesse mignonne, presque un peu mignarde. La pauvre petite source poétique coule encore en minces filets diaphanes sur les cailloux lisses, et murmure avec un joli bruissement si faible, que parfois on ne l'entend pas. Mais que le reste est lourd ! Son grand poëme, *Confessio amantis*, est un dialogue entre un amant et son confesseur, imité en grande partie de notre Jean de Meung, ayant pour objet, comme le *Roman de la Rose*, d'expliquer et de subdiviser les empêchements de l'amour. Toujours reparaît le thème suranné, et par-dessus l'érudition indigeste. Vous trouverez là une exposition de la science hermétique, un cours sur la philosophie d'Aristote, un traité de politique,

---

1. Contemporain de Chaucer. Sa *Confessio amantis* est de 1393. *Histoire de Rosiphèle. Ballades.*

une kyrielle de légendes antiques et modernes ramassées dans les compilateurs, gâtées au passage par la pédanterie de l'école et l'ignorance du siècle. C'est une charretée de décombres scolastiques; le cloaque s'écroule sur ce pauvre esprit, qui de lui-même était coulant et limpide, mais qui, maintenant obstrué de tuiles, de briques, de plâtras, de débris rapportés de tous les coins du monde, ne se traîne plus qu'obscurci et ralenti. Gower, un des plus savants hommes de son temps[1], suppose « que le latin fut inventé par la vieille prophetesse Carmens; que les grammairiens Aristarchus, Donatus et Didymus réglèrent sa syntaxe, sa prononciation et sa prosodie; qu'il fut orné des fleurs de l'éloquence et de la rhétorique par Cicéron; puis enrichi de traductions d'après l'arabe, le chaldéen, et le grec, et qu'enfin, après beaucoup de travaux d'écrivains célèbres, il atteignit la perfection finale dans Ovide, poëte des amants. » Ailleurs, il découvre qu'Ulysse apprit la rhétorique de Cicéron, la magie de Zoroastre, l'astronomie de Ptolémée et la philosophie de Platon. Et quel style! si long, si plat[2], si interminablement traîné dans les redites, dans le plus minutieux détail, garni de renvois au texte, comme d'un homme qui, les yeux collés sur son Aristote et sur son Ovide, esclave de son parchemin moisi, ne fait que transcrire et mettre des rimes bout à bout! Écoliers jusqu'à la vieillesse, ils ont

1. Warton, II, 225.
2. Voir, par exemple, au septième livre, le passage le plus poétique, la description de la couronne du soleil.

l'air de croire que toute vérité, tout esprit est dans leur gros livre relié en bois, qu'ils n'ont pas besoin de trouver ou d'inventer par eux-mêmes, que tout leur office est de répéter, que c'est là l'office de l'homme. Le régime scolastique a érigé en reine la lettre morte et peuplé le monde d'esprits morts.

Après Gower, Occlève, et Lydgate[1]. « Mon père Chaucer m'aurait volontiers instruit, dit Occlève, mais j'étais lourd et j'apprenais peu ou point. » Il a paraphrasé en vers un traité d'Égidius *sur le gouvernement;* ce sont des moralités : ajoutez-en d'autres *sur la compassion* d'après saint Augustin, *sur l'art de mourir;* puis des amours : une lettre de Cupidon datée de sa cour au mois de mai. *Amours et moralités,* c'est-à-dire mignardise et abstractions, tel est le goût du temps[2]; pareillement, au temps de Lebrun, d'Esménard, à l'extrême fin de notre littérature, on composait les recueils avec des poëmes didactiques et des bouquets à Chloris. — Pour le moine Lydgate, il a quelque talent, quelque imagination, surtout dans les descriptions riches; c'est le dernier éclat des littératures qui s'éteignent; on entasse l'or, on incruste les pierres précieuses, on tourmente et on multiplie les ornements, dans les habits, comme dans les bâtiments, comme dans le style[3]. Voyez les costumes sous Henri IV et Henri V, les coiffures monstrueuses en

---

1. 1420, 1430.

2. C'est le titre que Froissart (1397) donna à son recueil de vers, en le présentant au roi Richard II.

3. Lydgate, *Histoire de Troie,* description de la chapelle d'Hector. Voyez surtout les *Pageants* ou entrées solennelles.

cœur ou en cornes, les longues manches chargées de dessins fantastiques, les panaches, et aussi les oratoires, les tombeaux armoriés, les petites chapelles éblouissantes qui viennent s'étaler comme des fleurs sous les nefs du gothique perpendiculaire. Quand on ne peut plus parler à l'âme, on essaye encore de parler aux yeux. Ainsi fait Lydgate ; rien de plus. On lui commande des *pageants* ou parades, des déguisements pour la compagnie des orfévres ; un *masque* devant le roi, un jeu de mai pour les shérifs de Londres, une mise en scène de la création pour la fête de *Corpus-Christi*, une mascarade, un noël ; il donne le plan et fournit les vers. Sur ce point, il est intarissable : on lui attribue deux cent cinquante et un poëmes ; la poésie ainsi entendue devient une œuvre mécanique ; on compose à la toise. Ainsi juge l'abbé de Saint-Alban, qui, lui ayant fait traduire en vers une légende, paye cent shillings le tout ensemble, les vers, l'écriture et les enluminures, et met sur le même pied ces trois ouvrages : en effet, il ne faut guère plus de pensée dans l'un que dans l'autre. Ses trois grandes œuvres, *la Chute des princes, le Siége de Troie, l'Histoire de Thèbes*, ne sont que des traductions ou des paraphrases verbeuses, érudites, descriptives, sortes de processions chevaleresques, coloriées pour la vingtième fois de la même manière, sur le même vélin. Le seul point qui fasse saillie, surtout dans le premier poëme, c'est l'idée de la Fortune[1] et des violentes vicissitudes

1. Voyez sa *Vision de la Fortune*, gigantesque figure. Dans cette peinture, il a de l'émotion et du talent.

parmi lesquelles roule la vie humaine. S'il y a une
philosophie en ce temps, c'est celle-là. On se conte
volontiers les histoires horribles et tragiques ; on les
ramasse depuis l'antiquité jusqu'au temps présent ; on
est bien loin de la piété confiante et passionnée qui
sentait la main de Dieu dans la conduite du monde ;
on voit que ce monde va çà et là se heurtant, se blessant comme un homme ivre. Age triste et morne,
amusé par des divertissements extérieurs, opprimé
par une misère plate, qui souffre et craint sans consolation ni espérance, situé entre l'esprit ancien dont
il n'a plus la foi vivante, et l'esprit moderne dont il
n'a pas la science active. Le Hasard, comme une noire
fumée, plane au-dessus des choses et bouche la vue
du ciel. On l'imagine comme « une monstrueuse
image, la face cruelle et terrible, les regards hautains
et menaçants, à chacun de ses côtés cent mains, les
unes qui élèvent les hommes en de hauts rangs de dignité mondaine, les autres qui les empoignent durement pour les précipiter. » On contemple les grands
malheureux, un roi captif, une reine détrônée, des
princes assassinés, de nobles cités détruites[1], lamentables spectacles qui viennent de s'étaler en Allemagne
et en France, et qui vont s'entasser en Angleterre ; et
l'on ne sait que les regarder avec une résignation
dure. Pour toute consolation, Lydgate récite en finissant un lieu commun de piété machinale. Le lecteur

1. La guerre des Hussites, la guerre de Cent-Ans, la guerre des deux Roses.

fait le signe de la croix en bâillant et s'en va. En effet, la poésie et la religion ne sont plus capables de suggérer un sentiment vrai. Les écrivains calquent et recalquent. Hawes[1] refait le *Palais de la Renommée* de Chaucer, et une sorte de poëme allégorique amoureux d'après le *Roman de la Rose*. Barcklay[2] traduit *le Miroir des bonnes manières* et *le Vaisseau des fous*. Toujours des abstractions ternes, usées, vides; c'est la scolastique de la poésie. S'il y a quelque part un accent un peu original, c'est dans ce *Vaisseau des fous* que traduit Barcklay, dans la *Danse de la mort* que traduit Lydgate, bouffonneries amères, gaietés tristes qui, par les mains des artistes et des poëtes, courent en ce moment par toute l'Europe. Ils se raillent eux-mêmes, grotesquement et lugubrement : pauvres figures plates et vulgaires, entassées dans un navire, ou qu'un squelette grimaçant fait danser au son du violon sur leur tombe. Au fond de toute cette moisissure et dans ce dégoût dont ils se sont pris pour eux-mêmes, paraît le farceur, le Triboulet de taverne, le faiseur de petits vers gouailleurs et macaroniques, Skelton[3], virulent pamphlétaire, qui, mêlant les phrases françaises, anglaises, latines, les termes d'argot, le style à la mode, les mots inventés, entre-choquant

---

1. Vers 1506. *The Temple of glass. Passetyme of pleasure.*
2. Vers 1500.
3. Mort en 1529, lauréat en 1489. *Les Récompenses de cour, la Couronne de laurier*, l'*Élégie sur la mort du duc de Northumberland*, plusieurs sonnets, sont d'un style convenable et appartiennent à la poésie officielle. *Voyez* Philarète Chasles, *Skelton*, études sur le seizième siècle.

de courtes rimes, fabrique une sorte de boue littéraire dont il éclabousse Wolsey et les évêques. Style, mètre, rime, langue, tout art a fini ; au-dessous de la vaine parade officielle il n'y a plus qu'un pêle-mêle de débris. Pourtant cette poésie, toute « déguenillée, en loques, bâillonnée, sale et rongée aux vers, a de la moelle[1]. » Elle est pleine de colère politique, de verve sensuelle, d'instincts anglais et populaires ; elle vit. Vie grossière, encore rudimentaire, ignoblement grouillante, comme celle qui apparaît dans un grand corps gisant qui se décompose. C'est la vie pourtant, avec les deux grands traits qu'elle va manifester, avec la haine de la hiérarchie ecclésiastique, qui est la Réforme, avec le retour aux sens et à la vie naturelle, qui est la Renaissance.

1. Mot de Skelton.
>   Though my rhyme be ragged
>   Tattered and gagged,
>   Rudely rain-beaten,
>   Rusty, moth-eaten,
>   Yf ye take welle therewithe.,
>   It hath in it some pith.

LIVRE II.

LA RENAISSANCE.

CHAPITRE I.

La Renaissance païenne.

§ 1. LES MŒURS.

I. Idée que les hommes s'étaient faite du monde depuis la dissolution de la société antique. — Comment et pourquoi recommence l'invention humaine. — Forme d'esprit de la Renaissance. — Que la représentation des objets est alors imitative, figurée et complète.
II. Pourquoi le modèle idéal change. — Amélioration de la condition humaine en Europe. — Amélioration de la condition humaine en Angleterre. — La paix. — L'industrie. — Le commerce. — Le pâturage. — L'agriculture. — Accroissement de la richesse publique. — Les bâtiments et les meubles. — Les palais, les repas et les habits. — Les pompes de la cour. — Fêtes sous Élisabeth. — *Masques* sous Jacques Ier.
III. Les mœurs populaires. — Pageants. — Théâtres. — Fêtes de village. — Expansion païenne.
IV. Les modèles. — Les anciens. — Traduction et lecture des auteurs classiques. — Sympathie pour les mœurs et les dieux de l'antiquité. — Les modernes. — Goût pour les idées et les écrits des Italiens. — Que la poésie et la peinture en Italie sont païennes. — Le modèle idéal est l'homme fort, heureux, borné à la vie présente.

§ 2. LA POÉSIE.

I. La Rénaissance en Angleterre est la renaissance du génie saxon.
II. Les précurseurs. — Le comte de Surrey. — Sa vie féodale et chevaleresque. — Son caractère anglais et personnel. — Ses poëmes sérieux et mélancoliques. — Sa conception de l'amour intime.
III. Son style. — Ses maîtres, Pétrarque et Virgile. — Ses procédés, son habileté, sa perfection précoce. — L'art est né. — Défaillances, imitation, recherche. — L'art n'est pas complet.
IV. Croissance et achèvement de l'art. — L'*Euphuès* et la mode. — Le style et l'esprit de la Renaissance. — Surabondance et déréglement. — Comment les mœurs, le style et l'esprit se correspondent. — Sir Philip Sidney. — Son éducation, sa vie, son caractère. — Son érudition, son sérieux, sa générosité et sa véhémence. — Son *Arcadie*. — Exagération et maniérisme des sentiments et du style. — Sa *Défense de la poésie*. — Son éloquence et son énergie. — Ses *sonnets*. — En quoi les corps et les passions de la Renaissance diffèrent des corps et des passions modernes. — L'amour sensuel. — L'amour mystique.
V. La poésie pastorale. — Abondance des poëtes. — Naturel et force de la poésie. — État d'esprit qui la suscite. — Sentiment de la campagne. — Renaissance des dieux antiques. — Enthousiasme pour la beauté. — Peinture de l'amour ingénu et heureux. — Shakspeare, Jonson, Flechter, Drayton, Marlowe, Warner, Breton, Lodge, Greene. — Comment la transformation du public a transformé l'art.
VI. La poésie idéale. — Spenser. — Sa vie. — Son caractère. — Son platonisme. — Ses *Hymnes à l'amour et à la beauté*. — Abondance de son imagination. — En quoi elle est épique. — En quoi elle est féerique. — Ses tâtonnements. — Le *Calendrier du berger*. — Ses *Petits poëmes*. — Son chef-d'œuvre. — *La Reine des fées*. — Son épopée est allégorique et pourtant vivante. — Elle embrasse la chevalerie chrétienne et l'olympe païen. — Comment elle les relie.
VII. *La Reine des fées*. — Les événements impossibles. — Comment ils deviennent vraisemblables. — Belphœbe et Chrysogone. — Les peintures et les paysages féeriques et gigantesques. — Pourquoi

CHAPITRE II. LA RENAISSANCE PAÏENNE.

ils doivent être tels. — La caverne de Mammon et les jardins d'Acrasia. — Comment Spenser compose. — En quoi l'art de la Renaissance est complet.

§ 3. LA PROSE.

I. Fin de la poésie. — Changements dans la société et dans les mœurs. — Comment le retour à la nature devient l'appel aux sens. — Changements correspondants dans la poésie. — Comment l'agrément remplace l'énergie. — Comment le joli remplace le beau. — La mignardise. — Carew. — Suckling. — Herrick. — L'affectation. — Quarles, Herbert, Babington, Donne, Cowley. — Commencement du style classique et de la vie de salon.

II. Comment la poésie aboutit à la prose. — Liaison de la science et de l'art. — En Italie. — En Angleterre. — Comment le règne du naturalisme développe l'exercice de la raison naturelle. — Érudits, historiens, rhétoriciens, compilateurs, politiques, antiquaires, philosophes, théologiens. — Abondance des talents et rareté des beaux livres. — Surabondance, recherche, pédanterie du style. — Originalité, précision, énergie et richesse du style. — Comment, à l'inverse des classiques, ils se représentent non l'idée, mais l'individu.

III. Robert Burton. — Sa vie et son caractère. — Confusion et énormité de son érudition. — Son sujet, *l'Anatomie de la mélancolie*. — Divisions scolastiques. — Mélange des sciences morales et médicales.

IV. Sir Thomas Browne. — Son esprit. — Son imagination est d'un homme du Nord. — *Hydriotaphia, Religio medici*. — Ses idées, ses curiosités et ses doutes sont d'un homme de la Renaissance. — *Pseudodoxia*. — Effets de cette activité et de cette direction de l'esprit public.

V. François Bacon. — Son esprit. — Son originalité. — Concentration et splendeur de son style. — Ses comparaisons et ses aphorismes. — *Les Essais*. — Son procédé n'est pas l'argumentation, mais l'intuition. — Son bon sens utilitaire. — Point de départ de sa philosophie. — Que l'objet de la science est l'amélioration de la condition humaine. — *Nouvelle Atlantide*. — Comment cette idée est d'accord avec l'état des choses et l'esprit du temps. — Elle achève la Renaissance. — Comment cette idée amène une nouvelle méthode. — L'*Organum*. — A quel point Bacon s'est arrêté. — Limites de l'esprit du siècle. — Comment la conception du monde, qui était poétique, devient mécanique. — Comment la Renaissance aboutit à l'établissement des sciences positives.

§ 1. LES MOEURS.

I

Il y avait dix-sept siècles qu'une grande pensée triste avait commencé à peser sur l'esprit de l'homme pour l'accabler, puis l'exalter et l'affaiblir, sans que jamais, dans un si long intervalle, elle eût lâché prise. C'était l'idée de l'impuissance et de la décadence humaine. La corruption grecque, l'oppression romaine et la dissolution du monde antique l'avaient fait naître; à son tour elle avait fait naître la résignation stoïque, l'insouciance épicurienne, le mysticisme alexandrin et l'attente chrétienne du royaume de Dieu. « Le monde est mauvais et perdu : échappons-lui par l'insensibilité, par l'étourdissement, par l'extase. » Ainsi parlaient les philosophies, et la religion, arrivant par-dessus elles, avait ajouté qu'il allait finir : « Tenez-vous prêts, car le royaume de Dieu est proche. » Mille ans durant, les ruines qui se faisaient de toutes parts vinrent incessamment enfoncer dans les cœurs cette pensée funèbre, et quand du fond de l'imbécillité finale et de la misère universelle l'homme féodal se releva par la force de son courage et de son

CHAPITRE I. LA RENAISSANCE PAÏENNE.

bras, il retrouva pour entraver sa pensée et son œuvre la conception écrasante qui, proscrivant la vie naturelle et les espérances terrestres, érigeait en modèles l'obéissance du moine et les langueurs de l'illuminé.

Par sa propre force, elle empira. Car le propre d'une pareille conception, comme des misères qui l'engendrent et du découragement qu'elle consacre, c'est de supprimer l'action personnelle et de remplacer l'invention par la soumission. Insensiblement, dès le quatrième siècle, on voit la règle morte se substituer à la foi vivante. Le peuple chrétien se remet aux mains du clergé, qui se remet aux mains du pape. Les opinions chrétiennes se soumettent aux théologiens, qui se soumettent aux Pères. La foi chrétienne se réduit à l'accomplissement des œuvres, qui se réduit à l'accomplissement des rites. La religion, fluide aux premiers siècles, se fige en un cristal roide, et le contact grossier des barbares vient poser par-dessus une couche d'idolâtrie : on voit paraître la théocratie et l'inquisition, le monopole du clergé et l'interdiction des Écritures, le culte des reliques et l'achat des indulgences. Au lieu du christianisme, l'Église; au lieu de la croyance libre, l'orthodoxie imposée; au lieu de la ferveur morale, les pratiques fixes; au lieu du cœur et de la pensée agissante, la discipline extérieure et machinale : ce sont là les traits propres du moyen âge. Sous cette contrainte, la société pensante avait cessé de penser; la philosophie avait tourné au manuel et la poésie au radotage, et l'homme inerte, agenouillé, remettant sa conscience et sa conduite aux mains de son prêtre, ne semblait qu'un mannequin bon pour réciter un catéchisme et psalmodier un chapelet [1].

Enfin l'invention recommence ; elle recommence par l'effort de la société laïque qui a rejeté la théocratie, maintenu l'État libre, et qui à présent retrouve ou trouve une à une les industries, les sciences et les arts. Tout se renouvelle ; l'Amérique et les Indes sont découvertes, la figure de la terre est connue, le système du monde est annoncé, la philologie moderne est fondée, les sciences expérimentales commencent, les arts et les littératures poussent comme une moisson, la religion se transforme ; il n'y a point de province dans l'intelligence et dans l'action humaines qui ne soit défrichée et fécondée par cet universel effort. Il est si grand, que des novateurs il passe aux retardataires, et redresse un catholicisme en face du protestantisme qu'il a dressé. Il semble que les hommes ouvrent tout d'un coup les yeux et *voient*. En effet, ils entrent dans une forme d'esprit nouvelle et supérieure. C'est le trait propre de cet âge, qu'ils ne saisissent plus les choses par parcelles, isolément, ou par des classifications scolastiques et mécaniques, mais d'ensemble, par des vues générales et complètes, avec cet embrassement passionné d'un esprit

---

[1]. Voir à Bruges les tableaux de Hemling (quinzième siècle). Aucune peinture ne fait si bien comprendre la piété ecclésiastique du moyen âge, toute pareille à celle des bouddhistes.

sympathique qui, placé devant un vaste objet, le pénètre dans toutes ses parties, le tâte dans toutes ses attaches, se l'approprie, se l'assimile, s'en imprime l'image vivante et puissante, si vivante et si puissante qu'il est obligé de la traduire au dehors par une œuvre d'art ou une action. Une chaleur d'âme extraordinaire, une imagination surabondante et magnifique, des demi-visions, des visions entières, des artistes, des croyants, des fondateurs, des *créateurs*, voilà ce qu'une pareille forme d'esprit produit au jour; car pour créer il faut avoir, comme Luther et saint Ignace, comme Michel-Ange et Shakspeare, une idée non pas abstraite, partielle et sèche, mais figurée, achevée et sensible, une vraie créature qui s'agite intérieurement et fait effort pour apparaître à la lumière. C'est ici le grand siècle de l'Europe et le plus admirable moment de la végétation humaine. Nous vivons encore aujourd'hui de sa séve, et nous ne faisons que continuer sa poussée et son effort.

II

Quand la puissance humaine se manifeste si clairement en œuvres si grandes, rien d'étonnant si le modèle idéal change et si l'antique idée païenne reparaît. Elle reparaît amenant avec soi le culte de la beauté et de la force; en Italie d'abord; car de tous les pays d'Europe c'est le plus païen, le plus voisin de la civilisation antique; puis de là en France et en Espagne, en Flandre [1], même en Allemagne, pour gagner enfin l'Angleterre. Comment se fait-il qu'elle se propage, et quelle est la révolution advenue dans les mœurs qui de toutes parts en ce moment réunit tous les hommes dans un sentiment qu'ils avaient oublié depuis quinze cents ans? C'est que la condition des hommes s'améliore et qu'ils le sentent. Toujours le modèle idéal exprime la situation réelle, et les créatures de l'imagination, comme les conceptions de l'esprit, ne font que manifester l'état de la société et le degré du bien-être ; il y a une correspondance fixe entre ce que l'homme admire et ce que l'homme est. Tant que la misère est accablante, la décadence visible ou l'espérance fermée, il est enclin à maudire la vie terrestre et à chercher des consolations dans un autre monde. Sitôt que sa souffrance s'allége, que sa puissance se manifeste, que ses perspectives s'élargissent, il recommence à aimer la vie présente, à prendre confiance en lui-même, à aimer et célébrer l'énergie, le génie, toutes les facultés efficaces qui travaillent pour lui procurer le bonheur. Vers la vingtième année d'Élisabeth, les nobles quittent le bouclier et l'épée à deux mains pour la rapière[2] : petit fait presque imperceptible, énorme cependant, car il est pareil au changement

---

1. Van Orley, Michel Coxie, Franz Floris, les de Vos, les Sadler, Crispin de Pass et les maîtres de Nuremberg.

2. Le premier carrosse est de 1564. Il étonna beaucoup. Les uns disaient que c'était « une grande coquille marine apportée de Chine, » les autres que c'était « un temple où les cannibales adoraient le diable. »

CHAPITRE I. LA RENAISSANCE PAÏENNE.

qui, il y a soixante ans, nous a fait quitter l'épée de cour pour nous laisser les bras ballants dans notre habit noir. En effet, c'est alors le régime féodal qui finit et la vie de cour qui commence, comme c'est aujourd'hui la vie de cour qui vient de finir et le régime démocratique qui vient de commencer. Avec l'épée à deux mains, la lourde armure complète, les donjons féodaux, les guerres privées, le désordre permanent, tous les fléaux du moyen âge reculent et s'effacent dans le passé. L'Anglais est sorti de la guerre des deux Roses. Il ne court plus le danger d'être demain pillé comme riche, après-demain pendu comme traître; il n'a plus besoin de fourbir son armure, de faire des ligues avec les gens puissants, de s'approvisionner pour l'hiver, de ramasser des hommes d'armes, de courir la campagne pour piller et pendre les autres[1]. La monarchie, en Angleterre comme dans toute l'Europe, a mis la paix dans la société[2], et avec la paix paraissent les arts utiles. Le bien-être domestique suit la sécurité civile, et l'homme, mieux fourni dans sa maison, mieux protégé dans sa bourgade, peut prendre goût à la vie terrestre qu'il transforme et va transformer.

Vers la fin du quinzième siècle[3], le branle est

---

1. Voyez la peinture de cet état de choses dans les lettres de la famille Paston, publiées par John Fen.
2. Louis XI en France, Ferdinand et Isabelle en Espagne, Henri VII en Angleterre. En Italie, le régime féodal a fini plus tôt, par l'établissement des républiques et des principautés.
3. 1488. Acte du Parlement sur les *inclosures*.

donné ; le commerce et l'industrie des laines s'accroissent soudainement, et si énormément que les terres à blé sont changées en prairies, « que tout est pris pour les pâturages[1], » et que dès 1553 quarante mille pièces de drap sont exportées en un an par des vaisseaux du pays. C'est là déjà l'Angleterre telle que nous la voyons aujourd'hui, contrée de prairies, toute verte, coupée de haies, parsemée de bétail, navigatrice, manufacturière, opulente, avec un peuple de travailleurs nourris de viande, qui l'enrichissent en s'enrichissant. Ils améliorent si bien l'agriculture, qu'au bout de cent ans[2] le produit de l'acre est doublé. Ils multiplient si fort, qu'en deux cents ans[3] la population double. Ils s'enrichissent tellement qu'au commencement de Charles Ier la chambre des Communes est trois fois plus riche que la chambre des Lords. La ruine[4] d'Anvers par le duc de Parme leur envoie « le tiers des marchands et des manufacturiers, qui fabriquaient les soies, les damas, les bas, les taffetas, les serges. » La défaite de l'Armada et la décadence de l'Espagne ouvrent toutes les mers à leur marine[5]. La ruche laborieuse, qui sait oser,

---

1. *A Compendious examination*, 1581, by William Strafford. Acte du Parlement, 1541. Whereby the inhabitants of the said town have gotten and come into riches and wealthy livings. (Il s'agit de Manchester.)
2. *Pictorial history*, I, 902.
3. *Pictorial history*, I, 903. De 1377 à 1583, de 2 millions et demi à 5 millions.
4. Ludovic Guicciardini. En 1585.
5. Henri VIII, au commencement de son règne, n'avait qu'un

CHAPITRE I. LA RENAISSANCE PAÏENNE.

essayer, explorer, agir par bandes, et toujours fructueusement, va commencer ses profits et ses voyages et bourdonner par tout l'univers.

Au bas et au sommet de la société, dans toutes les parties de la vie, à tous les degrés de la condition humaine, ce bien-être nouveau devenait visible. En 1533, considérant « que les rues de Londres étaient sales, remplies de bourbiers et de fondrières, et que beaucoup de personnes, tant à pied qu'à cheval, couraient risque de s'y blesser et y avaient presque péri, » Henri VIII faisait commencer le pavage de Londres[1]. De nouvelles rues couvraient les terrains vides où les jeunes gens venaient autrefois courir et lutter. Tous les ans on voyait croître le nombre des tavernes, des théâtres, des salles où l'on fumait, où l'on jouait, où l'on donnait des combats d'ours. Avant Élisabeth, les maisons des gentilshommes de campagne n'étaient guère que des chaumières couvertes de paille, recrépies de la plus grossière glaise, et éclairées seulement par des treillages. « Au contraire, dit Harrison (1580), celles qu'on a bâties récemment le sont ordinairement de briques, de pierres dures ou de toutes deux, les chambres larges et belles, et les bâtiments de l'office plus éloignés des chambres. » Pour les anciennes maisons de bois, on les recouvrait du

---

vaisseau de guerre. Élisabeth en fit partir cent cinquante contre l'Armada.
 1553. Compagnie anglaise du commerce russe.
 1578. Drake fait le tour du monde.
 1600. Compagnie anglaise pour le commerce de l'Inde.
 1. Liv. VI, chap. iv, *Pictorial History*.

plâtre le plus fin, lequel, « outre la délectable blancheur de la matière elle-même, est étendu en couches si unies et si douces, que rien, à mon avis, ne saurait être fait avec plus de délicatesse [1] ». Cette admiration naïve montre de quels taudis on sortait. Voici qu'enfin on emploie le verre pour les fenêtres; les murs nus sont tendus de tapisseries où les visiteurs contemplent avec bonheur et étonnement des herbes, des animaux, des figures; on commence à faire usage des poêles, et l'on éprouve le plaisir inconnu d'avoir chaud.

« Trois choses, dit Harrison, sont à remarquer chez les fermiers. La première est la multitude des cheminées nouvellement bâties. Dans leur jeune âge, il n'y en avait pas plus de deux, ou tout au plus trois dans la plupart des villes de l'intérieur du royaume. La seconde est l'amélioration des ameublements, qui est grande, quoique non encore générale; car, disent-ils, nos pères (oui, et nous-mêmes aussi), nous avons couché bien souvent dans des grabats de paille, sur de grosses nattes, avec un drap seulement, avec des couvertures faites de poils grossiers ou de lambeaux recousus, et une bonne bûche ronde sous notre tête pour traversin ou oreiller. S'il arrivait que le maître du logis, dans les sept années qui suivaient son mariage, eût acheté un matelas ou un lit de bourre, et aussi un sac de menue paille pour reposer sa tête, il se croyait aussi bien logé que le seigneur de la ville.... Les oreillers, disaient-ils, ne semblaient faits que pour les femmes en couches. La troisième chose est le changement de la vaisselle de bois en pots d'étain, et des cueillers de bois en argent ou en étain; car si commune était dans l'ancien temps cette vaisselle de bois,

---

1. Nathan Drake, *Shakspeare and his Times*, passim.

qu'un homme aurait eu de la peine à trouver quatre pièces d'étain (desquelles peut-être une salière) dans la maison d'un bon fermier. »

Ce n'est pas la possession, c'est l'acquisition qui donne aux hommes la joie et le sentiment de leur force; ils remarquent davantage un petit bonheur qui est nouveau qu'un grand bonheur qui est ancien; ce n'est pas quand tout est bien, c'est quand tout est mieux qu'ils voient la vie en beau et sont tentés d'en faire une fête. C'est pourquoi, en ce moment, ils en font une fête, une magnifique parade, si semblable à un tableau, qu'elle produit la peinture en Italie, si semblable à une représentation, qu'elle produit le drame en Angleterre. A présent que la hache et l'épée des guerres civiles ont abattu la noblesse indépendante, et que l'abolition du droit de maintenance a ruiné la petite royauté solitaire de chaque grand baron féodal, les seigneurs quittent leurs noirs châteaux, forteresses crénelées, entourées d'eaux stagnantes, percées d'étroites fenêtres, sortes de cuirasses de pierre qui n'étaient bonnes qu'à garder la vie de leurs maîtres. Ils affluent dans les nouveaux palais à dômes et à tourelles, couverts d'ornements tourmentés et multipliés, garnis de terrasses et d'escaliers monumentaux, munis de jardins, de jets d'eau, de statues, palais de Henri VIII et d'Élisabeth, demi-gothiques et demi-italiens [1], dont la commodité, l'é-

---

1. Ce style est appelé le style Tudor. Il devient tout à fait italien, voisin de l'antique, sous Jacques Ier, avec Inigo Jones.

clat, la symétrie annoncent déjà des habitudes de société et le goût du plaisir. Ils viennent à la cour, ils quittent leurs mœurs : les quatre repas qui suffisaient à peine à la voracité antique se réduisent à deux; les gentilshommes sont bientôt des raffinés, qui mettent leur gloire dans la recherche et la singularité de leurs amusements et de leur parure. On les voit se vêtir magnifiquement d'étoffes éclatantes, avec le luxe de gens qui, pour la première fois, froissent la soie et font chatoyer l'or : pourpoints de satin écarlate, manteaux de zibeline de mille ducats, souliers de velours brodés d'or et d'argent, couverts de roses ou de rubans, bottes à collets rabattus d'où sortent des flots de dentelles, brodées de figures d'oiseaux, d'animaux, de constellations, de fleurs en argent, en or, en pierres précieuses, chemises ornementées qui coûtent dix livres sterling. « C'est une chose ordinaire de mettre mille chèvres et cent bœufs à un habit et de porter tout un manoir sur son dos[1]. » Les habits de ce temps ressemblent à des châsses. Quand Élisabeth mourut, on trouva trois mille habillements dans ses garde-robes. Faut-il parler des gigantesques collerettes des dames, de leurs robes bouffantes, de leurs corsages tout roides de diamants? Singulier signe du temps, les hommes étaient plus changeants et plus parés qu'elles. « Telle est notre inconstance, dit Harrison, qu'aujourd'hui on n'aime rien que la mode espagnole, tandis que demain on ne

---

1. Voyez Burton, *Anatomy of melancoly*; Stubbes, etc.

trouve élégants et agréables que les colifichets français. Un peu plus tard, il n'y a d'habits que ceux qui sont dans le goût allemand. Tantôt c'est la façon turque que généralement on préfère, tantôt ce sont les robes mauresques, les manches barbaresques et les culottes courtes françaises. Et si les modes sont diverses, ce serait un monde que de dire le prix, la recherche, l'excès, la vanité, la pompe, la variété, et finalement l'instabilité et la folie qu'on rencontre à tous les étages. » Folie soit, mais poésie aussi. Il y a autre chose qu'un amusement de freluquets dans cette mascarade splendide de costumes. Le trop-plein de la séve intérieure se répand de ce côté, comme aussi dans les drames et les poëmes. C'est une verve d'artistes qui les mène. Il y a une pousse incroyable de formes vivantes dans leurs cervelles. Ils font comme leurs graveurs, qui, dans leurs frontispices, prodiguent les fruits, les fleurs, les figures agissantes, les animaux, les dieux, et versent et entassent tout le trésor de la nature sur tous les coins de leur papier. Ils ont besoin de jouir du beau ; ils veulent être heureux par les yeux ; ils sentent naturellement par contre-coup le relief et l'énergie de toutes les formes. Depuis l'avénement de Henri VIII jusqu'à la mort de Jacques Ier on ne voit que processions, tournois, entrées de villes, mascarades. Ce sont d'abord les banquets royaux, l'étalage des couronnements, les larges et bruyants plaisirs de Henri VIII. Wolsey lui donne des fêtes[1] « de façon si

---

1. Holinshed, 921.

coûteuse et si splendide, que c'est un ciel de les regarder. Il n'y manque ni dames ni demoiselles bien habiles et bien adroites pour danser avec les seigneurs masqués ou pour garnir la salle au moment qu'il faut. Il y a aussi toute sorte de musique et d'harmonie, avec de belles voix d'hommes et d'enfants. « Le roi vient un jour le surprendre à table, suivi de douze seigneurs déguisés en bergers avec des habits de drap d'or et de satin cramoisi, précédé de porteurs de torches, « avec un tel bruit de tambours et de flûtes, que rarement on en vit de pareil[1]. » Sur-le-champ on sert un nouveau banquet « de deux cents plats différents, très-recherchés et d'invention coûteuse. Et ainsi ils passent la nuit, banquetant, dansant, et en d'autres réjouissances, au grand contentement du roi et de la noblesse assemblée. » Comptez, si vous pouvez[2], les fêtes mythologiques, les réceptions théâtrales, les opéras joués en plein air pour Élisabeth, Jacques et leurs grands seigneurs. A Kenilworth les fêtes durèrent dix-neuf jours. Tout y est : pédanteries, nouveautés, jeux populaires, spectacles sanglants, farces grossières, tours de force et d'adresse, allégories, mythologie, chevalerie, commémorations rustiques et nationales. En pareil temps, dans cet élan universel et dans ce subit épanouissement, les hommes s'intéressent à eux-mêmes, trouvent leur vie belle, digne d'être représentée et mise en scène tout entière; ils jouent avec elle, ils jouissent en la voyant, ils en aiment les hauts, les bas,

---

1. Holinshed, *ibid.* — 2. *Elisabeth and James 'Progresses*, by Nichols.

ils en font un objet d'art. La reine est reçue par une sibylle, puis par des géants du temps d'Arthur, puis par la Dame du Lac. Sylvain, Pomone, Cérès et Bacchus, chaque divinité tour à tour lui présente les prémices de son royaume. Le lendemain, un homme sauvage, vêtu de mousse et de lierre, dialogue devant elle et en son honneur avec Écho. On fait combattre treize ours contre des chiens. Un sauteur italien fait des tours merveilleux devant toute la compagnie. La reine assiste à un mariage rustique, puis à une sorte de combat comique entre les paysans de Coventry, qui représentent la défaite des Danois. Au moment où elle revient de la chasse, Triton, sortant du lac, la supplie, au nom de Neptune, de délivrer la Dame enchantée, poursuivie par sir Bruce Sans-Pitié. Aussitôt la Dame apparaît, entourée de nymphes, bientôt suivie de Protée que porte un énorme dauphin. Cachée dans le dauphin, une troupe de musiciens chante avec le chœur des divinités marines les louanges de la puissante, de la belle, de la chaste reine d'Angleterre. — Vous voyez que la comédie n'est pas seulement au théâtre; les grands et la reine elle-même deviennent acteurs. Les besoins de l'imagination sont si vifs que la cour devient une scène. Sous Jacques Ier, tous les ans, au jour des Rois, la reine, les principales dames et les premiers nobles jouaient un opéra, appelé *Masque*, sorte d'allégorie mêlée de danses, rehaussée par des décorations et des costumes éclatants, et dont les tableaux mythologiques de Rubens peuvent seuls indiquer la splendeur. » Des lords vêtus à la façon des statues antiques; portant sur la tête des couronnes persanes, avec des enroulements d'or tournés en dedans, le front ceint d'un bandeau de gaze incarnat et argent; le justaucorps en drap incarnat d'argent coupé de manière à dessiner le nu, à la façon de la cuirasse grecque, rattaché sur la poitrine par une large ceinture de drap d'or brodé qui s'agrafait avec des bijoux; les manteaux de soie colorée, les uns couleur du ciel, les autres couleur de perle, les autres couleur de flamme ou bronzés[1]; les dames en corsage de drap blanc d'argent, brodé de figures de paons et de fruits; au-dessous, un vêtement lâche, froncé, incarnat, rayé d'argent, divisé par une ceinture d'or, et, sous celui-ci, un autre vêtement flottant de drap azuré d'argent, galonné d'or; leurs cheveux négligemment noués sous une riche et précieuse couronne ornée de toutes sortes de diamants choisis; sur le haut, un voile transparent qui tombait jusqu'à terre; leurs chaussures d'azur et d'or garnies de rubis et de diamants. » J'abrége la description, qui ressemble à celle des contes de fées. Songez que toutes ces parures, ce chatoiement des étoffes, ce rayonnement de pierreries, cette splendeur des chairs nues, s'étalaient journellement pour le mariage des grands, aux accents hardis d'un épithalame païen. Pensez aux festins qu'introduisait alors le comte de Carlisle, où l'on servait d'abord une table remplie de mets recherchés

---

1. Tiré des *Masques* de Ben-Jonson. *Masque of hymen*, 76. Éd. Gifford, t. VII.

aussi haut qu'un homme pouvait atteindre, pour la jeter aussitôt et la remplacer par une autre table pareille. Cette prodigalité de magnificences, ces somptueuses folies, ce débridement de l'imagination, cet enivrement des yeux et des oreilles, cet opéra joué par les maîtres du royaume marquent, comme la peinture de Rubens, de Jordaëns et de la Flandre contemporaine, un si franc appel aux sens, un si complet retour à la nature, que notre âge refroidi et triste est hors d'état de se les figurer [1].

III

S'épancher, contenter son cœur et ses yeux, lancer hardiment sur toutes les routes de la vie la meute de ses appétits et de ses instincts, voilà donc le besoin qui apparaît dans les mœurs. L'Angleterre n'est pas encore puritaine. C'est « la joyeuse Angleterre, » *merry England*, comme on dit alors. Elle n'est point encore roidie et régularisée. Elle s'épanouit largement, librement, et se réjouit de se voir telle. Ce n'est pas à la cour seulement qu'on trouve l'opéra, c'est au village. Des compagnies ambulantes s'y transportent, et les gens du pays au besoin les suppléent; Shakspeare a vu, avant de les peindre, des balourds, des charpentiers, des menuisiers, des raccommodeurs

[1]. Aussi certaines lettres privées décrivent la cour d'Élisabeth comme un endroit où il y avait « peu de piété et de pratique de la religion, et où toutes les énormités régnaient au plus haut degré. »

de soufflets[1] jouer Pyrame et Thisbé, représenter le lion en rugissant le plus doucement possible et figurer la muraille en étendant la main. Toute fête est un *pageant* où des bourgeois, des ouvriers, des enfants sont les figurants. Ils sont acteurs d'instinct. Quand l'âme est pleine et neuve, ce n'est point par des raisonnements qu'elle exprime ses idées; elle les joue et les figure; elle les mime; c'est là le vrai et le premier langage, celui des enfants, celui des artistes, celui de la joie et de l'invention. C'est de cette façon qu'ils se divertissent avec des chants et des festins dans toutes les fêtes symboliques dont la tradition a peuplé l'année[2]. Le dimanche après la nuit des Rois, les laboureurs paradent dans les rues avec leurs chemises par-dessus leurs habits, parés de rubans, traînant une charrue au son de la musique, et dansant la danse des épées; un autre jour c'est une figure faite d'épis qu'on promène dans un chariot, parmi des chants, au son des pipeaux et des tambours; une autre fois, c'est le père Noël et sa troupe; ou bien c'est l'arbre de mai autour duquel on joue l'histoire de Robin Hood, le brave braconnier, et la légende de saint George qui terrasse le dragon. Il faudrait un demi-volume pour décrire toutes ces fêtes, celles de la Moisson, de la Toussaint, de la Saint-Martin, de la Tonte des agneaux, surtout celle de Noël qui durait douze jours et parfois six semaines. Ils mangent et

---

1. *Midsummer Night's Dream.*
2. Nathan Drake, *Shakspeare and his times*, chap. v et vi.

boivent, font ripaille, remuent leurs membres, embrassent les filles, sonnent les cloches, s'emplissent de bruit : rudes bacchanales où l'homme se débride, et qui sont la consécration de la vie naturelle : les puritains ne s'y sont pas trompés.

« D'abord, dit Stubbs [1], toutes les têtes folles de la paroisse s'assemblent et choisissent un grand capitaine avec le titre de prince du désordre, et, l'ayant couronné en grande solennité, le prennent pour roi. Ce roi, une fois sacré, choisit vingt, quarante ou cent joyeux gaillards comme lui-même, qui font le service autour de Sa Majesté Souveraine.... Ils ont leurs chevaux de bois, leurs dragons et autres bouffonneries, avec leurs joueurs de flûte paillards et leurs bruyants tambours pour mettre en train la danse du diable. Puis cette troupe de païens marche vers l'église et le cimetière au son des flûtes, au roulement des tambours, dansant, faisant tinter leurs clochettes, faisant flotter, comme des fous, leurs mouchoirs sur leurs têtes, pendant que les chevaux de bois et autres monstres escarmouchent à travers la foule. Et en cette sorte ils vont à l'église comme des démons incarnés, avec un tel bruit confus, qu'il n'y a point d'homme qui puisse entendre sa propre voix. Puis les folles têtes regardent, s'ébahissent, font des grimaces, montent sur les bancs pour voir cette belle cérémonie. Après cela ils font des allées et venues dans l'église, puis dans le cimetière, où ils ont ordinairement leurs berceaux, bosquets, salles d'été et maisons de festin, où ils festoient, banquettent, dansent tout le jour, et parfois toute la nuit aussi. Et ainsi ces furies terrestres passent le jour du sabbat. Une autre espèce de fous écervelés apportent à ces chiens d'enfer (je veux dire le prince du désordre et ses complices) du pain, de la bonne ale, du vieux fromage, du fromage nouveau, des gâteaux, des tartes, de la crème, de la viande, tantôt une chose, tantôt une autre. »

1. Stubbs, *Anatomy of abuses.*

« Au jour de mai, dit-il ailleurs, chaque paroisse, ville ou village, s'assemble, hommes, femmes, enfants; ils s'en vont dans les bois.... et passent toute la nuit en divertissements, et le matin rapportent des branches de bouleaux et d'autres arbres, mais surtout leur plus précieux joyau, l'arbre de mai, qu'ils ramènent en grande vénération avec vingt ou quarante paires de bœufs, chaque bœuf ayant un beau bouquet de fleurs attaché à la pointe de ses cornes.... Ils plantent ce mai, ou plutôt cette puante idole, jonchent de fleurs le gazon d'alentour, établissent à l'entour des salles de verdure, des berceaux, sautent et dansent, banquettent et festoient, comme les païens pour la dédicace de leurs idoles.... De dix filles qui vont au bois cette nuit, il y en a neuf qui reviennent grosses. » « .... Au son de la cloche, le mardi gras, dit un autre, les gens deviennent fous par milliers et oublient toute décence et tout bon sens.... C'est au diable et à Satan que, dans ces exécrables passe-temps, ils font hommage et sacrifice. » En effet[1], c'est à la nature, à l'antique Pan, à Freya, à Hertha, ses sœurs, aux vieilles divinités teutoniques conservées à travers le moyen âge. En ce moment, dans l'affaiblissement passager du christianisme et dans l'essor soudain du bien-être corporel, l'homme s'adore lui-même, et il ne reste de vivant en lui que le païen.

1. *Hentzner's travels in England.*
Il pense que dans la fête de la Moisson la figure qu'on traînait en char était celle de Cérès.

IV

Pour achever, voyez quelle route en ce moment les idées prennent. Quelques sectaires, surtout des bourgeois et des gens du peuple, s'appesantissent tristement sur la Bible. Mais c'est dans Rome et dans la Grèce païenne que la cour et les gens du monde vont chercher leurs précepteurs et leurs héros. Vers 1490[1], on a recommencé à lire les classiques; coup sur coup on les traduit; bientôt c'est une mode que de les lire dans l'original. Élisabeth, Jeanne Grey, la duchesse de Norfolk, la comtesse d'Arundel, beaucoup de dames entendent couramment Platon, Xénophon, Cicéron, et les aiment. Peu à peu, par un redressement insensible, l'homme s'est relevé jusqu'à la hauteur des grands et des sains esprits qui avaient manié sans contrainte toutes les idées il y a quinze siècles. Ce n'est pas seulement leur langue qu'il entend, c'est leur pensée; il ne répète plus une leçon d'après eux, il soutient une conversation avec eux; il est leur égal, et ne trouve qu'en eux des esprits aussi virils que le sien. Car ce ne sont pas des ergoteurs d'école, des compilateurs misérables, des cuistres rébarbatifs comme les professeurs de jargon que lui imposait le

---

1. Warton, t. II, § 4; t. III, § 1.

Avant 1600, tous les grands poëtes, de 1550 à 1616, tous les grands historiens de la Grèce et de Rome, sont traduits en anglais. Lillye, en 1500, le premier enseigne publiquement le grec.

moyen âge, comme ce triste Duns Scott, dont les commissaires de Henri VIII jettent en ce moment les feuillets aux vents. Ce sont des « gentilshommes, » des hommes d'État, les plus polis et les mieux élevés du monde, qui savent parler, qui ont tiré leurs idées non des livres, mais des choses, idées vivantes, et qui d'elles-mêmes entrent dans les âmes vivantes. Par-dessus la procession des scolastiques encapuchonnés et des disputeurs crasseux, les deux âges adultes et pensants se rejoignent, et l'homme moderne, faisant taire les voix enfantines ou nasillardes du moyen âge, ne daigne plus s'entretenir qu'avec la noble antiquité. Il accepte ses dieux; il les comprend du moins, et s'en entoure. Dans les poëmes, dans les festins, dans les tapisseries, dans presque toutes les cérémonies, ils apparaissent, non plus restaurés par la pédanterie, mais ranimés par la sympathie, et doués par les arts d'une vie aussi florissante et presque aussi profonde que celle qu'ils avaient dans leur premier berceau. Après l'affreuse nuit du moyen âge et les douloureuses légendes des revenants et des damnés, c'est un charme que de revoir l'olympe rayonnant de la Grèce; ses dieux héroïques et beaux ravissent encore une fois le cœur des hommes; ils soulèvent et instruisent ce jeune monde en lui parlant la langue de ses passions et de son génie, et ce siècle de fortes actions, de libre sensualité, d'invention hardie n'a qu'à suivre sa pente pour reconnaître en eux ses maîtres et les éternels promoteurs de la liberté et de la beauté.

Plus près de lui est un autre paganisme, celui de l'Italie, plus séduisant parce qu'il est moderne et fait couler une nouvelle séve dans le tronc antique, plus attrayant parce qu'il est plus sensuel et présente, avec le culte de la force et du génie, le culte du plaisir et de la volupté. Les rigoristes le savent bien et s'en scandalisent : « Les enchantements de Circé, écrit Ascham, ont été apportés d'Italie pour gâter les mœurs des gens en Angleterre; beaucoup par des exemples de mauvaise vie, mais surtout par les préceptes des mauvais livres traduits dernièrement d'italien en anglais et vendus dans toutes les boutiques de Londres. Il y a plus de ces livres profanes[1] imprimés ces derniers mois qu'on n'en a vu depuis plusieurs vingtaines d'années en Angleterre. Aussi maintenant ils ont plus de respect pour les triomphes de Pétrarque que pour la Genèse de Moïse, et font plus de cas d'un conte de Boccace que d'une histoire de la Bible. » En effet, en ce moment, l'Italie a visiblement la primauté en toutes choses, et l'on y va puiser la civilisation comme à la source. Quelle est-elle cette civilisation qui s'impose ainsi à l'Europe, d'où part toute science et toute élégance, qui fait loi dans toutes les cours, où Surrey, Sidney, Spenser, Shakspeare vont chercher leurs exemples et leurs matériaux? Elle est païenne de fonds et de naissance, par sa langue qui n'est qu'un latin à peine déformé, par ses traditions et ses souvenirs latins que nulle lacune n'est venue interrompre,

---

1. *Ungracious.*

par sa constitution où l'antique vie urbaine a d'abord primé et absorbé la vie féodale, par le génie de la race, où la vigueur et la joie ont toujours surabondé. Plus d'un siècle avant les autres, dès Pétrarque, Rienzi et Boccace, les Italiens ont commencé à retrouver l'antiquité perdue, à « délivrer les manuscrits enfouis dans les cachots de France et d'Allemagne, » à les restaurer, à interpréter, commenter, repenser les anciens, à se faire latins de cœur et d'esprit, a composer en prose et en vers avec l'urbanité de Cicéron et de Virgile, à considérer les belles conversations et les jouissances de l'esprit comme l'ornement et la plus exquise fleur de la vie[1]. Ce ne sont pas seulement les dehors de la vie antique qu'ils s'approprient, c'en est le fonds, j'entends la préoccupation de la vie présente, l'oubli de la vie future, l'appel aux sens, le renoncement au christianisme. « Il faut jouir, faisait chanter leur premier poëte Laurent de Médicis dans ses pastorales et dans ses triomphes. Il n'y a point de certitude pour demain. » Déjà dans Pulci éclate l'incrédulité moqueuse, la gaieté sensuelle et hardie, toute l'audace des libres penseurs qui repoussent du pied avec dégoût le froc usé du moyen âge. C'est lui qui, dans un poëme bouffon, met en tête de chaque chant un *Hosanna*, un *In principio*, un texte sacré de la messe[2].

1. Ma il vero e principal ornemento dell' animo in ciascuno penso io che siano le lettere, benchè i Francesi solamente conoscano la nobilità dell'arme.... et tutti i litterati tengon per vilissimi huomini. Page 112, éd. 1585, Castiglione, *il Cortegiano*.
2. Voyez Burchard, majordome du pape, récit de la fête où assistait Lucrèce Borgia ; *Lettres de l'Arétin*, *Vie de Cellini*, etc.

C'est lui qui, se demandant ce qu'est l'âme et comment elle peut entrer dans le corps, la compare à ces confitures que l'on enveloppe dans du pain blanc tout chaud. Que devient-elle dans l'autre monde ? « Certaines gens croient y trouver des becfigues, des ortolans tout plumés, d'excellents vins, de bons lits, et à cause de cela, ils suivent les moines, marchent derrière eux. Pour nous, mon cher ami, nous irons dans la vallée noire, où nous n'entendrons plus chanter *Alleluia !* » Si vous cherchez un penseur plus sérieux, écoutez le grand patriote, le Thucydide du siècle, Machiavel, qui, opposant le christianisme et le paganisme, dit que l'un place le « bonheur suprême dans l'humilité, l'abjection, le mépris des choses humaines, tandis que l'autre fait consister le souverain bien dans la grandeur d'âme, la force du corps et toutes les qualités qui rendent l'homme redoutable. » Sur cela il conclut hardiment que le christianisme enseigne à « supporter les maux, et non à faire de grandes actions; » il découvre dans ce vice intérieur la cause de toutes les oppressions; il déclare que « les méchants ont vu qu'ils pouvaient tyranniser sans crainte des hommes, qui, pour aller en paradis, étaient plus disposés à supporter les injures qu'à les venger. » A ce ton, et en dépit des génuflexions obligées, on devine bien laquelle des deux religions il préfère. Le modèle idéal vers lequel tous les efforts se tournent, auquel toutes les pensées se suspendent, et qui soulève cette civilisation tout entière, c'est l'homme fort et heureux, muni de toutes les puissances qui peuvent accomplir ses désirs, et disposé à s'en servir pour la recherche de son bonheur.

Si vous voulez voir cette idée dans sa plus grande œuvre, c'est dans les arts qu'il faut la chercher, dans les arts du dessin tels qu'elle les fait et les porte par toute l'Europe, suscitant ou transformant les écoles nationales avec une telle originalité et une telle force, que tout art viable dérive d'elle, et que la population de figures vivantes dont elle a couvert nos murailles marque, comme l'architecture gothique ou la tragédie française, un moment unique de l'esprit humain. Le Christ maigre du moyen âge, le misérable ver de terre déformé et sanglant, la Vierge livide et laide, la pauvre vieille paysanne évanouie à côté du gibet de son enfant, les martyrs hâves, desséchés par le jeûne, aux yeux extatiques, les saintes aux doigts noueux, à la poitrine plate, toutes les touchantes ou lamentables visions du moyen âge se sont évanouies; le cortége divin qui se développe n'étale plus que des corps florissants, de nobles figures régulières et de beaux gestes aisés; les noms sont chrétiens, mais il n'y a de chrétien que les noms. Ce Jésus n'est qu'un « Jupiter crucifié[1]. » Ces Vierges que Raphaël dessine nues avant de leur mettre une robe[2] ne sont que de belles filles, toutes terrestres, parentes de sa Fornarine. Ces saints que Michel-Ange dresse et tord dans le ciel au

---

1. Mot de Pulci.
2. *Voyez* ses esquisses à Oxford et les esquisses du religieux Fra Bartholomeo à Florence. *Voyez* aussi *le Martyre de saint Laurent*, par Baccio Bandinelli.

Jugement dernier sont une assemblée d'athlètes capables de bien combattre et de beaucoup oser. Un martyre, comme celui de saint Laurent, est une noble cérémonie où un beau jeune homme sans vêtements se couche devant cinquante hommes drapés et groupés comme dans un gymnase antique. Y a-t-il un de ces personnages qui se soit macéré? Y en a-t-il un qui ait pensé avec angoisse et larmes au jugement de Dieu, qui ait excédé et dompté sa chair, qui se soit rempli le cœur des tristesses et des douceurs évangéliques? Ils sont trop vigoureux pour cela, trop bien portants; leurs habits leurs siéent trop bien; ils sont trop prêts à l'action énergique et prompte. On en ferait trop aisément de forts soldats ou de superbes courtisanes, admirables dans une parade ou dans un bal. Aussi bien, tout ce que le spectateur accorde à leur auréole, c'est une génuflexion ou un signe de croix; après quoi les yeux jouissent d'eux, et ils ne sont là que pour la jouissance des yeux. Ce que le spectateur sent dans une madone florentine, c'est le magnifique animal vierge, dont le tronc puissant, la superbe pousse annoncent la race et la santé; ce n'est pas l'expression morale, comme aujourd'hui, que les artistes peignent, la profondeur d'une âme tourmentée et raffinée par trois siècles de culture; c'est au corps qu'ils s'attachent, jusqu'à parler avec enthousiasme des vertèbres « qui sont magnifiques, » des omoplates qui, dans les mouvements du bras, « sont d'un admirable effet[1]. » « Le point im-

---

1. Benvenuto Cellini, *Principes sur l'art du dessin*. « Tu dessine-

portant » pour eux « est de bien faire un homme et une femme nus. » La beauté pour eux est celle de la charpente osseuse qui s'emmanche, des tendons qui se tiennent et se bandent, des cuisses qui vont dresser le tronc, de la vaillante poitrine qui respire amplement, du col qui va tourner. Qu'il fait bon d'être nu! qu'on est bien en pleine lumière pour jouir de son corps florissant, de ses muscles dispos, de son âme gaillarde et hardie! Les splendides déesses reparaissent avec leur nudité primitive, sans songer qu'elles sont nues; on voit bien à la tranquillité de leur regard, à la simplicité de leur expression, qu'elles l'ont toujours été et que la pudeur ne les a point encore atteintes. La vie de l'âme ne s'oppose point ici, comme chez nous, à la vie du corps; la première n'est ni abaissée ni méprisée, on ose en montrer les actions et les organes; on ne les cache pas, l'homme ne songe pas à paraître tout esprit. Elles sortent comme autrefois de la mer lumineuse, avec leurs chevaux cabrés qui hérissent leur crinière, mâchant le frein, aspirant de leur naseaux les senteurs salées, pendant que leurs compagnons emplissent de leur souffle les conques sonnantes; et les spectateurs[1] habitués à manier

---

ras alors l'os qui est placé entre les deux hanches. Il est très-beau et se nomme sacrum.... Les admirables os de la tête. »

1. *Vie de Benvenuto Cellini*. *Voyez* aussi ces exercices que Castiglione prescrit à l'homme bien élevé:

Peró voglio che il nostro cortegiano sia perfetto cavaliere d'ogni sella.... Et perchè degli Italiani è peculiar laude il cavalcare benè alla brida, il maneggiar con raggione massimamente cavalli aspri, il corre lance, il giostare, sia in questo de meglior Italiani.... Nel tor-

l'épée, à s'exercer nus avec le poignard et le glaive à deux mains, à chevaucher sur des routes dangereuses, sentent par sympathie la fière tournure de l'échine cambrée, l'effort du bras qui va frapper et le long tressaillement des muscles qui du talon jusqu'à la nuque se gonflent pour roidir l'homme ou le lancer.

neare, tener un passo, combattere una sbarra, sia buono tra il miglior francesi.... Nel giocare a canne, correr torri, lanciar haste e dardi, sia tra Spagnuoli eccellente.... Conveniente è ancor sapere saltare, e correre ;..,. ancor nobile exercitio il gioco di palla.... Non di minor laude estimo il voltegiar a cavallo. Page 55, édition 1585.

§ 2. LA POÉSIE.

I

Transplanté dans des races et dans des climats différents, ce paganisme reçoit de chaque race et de chaque climat des traits distincts et un caractère propre. Il devient anglais en Angleterre; la Renaissance anglaise est la renaissance du génie saxon. C'est que l'invention recommence, et qu'inventer c'est exprimer son génie; une race latine ne peut inventer qu'en exprimant des idées latines; une race saxonne ne peut inventer qu'en exprimant des idées saxonnes, et l'on va trouver, sous la civilisation et la poésie nouvelles, des descendants de l'antique Cœdmon, d'Adhlem, de Piers Plowman et de Robin Hood.

II

« A la fin du règne de Henri VIII, dit le vieux Puttenham, s'éleva une compagnie nouvelle de poëtes de cour, dont sir Thomas Wyatt l'aîné, et Henri, comte de Surrey, furent les deux capitaines, lesquels, ayant voyagé en Italie et goûté le doux style et les nobles rhythmes de la poésie italienne, ainsi que des novices nouvellement sortis des écoles de Dante, Pétrarque, Arioste, polirent grandement notre poésie vulgaire qui était rude et villageoise [1], et pour cette cause peuvent être justement appelés les premiers réformateurs du style et du mètre anglais. » Non que leur idée soit bien originale ou manifeste franchement l'esprit nouveau. Le moyen âge s'achève, mais n'est pas encore fini. Autour d'eux, André Borde, John Bale, John Heywood, Skelton lui-même renouvellent la platitude de la vieille poésie et la rudesse de l'ancien style. Les mœurs, à peine dégrossies, sont encore à demi féodales ; au camp, devant Landrecies, le commandant anglais écrit une lettre amicale au gouverneur français de Térouanne pour lui demander « s'il n'a pas quelques gentilshommes disposés à rompre une lance en faveur des dames, » et promet d'envoyer six champions à leur rencontre. Parades, combats, blessures, défis, amour, appel au jugement de Dieu, pénitences, on trouve tout cela dans la vie de Surrey comme dans un roman de chevalerie. C'est un grand seigneur, un comte, un parent du roi qui a figuré dans les processions et les cérémonies, qui a fait la guerre, commandé des forteresses, ravagé des pays, qui est monté à l'assaut, qui est tombé sur la brèche, qui a été sauvé par son serviteur, magnifique, dépensier, irritable, ambitieux, quatre fois emprisonné, puis décapité. Au couronnement d'Anne de Boleyn, il portait la quatrième épée. Au mariage d'Anne de Clèves, il est un des tenants du tournoi. Dénoncé et enfermé, il pro-

---

1. *Homely.*

pose de combattre sans armure son adversaire armé. Une autre fois, il est mis en prison pour avoir mangé de la viande en carême. Rien d'étonnant si ce prolongement des mœurs chevaleresques amène un prolongement de la poésie chevaleresque, si dans un temps qui achève l'âge de Pétrarque les poëtes retrouvent les sentiments de Pétrarque. Lord Berner, lord Sheffield, sir Thomas Wyatt, et au premier rang, Surrey, sont, comme Pétrarque, des soupirants plaintifs et platoniques; c'est l'amour pur que Surrey exprime, et sa dame, la belle Géraldine, comme Béatrix et Laure, est une madone idéale et un enfant de treize ans.

Et cependant, parmi ces langueurs de la tradition mystique, l'accent personnel vibre. Dans cet esprit qui imite et qui parfois imite mal, qui tâtonne encore et çà et là laisse entrer dans ses stances polies, les vieux mots naïfs ou les allégories usées des hérauts d'armes et des trouvères, voici déjà la mélancolie du Nord, l'émotion intime et douloureuse. Ce trait, qui tout à l'heure, au plus beau moment de la plus riche floraison, dans le magnifique épanouissement de la vie naturelle, répandra une teinte sombre sur la poésie de Sidney, de Spenser, de Shakspeare, maintenant, dès le premier poëte, sépare ce monde païen, mais germanique, de l'autre monde tout voluptueux, qui, en Italie, s'égaye avec la fine ironie, et n'a de goût que pour les arts et le plaisir. Surrey traduit en vers l'Ecclésiaste. N'est-il pas singulier, à cette heure matinale, dans cette aube naissante, de trouver dans sa main un pareil livre? Le désenchantement, la rêverie morne ou amère, la connaissance innée de la vanité des choses humaines ne manquent guère dans ce pays et dans cette race; ces hommes ont de la peine à porter la vie et savent parler de la mort. Les plus beaux vers de Surrey témoignent déjà de ce naturel sérieux, de cette philosophie instinctive et grave; ce sont des chagrins qu'il raconte, c'est son cher Wyatt qu'il regrette, c'est Clère, son ami, c'est le jeune duc de Richmond, son compagnon, tous morts avant l'âge. Seul, emprisonné à Windsor, il se rappelle les heureux jours qu'ils y ont passés ensemble, leurs joutes « dans les grandes cours vertes, » les épanchements, les causeries folâtres des longs soirs d'hiver, « le jeu de paume, où, les yeux éblouis par les rayons de l'amour, ils manquaient la balle pour surprendre un regard de leurs dames. » — « Chaque douce place éveille un souvenir amer. » A ces pensées, « le sang quitte son visage, et une pluie de larmes coule sur ses joues pâles. » — « O séjour de félicité qui renouvelles ma peine! — réponds-moi : Où est mon noble frère? — lui que dans tes murs tu enfermais chaque nuit; — cher à tant d'autres, plus cher à moi qu'à personne. — Écho, hélas! qui prend pitié de ma peine, — répond par un sourd accent de douleur [1]. » Pareillement, dans l'amour, c'est l'abat-

---

1. So cruel prison how could betide, alas!
    As proud Windsor? where I, in lust and joy,
With a king's son, my childish years did pass,
    In greater feast than Priam's son of Troy :.

Where each sweet place returns a taste full sour!
    The large green courts where we were wont to hove,

tement d'une âme fatiguée qu'il exprime. « Chaque chose ayant vie, le paysan, le bœuf de labour, le rameur à la galère, tous ont quelques heures de répit, tous, excepté lui, qui s'afflige le jour, qui veille la nuit, qui passe des rêveries tristes aux plaintes, des plaintes aux larmes amères, puis des larmes encore aux plaintes douloureuses, et dont la vie s'use ainsi[1]. » Ce qui apporte aux autres la joie lui apporte la peine.

>   With eyes cast up into the Maiden Tower,
>   And easy sighs such as folk draw in love.
>
>   The stately seats, the ladies bright of hue;
>   The dances short, long tales of great delight,
>   With words and looks that tigers could but rue,
>   Where each of us did plead the other's right.
>
>   The palm-play, where, despoiled for the game;
>   With dazzled eyes oft we by gleams of love,
>   Have missed the ball and got sight of our dame,
>   To bait her eyes, which kept the leads above.
>
>   The secret thoughts imparted with such trust,
>   The wanton talk, the divers change of play,
>   The friendship sworn, each promise kept so just;
>   Wherewith we passed the winter night away.
>
>   And with this thought, the blood forsakes the face,
>   The tears berain my cheeks of deadly hue,
>   The which, as soon as sobbing sighs, alas,
>   Upsupped have, thus I my plaint renew:
>
>   O place of bliss! renewer of my woes,
>   Give me accounts, where is my noble fere;
>   Whom in thy walls thou dost each night enclose;
>   To other leef, but unto me most dear:
>
>   Echo, alas! that doth my sorrow rue,
>   Returns thereto a hollow sound of plaint.

[1]. For all things having life, sometime hath quiet rest;
The bearing ass, the drawing ox, and every other beast;
The peasant and the post, that serves at all assays,
The ship-boy, and the galley-slave, have time to take their ease,
Save I alas! whom care, of force doth so constrain,
To wail the day, and wake the night, continually in pain,
From pensiveness to plaint, from plaint to bitter tears,
From tears to painful plaint again; and thus my life it wears.

« La douce saison qui fait sortir boutons et fleurs — a vêtu de vert la colline et aussi la vallée. — Le rossignol a des plumes nouvelles et chante. — La tourterelle a dit sa chanson à sa compagne. — L'été est venu, car chaque bourgeon à présent s'ouvre. — Le cerf a pendu sa vieille ramure aux pieux de l'enceinte. — Le daim dans la bruyère laisse tomber sa fourrure d'hiver. — Les poissons glissent avec des écailles nouvelles. — Le serpent abandonne toute sa dépouille. — L'agile hirondelle poursuit les petites mouches. — L'abeille affairée à présent compose son miel. — L'hiver est fini, qui était la mort des fleurs ; — Et je vois que parmi toutes ces douces choses, — chaque souci diminue ; et pourtant ma peine revient[1]. » N'importe, il aimera jusqu'au dernier souffle. « Si mon faible corps manque ou défaille, — ma volonté est qu'elle garde toujours mon cœur. — Et quand ce corps sera rendu à la terre, je lègue mon ombre lassée pour la servir encore[2].... » Amour infini et pur comme

[1]. The soote season that bud and bloom forth brings
With green hath clad the hill and eke the vale.
The nightingale with feathers new she sings,
The turtle to her mate hath told her tale.
Summer is come, for every spray now springs
The hart has hung his old head on the pale.
The buck in brake his winter coat he slings;
The fishe flete with new repaired scale
The adder all slough away she flings,
The swift swallow persueth the flies smalle,
The busy bee her honey now she mings.
Winter is worn that was the flower's bale.
And thus I see among these pleasent things,
Each care decays, and yet my sorrow springs!

[2]. Yet rather die a thousand times than once to false my faith;
And if my feeble corpse, through weight of woful smart,
Do fail or faint, my will it is that still she keep my heart.

celui de Pétrarque, elle en est digne; au milieu de tous ces vers étudiés ou imités, un admirable portrait se détache, le plus simple et le plus vrai qu'on puisse imaginer, œuvre du cœur cette fois et non de la mémoire, qui, à travers la madone chevaleresque, fait apparaître l'épouse anglaise, et par delà la galanterie féodale montre le bonheur domestique. Surrey seul, inquiet, entend en lui-même la voix ferme d'un bon ami, d'un conseiller sincère, l'Espoir qui lui parle avec assurance, lui jurant qu'elle est[1] « la plus digne

> And when this carcass here to earth shall be refar'd,
> I do bequeath my wearied ghost to serve her afterward.

1.
> I assure thee, even by oath,
> And thereon take my hand and troth,
> That she is one the worthiest,
> The truest and the faithfullest,
> The gentlest and meekest of mind,
> That here on earth a man may find;
> And if that love and truth were gone,
> In her it might be found alone.
> For in her mind no thought there is,
> But how she may be true, I wis;
> And tenders thee and all thy heal,
> And wisheth both thy health and weal;
> And loves thee even as far-forth than
> As any woman may a man;
> And is thy own and so she says;
> And cares for thee ten thousand ways;
> On thee she speaks, on thee she thinks.
> With thee she eats, with thee she drinks;
> With thee she talks, with thee she moans,
> With thee she sighs, with thee she groans,
> With thee she says: « Farewell, mine own! »
> When thou, God knows, full far art gone.
> And, even to tell thee all aright,
> To thee she says full oft : « Good night. »
> And names thee oft her own most dear,
> Her comfort, weal, and all her cheer ;
> And tells her pillow all the tale
> How thou hast done her woe and bale;
> And how she longs and plains for thee,
> And says : « Why art thou so from me ?

CHAPITRE I. LA RENAISSANCE PAÏENNE. 273

et la plus loyale, *la plus douce et la plus soumise de cœur qu'un homme puisse trouver sur la terre.* » Si l'amour et la foi étaient partis, on pourrait les retrouver en elle. Son cœur n'a d'autre idée que de t'être fidèle; elle ne s'occupe que de toi et de ton bien. « Elle souhaite ta santé et ton bonheur, et t'aime autant et aussi fort qu'une femme peut aimer un homme; elle est à toi et le dit, et prend souci de toi en dix mille façons. Tu es là quand elle parle, quand elle mange, quand elle pleure, quand elle soupire. Le soir elle te dit : Adieu, mon bien-aimé; quoique, Dieu le sait, tu sois bien loin d'elle, elle te répète mainte et mainte fois bonsoir. » — « Elle te nomme souvent son cher bien-aimé — sa consolation, son bonheur, toute sa joie — et conte à son oreiller toute son histoire : — comment tu as fait sa peine et son chagrin, — combien elle soupire après toi, comme il lui tarde de te voir. — Elle dit : Pourquoi es-tu ainsi loin de moi? — Ne suis-je pas celle qui t'aime le mieux? — Ne souhaité-je pas ton aise et ton repos? — Ne cherché-je point comme je puis te plaire? — Pourquoi t'en

> Am I not she that loves thee best?
> Do I not wish thine ease and rest?
> Seek I not how I may thee please?
> Why art thou then so from thy ease?
> If I be she for whom thou carest,
> For whom in torments so thou farest,
> Alas! thou knowest to find me here,
> Where I remain thine own most dear,
> Thine own most true, thine own most just,
> Thine own that loves thee still and must;
> Thine own that cares alone for thee,
> As thou, I think, dost care for me;
> And even the woman, she alone,
> That is full bent to be thine own.

vas-tu aussi loin de ton bien? — Si je suis celle à qui tu t'intéresses, — pour qui tu vis ainsi dans le tourment; — hélas! tu sais que tu me trouveras ici, — ici où je suis toujours ta chère bien-aimée, — ta plus dévouée, ta plus fidèle, — celle qui t'aime toujours et ne pourra jamais s'en empêcher, — celle qui est à toi et ne songe qu'à toi, — comme toi aussi, je pense, tu songes à elle, — à celle qui entre toutes les femmes — ne respire que pour être toute à toi. » Certainement c'est à sa femme[1] qu'il pense en ce moment, non à quelque Laure imaginaire; le rêve poétique de Pétrarque est devenu la peinture exacte de la profonde et parfaite affection conjugale, telle qu'elle subsiste encore en Angleterre, telle que tous les poëtes, depuis l'auteur de la *Nut Brown Maid* jusqu'à Dickens[2], n'ont jamais manqué de la représenter.

III

Un Pétrarque anglais : ce mot sur Surrey est le plus juste, d'autant plus juste qu'il exprime son talent aussi bien que son âme. En effet, comme Pétrarque le plus ancien des humanistes et le premier des écrivains parfaits, c'est un style nouveau que Surrey apporte, le style viril, indice d'une grande transfor-

---

1. Dans une autre pièce, *Complaint on the absence of her lover being upon the sea*, il parle en propres termes presque aussi tendrement de sa femme.

2. Greene, Beaumont et Flechter, Webster, Shakspeare, Ford, Otway, Richardson, de Foë, Fielding, Byron, Dickens, Thackeray, etc.

mation de l'esprit ; car cette façon d'écrire est l'effet d'une réflexion supérieure, qui, dominant l'impulsion primitive, calcule et choisit en vue d'un but. A ce moment, l'esprit est devenu capable de se juger, et il se juge. Il reprend son œuvre spontanée, tout enfantine et décousue, à la fois incomplète et surabondante; il la fortifie et la lie; il l'émonde et l'achève; il y démêle son idée maîtresse, pour l'en dégager et la mettre au jour. Ainsi fait Surrey, et son éducation l'y a préparé; car avec Pétrarque il a étudié Virgile et traduit presque vers pour vers deux livres de l'*Énéide*. En pareille compagnie, on est contraint de trier ses idées et de serrer ses phrases. A leur exemple, il mesure les moyens de frapper l'attention, d'aider l'intelligence, d'éviter la fatigue et l'ennui. Il prévoit la dernière ligne en écrivant la première. Il garde pour dernier trait le mot le plus fort, et marque la symétrie des idées par la symétrie des phrases. Tantôt il guide l'esprit par une série d'oppositions continues jusqu'à l'image finale, sorte de cassette brillante où il vient déposer l'idée qu'il porte et fait regarder depuis le départ[1]. Tantôt il promène le lecteur jusqu'au bout d'une longue description fleurie pour l'arrêter tout d'un coup sur un demi-vers triste[2]. Il manie les procédés et sait produire les effets; même il a de ces vers classiques où deux substantifs, flanqués chacun d'un adjectif, se font équilibre autour d'un verbe[3]. Il

1. *The frailty and hurtfulness of beauty.*
2. *Description of spring. A vow to love faithfully.*
3. *Complaint of the lover disdained.*

assemble ses phrases en périodes harmonieuses, et songe au plaisir des oreilles comme au plaisir de l'esprit. Il ajoute par des inversions de la force aux idées et de la gravité au discours. Il choisit les termes élégants ou nobles, n'admet point de mots oiseux ni de phrases redondantes. Il fait tenir une idée dans chaque épithète et un sentiment dans chaque métaphore. Il y a de l'éloquence dans le développement régulier de sa pensée ; il y a de la musique dans l'accent soutenu de ses vers.

Voilà donc l'art qui est né : ceux qui ont des idées tiennent maintenant un instrument capable de les exprimer; comme les peintres italiens qui, en cinquante ans, ont importé ou trouvé tous les procédés techniques du pinceau, les écrivains anglais, en un demi-siècle, vont importer ou trouver tous les artifices de langage, la période, le style noble, le vers héroïque, bientôt la grande stance, si bien que plus tard les plus parfaits versificateurs, « Dryden et Pope lui-même, n'ajouteront presque rien aux règles inventées et appliquées dès ces premiers essais [1]. » Même Surrey est trop voisin d'eux, trop enfermé dans ses modèles, trop peu libre; il n'a point encore senti le grand souffle ardent du siècle; on ne trouve point en lui un génie hardi, un homme passionné qui s'épanche, mais un courtisan, amateur d'élégance, qui, touché par les beautés de deux littératures achevées, imite Horace et les maîtres choisis d'Italie, cor-

---

1. Surrey, édition Nott. Remarques du docteur Nott.

rige et polit de petits morceaux, s'étudie à bien parler le beau langage. Parmi des demi-barbares, il porte convenablement un habit habillé. Encore ne le porte-t-il pas avec une entière aisance; il a les yeux trop invariablement fixés sur ses modèles et n'ose se permettre les gestes francs et forts. Il est parfois écolier, il abuse des glaces et des flammes, des blessures et des martyres; quoique amoureux, et véritablement, il songe trop qu'il doit l'être à la façon de Pétrarque, surtout qu'une phrase doit être balancée et qu'une image doit être suivie; j'oserais dire que dans ses sonnets de soupirant transi il pense moins souvent à bien aimer qu'à bien écrire. Il a des concetti, des mots faux; il emploie des tours usés; il raconte comment Nature, après avoir fait sa dame, a brisé le moule; il fait manœuvrer Cupidon et Vénus; il manie les vieilles machines des troubadours et des anciens en homme ingénieux qui veut passer pour galant. Il n'y a guère d'esprit qui ose tout d'abord être tout à fait lui-même; quand paraît un art nouveau, le premier artiste écoute non son cœur, mais ses maîtres, et se demande à chaque pas s'il pose bien le pied sur le sol solide et s'il ne bronche point.

IV

Insensiblement la croissance se fait, et à la fin du siècle tout est changé. Un style nouveau, étrange, surchargé, s'est formé, et va régner jusqu'à la Restauration, non-seulement dans la poésie, mais aussi dans la prose, même dans les discours de cérémonie et dans les prédications théologiques[1], si conforme à l'esprit du temps, qu'on le rencontre en même temps par toute l'Europe, chez Ronsard et d'Aubigné, chez Calderon, Gongora et Marini. En 1580 parut *Euphuès, l'anatomie de l'esprit*, par Lyly, qui en fut le manuel, le chef-d'œuvre, la caricature, et qu'une admiration universelle accueillit[2]. « Notre nation, dit Édouard Blount, lui doit d'avoir appris un nouvel anglais. Toutes nos dames furent ses écolières. Une beauté à la cour qui ne savait parler l'euphuisme était aussi peu regardée que celle qui aujourd'hui ne sait point parler français. » Les dames savaient par cœur toutes les phrases d'Euphuès, singulières phrases recherchées et raffinées, qui sont des énigmes, dont l'auteur semble chercher de parti pris les expressions les moins naturelles et les plus lointaines, toutes remplies d'exagérations et d'antithèses, où les allusions mythologiques, les réminiscences de l'alchimie, les métaphores botaniques et astronomiques, tout le fatras et tout le pêle-mêle de l'érudition, des voyages, du maniérisme, roule dans un déluge de comparaisons et de concetti. Ne le jugez pas par la

---

1. Discours du speaker au roi Charles II à sa restauration. Comparer aux discours de M. de Fontanes sous l'Empire. Dans les deux cas, c'est un âge littéraire qui finit. — Lisez comme spécimen le discours prononcé devant l'Université d'Oxford. *Athenæ oxonienses*, I, 193.

2. Son second ouvrage, *Euphues and his England*, parut l'an suivant, 1581.

grotesque peinture que Walter Scott en a faite; son sir Percy Shafton n'est qu'un pédant, un copiste froid et terne; et c'est la chaleur, l'originalité qui donnent à ce langage un tour vrai et un accent; il faut se l'imaginer non pas mort et inerte, tel que nous l'avons aujourd'hui dans les vieux livres, mais voltigeant sur les lèvres des dames et des jeunes seigneurs en pourpoint brodé de perles, vivifié par leur voix vibrante, leurs rires, l'éclair de leurs yeux, et le geste des mains qui jouaient avec la coquille de l'épée ou tortillaient le manteau de satin. Ils sont en verve, leur tête est pleine et comblée, et ils s'amusent, comme font aujourd'hui des artistes nerveux et ardents à leur aise dans un atelier. Ils ne parlent point pour se convaincre ou se comprendre, mais pour contenter leur imagination tendue, pour épancher leur séve regorgeante[1]. Ils jouent avec les mots, ils les tordent, ils les déforment, ils jouissent des subites perspectives, des contrastes heurtés qu'ils font jaillir coup sur coup l'un sur l'autre et à l'infini. Ils jettent fleur sur fleur, clinquant sur clinquant; tout ce qui brille leur agrée; ils dorent et brodent et empanachent leur langage, comme leurs habits. De la clarté, de l'ordre, du bon sens, nul souci; c'est une fête et c'est une folie; l'absurdité leur plaît. Rien de plus piquant pour eux qu'un carnaval de magnificences et de grotesques; tout s'y coudoie, une grosse gaieté, un mot tendre et triste, une pastorale, une fanfare

---

1. Voir les jeunes gens dans Shakspeare, surtout Mercutio.

tonnante de capitan démesuré, une gambade de pitre.
Les yeux, les oreilles, tous les sens curieux, exaltés,
ont leur contentement dans le cliquetis des syllabes,
dans le chatoiement des beaux mots colorés, dans le
choc inattendu des images drolatiques ou familières,
dans le roulement majestueux des périodes équilibrées. Chacun se fait alors ses jurons, ses élégances,
son langage. « On dirait, dit Heylin, qu'ils ont honte
de leur langue maternelle, et ne la trouvent pas assez
nuancée pour exprimer les caprices de leur esprit. »
Nous ne nous figurons plus cette invention, cette hardiesse de la fantaisie, cette fécondité continue de la
sensibilité frémissante ; il n'y a point de vraie prose
alors ; la poésie qui déborde envahit tout. Un mot
n'est point un chiffre exact, comme chez nous, un
document qui, de cabinet en cabinet, transmet une
pensée précise ; c'est une portion dans une action
complète, dans un petit drame ; quand ils le lisent, ils
ne se le figurent pas seul, ils l'imaginent avec le son
de la voix sifflante ou criante, avec le plissement des
lèvres, avec le froncement des sourcils, avec l'enfilade
de peintures qui se pressent derrière lui et qu'il évoque dans un éclair. Chacun le mime et le prononce à
sa façon et y imprime son âme. C'est un chant qui,
comme un vers de poëte, contient mille choses par
delà son sens littéral, et manifeste la profondeur, la
chaleur et les scintillements de la source dont il est
sorti. Car en ce temps-là, même quand l'homme est
médiocre, son œuvre est vivante : quelque chose palpite dans les moindres écrits de ce siècle ; la force et

la fougue créatrice lui sont propres; à travers les emphases et les affectations, elles percent; ce Lyly lui-même, si tourmenté, qui semble écrire exprès en dépit du bon sens, est parfois un vrai poëte, un *chanteur*, un homme capable de ravissements, un voisin de Spencer et de Shakspeare, un de ces songeurs éveillés qui voient intérieurement « des fées dansantes, la joue empourprée des déesses, et ces forêts enivrées, amoureuses, qui ferment leurs sentiers pour retenir dans leurs buissons les pas légers des jeunes filles [1]. » Que le lecteur m'aide et s'aide; je ne suis pas capable autrement de lui faire entendre ce que les hommes de ce temps-là ont eu le bonheur de sentir.

V

Surabondance et déréglement, ce sont là les deux traits de cet esprit et de cette littérature, traits communs à toutes les littératures de la Renaissance, mais plus marqués ici qu'ailleurs, parce que la race qui est germanique n'est pas contenue comme les races latines par le goût des formes harmonieuses et préfère la forte impression à la belle expression. Il faut choisir dans cette foule de poëtes; en voici un,

---

1. *The Maid's metamorphosis.*

    Adorned with the presence of my love,
    The woods, I fear, such secret power shall prove,
    As they 'll shut up each path, hide every way,
    Because thy still would have her go astray.

l'un des premiers, qui montrera par ses écrits comme par sa vie les grandeurs et les folies des mœurs régnantes et du goût public; sir Philip Sidney, neveu du comte de Leicester, un grand seigneur et un homme d'action, accompli en tout genre de culture, qui, après une éducation approfondie d'humaniste, a voyagé en France, en Allemagne et en Italie, a lu Aristote et Platon, étudié à Venise l'astronomie et la géométrie, médité les tragédies grecques, les sonnets italiens, les pastorales de Montemayor, les poëmes de Ronsard, s'intéressant aux sciences, entretenant un commerce de lettres avec le docte Hubert Languet; avec cela, homme du monde, favori d'Élisabeth, ayant fait jouer en son honneur une pastorale flatteuse et comique, véritable « joyau de la cour, » arbitre, comme d'Urfé, de la haute galanterie et du beau langage; par-dessus tout chevaleresque de cœur et de conduite, ayant voulu courir avec Drake les aventures maritimes, et, pour tout combler, destiné à mourir jeune et en héros. Il était général de la cavalerie et avait sauvé l'armée anglaise à Gravelines; peu de temps après, blessé mortellement et mourant de soif, comme il se faisait apporter de l'eau, il vit à côté de lui un soldat encore plus blessé qui regardait cette eau avec angoisse : « Donnez-la à cet homme, dit-il, il en a plus besoin que moi. » Joignez à cela la véhémence et l'impétuosité du moyen âge, une main prête à l'action et posée incessamment sur la garde de l'épée ou du poignard. « Monsieur Molineux, écrivait-il au secrétaire de son père, si j'apprends jamais que vous ayez lu une de mes lettres sans mon consentement ou sans l'ordre de mon père, je vous planterai ma dague dans le corps, et comptez-y, car je parle sérieusement. » C'est le même homme qui déclarait aux adversaires de son oncle qu'ils « mentaient par la gorge, » et, pour soutenir son dire, leur assignait un rendez-vous à trois mois en n'importe quel endroit de l'Europe. L'énergie sauvage de l'âge précédent subsiste intacte, et c'est pour cela que la poésie trouve dans ces âmes vierges une prise si forte; les moissons humaines ne sont jamais si belles que lorsque la culture ouvre un sol neuf. Passionné de plus, mélancolique et solitaire, il est tourné naturellement vers la rêverie noble et ardente, et il est si bien poëte qu'il l'est en dehors de ses vers.

VI

Raconterai-je son époque pastorale, l'*Arcadie?* Ce n'est qu'un délassement, une sorte de roman poétique écrit à la campagne pour l'amusement de sa sœur, œuvre de mode, et qui, comme chez nous le *Cyrus* et la *Clélie*, n'est point un monument, mais un document. Ces sortes de livres ne montrent que les dehors, l'élégance et la politesse courante, le jargon du beau monde, bref, ce qu'il faut dire devant les dames; et néanmoins on y voit la pente de l'esprit public : dans la *Clélie*, le développement oratoire, l'analyse fine et suivie, la conversation abondante de gens tranquillement assis sur de beaux fauteuils; dans l'*Arcadie*, l'imagination tourmentée, les sentiments excessifs, le pêle-mêle d'événements qui conviennent à des hommes à peine sortis de la vie demi-barbare. En effet, à Londres, on se tire encore des coups de pistolet dans les rues, et sous Henri VIII, sous son fils et sous ses filles, des reines, un protecteur, les premiers des nobles s'agenouilleront sous la hache du bourreau. La vie armée et périlleuse a résisté longtemps en Europe à l'établissement de la vie pacifique et tranquille, et il a fallu transformer la société et le sol pour changer les hommes d'épée en bourgeois; ce sont les grandes routes de Louis XIV et son administration réglée, comme plus tard les chemins de fer et les sergents de ville qui nous ont ôté les habitudes de l'action violente et le goût des aventures dangereuses. Comptez qu'encore à ce moment les têtes sont remplies d'images tragiques. L'*Arcadie* de Sidney en renferme assez pour défrayer six poëmes épiques. « C'était un jeu, dit Sidney, je déchargeais mon cerveau de jeune homme. » Dans les vingt-cinq premières pages, vous trouvez un naufrage, une histoire de pirates, un prince à demi noyé recueilli par les bergers, un voyage en Arcadie, des déguisements, la retraite d'un roi qui s'est confiné dans une solitude avec sa femme et ses enfants, la délivrance d'un jeune seigneur prisonnier, une guerre contre les Ilotes, une paix conclue, et bien d'autres choses. Continuez, et vous verrez des princesses enfermées par une méchante fée qui les fouette et les menace de mort si elles refusent d'épouser son fils, une belle reine condamnée à périr par le feu si des chevaliers qu'on désigne ne viennent pas la délivrer, un prince perfide torturé en punition de ses méfaits, puis jeté du haut d'une pyramide, des combats, des surprises, des enlèvements, des voyages, bref, tout l'attirail des romans les plus romanesques. Voilà pour le sérieux; l'agréable est pareil; la fantaisie règne partout. La pastorale invraisemblable sert d'intermède, comme dans Shakspeare ou dans Lope, à la tragédie invraisemblable. Incessamment vous voyez danser des bergers; ils sont fort courtois, bons poëtes et métaphysiciens subtils. Plusieurs sont des princes déguisés qui font la cour à des princesses. Ils chantent infiniment et forment des danses allégoriques; deux troupes s'avancent, les serviteurs de la Raison et les serviteurs de la Passion; on décrit tout au long leurs chapeaux, leurs rubans et leurs tuniques. Ils se querellent en vers, et leurs répliques pressées, renvoyées coup sur coup, alambiquées, font un tournoi d'esprit. Qui se soucie du naturel et du possible en ce siècle? Il y a des fêtes pareilles pour les *entrées* d'Élisabeth, et vous n'avez qu'à regarder les estampes des Sadler, de Martin de Vos et de Goltzius pour y trouver ce mélange de beautés sensibles et d'énigmes philosophiques. La comtesse de Pembroke et ses dames sont charmées d'imaginer cette profusion de costumes et de vers, cet opéra sous les arbres; on a des yeux au seizième siècle, des sens qui cherchent leur contentement dans la poésie, le même contentement que dans les mascarades et dans la peinture. En ce moment l'homme n'est pas encore une pure raison ; la vérité abstraite ne lui suffit pas ; de riches étoffes tortillées et ployées, le soleil qui les lustre, une prairie pleine de marguerites blanches, des dames en robe de brocart, les bras nus, une couronne sur la tête, des concerts d'instruments derrière le feuillage, voilà ce que le lecteur veut qu'on lui présente ; il ne s'inquiète pas des contrastes, et trouve volontiers un salon au milieu des champs.

Qu'y vont-ils dire ? C'est ici qu'éclate dans toute sa folie l'espèce d'exaltation nerveuse qui est propre à l'esprit du temps ; l'amour monte au trente-sixième ciel ; Musidorus est frère de notre Céladon ; Paméla est proche parente des plus sévères héroïnes de notre *Astrée* ; toutes les exagérations espagnoles foisonnent, et aussi toutes les faussetés espagnoles. Car dans ces œuvres de mode et de cour, le sentiment primitif ne garde jamais sa sincérité ; l'esprit, le besoin de plaire, le désir de faire effet, de mieux parler que les autres, l'altèrent, le travaillent, entassent les embellissements, les raffinements, en sorte qu'il ne reste rien qu'un galimatias. Musidorus a voulu prendre un baiser à Paméla. Elle le repousse. Il serait mort sur la place ; mais, par bonheur, il se souvient que sa maîtresse lui a ordonné de s'éloigner, et trouve encore des forces pour accomplir son commandement. Il se plaint aux arbres, il pleure en vers ; vous trouverez des dialogues où l'écho, répétant le dernier mot, fait la réponse, des duos rimés, des stances équilibrées, où l'on expose minutieusement la théorie de l'amour, bref

CHAPITRE I. LA RENAISSANCE PAÏENNE. 287

tous les morceaux de bravoure de la poésie ornementale. S'ils envoient une lettre à leur maîtresse, ils parlent à la lettre, ils disent à l'encre de pleurer hardiment. « Pendant qu'elle te regardera, ta noirceur deviendra lumière ; pendant qu'elle te lira, tes cris deviendront une musique [1]. » Deux jeunes princesses se couchent. « Elles appauvrirent leurs habits pour enrichir leur lit qui, cette nuit, eût bien pu mépriser l'autel de Vénus, et là, se caressant l'une l'autre avec des embrassements tendres quoique chastes, avec des baisers doux quoique froids, elles auraient pu faire croire que l'Amour était venu se jouer sans dards auprès d'elles, ou que, fatigué de ses propres feux, il voulait se rafraîchir entre leurs lèvres embaumées [2]. » Songez, pour excuser ces sottises, qu'il y en a d'égales dans Shakspeare. Tâchez plutôt de les comprendre, de les imaginer à leur place, avec leur entourage, telles qu'elles sont, c'est-à-dire comme les excès de la singularité et de la verve inventive. Ils ont

---

1. Therefore, mourne boldly, my inke. For, while she looks upon you, your blackness will shine ; cry out boldly my lamentations ; for while she reads you, your cries will be musicke.
(Éd. in-fol. 1605, p. 118.)
2. They impoverished their clothes to enrich their bed, which might well for that night scorn the shrine of Venus, and there cherishing one another with deare though chaste embracements, with sweet though cold kisses, it might seem that Love was come to play him there without darts, or that, weary of his own fires, he was there to refresh himself between their sweet-breathing lippes..... Some horses lay dead under their dead masters, whom unknightly wounds had unjustly punished for a faithfull duty. Some lay upon their lords by like accidents, and in death had the honour to be borne by them, whom in life they had borne.

beau gâter à plaisir leurs plus belles idées ; sous le fard perce la fraîcheur native[1]. Dès le second ouvrage de Sidney, la *Défense de la poésie*, on voit paraître la véritable imagination, l'accent sincère et sérieux, le style grandiose, impérieux, toute la passion et l'élévation qu'il porte dans son cœur et qu'il mettra dans ses vers. C'est un méditatif, un platonicien[2], qui s'est pénétré des doctrines antiques, qui prend les choses de haut, qui met l'excellence de la poésie non dans l'agrément, l'imitation ou la rime, mais dans cette conception créatrice et supérieure par laquelle l'artiste refait la nature et l'embellit. En même temps c'est un homme ardent, confiant dans la noblesse de ses aspirations et dans la largeur de ses idées, qui rabat les criailleries du puritanisme bourgeois, étroit, vulgaire, et s'épanche avec l'ironie hautaine, avec la fière liberté d'un poëte et d'un grand seigneur.

A ses yeux, s'il y a quelque art ou quelque science capable d'augmenter et de cultiver la générosité de l'homme, c'est la poésie. Tour à tour il fait comparaître devant elle le philosophe et l'historien, avec leurs prétentions qu'il raille et foule[3]. Il combat pour

---

[1]. In the time that the morning did strew roses and violets in the heavenly floore against the coming of the sun, the nightingales (striving one with the other which could in most dainty varietie recount their wronge-caused sorrow) made them put off their sleep.

[2]. Page 494.

[3]. I dare undertake *Orlando Furioso* or honest king *Arthur* will never displease a soldier. But the quidditie of *Ens* and *prima materia* will hardly agree with a corcelet.

Voyez p. 497, la personnification très-railleuse et très-spirituelle de l'Histoire et de la Philosophie. Il y a là un vrai talent.

CHAPITRE I. LA RENAISSANCE PAÏENNE.

elle comme un chevalier pour sa dame, et voyez de quel style héroïque et magnifique. Il raconte qu'en écoutant la vieille ballade de Percy et Douglas, son cœur s'est troublé comme au son d'une trompette. « Si dans ce mauvais accoutrement, souillée de la poussière et des toiles d'araignées d'un âge grossier, elle nous remue de la sorte, que ne ferait-elle pas revêtue de la magnifique éloquence de Pindare[1]? » Le philosophe rebute, le poëte attire : « Chez lui vous voyagez comme dans un beau vignoble; dès l'entrée, il vous donne une grappe de raisins, en telle sorte que, rempli de ce goût, vous souhaitez continuer votre route[2]. » Quel genre peut vous déplaire dans la poésie? Est-ce la pastorale, si aisée et si riante? « Est-ce l'ïambe amer, mais salutaire, qui frotte au vif les plaies de l'âme, et par ses cris hardis et perçants contre le vice, fait de la honte la trompette de l'infamie[3]? » A la fin il rassemble ses raisons, et l'ac-

---

1. I never heard the old song of Percy and Douglas, that I found not my heart moved more than with a trumpet. And yet it is sung but by some blind crowder, with no rougher voice than rude style; which being so evil apparelled in the dust and cobweb of that uncivil age, what would it work, trimmed in the gorgeous eloquence of Pindar?

2. Nay, he doth as if your journey should lie through a faire vineyard, at the very first give you a cluster of grapes, that, full of that taste, you may long to pass further. He beginneth not with obscure definitions which must blurre the margent with interpretations, and load the memory with doutfullness; but he cometh to you with words set in delightfull proportions, either accompanied with or prepared for the well-enchaunting skill of musick, and, forsooth he cometh unto you with a tale, which holdth the children from play and old men from the chimney-corner.

3. Is it the bitter, but wholesome Iambic, who rubbes the galled

cent vibrant et martial de sa période poétique est comme une fanfare de victoire. « Puisque, dit-il, les excellences de la poésie peuvent être si justement et si aisément établies; puisque les basses et rampantes objections peuvent être si vite écrasées; puisqu'elle n'est pas un art de mensonge, mais de vraie doctrine; puisqu'au lieu d'efféminer, elle aiguillonne le courage; puisqu'au lieu d'abuser l'esprit de l'homme, elle fortifie l'esprit de l'homme, plantons des lauriers pour enguirlander la tête des poëtes, plutôt que de permettre à l'impure haleine de ces diffamateurs de souffler sur les claires fontaines de la poésie[1]. » Par cette véhémence et ce sérieux, vous pouvez imaginer d'avance quels sont ses vers.

mind, in making shame the trumpet of villany, with bold and open crying out against naughtiness?
1. So that since the excellency of poetry may be so easely and so justly confirmed, and the low-creeping objections so soon trodden down, it not being an arte of lies, but of true doctrine; not of effeminateness, but of notable stirring of courage; not of abusing man's witt, but of strengthening man's witt; not banished, but honoured by Plato; let us rather plant more laurels for to ingarland the poets' heads, than suffer the ill favoured breath of such wrong speakers once to blow up on the cleare streams of poesie.
Voyez encore çà et là des vers qui éclatent comme ceux-ci :

> Or Pindare's apes, flamet they in phrases fine,
> Enam' ling with pied flowers their thoughts of gold.

VII

Bien des fois, après avoir lu des poëtes de cet âge, je suis resté penché sur les estampes contemporaines, me disant que l'homme, esprit et corps, n'était pas alors celui que nous voyons aujourd'hui. Nous aussi, nous avons des passions, mais nous ne sommes plus assez forts pour les porter. Elles nous détraquent; nous ne sommes plus poëtes impunément. Alfred de Musset, Henri Heine, Edgard Poe, Burns, Byron, Shelley, Cowper, combien en citerai-je? Le dégoût, l'abrutissement et la maladie, l'impuissance, la folie et le suicide, au mieux l'excitation permanente ou la déclamation fébrile, ce sont là aujourd'hui les issues ordinaires du tempérament poétique. Les fougues de la cervelle rongent les entrailles, dessèchent le sang, attaquent la moelle, secouent l'homme comme un orage, et la charpente humaine telle que la civilisation nous l'a faite n'est plus assez solide pour y résister longtemps. Ceux-ci plus rudement élevés, plus habitués aux intempéries, plus endurcis par les exercices du corps, plus roidis contre le danger, durent et vivent; y a-t-il un homme aujourd'hui qui pourrait supporter la tempête de passions et de visions qui a traversé Shakspeare, et finir comme lui en bourgeois sensé et renté dans son petit pays? Les muscles étaient plus fermes, la défaillance moins prompte. La fureur d'attention concentrée, les demi-hallucinations, l'angoisse et le halètement de la poitrine, le frémissement des membres qui se tendent involontairement et aveuglément vers l'action, tous les élans douloureux qui accompagnent les grands désirs les épuisaient moins ; c'est pourquoi ils avaient longtemps de grands désirs et osaient davantage. D'Aubigné, blessé de plusieurs coups d'épée, croyant mourir, se fit attacher sur son cheval afin de revoir encore une fois sa maîtresse, fit ainsi plusieurs lieues, perdant son sang, et arriva évanoui. Voilà les sentiments que nous devinons encore aujourd'hui dans leurs peintures, dans ce regard droit qui s'enfonce comme une épée, dans cette force de l'échine qui se plie ou va se tordre, dans la sensualité, l'énergie, l'enthousiasme qui transpire à travers leurs gestes et leurs regards. Voilà le sentiment que nous découvrons encore aujourd'hui dans leurs poésies, chez Greene, Lodge, Jonson, Spenser, Shakspeare, chez Sidney comme chez tous les autres. On oublie bien vite les fautes de goût qui l'accompagnent, les affectations, le jargon bizarre. Est-il vraiment si bizarre? Supposez un homme qui, les yeux fermés, voit distinctement le visage adoré de sa maîtresse, qui l'a présent tout le jour, qui se trouble et tressaille en imaginant tour à tour son front, ses yeux, ses lèvres, qui ne peut pas et ne veut pas se détacher de sa vision, qui chaque jour s'enfonce davantage dans cette contemplation véhémente, qui à chaque instant est brisé par des anxiétés mortelles ou jeté hors de lui par des ravissements de bonheur ; il perdra la notion exacte des choses. Une idée fixe devient une

CHAPITRE I. LA RENAISSANCE PAÏENNE.

idée fausse. A force de regarder un objet sous toutes ses faces, de le retourner, d'y pénétrer, on le déforme. Quand on ne peut penser à un objet sans éblouissement et sans larmes, on l'agrandit et on lui suppose une nature qu'il n'a pas. Dès lors les comparaisons étranges, les idées alambiquées, les images excessives deviennent naturelles. Si loin qu'il aille, quelque objet qu'il touche, il ne voit partout dans l'univers que le nom et les traits de Stella. Toutes ses idées le ramènent à elle. Il est tiré éternellement et invinciblement par la même pensée, et les comparaisons qui semblent lointaines ne font qu'exprimer la présence incessante et la puissance souveraine de l'image dont il est obsédé. Stella est malade; il semble à Sidney[1] « que la joie hôte de ses yeux pleure en elle. » Ce mot est absurde pour nous. L'est-il pour Sidney qui, pendant des heures entières, s'est appesanti sur l'expression de ces yeux, qui a fini par voir en eux toutes les beautés du ciel et de la terre, qui, auprès d'eux, trouve toute lumière terne et tout bonheur fade? Comptez que dans toute passion extrême les lois ordinaires sont renversées, que notre logique française n'en est point juge, qu'on y rencontre des affectations, des enfances, des jeux d'esprit, des crudités, des folies, et que les violents états de la machine nerveuse sont comme un pays inconnu et extraordinaire où le bon sens et le bon langage ne pourront

---

1. And Joy which is inseparate from those eyes,
Stella, now learnes (strange case) to weepe in thee.
(101ᵉ sonnet.)

jamais pénétrer. Au retour du printemps, quand Mai étale sur les champs sa robe bigarrée de fleurs nouvelles, Astrophel et Stella vont s'asseoir sous l'ombre d'un bois écarté, dans l'air chaud, plein de bruissements d'oiseaux et d'émanations suaves. Le ciel sourit, le vent vient baiser les feuilles qui tremblent, les arbres penchés entrelacent leurs rameaux gonflés de séve, la terre amoureuse aspire avidement l'eau qui frissonne[1]. A genoux, le cœur palpitant, oppressé, il lui semble que sa maîtresse se transfigure ; « sa jeune âme s'envole vers Stella, son nid bien-aimé ; » Stella, « souveraine de sa peine et de sa joie ; » Stella, « sur qui le ciel de l'amour a versé toute sa lumière ; » Stella, « dont la parole bouleverse les sens ; » Stella, « dont

[1].
  In a grove most riche of shade,
  Where birds wanton musike made,
  May, then young, his pide weeds showing,
  New perfumed with flowers fresh growing,

  Astrophel, with Stella sweet,
  Did for mutual comfort meet,
  Both within themselves oppressed,
  But each in the other blessed.

  Their ears hungry of each word
  Which the dere tongue would afford,
  But their tongues restrained from walking
  Till their harts had ended talking.

  But when their tongues could not speake,
  Love itself did silence breake,
  Love did set his lips asunder,
  Thus to spake in love and wonder....
        (8ᵉ chanson.)

  This small wind which so sweet is,
  See how it the leaves doth kisse,
  Each tree in his best attyring,
  Sense of love to love inspiring.

CHAPITRE I. LA RENAISSANCE PAÏENNE. 295

le chant donne au cœur la vision des anges[1]. » Ces cris d'adoration font comme un hymne. Chaque jour il écrit les pensées d'amour qui l'agitent, et dans ce long journal continué pendant cent pages, on sent le souffle embrasé croître à chaque instant. Un sourire de sa maîtresse, une boucle que le vent soulève, un geste, sont des événements. Il la peint dans toutes les attitudes; il ne peut se rassasier de la voir. Il parle aux oiseaux, aux plantes, aux vents, à toute la nature. Il apporte le monde entier aux pieds de Stella. A l'idée d'un baiser, il défaille. « Mon cœur bondissant montera à mes lèvres pour avoir son contentement, pour baiser ces roses parfumées par le miel de la volupté, ces lèvres qui entr'ouvrent leurs rubis pour découvrir des perles[2]. » Il y a des magnificences orientales dans

---

1. Stella, soveraigne of my joy....
    Stella, starre, of heavenly fier,
    Stella, loadstar of desier,
    Stella, in whose shining eyes,
    Are the light of Cupids skies....
    Stella, whose voice when it speakes
    Senses all asunder breakes,
    Stella whose voice when it singeth,
    Angels to acquaintance bringeth....
    (8° chanson.)

    And my young soul flutters to thee his nest.
    (108° sonnet.)

2. Think of that most gratefull time,
    When my leaping heart will clime
    In my lips to have his biding,
    There those roses for to kisse
    Which do breath a sugred blisse,
    Opening rubies, pearles deviding.
    (10° chanson.)

    O joy, too high for my low style to show :
    O blisse fit for a nobler state than me :

l'éblouissant sonnet où il demande pourquoi les joues de Stella sont pâlies : « Où sont allées les roses qui ravissaient nos yeux ? — Où sont ces joues vermeilles, où la vertu rougissante s'empourprait de la livrée royale de la pudeur ? — Qui a volé à mes cieux du matin leur vêtement d'écarlate ? » — « Sa vie se fond à force de penser[1]. » Épuisé par l'extase, il s'arrête. Puis « comme le satyre qui, lorsque Prométhée apporta le feu sur la terre, vint, tout charmé, baiser la flamme, et s'enfuit avec des cris insensés, parmi les bois et les campagnes, sans pouvoir apaiser l'âpre morsure du divin élément[2], » il va de pensées en pensées, cherchant un soulagement à sa plaie. Enfin

    Envy, put out their eyes, least thou do see
    What oceans of delight in me do flow.
      My friend, who oft saw through all maskes my woe,
    Come, come, and let me pour myself on thee ;
    Gone is the winter of my misery,
    My spring appeares, O see what here doth grow.
      For Stella hath in words where faith doth shine
    Of her high heart given me the monarchie.
    I, I, o I may say, that she is mine.

1. Where be those Roses gone, which sweetned so our eyes!
Where those red cheeks, which oft with faire encrease did frame
The height of honor in the kingly badge of shame ?
Who hath the crimson weeds stolne from my morning skies ?
                            (102ᵉ sonnet.)

My life melts with too much thinking.
                          (10ᵉ chanson.)

2. Prometheus when first from heaven hye
He brought downe fire, ere then on earth not seene,
Fond of delight, a satyre standing by
Gave it a kisse, as it like sweete hat beene.
Feeling forthwith the other burning power,
Wood with the smart, with shouts and shrieking shrill,
He sought ease in river, field, and bower,
But for the time, his grief went with him still.

CHAPITRE I. LA RENAISSANCE PAÏENNE.

le calme est revenu, et pendant cette éclaircie l'esprit agile et brillant joue comme une flamme voltigeante à la surface du profond foyer qui couve. Oserai-je traduire ces songes d'amoureux et de peintre, ces charmantes imaginations païennes et chevaleresques où Pétrarque et Platon semblent avoir laissé leur souvenir? Pourrai-je les traduire? Sortez un instant de notre langue raisonnable, et sentez la grâce et le badinage sous l'apparente affectation[1] :

> Beaux yeux, douces lèvres, cher cœur, ai-je pu,
> Fou que je suis, espérer jouir de vous par l'aide de l'Amour,
> Puisqu'il trouve lui-même en vos beautés
> Sa grande force, ses jeux choisis, sa retraite tranquille?
>
> Car, s'il voit quelqu'un qui ose le contredire,
> Il regarde avec ces yeux. Ah! tout d'un coup
> Chaque âme dépose ses armes au pied de l'Amour,
> Heureuse s'il lui permet de mourir pour elle.
>
> Quand il veut jouer, il va sur ces lèvres,
> Rougissant, honteux d'être amoureux d'elles;
> Avec chaque lèvre il baise l'autre.

---

1. Faire eyes, sweete lips, deare heart, that foolish I
   Could hope by Cupids helpe on you to pray;
   Since to himself he doth your gifts apply,
   As his main force, choice sport, and easefull stray.

   For when he will see who dare him gainsay,
   Then with those eyes he lookes; by and by
   Each soule doth at Loves feet his weapon lay,
   Glad if for her he give them leave to die.

   When he will play, then in her lips he is,
   Where blushing red, that Love selfe them doth love,
   With either lip he doth the other kisse.

   But when he will for quiet sake remove
   From all the world, her heart is then his rome,
   Where well he knowes, no man to him can come.
   (3ᵉ sonnet.)

Mais quand il veut chercher une retraite paisible,
Loin de tout le monde, ce cœur est sa demeure,
Sachant bien que nul homme ne viendra l'y trouver.

Tout est pris ici, le cœur et les sens. S'il trouve les yeux de Stella plus beaux que toute chose au monde, il trouve « son âme plus belle encore que son corps. » Il est platonicien, lorsqu'il raconte que la vertu, voulant se faire aimer des hommes, a pris la forme de Stella pour enchanter leurs yeux, « et leur faire découvrir ce ciel que le sens intérieur révèle aux âmes héroïques. » On reconnaît en lui la soumission entière du cœur, l'amour tourné en religion, la passion parfaite qui ne souhaite que de croître, et qui, semblable à la piété des mystiques, se trouve toujours trop petite quand elle se compare à l'objet aimé. « Ma jeunesse se consume; mon savoir ne met au jour que des futilités. Mon esprit s'emploie à défendre une passion qui, pour récompense, le persécute de folles peines. Je vois que ma course m'entraîne à ma perte; je le vois, et pourtant mon plus grand chagrin est de ne point perdre davantage pour l'amour de Stella[1]. » A la fin, comme Socrate dans le *Banquet*, il tourne les yeux vers la Beauté immortelle[2], clarté céleste « qui perce les nuages et tout à la fois

---

1. My youth doth waste, my knowledge brings forth toys,
My witt doth strive those passions to defend,
Which for reward spoile it with vaine annoies;
I see my course to lose myself doth bend :
I see and yet no greater sorrow take,
Than that I lose no more for Stella's sake.

2. Dernier sonnet, page 490.

brille et nous donne la vue. » « Oh! attaches-y tes yeux. Que cette lumière soit ton guide dans cette course éphémère qui mène de la naissance à la mort[1]. » L'amour divin continue l'amour terrestre ; il y était renfermé, il s'en dégage. A cette noblesse, à ces hautes aspirations, reconnaissez une de ces âmes sérieuses comme il y en a tant sous ce climat et dans cette race. A travers le paganisme régnant, les instincts spiritualistes percent, et font des platoniciens, en attendant qu'ils fassent des chrétiens.

VIII

Sidney n'est qu'un soldat dans une armée ; il y a toute une multitude autour de lui, une multitude de poëtes. En cinquante-deux ans on en a compté, en dehors du drame, deux cent trente-trois[2], dont quarante ont du génie ou du talent, Breton, Donne, Drayton, Lodge, Greene, les deux Flechter, Beaumont, Spenser, Shakspeare, Ben Jonson, Marlowe, Wither, Warner, et d'autres encore, Davison, Carew, Suckling, Herrick ; on se lasserait de les énumérer. Il y

---

1. Leave me, o Love, which reachest but to dust,
And thou, my mind, aspire to higher things.
Grow rich in that which never taketh rust ;
Whatever fades, but fading pleasure brings....
O take fast hold, let that light be thy guide,
In this small course which birth draws out to death.

2. Nathan Drake, 310 *Shakspeare and his times*. On ne compte pas, dans ces deux cent trente-trois poëtes, les auteurs de pièces isolées, mais ceux qui ont publié et recueilli leurs œuvres.

en a une moisson, comme en ce moment dans l'héroïque et catholique Espagne, et, comme en Espagne, c'est là un signe du temps, la marque d'un besoin public, l'indice d'un état d'esprit extraordinaire et passager. Quel est-il cet état d'esprit qui de toutes parts provoque et fait goûter la poésie ? Qu'est-ce qui souffle la vie dans leurs œuvres ? D'où vient que chez les moindres, à travers des pédanteries, des maladresses, parmi des chroniques rimées ou des dictionnaires descriptifs, on rencontre des peintures éclatantes et de vrais cris d'amour ? D'où vient que, cette génération épuisée, la vraie poésie a fini en Angleterre, comme la vraie peinture en Italie et en Flandre ? C'est qu'un moment de l'esprit a paru et disparu, celui de la conception primesautière et créatrice. Ces hommes ont les sens neufs et n'ont point de théories dans la tête. Aussi quand ils se promènent, ils ont d'autres émotions que nous. Qu'est-ce qu'un lever de soleil pour un homme ordinaire ? Une tache blanche au bout du ciel entre des bosselures, parmi des morceaux de terre et des bouts de routes qu'il ne voit plus, parce qu'il les a vus cent fois. Pour eux, toutes ces choses ont une âme ; je veux dire par là qu'ils sentent en eux-mêmes, par contre-coup, l'élan et les brisures des lignes, la force et les contrastes des teintes, et le sentiment douloureux ou délicieux qui s'exhale de ce pêle-mêle et de cet ensemble comme une harmonie ou comme un cri. Que ce soleil est triste lorsqu'il se lève dans le brouillard au-dessus « des sillons mornes! » quel air résigné dans ces

vieux arbres, ruisselants sous la pluie nocturne !
quel fiévreux tumulte dans le troupeau des vagues,
dont « les crinières désordonnées » se tordent incessamment à la surface de l'abîme ! Mais le grand flambeau du ciel, le dieu lumineux, se dégage et rayonne.
Les hautes herbes molles et ployantes, les prairies
toujours vertes, les dômes épanouis des grands chênes,
tout le paysage anglais incessamment renouvelé et
lustré par l'eau surabondante étale son inépuisable
fraîcheur. Ces prairies, rouges et blanches de fleurs
toujours humectées et toujours jeunes, laissent s'envoler leur voile de brume dorée et apparaissent tout
d'un coup timidement, comme de belles vierges. Là
est la « fleur du coucou, qui pousse avant la venue
de l'hirondelle, la jacinthe des prés azurée comme
des veines de femmes, la fleur du souci qui se couche
avec le soleil et se lève avec lui, pleurante [1]. » « De
loin, sur sa porte qui luit, la charmante aube dore
toutes les cimes où la nuit vient d'attacher ses perles,
et les troupes d'oiseaux, dans la joie du matin, font si
bien vibrer leurs voix gazouillantes, que les collines
et les vallées répondent et que l'air qui bruit et résonne ne semble plus composé que de sons. Cependant le soleil monte, perce de sa tête d'or l'épais
brouillard qui s'évapore, et vient à travers les cimes
entrelacées baiser l'ombre endormie [2]. » Encore un

---

1. Tous ces mots sont pris dans Jonson, Spenser, Drayton, Shakspeare et Greene.
2. When Phœbus lifts his head out of the winter's wave,
   No sooner doth the earth her flowery bosom brave,

pas, et vous verrez reparaître les dieux antiques. Ils reparaissent, ces dieux vivants, ces dieux mêlés aux choses, qu'on ne peut s'empêcher de retrouver dès qu'on retrouve la nature : « Cérès, la libérale reine, parmi ses riches cultures, blés, seigles, avoines, orges, vesces, pois en fleur, parmi ses montagnes herbeuses où vivent les brebis broutantes, parmi ses ruisseaux et ses rives, où regorgent les lis et les pivoines qu'Avril, l'humide Avril, pare pour en faire des couronnes aux chastes nymphes[1]. — Iris dont les ailes de safran versent sur les fleurs des gouttes parfumées et des ondées rafraîchissantes, Iris, la riche

> At such time as the year brings on the pleasant spring,
> But hunts-up to the morn the feath'red sylvans sing :
> And in the lower grove, as on the rising knole,
> Upon the highest spray of every mounting pole,
> Those quiristers are perch't, with many a speckled breast;
> Then from her burnisht gate the goodly glitt'ring east
> Gilds every lofty top, which late the homorous night
> Bespangled had with pearl, to please the morning's sight ;
> On which the mirthful quires, with their clear open throats,
> Unto the joyful morn so strain their warbling notes,
> That hills and vallies ring, and even the echoing air
> Seems all composed of sounds, about them everywhere....
> They sing away the morn, until the mounting sun,
> Through thick exhaled fogs his golden head hath run,
> And through the twisted tops of our close covert creeps
> To kiss the gentle shade, this while that sweetly sleeps.
> (Drayton, *Polyolbion*.)

1. Ceres, most' bounteous lady, thy rich leas
Of wheat, rye, barley, vetches, oats and pease,
Thy turfy mountains, where live nibbling sheep,
And flat meads, thatch'd with stover them to keep,
Thy banks with peonied and lilied brims
Which spongy April at thy hest betrims
To make cold nymphs chaste crowns....
Hail many-colour'd messenger,
Who with thy saffron wings upon my flowers
Diffuseth honey-drops, refreshing showers,

écharpe de la terre, qui de chaque bout de son arc bleu couronne les champs boisés et les pentes dégarnies. — Flore, brillante et parée, assise superbement au milieu de la pompe de toutes ses fleurs, et qui déploie le vert éblouissant de son manteau de fête¹. » Toutes les splendeurs et les douceurs du pays moite et mouillé, toutes les particularités, toute l'opulence de ses teintes fondues, de son ciel changeant, de sa végétation luxuriante, viennent ainsi se rassembler autour des dieux qui leur donnent un corps, et un beau corps.

Dans la vie de chaque homme il y a des moments

      And with each end of thy blue bow, doth crown
      My bosky acres and my unshrubbed down.
                        (Shakspeare, *Tempest*, IV, 1.)

      As Zephyrs blowing below the violet,
      Not wagging his sweet head.
                        (Shakspeare, *Cymbeline*, IV, 2.)

1.   When Flora proud in pomp of all her flovers
         Sat bright and gay,
      And gloried in the dew of Iris' showers,
         And did display
      Her mantle chequer'd all with gaudy green.
                      (Greene, *Never too late*.)

      How oft have I descending Titan seen
      His burning locks couch in the sea-green lap
      And beautous Thetys his red body wrap
      In watery robes, as he her lord had been!
                        (*Id.*)

      The joyous day gan early to appeare,
      And fayre Aurora from the deawy bed
      Of aged Tithone gan herself to reare
      With rosy cheekes, for shame as blushing red;
      Her golden locks, for hast, were loosely shed
      About her eares, when Una her did marke
      Clymbe to her charet, all with flowers spred,
      From heaven high to chase the chearelesse darke;
      With merry note her lowd salutes the mounting larke.
           (Spenser, *Gairy Queen*, liv. I, ch. II, strop. I.)

où, en présence des choses, il éprouve un choc. Cet amas d'idées, de souvenirs tronqués, d'images ébauchées qui gisent obscurément dans tous les coins de son esprit, s'ébranle, s'organise, et tout d'un coup se développe comme une fleur. Il en est ravi, il ne peut s'empêcher de regarder et d'admirer la charmante créature qui vient d'éclore; il veut la voir encore, en voir de pareilles, et ne songe point à autre chose. Il y a des moments pareils dans la vie des nations, et celui-ci en est un. Ils sont heureux de contempler de belles choses et souhaitent seulement qu'elles soient le plus belles possible. Ils ne sont point préoccupés, comme nous, de théories; ils ne se travaillent point pour exprimer des idées philosophiques ou morales. Ils veulent jouir par l'imagination, par les yeux, comme ces nobles d'Italie qui en ce moment sont tellement épris des belles couleurs et des belles formes, qu'ils couvrent de peintures non-seulement leurs appartements et leurs églises, mais encore les dessus de leurs coffres et les selles de leurs chevaux. La riche et verte campagne au soleil, les jeunes femmes parées, florissantes de santé et d'amour, les dieux et les déesses à demi nus, chefs-d'œuvre et modèles de la force et de la grâce, voilà les plus beaux objets que l'homme puisse contempler, les plus capables de contenter ses sens et son cœur, d'éveiller en lui le sourire et la joie, et voilà les objets qui apparaissent chez tous les poëtes, dans la plus merveilleuse abondance de chansons, de pastorales, de sonnets, de petites pièces fugitives, si vivantes, si délicates, si aisément épanouies, que depuis on n'a rien vu d'égal. Qu'importe que Vénus ou Cupidon aient perdu leurs autels? Comme les peintres contemporains d'Italie, ils imaginent volontiers un bel enfant nu, traîné sur un char d'or, au milieu de l'air limpide, ou une femme éclatante de jeunesse debout sur les vagues qui viennent baiser ses pieds de neige. Le rude Ben Jonson est ravi de ce spectacle. Le bataillon discipliné de ses vers robustes se change en une bande de petites strophes gracieuses qui courent aussi légèrement que des enfants de Raphaël[1]. Il voit venir sa dame assise sur le char de l'Amour que tirent des cygnes et des colombes. L'Amour conduit le char; elle passe sereine et souriante, et tous les cœurs charmés de ses divins regards ne souhaitent plus d'autre joie que de la voir et de la servir toujours :

Regardez seulement ses yeux; ils éclairent
Tout ce que comprend le monde de l'amour.
Regardez seulement ses cheveux; ils sont brillants
Comme l'étoile de l'amour quand elle se lève.....
Avez-vous vu un lis éclatant s'épanouir
Avant que des mains grossières l'aient touché?
Avez-vous regardé la chute de la neige
Avant que la fange l'ait souillée?
Avez-vous respiré les boutons sur l'églantier,
Ou le nard dans le feu?
O! aussi blanche, aussi délicate, aussi suave est ma dame[2]!

Quoi de plus vivant, de plus éloigné de la mytho-

---

1. *Celebration of Charis.*

2.   See the chariot at hand here of Love,
       Wherein my lady rideth!
     Each that draws is a swan or a dove,

logie compassée et artificielle? Comme Théocrite et Moschus, ils jouent avec leurs dieux riants, et de leurs croyances se font une fête ; un jour, au coin d'un bois, Cupidon rencontre une nymphe endormie. « Ses cheveux d'or couvraient son visage. — Ses bras nonchalants étaient jetés des deux côtés. — Son carquois lui servait d'oreiller, — et son sein nu était ouvert à tous les vents[1]. » Il s'approche doucement, lui ôte ses flèches, et met les siennes à la place. Elle, enfin, entend du bruit, soulève sa tête penchée et voit un berger qui vient à elle. Elle fuit, il la poursuit. Elle bande son arc et tire contre lui ses flèches. Il n'en devient que plus ardent et va l'atteindre. Désespérée,

> And well the car Love guideth.
> As she goes, all hearts do duty
>   Unto her beauty;
> And enamour'd do wish, so they might
>   But enjoy such a sight,
> That they still were to run by her side
> Through swords, through seas, whither she would ride.
> Do but look on her eyes, they do light
>   All that love's world compriseth!
> Do but look on her, she is bright
>   As love's star when it riseth!....
> Have you seen but a bright lily grow,
>   Before rude hands have touch'd it?
> Have you mark'd but the fall of the snow,
>   Before the soil hath smutch'd it?
> Have you felt the wool of the beaver,
>   Or swan's down ever?
> Or have smell'd of the bud o' the brier?
>   Or the nard in the fire?
> Or have tasted the bag of the bee?
> O so white! O so soft! O so sweet is she!
>
> Her golden hair o'erspred her face,
> Her careless armes abroad were cast,
> Her quiver had her pillows place,
> Her breast lay bare to every blast.
>   (*Cupid's Pastime*, auteur inconnu vers 1621.)

elle prend une flèche qu'elle enfonce dans son beau corps. La voilà changée, elle s'arrête, elle sourit, elle aime, elle va au-devant de lui. « Les montagnes ne peuvent point se rencontrer, mais les amants le peuvent. — Ce que font les autres amants, ils le firent. — Le dieu d'amour s'était posé sur un arbre, — et riait en voyant ce doux spectacle[1]. » Une goutte de malice est tombée dans ce mélange de naïveté et de grâce voluptueuse; il en est ainsi dans Longus et dans tout ce bouquet délicieux qu'on appelle l'Anthologie; ce n'est point le badinage sec de Voltaire, des gens qui n'ont que de l'esprit, et qui n'ont vécu que dans les salons; c'est celui des artistes, des amoureux qui ont le cerveau plein de couleurs, de formes, qui, en disant une mièvrerie, imaginent un col penché, des yeux baissés, et la rougeur qui monte à des joues vermeilles[2]. Une de ces belles vient dire des vers en minaudant, et comme on voit d'ici le pli boudeur de sa lèvre! « L'amour dans mon cœur comme une abeille — fait son miel. — Tantôt il joue avec moi avec

---

1. Though mountains meet not, lovers may.
What other lovers do, did they.
The God of Love sat on a tree,
And laught that pleasant sight to see.
(*Id.*)

2. *Rosalind's madrigal.*

Love in my besom like a bee
Doth suck his sweet.
Now with his wings he plays with me
Now with his feet.
Within my eyes he makes his rest,
His bed amid my tender breast,
My kisses are his daily feast.
And yet he robs me of my rest.
Ah! wanton, will ye!

ses ailes, — tantôt avec ses pieds. — Dans mes yeux il fait sa demeure ; — son lit est dans mon sein. — Mes baisers sont tous les jours son régal. — Et pourtant il me vole mon repos. — Ah ! le méchant qui me vole ! »
Ce qui relève ces badinages, c'est la splendeur de l'imagination. Il y a des éclats, des éclairs qu'on n'ose traduire, des éblouissements et des folies, comme dans le Cantique des Cantiques. « Ses lèvres, dit Greene, sont des roses toutes trempées dans la rosée, — ou pareilles à la pourpre de la fleur du narcisse. — Ses yeux, ces beaux yeux, ressemblent aux pures clartés — qui animent le soleil ou égayent le jour. — Ses joues sont comme des lis épanouis plongés dans le vin, — ou comme des grains de belles grenades trempés dans le lait, — ou comme des fils de neige dans des réseaux de soie cramoisie, — ou comme des nuages splendides au coucher du soleil. » — « Quel besoin de comparer là où la beauté surpasse toute ressemblance ? — Celui qui va prendre dans les choses inanimées ses pensées d'amour — dépare leur pompe et leur plus grande gloire, — et ne monte dans le ciel de l'amour qu'avec des ailes appesanties [1]. » Je veux bien croire qu'alors

---

1. Greene (*From Menaphon*).

> Her eyes, fair eyes, like to the purest lights
> That animate the sun or cheer the day,
> In whom the shining sun-beams brightly play,
> Whiles fancy doth on them divine delight.
>
> Her cheeks like ripen'd lilies steep'd in wine,
> Or fair pomegranate kernels washed in milk,
> Or snow-white threads in nets of crimson silk,
> Or gorgeous clouds upon the sun's decline.
>
> Her lips are roses over-washed with dew,

les choses n'étaient point plus belles qu'aujourd'hui ; mais je suis sûr que les hommes les trouvaient plus belles.

IX

Quand la puissance d'embellir est si grande, il est naturel qu'on peigne le sentiment qui réunit toutes les joies et où aboutissent tous les rêves, l'amour idéal, surtout l'amour ingénu et heureux. De tous les sentiments, il n'y en a pas pour qui nous ayons plus de sympathie. Il est de tous le plus simple et le plus doux. Il est le premier mouvement du cœur et la première parole de la nature. Il ne se compose que d'innocence et d'abandon. Il est exempt de réflexions et d'efforts. Il nous fait quitter nos

> Or like the purple of Narcissus' flower...
> Her cristal chin like to the purest mould
> Enchas'd with dainty daisies soft and white,
> Where Fancy's fair pavilion once is pight,
> Whereas embrac'd his beauties he doth hold.
>
> Her neck like to an ivory shining tower,
> Where through with azure veins sweet nectar runs,
> Or like the down of swans where Senesse woons,
> Or like delight that doth itself devour.
>
> Her paps like fair apples in the prime,
> As round as orient pearls, as soft as down.
> They never vail their fair through winter's frown,
> But from their sweets Love suck'd his summer time.

Greene (*Melicertus' eglogue*).

> What need compare when sweet exceed compare?
> Who draws his thought of love from senseless things,
> Their pomp and greatest glories doth impair,
> And mount love's heaven with overladen wings.

passions compliquées, nos mépris, nos regrets, nos haines, nos espérances violentes. Il pénètre en nous et nous le respirons comme la fraîche haleine d'un vent matinal qui vient de passer sur des champs en fleur. Ils le sentaient et s'en enchantaient, les cavaliers de cette cour périlleuse, et se reposaient ainsi, par contraste, de leurs actions et de leurs dangers. Les plus sévères et les plus tragiques de leurs poëtes se sont détournés pour aller à sa rencontre, Shakspeare parmi les chênes toujours verts de la forêt d'Ardennes [1], Ben Jonson [2] dans les bois de Sherwood, parmi les larges clairières coupées d'ombre, parmi les feuilles luisantes et les fleurs humides qui frissonnent au bord des sources solitaires. Marlowe lui-même, le terrible peintre de l'agonie d'Édouard II, l'emphatique et puissant poëte qui composa *Faust*, *Tamerlan* et *le Juif de Malte*, quitte ses drames sanglants, son grand vers tonnant, ses furieuses images, et rien n'est plus musical et plus doux que ses chansons. Le berger, pour gagner sa maîtresse, lui promet « un chapeau de fleurs, une jupe toute brodée de feuilles de myrte, une ceinture tressée de paille et de bourgeons de lierre, avec des boutons d'ambre et des fermoirs de corail [3]. » Ils iront ensemble dans les vallées, sur les pentes des montagnes rocheuses. Les pâtres, chaque matin de

---

1. *As you like it.*
2. *The Sad Shepherd.*
Voyez aussi *Flechter and Beaumont : the Faithful Shepherdess.*

3.   Come, live with me, and be my love,
   And we will all the pleasures prove

CHAPITRE I. LA RENAISSANCE PAÏENNE. 311

mai, viendront danser autour d'elle, et tous deux, assis sur une roche, contempleront de loin les troupeaux qui broutent l'herbe, et « les rivières étroites » qui tombent et bruissent parmi des chants d'oiseaux. Les rudes gentilshommes du temps, en revenant de la chasse du faucon, s'étaient plus d'une fois arrêtés devant ces tableaux rustiques; tels qu'ils étaient, c'està-dire imaginatifs et peu citadins, ils avaient songé à y figurer pour leur compte. Mais en les comprenant, ils les refaisaient; ils les refaisaient dans leurs parcs préparés pour l'entrée de la reine, avec une profusion de parures et d'inventions, sans s'inquiéter d'y copier exactement la grossière nature. L'invraisemblance

> That vallies, groves, and hills and fields,
> Woods or steepy mountains yields.
>
> And we will sit upon the rocks,
> Seeing the shepherds feed their flocks,
> By shallow rivers, to whose falls
> Melodious birds sing madrigals.
>
> And I will make thee beds of roses,
> And a thousand fragrant posies;
> A cap of flowers and a kirtle,
> Embroider'd all with leaves of myrtle :
>
> A gown made of the finest wool,
> Which from our pretty lambs we pull;
> Fair lined slippers for the cold,
> With buckles of the purest gold :
>
> A belt of straw and ivy buds,
> With coral clasps and amber studs;
> And if these pleasures may thee move,
> Come, live with me, and be my love.
>
> The shepherd swains shall dance and sing,
> For thy delight, each May-morning :
> If these delights thy mind may move
> Then live with me, and be my love.

ne les choquait pas ; ce n'étaient pas des imitateurs minutieux, des observateurs de mœurs ; ils créaient ; la campagne, pour eux, n'était qu'un cadre, et le tableau tout entier était sorti de leurs rêves et de leur cœur. Qu'il soit romanesque, impossible même, ce tableau n'en est que plus charmant. Y a-t-il un plus grand charme que de laisser là ce monde réel qui nous entrave ou nous opprime, de flotter vaguement et aisément dans l'azur et la lumière, au plus haut du pays des fées et des nuages, d'arranger les choses au gré du moment, de ne plus sentir les pesantes lois, les contours roides et résistants de la vie, de tout orner et varier selon les caprices et les délicatesses de la fantaisie ? Voilà ce qui arrive dans ces petits poëmes. Ordinairement les événements ne s'y passent nulle part ; du moins ils se passent dans le royaume où les rois se font bergers et volontiers épousent des bergères. La belle Argentile[1] est retenue à la cour de son oncle qui veut la priver de son royaume, et après deux ans lui ordonne d'épouser Curan, un rustre de sa maison ; elle s'enfuit, et Curan, désespéré, s'en va vivre chez les pâtres. Il rencontre un jour une belle paysanne et l'aime ; peu à peu, en lui parlant, il se rappelle Argentile et pleure ; il décrit son doux visage, sa taille ployante, ses fins poignets veinés d'azur, et tout d'un coup voit la paysanne qui défaille. Elle se jette dans ses bras et lui dit : « Je suis Argentile. » Or Curan était un fils de roi qui s'était déguisé ainsi pour l'a-

---

1. William Warner.

CHAPITRE I. LA RENAISSANCE PAÏENNE. 313

mour d'Argentile. Il reprend les armes, défait le méchant roi. Il n'y eut point de plus fort chevalier que lui, et tous deux régnèrent longtemps en Bernicie. — Entre cent contes pareils, vrais contes de printemps, que le lecteur me permette d'en détacher encore un, riant et simple comme une aube de mai [1]. La princesse, Dowsabell est descendue au matin dans le jardin de son père; elle cueille des chèvrefeuilles, des primevères, des violettes, des marguerites. En ce moment, derrière la haie, elle entend un pâtre qui chante, qui chante si bien, que tout d'un coup elle l'aime. Il lui promet fidélité et lui demande un baiser. Les joues de la belle promeneuse devinrent vermeilles comme la rose. « Elle plia son genou blanc comme la neige, — et tout à côté de lui s'agenouilla, — puis elle le baisa doucement. — Le berger poussa un grand cri de joie. — Oh! fit-il, il n'y eut jamais de pastoureau — qui fût si content que moi [2]! » Rien de plus; n'est-ce pas assez? Il n'y a ici que le rêve d'un moment, mais ils ont à chaque moment de semblables rêves. Jugez quelle poésie en doit sortir, combien supérieure aux choses, combien affranchie de l'imitation littérale, combien éprise de la beauté idéale, combien capable de se bâtir un monde hors de notre triste monde; en

---

1. Michel Drayton.
2.
   With that she bent her snow-white knee,
  Down by the shepherd kneel'd she,
    And him she sweetly kist.
  With that the shepherd whoop'd for joy;
  Quoth he : " There's never shepherd boy
    That ever was so blist. "
         (Michel Drayton.)

effet, entre tous ces poëmes, il y en a un véritablement divin, si divin que les raisonneurs des âges suivants l'ont trouvé ennuyeux, qu'aujourd'hui encore c'est à peine si quelques-uns l'entendent, *la reine des fées* de Spenser.

X

Un jour M. Jourdain, devenu mamamouchi et ayant appris l'orthographe, manda chez lui les plus illustres écrivains du siècle. Il s'installa dans un fauteuil, leur indiqua du doigt des pliants, et leur dit :

« J'ai lu, Messieurs, vos petites drôleries. Elles m'ont réjoui ; je veux vous donner de l'ouvrage. J'en ai donné dernièrement au petit Lulli, votre confrère. C'est par mon commandement qu'il a introduit dans les concerts la trompette marine, instrument harmonieux dont personne ne s'était encore avisé et qui est d'un si bel effet. J'entends que vous suiviez mes idées comme il les a suivies, et je vous commande un poëme en prose. Vous savez que tout ce qui n'est point prose est vers, et que tout ce qui n'est point vers est prose. Quand je dis : « Nicolle, apportez-« moi mes pantoufles et me donnez mon bonnet de « nuit, » je fais de la prose. Prenez cette phrase pour modèle. Ce style est beaucoup plus agréable que le jargon de lignes non finies que vous appelez des vers. Quant au sujet, ce sera moi-même. Vous peindrez la robe de chambre à ramages que je viens de mettre pour vous recevoir, et ce petit déshabillé de velours vert que je porte dessous pour faire le matin mes exercices. Vous noterez que l'indienne coûte un louis l'aune. Cette description bien troussée vous fournira des dictons assez jolis, et enseignera au public le prix des choses. Je veux aussi que vous parliez de mes glaces, de mes tapis, de mes tentures. Mes fournisseurs vous donneront leurs mémoires; ne manquez pas de les insérer dans votre œuvre. J'aurais plaisir à y revoir tout au long et tout au naturel la boutique de mon père, bon gentilhomme qui vendait du drap à ses amis pour les obliger, la cuisine de ma servante Nicole; les gentillesses de Brusquet, le petit chien de mon voisin M. Dimanche. Vous pourrez aussi expliquer mes affaires domestiques; rien de plus intéressant pour le public que d'apprendre comme on gagne un million. Dites-lui aussi que ma fille Lucile n'a pas épousé ce petit drôle de Cléonte, mais bien M. Samuel Bernard, qui a fait fortune dans les fermes, a carrosse et sera ministre du roi. Pour cela, je vous payerai généreusement un demi-louis la toise d'écriture. Revenez dans un mois, et me montrez ce que mes idées vous auront fourni. »

Nous sommes les fils de M. Jourdain, et depuis le commencement du siècle nous tenons ce discours aux artistes; les artistes nous écoutent. De là notre roman bourgeois et notre roman réaliste. Je supplie le lecteur de les oublier, de s'oublier lui-même, de se faire pour un instant poëte, gentilhomme, homme du seizième siècle. A moins d'enterrer le M. Jourdain qui vit en chacun de nous, aucun de nous ne pourra entendre Spenser.

XI

Il était d'une ancienne famille, alliée à de grandes maisons, ami de Sidney et de Raleigh, les deux chevaliers les plus accomplis du siècle, chevalier lui-même, du moins de cœur, ayant trouvé dans sa parenté, dans ses amitiés, dans ses études et dans sa vie toutes les circonstances qui pouvaient l'élever jusqu'à la poésie idéale. Tour à tour on le trouve à Cambridge, où il se pénètre des plus nobles philosophies antiques; dans un comté du Nord où il se prend d'un grand amour malheureux; à Penshurst, dans le château et la compagnie où est née l'*Arcadie*; chez Sidney, en qui subsistent intactes la poésie romanesque et la générosité héroïque de l'esprit féodal; à la cour, où toutes les magnificences de la chevalerie disciplinée et parée s'étalent autour du trône; enfin à Kilcolman, au bord d'un beau lac, dans un château retiré d'où la vue embrasse un amphithéâtre de montagnes et la moitié de l'Irlande. Pauvre du reste, impropre à la cour, et, quoique favorisé par la reine, n'ayant obtenu de ses patrons que des emplois subalternes, à la fin lassé par les sollicitations et relégué dans ce dangereux domaine d'Irlande, d'où la révolte le chassa, brûlant sa maison et son enfant; trois mois après, il mourut de misère et le cœur

CHAPITRE I. LA RENAISSANCE PAÏENNE. 317

brisé[1]. Des attentes et des rebuts, beaucoup de tristesses et beaucoup de rêves, quelques douceurs et tout d'un coup un malheur affreux, une fortune petite et une fin prématurée : voilà bien une vie de poëte. Mais c'est le cœur en lui qui est le vrai poëte; chez lui tout sort de là : les circonstances n'ont fait que lui fournir sa matière ; il les a transformées plus qu'il n'a été transformé par elles, et il a moins reçu que donné. Philosophie et paysages, cérémonies et parures, splendeurs de la campagne et de la cour, dans tout ce qu'il a peint ou pensé, il a imprimé sa noblesse intérieure. Avant tout, c'est une âme éprise de la beauté sublime et pure, platonicienne par excellence, une de ces âmes exaltées et délicates, les plus charmantes de toutes, qui, nées au sein du naturalisme, y puisent leur séve, mais le dépassent, approchent du mysticisme, et par un effort involontaire montent pour s'épanouir jusqu'aux confins d'un monde plus haut. Spenser conduit à Milton et de là au puritanisme, comme Platon conduit à Virgile et de là au christianisme. La beauté sensible est parfaite chez tous les deux, mais leur premier culte est pour la beauté morale. « Conduisez-moi, dit-il aux Muses, dans la retraite cachée où la Vertu habite avec vous, berceau d'argent qui la cache aux hommes et aux méchants mépris du monde. » Il encourage son chevalier quand il le voit faiblir. Il s'in-

---

1. *He died for want of bread in King street.* (Ben Jonson, cité par Drummond.)

digne quand il le voit attaqué. Il se réjouit de son équité, de sa tempérance, de sa courtoisie. Il insère au commencement d'un chant de longues stances en l'honneur de l'amitié et de la justice. Il s'arrête, après avoir raconté un beau trait de chasteté, pour conseiller aux dames d'être pudiques. Il prodigue aux pieds de ses héroïnes le trésor de ses respects et de ses tendresses. Si quelque brutal les insulte, il appelle à leur secours toute la nature et tous les dieux. Jamais il ne les ramène sur la scène sans orner leur nom de quelque magnifique louange. Auprès de la beauté, il a des adorations dignes de Dante et de Plotin. C'est qu'il ne la considère point comme une simple harmonie de couleurs et de formes, mais comme une émanation de la beauté unique, céleste, impérissable, que nul œil mortel ne peut apercevoir, et qui est la première œuvre du grand ouvrier des mondes[1]. Les corps ne font que la rendre sensible ; elle ne réside point dans les corps; la grâce et l'attrait ne sont point dans les choses, mais dans l'idée immortelle qui luit à travers les choses. « Cette charmante teinte blanche et vermeille dont les joues sont colorées s'effacera. — Ces douces feuilles de rose si doucement posées — sur les lèvres se flétriront et tomberont — pour redevenir ce qu'elles étaient, de l'argile corrompue. — Ces cheveux d'or, ces yeux brillants comme des

---

1. *Hymnes à l'amour et à la beauté, — à l'amour et à la beauté célestes.*

étoiles étincelantes — retourneront en poussière et perdront leur clarté si belle. — Mais la divine lampe dont les célestes rayons — allument l'amour des amants — ne s'éteindra et ne faiblira jamais. — Quand les esprits vitaux se disperseront, — elle reviendra à sa planète natale. — Car elle est née là-haut et ne peut mourir, — étant une parcelle du plus pur des cieux[1]. » Devant cette idée de la beauté, l'amour se transforme. Il est le seigneur de la vérité et de la droiture, — « et monte bien loin de la basse poussière, — sur des ailes d'or, jusque dans l'empyrée sublime — au delà des atteintes de l'ignoble désir sensuel, — qui, comme une taupe, reste gisant sur la terre[2]. » Il enferme en lui tout ce qu'il y a de bien, de beau et de noble. Il est la source première de la vie et l'âme éternelle des choses.

1. For that same goodly hew of white and red,
   With which the cheeks are sprinkled, shall decay,
   And those sweete rosy leaves, so fairly spred
   Upon the lips, shall fade and fall away
   To that they were, even to corrupted clay;
   That golden wyre, those sparckling stars so bright,
   Shall turne to dust, and lose their goodly light.
   But that fair lampe, from whose celestial rays
   That light proceedes which kindleth lovers fire,
   Shall never be extinguisht nor decay;
   But when the vitall spirits doe expyre,
   Upon her native planet shall retyre;
   For it is heavenly borne and cannot die,
   Being a parcell of the purest skye.

2. For Love is lord of Truth and Loialtie,
   Lifting himself out of the lowly dust,
   On golden plumes, up to the purest skye,
   Above the reach of loathly sinfull lust.
   Whose base affect, through cowardly distrust
   Of his weake wings, dare not to heaven fly.
   But, like a moldwarpe in the earth doth ly.

C'est lui qui, apaisant la discorde primitive, a formé l'harmonie des sphères et soutient ce glorieux univers. Il habite en Dieu, il est Dieu lui-même, il est descendu ici-bas sous forme corporelle pour réparer le monde chancelant et sauver la race humaine; autour des êtres, et au dedans des êtres, quand nos yeux percent les apparences, nous le voyons comme une lumière vivante qui pénètre et embrasse toute créature. On touche ici le sommet sublime et aigu où le monde de l'esprit et le monde des sens se rencontrent, et où l'homme, cueillant des deux mains les plus belles fleurs des deux versants, se trouve à la fois païen et chrétien.

XII

Voilà pour le cœur; pour le reste, il est poëte, c'est-à-dire par excellence créateur et rêveur, créateur et rêveur de la façon la plus naturelle, la plus instinctive, la plus soutenue. On a beau décrire cet état intérieur des grands artistes, il reste toujours à décrire. C'est une sorte de végétation qui se fait dans leur esprit; à tout moment un bouton s'y lève, puis sur celui-ci un autre, puis encore un autre, chacun enfantant, pullulant et fleurissant de lui-même, en sorte qu'au bout d'un instant on voit une plante entière verdoyante, bientôt un massif, et enfin une forêt. Un personnage leur apparaît, puis une action, puis un paysage, puis une enfilade d'actions,

CHAPITRE I. LA RENAISSANCE PAÏENNE.

de personnages et de paysages qui se font, se complètent et s'agencent par un développement involontaire, comme il nous arrive lorsqu'en songe nous contemplons un cortége de figures qui, par leur propre force, se déploient et s'ordonnent devant nos yeux. Cette source de formes vivantes et changeantes est intarissable chez Spenser; toujours *il imagine;* c'est là son état naturel. Il semble qu'il n'ait qu'à clore ses paupières pour éveiller les apparitions; elles affluent en lui, elles surabondent, elles s'entassent; on se dit qu'il aura beau les prodiguer, elles regorgeront toujours, plus amples et plus pressées. Maintes fois, en suivant leur nuée inépuisable, j'ai pensé à ces vapeurs qui sortent incessamment de la mer, et montent, et chatoient, entremêlant leurs volutes d'or et de neige, pendant qu'au-dessous d'elles de nouvelles brumes s'élèvent, et au-dessous de celles-là d'autres encore, sans que jamais la resplendissante procession puisse se ternir ou s'arrêter.

Mais ce qui le distingue de tous les autres, c'est la façon dont il imagine. Ordinairement, chez un poëte, l'esprit fermente violemment et par saccades; ses idées s'assemblent, se heurtent, *se prennent* tout d'un coup par masses et par blocs, et jaillissent en mots poignants, perçants, qui les concentrent; il semble qu'elles aient besoin de ces accumulations subites pour imiter l'unité et l'énergie vivante des objets qu'elles reproduisent; du moins presque tous les poëtes environnants, Shakspeare au premier rang, font ainsi. Au plus fort de l'invention, Spenser reste serein. Les visions qui donneraient la fièvre à un autre esprit le laissent paisible. Elles arrivent et se déroulent en lui, aisément, tout entières, sans interruption, sans secousses. Il est épique, c'est-à-dire *narrateur*, et non point chanteur comme un faiseur d'odes, ou mime comme un auteur de drames. Nul moderne n'est plus semblable à Homère. Comme Homère et les grands narrateurs, il ne rencontre que des images suivies et nobles, presque classiques, si voisines des idées que l'esprit y entre de lui-même et sans s'en apercevoir. Comme Homère, il est toujours simple et clair, il ne sursaute point, il n'omet aucune raison, il ne détourne aucun mot du sens primitif et ordinaire, il garde l'ordre naturel des idées. Comme Homère encore, il a des redondances, des naïvetés, des enfances. Il dit tout, il se laisse aller à des réflexions que chacun a devinées d'avance; il répète à l'infini les grandes épithètes d'ornement. On sent qu'il aperçoit les objets dans une belle lumière uniforme, avec un détail infini, qu'il veut montrer tout ce détail, qu'il n'a jamais peur de voir son heureux songe s'altérer ou disparaître, qu'il en suit les contours, d'un mouvement régulier, sans jamais se presser ni se ralentir. Même il est trop long, trop oublieux du public, trop disposé à s'abandonner et à rêvasser en face des choses. Sa pensée se déploie en vastes comparaisons redoublées, pareilles à celles du vieux conteur ionien. Si un géant blessé tombe, il le trouve semblable à un arbre antique qui a crû sur le plus haut sommet d'une montagne rocheuse, dont l'acier tranchant a

CHAPITRE I. LA RENAISSANCE PAÏENNE.

déchiré le cœur, et qui, fléchissant tout d'un coup sur son pied qui craque, roule le long des rochers avec un fracas épouvantable; puis à un large château qui, miné par un art perfide, s'enfonce sur ses fondations croulantes, et dont les tours exhaussées et accumulées jusqu'au ciel rendent la chute plus lourde[1]. Il développe toutes les idées qu'il manie. Il étale toutes ses phrases en périodes. Au lieu de se concentrer, il s'épanouit. Pour porter cette ample pensée et son cortége, il ne lui faut pas moins que la stance immense, incessamment renaissante, aux longs vers croisés, aux rimes répétées, dont l'uniformité et l'ampleur rappellent les bruits majestueux qui roulent éternellement dans les bois et dans les campagnes. Pour déployer ces facultés épiques, et pour les déployer dans la région sublime où cette âme se trouve naturellement portée, il ne faut pas moins que l'épopée idéale, c'est-à-dire située hors du réel, avec des personnages qui existent à peine et dans un monde qui ne peut être nulle part.

1.   As an aged tree
High growing on the top of rocky clift,
Whose hart-strings with keene steele nigh hewen be,
The mightie trunck half rent with ragged rift
Doth roll adowne the rocks, and fall with fearefull drift.
Or as a castle, reared high and round,
By subtile engins and malitious slight,
Is undermined from the lowest ground,
And her foundation forst and feebled quight,
At last downe falles ; and with her heaped hight
Her hastie ruine does more heavie make,
And yields itselfe unto the victours might.
Such was this gyaunt's fall, that seemed to shake
The stedfast globe of earth, as it for feare did quake.
(*Fairie Queene*, liv. I, ch. VIII, 42, 43.)

Plusieurs fois il a tâtonné alentour, parmi des sonnets, des élégies, des pastorales, des hymnes d'amour, de petites épopées souriantes[1]; ce ne sont là que des essais, incapables pour la plupart de porter son génie. Déjà pourtant la magnifique imagination y déborde; dieux, hommes, paysages, le monde qu'il fait mouvoir est à mille lieues du monde où nous vivons. Son *Calendrier du Berger*[2] est une pastorale pensive et tendre, pleine de délicates amours, de nobles tristesses, de hautes idées, où ne parlent que des penseurs et des poëtes. Ses *Visions de Pétrarque et de Du Bellay* sont d'admirables songes, où des palais, des temples d'or, des paysages splendides, des fleuves étincelants, des oiseaux merveilleux apparaissent coup sur coup comme dans une féerie orientale. S'il chante un épithalame[3], il voit venir deux beaux cygnes, blancs comme la neige, qui glissent, aux chants des

---

[1]. *The Shepheard's Calendar, Amoretti, Sonnets, Prothalamion, Epithalamion, Muiopotmos, Virgil's Gnat, the Ruins of time, the Tears of the Muses,* etc.

[2]. Publié en 1589; dédié à Philipp Sidney.

[3].
There in a meadow, by the river's side,
A flock of nymphes I chaunced to espy,
All lovely daughters of the Flood thereby,
With goodly greenish locks, all loose untyde,
As each had bene a bryde.
And each one had a little wicker basket,
Made of fine twigs, entrayled curiously,
In which they gathered flowers to fill their flasket,
And with fine fingers cropt full featously
The tender stalkes on hye.
Of every sort which in that meadow grew
They gathered some : the violet pallid blew,
The little dazie that at evening closes,
The virgin lilie, and the primrose trew,

nymphes, parmi les fleurs vermeilles, tandis que l'eau transparente baise leurs plumes de soie et murmure de plaisir. S'il pleure la mort de Sidney, Sidney devient un berger; il est tué comme Adonis; autour de lui s'assemblent les nymphes gémissantes. Il est changé, avec sa maîtresse, en une fleur « rouge et bleue, qui est d'abord rouge, puis qui pâlit comme lui et devient bleue. Alors, au milieu d'elle paraît une étoile, aussi belle qu'étoile aux cieux, pareille à Stella dans ses plus fraîches années, quand ses yeux dardaient des rayons de beauté. Tout le jour elle est debout, pleine de rosée; ce sont les larmes qui coulèrent de ses yeux[1]. »

> With store of vermeil roses,
> To deck their bridegroomes posies
> Against the brydale-day, which was not long,
> Sweet Themmes, runne softly till I end my song!
> With that I saw two swannes of goodly hewe
> Come softly swimming down along the lee.
> Two fairer birds I yet did never see;
> The snow which doth the top of Pindus strew
> Did never whiter shew....
> So purely white they were,
> That even the gentle stream, the which them bare,
> Seem'd foul to them, and bad his billowes spare
> To wet their silken feathers, least they might
> Soyle their fayre plumes with water not so fayre,
> And marre their beauties bright,
> That shone as heavens light,
> Against their brydale day, which was not long.
> Sweet Themmes! runne softly till I end my song.
> *(Prothalamion.)*

1. The gods, which all things see, this same beheld,
   And pittying this paire of lovers trew,
   Transformed them there lying on the field,
   Into one flower that is both red and blew.
   It first growes red, and then to blew doth fade,
   Like Astrophel, which there into was made.

   And in the midst thereof a star appeares,
   As fairly formed as any star in skyes;

Ses sentiments les plus vrais se changent ainsi en féeries. La magie est le moule de son esprit, et imprime sa forme à tout ce qu'il imagine comme à tout ce qu'il pense. Involontairement il ôte aux objets leur figure ordinaire. S'il regarde un paysage, au bout d'un instant il le voit tout autre. Il le transporte, sans s'en douter, dans une terre enchantée ; l'azur du ciel resplendit comme un dôme de diamants, des buissons de fleurs couvrent les prairies, un peuple d'oiseaux voltige dans l'air suave, des palais de jaspe resplendissent entre les arbres, des dames rayonnantes apparaissent aux balcons ouvragés sur les galeries d'émeraudes. Ce sourd travail de l'esprit ressemble aux lentes cristallisations de la nature. On jette une branche humide au fond d'une mine, et on en retire une girandole de diamants.

Enfin il rencontre le sujet qui lui convient : c'est le plus grand bonheur qui soit donné à un artiste. Il retire l'épopée du terrain ordinaire, celui où, sous la main d'Homère et de Dante, elle exprime des croyances effectives et peint des héros nationaux. C'est au plus haut du pays des fées qu'il nous conduit, par-dessus toutes les cimes de l'histoire. C'est plus haut que le pays des fées, à cette limite extrême où les objets s'évanouissent et où les pures idées commencent. « J'ai

---

Ressembling Stella in her freshèst yeares,
Forth darting beames of beautie from her eyes;
And all the day it standeth full of deow,
Which is the teares that from her eyes did flow.
(*Astrophel.*)

entrepris mon poëme[1], dit-il, pour représenter toutes les vertus morales, assignant à chaque vertu un chevalier pour être son patron et son défenseur, en telle sorte que les œuvres de cette vertu soient exprimées et que les appétits déréglés et les vices contraires soient abattus et surmontés par des faits d'armes et de chevalerie. » En effet, au fond du poëme il met une allégorie; non qu'il songe à se faire bel esprit, prêcheur de morale ou faiseur d'énigmes. Il ne soumet pas l'image à l'idée; c'est un *voyant*, ce n'est pas un philosophe. Ce sont bien des personnages vivants, des actions qu'il remue; seulement, de loin en loin, chez lui, les palais enchantés, tout le cortége des resplendissantes apparitions tremble et se déchire comme une vapeur, laissant entrevoir la pensée qui le suscite et qui l'ordonne. Quand dans son jardin de Vénus nous voyons les formes infinies de toutes les choses vivantes rangées par ordre, en lits pressés, attendant l'être, nous concevons avec lui l'enfantement de l'amour universel, la fécondité incessante de la grande mère et le fourmillement mystérieux des créatures qui s'élèvent tour à tour hors de son sein profond. Quand nous voyons son chevalier de la Croix combattre un monstre demi-femme, demi-serpent, et défendre Una, sa dame chérie, nous nous souvenons vaguement que si nous pénétrions à travers ces deux figures, nous trouverions sous l'une la Vérité et sous

---

1. C'est Lodowick Bryskett (*Discourse of civil life*, 1606) qui lui attribue ces paroles.

l'autre l'Erreur. Nous sentons que ses personnages ne sont point de chair et de sang, et que tous ces fantômes brillants ne sont que des fantômes. Nous jouissons de leur éclat sans croire à leur consistance; nous nous intéressons à leurs actions sans nous troubler de leurs maux. Nous savons que leurs larmes et leurs cris ne sont pas véritables. Notre émotion se purifie et s'élève. Nous ne tombons point dans l'illusion grossière ; nous avons la douceur de nous sentir rêver. Nous sommes, comme lui, à mille lieues de la vie réelle, hors des prises de la pitié douloureuse, de la terreur crue, de la haine pressante et poignante. Nous ne trouvons plus en nous que des sentiments délicats, demi-formés, suspendus au moment où ils allaient nous toucher d'une atteinte trop forte. Ils nous effleurent, et nous nous trouvons tout heureux d'être dégagés de la croyance qui nous alourdit.

XIII

Quel monde pouvait fournir des matériaux à une fantaisie si haute ? Il n'y en avait qu'un, celui de la chevalerie, car nul n'est plus éloigné du réel. Solitaire et indépendant dans son château, affranchi de tous les liens que la société, la famille, le travail, imposent d'ordinaire aux actions humaines, l'homme féodal avait tenté toutes les aventures; mais il avait encore moins fait qu'imaginé ; l'audace de ses actions avait été surpassée par la folie de ses rêves ; faute d'un emploi utile et d'une règle acceptée, sa tête avait travaillé du côté du déraisonnable et de l'impossible, et la persécution de l'ennui avait agrandi chez lui, outre mesure, le besoin d'excitation. Sous cet aiguillon, sa poésie était devenue une fantasmagorie. Insensiblement les inventions étranges avaient végété et pullulé dans les cervelles, les unes par-dessus les autres, comme des lierres qui s'entrelacent autour d'un arbre, et le tronc primitif avait disparu sous leur luxe et leur encombrement. Les délicates imaginations de la vieille poésie galloise, les débris grandioses des épopées germaniques, les merveilleuses splendeurs de l'Orient conquis, tous les souvenirs que quatre siècles d'aventures avaient éparpillés dans les esprits des hommes s'étaient amoncelés en un grand rêve, et les géants, les nains, les monstres, tout le pêle-mêle des créatures imaginaires, des exploits surhumains et des magnificences insensées, s'étaient groupés autour d'un sentiment unique, l'amour exalté et sublime, comme des courtisans prosternés aux pieds de leur roi. Ample et flottante matière, où les grands artistes du siècle, Aristote, le Tasse, Cervantes, Rabelais, viennent tailler leurs poëmes. Mais ils sont trop de leur temps pour être d'un temps qui est passé. Ils refont une chevalerie, mais ce n'est point une chevalerie vraie. Le fin Arioste, l'ironique épicurien, en charme ses yeux et s'en égaye en voluptueux, en sceptique qui jouit deux fois du plaisir, parce que le plaisir est doux et qu'il est défendu. A côté de lui, le pauvre Tasse, sous la conduite d'un catholicisme violent, ressuscité et factice, parmi les clinquants d'une poésie vieillie, travaille sur le même sujet, maladivement, avec un grand effort et avec un succès mince. Pour Cervantes, qui est un chevalier, il a beau aimer la chevalerie pour sa noblesse, il en sent la folie et la rabat par terre, sous les coups de bâton, parmi les mésaventures d'hôtellerie. Plus grossièrement, plus franchement, un rude plébéien, Rabelais, avec un éclat de rire, la noie dans sa joie et dans sa bourbe. Seul, Spenser la prend au sérieux et naturellement. Il est au niveau de tant de noblesse, de grandeurs et de rêves. Il n'est point encore assis et enfermé dans cette espèce de bon sens exact qui va fonder et rétrécir toute la civilation moderne. Il habite de cœur dans la poétique et vaporeuse contrée dont chaque jour les hommes s'éloignent davantage. Il en aime jusqu'au langage ; il reprend les vieux mots, les tours du moyen âge, la diction de Chaucer [1]. Il entre de plain-pied dans les plus étranges songes des anciens conteurs, sans étonnement, comme un homme qui de lui-même en trouve encore de plus étranges. Châteaux enchantés, monstres et géants, duels dans les bois, demoiselles errantes, tout renaît sous sa main, la fantaisie du moyen âge avec la générosité du moyen âge, et c'est justement parce que ce monde est invraisemblable que ce monde lui convient.

Est-ce assez de la chevalerie pour lui fournir sa

---

1. Surtout dans le *Calendrier du Berger*.

matière ? Ce n'est là qu'un monde, et il y en a un autre. Par delà les preux, images glorifiées des vertus morales, il y a les dieux, modèles achevés de la beauté sensible ; par delà la chevalerie chrétienne, il y a l'olympe païen ; par delà l'idée de la volonté héroïque qui ne trouve son contentement que dans les aventures et le danger, il y a l'idée de la force sereine qui d'elle-même se trouve en harmonie avec les choses. Ce n'est pas assez d'un idéal pour un pareil poëte; auprès de la beauté de l'effort, il met la beauté du bonheur ; il les assemble toutes les deux, non par un parti pris de philosophe et avec des intentions d'érudit comme Gœthe, mais parce qu'elles sont toutes deux belles, et çà et là, au milieu des armures et des passes d'armes, il dispose les satyres, les nymphes, Diane, Vénus, comme des statues grecques parmi les tourelles et les grands arbres d'un parc anglais. Rien de forcé dans cet assemblage ; l'épopée idéale, comme un ciel supérieur, accueille et concilie les deux mondes; un beau songe païen y continue un beau songe chevaleresque ; l'important, c'est qu'ils soient beaux l'un et l'autre. A cette hauteur, le poëte a cessé de voir les différences des races et des civilisations. Il peut mettre ce qu'il voudra dans son tableau; pour toute raison il dira : « Cela allait bien; » et il n'y a pas de raison meilleure. Sous les chênes aux feuilles luisantes, au vieux tronc profondément enfoncé dans la terre, il peut voir deux chevaliers qui se pourfendent, et un instant après une bande de Faunes qui viennent danser. Les flaques de lumière qui viennent s'étaler sur les mousses de velours, sur les gazons humides d'une forêt anglaise, peuvent éclairer les cheveux dénoués, les blanches épaules de nymphes. Ne l'avez-vous pas vu dans Rubens ? Et que signifient les disparates dans l'heureuse et sublime illusion du rêve ? Y a-t-il encore des disparates ? Qui s'en aperçoit ? qui les sent ? Qui ne sent, au contraire, qu'à bien parler il n'y a qu'un monde, celui de Platon et des poëtes ; que les choses réelles n'en sont que les ébauches, les ébauches mutilées, incomplètes et salies, misérables avortons épars çà et là sur la route du temps, comme des tronçons de glaise à demi formés, puis délaissés, qui gisent dans l'atelier d'un artiste ; qu'après tout, les forces et les idées invisibles qui incessamment renouvellent les êtres réels n'atteignent leur accomplissement que dans les êtres imaginaires, et que le poëte, pour exprimer toute la nature, est obligé d'embrasser dans ses sympathies toutes les formes idéales par lesquelles la nature s'est exprimée ? Voilà la grandeur de cette œuvre : il a pu prendre toute la beauté, parce qu'il ne s'est soucié que de la beauté.

XIV

Le lecteur sent bien qu'on ne peut pas lui raconter un pareil poëme. En effet, ce sont six poëmes, chacun de douze chants, où l'action se dénoue, se renoue incessamment, s'embrouille et recommence, et je crois que toutes les imaginations de l'antiquité et du moyen âge y sont entassées. Le chevalier chevauche entre les arbres, et, au carrefour des allées, rencontre d'autres chevaliers qu'il combat ; tout d'un coup du fond d'une caverne paraît un monstre demi-femme et demi-serpent, entouré de sa progéniture hideuse ; plus loin un géant aux trois corps, puis un dragon grand comme une colline, aux griffes tranchantes, aux ailes gigantesques. Trois jours durant, il le combat, et, renversé deux fois, il ne revient à lui que par le secours d'une eau merveilleuse. Après cela, il y a des peuplades sauvages qu'il faut vaincre, des châteaux entourés de flammes qu'il faut forcer. Cependant les demoiselles errent au milieu des forêts sur des palefrois blancs, exposées aux entreprises des mécréants, parfois gardées par un lion qui les suit, ou délivrées par une bande de satyres qui les adorent. Les sorciers multiplient leurs prestiges ; les palais étalent leurs festins ; les champs clos accumulent leurs tournois ; les dieux marins, les nymphes, les fées, les rois, entre-croisent les fêtes, les surprises et les dangers.

C'est une fantasmagorie, dira-t-on. Qu'importe, si nous la voyons ? Et nous la voyons, car Spenser la voit. Sa bonne foi nous gagne. Il est si fort à son aise dans ce monde, que nous finissons par nous y trouver comme chez nous. Il n'a point l'air étonné des choses étonnantes ; il les rencontre si naturellement qu'il les rend naturelles ; il défait les mécréants comme si de sa vie il n'avait fait autre chose. Vénus, Diane et les dieux antiques habitent à sa porte et entrent chez lui sans qu'il y prenne garde. Sa sérénité devient la nôtre. Nous devenons crédules et heureux par contagion et autant que lui. Le moyen de faire autrement? Est-ce qu'il est possible de ne pas croire un homme qui nous peint les choses avec un détail si juste et des couleurs si vives? Voici que tout d'un coup il vous décrit une forêt; est-ce qu'au même instant vous n'y êtes pas avec lui? Les hêtres au corps blanchâtre, les chênes « dans tout l'orgueil de l'été, » y enfoncent leurs piliers et épanouissent leurs dômes; des clartés tremblent sur l'écorce, et vont se poser sur le sol, sur les fougères qui rougissent, sur les bas buissons qui, tout d'un coup frappés par la traînée lumineuse, luisent et chatoient. A peine si les pas s'entendent sur la couche épaisse de feuilles amoncelées; et de loin en loin, sur les hautes graminées, les gouttes de rosée scintillent. Cependant un son de cor arrive à travers la feuillée : comme il vibre doucement et tout à la fois joyeusement dans ce grand silence ! Il retentit plus fort ; le galop d'une chasse approche, et là-bas, à travers l'allée, voici venir une nymphe, la plus chaste et la plus belle qui soit au monde. Spenser la voit ; bien plus, devant elle il est à genoux.

> Son visage était si beau, qu'il ne semblait point de chair, — mais peint célestement du brillant coloris des anges, — clair comme le ciel, sans défaut, ni tache, — avec un parfait mélange de toutes les belles couleurs; — Et dans ses joues se montrait une rougeur vermeille, — comme des roses répandues sur un parterre de lis, — exhalant des parfums d'ambroisie, — et nourrissant les sens d'un double plaisir, — capables de guérir les malades et de ranimer les morts.

CHAPITRE I. LA RENAISSANCE PAÏENNE.

Dans ses beaux yeux luisaient deux lampes vivantes, — allumées là-haut à la lumière de leur céleste créateur. — Ils dardaient des rayons de feu — si merveilleusement perçants et lumineux, — qu'ils éblouissaient les yeux assez hardis pour la regarder. — Le dieu aveugle avait souvent tenté d'y allumer — ses feux impudiques, mais sans le pouvoir ; — car, avec une majesté imposante et une colère redoutée, — elle brisait ses dards libertins, et éteignait les vils désirs.

Sur ses paupières se tenaient maintes Grâces, — à l'ombre de ses sourcils égaux, — pour la pourvoir de doux regards et de beaux sourires, — et chacune d'elles la douait d'une grâce, — et chacune d'elles humblement à ses pieds s'inclinait. — Un si glorieux miroir de grâce céleste, — souverain monument où s'adressent tous les vœux mortels, — comment une plume fragile décrira-t-elle son divin visage, — avec la crainte de manquer d'art et d'outrager sa beauté ?

Aussi belle, et mille et mille fois plus belle — elle parut quand elle se montra aux regards. — Elle était vêtue, à cause de la chaleur de l'air brûlant, — toute d'une tunique de soie, blanche comme un lis, — couturée de maintes broderies tressées, — parsemée sur le haut, tout entière, — d'aiguillettes d'or splendide qui étincelaient — comme des étoiles scintillantes ; et la bordure — était toute lisérée de franges d'or.

Au-dessous du genou son vêtement pendait un peu, — et ses jambes droites étaient magnifiquement serrées — en des brodequins dorés de cuir précieux, — tout bardés de lames d'or, où étaient gravées — des figures bizarres et splendidement émaillées. — Par-devant, ils étaient attachés sous son genou — avec un riche joyau où s'entrelaçaient — les bouts de tous les nœuds, de sorte que nul ne pouvait voir — comment dans leurs replis serrés ils se confondaient.

Elles ressemblaient à deux beaux piliers de marbre — qui supportent un temple des dieux, — que tout le peuple orne de guirlandes vertes — et honore dans ses assemblées de fête.

— Avec une grâce imposante et un port de princesse, — elle ralentissait leur démarche quand elle voulait garder sa majesté. — Mais quand elle jouait avec les nymphes des bois, — ou qu'elle chassait le léopard fuyant, — elle les mouvait agilement, et volait dans les campagnes.

Et dans sa main elle avait un épieu acéré, — et sur son dos un arc et un carquois brillant, — rempli de flèches aux têtes d'acier, dont elle abattait — les bêtes sauvages dans ses jeux victorieux, — attaché par un baudrier d'or, qui sur le devant — traversait sa poitrine de neige, et séparait ses seins délicats; comme les jeunes fruits en mai, — ils commençaient à se gonfler un peu, et nouveaux encore, — à travers son vêtement léger, ils ne faisaient qu'indiquer leur place.

Ses boucles blondes, frisées comme des fils d'or, — tombaient sur ses épaules, négligemment répandues, — et, quand le vent soufflait au milieu d'elles, — flottaient comme un étendard largement déployé, — et bien bas derrière elles descendaient en désordre. — Et que ce fût art, ou hasard aveugle, — à mesure qu'à travers la forêt fleurie elle courait impétueuse, — dans ses cheveux épars les douces fleurs se posaient d'elles-mêmes, — et les fraîches feuilles verdoyantes et les boutons s'y entrelaçaient.

Plus chèrement que sa vie elle gardait la rose délicate, — fille de son matin, dont la fleur — ornait la couronne de sa renommée. — Elle ne souffrait point que le soleil brûlant du midi, — ni que le vent perçant du nord vînt s'abattre sur son calice. — Elle repliait d'abord ses feuilles de soie avec un soin pudique, — quand le ciel inclément commençait à menacer. — Mais sitôt que se calmait l'air de cristal, — elle s'épanouissait et laissait fleurir toute sa beauté[1].

Il est à genoux devant elle, vous dis-je, comme un enfant le jour de la Fête-Dieu parmi les fleurs et les

---

1. Her face so faire, as flesh it seemed not,
But hevenly pourtraict of bright angels hew,

CHAPITRE I. LA RENAISSANCE PAÏENNE.

parfums, ravi d'adoration pour elle, jusqu'à voir dans ses yeux une lumière céleste et sur ses joues le coloris des anges, jusqu'à appeler ensemble les anges ché-

> Cleare as the skye, withouten blame or blot,
> Through goodly mixture qf complexions dew;
> And in her cheekes the vermeill red did shew;
> Like roses in a bed of lillies shed,
> The which ambrosiall odours from them threw,
> And gazers sence with double pleasure fed,
> Hable to heale the sick and to revive the ded.
>
> In her faire eyes two living lamps did flame,
> Kindled above at th' heavenly Maker's light,
> And darted fyrie beames out of the same,
> So passing persant, and so wondrous bright,
> That quite bereav'd the rash beholders sight :
> In them the blinded god his lustfull fyre
> To kindle oft assayd, but had no might;
> For, with dredd majestie and awfull yre,
> She broke his wanton darts, and quenched base desyre.
>
> Her yvorie forhead, full of bountie brave,
> Like a broad table did itselfe dispred,
> For Love his loftie triumphes to engrave,
> And write the battailes of his great godhed :
> All good and honour might therein be red;
> For there their dwelling was; and, when she spake,
> Sweete wordes, like dropping honey, she did shed;
> And 'twixt the perles and rubins softly brake
> A silver sound, that, heavenly musicke seemd to make.
>
> Upon her eyelids many Graces sate,
> Under the shadow of her even browes,
> Working belgardes and amorous retrate;
> And everie one her with a grace endowes,
> And everie one with meekenesse to her bowes :
> So glorious mirrhour of celestiall grace,
> And soveraine moniment of mortall vowes,
> How shall frayle pen descrive her heavenly face,
> For feare, through want of skill, her beauty to disgrace.
>
> So faire, and thousand thousand time more faire,
> She seemd, when she presented was to sight;
> And was yclad, for heat of scorching aire,
> All in a silken Camus lily white,
> Purfled upon with many a folded plight,
> Which all above besprinkled was throughout,
> With golden aygulets, that glistred bright;

tiens et les grâces païennes pour la parer et la servir; c'est l'amour qui amène devant lui de pareilles visions, « le doux amour qui baigne ses ailes d'or

Like twinkling starres : and all the skirt about
Was hemed with golden fringe.

Below her ham her weed did somewhat trayne,
And her streight legs most bravely were embayld
In gilden buskins of costly cordwayne,
All bard with golden bendes, which were entayld
With curious antickes, and full fayre anmayld.
Before, they fastned were under her knee
In a rich jewell, and therein entrayld
The ends of all the knots, that none might see
How they within their fouldings close enwrapped be.

Like two faire marble pillours they were seene,
Which doe the temple of the gods support,
Whom all the people decke with garlands greene,
And honour in their festivall resort.
These same with stately grace and princely port
She taught to tread, when she herself would grace ;
But with the woody nymphes when she did play,
Or when the flying libbard she did chace,
She could them nimbly move, and after fly apace.

And in her hand a sharpe bore-speare she held,
And at ther backe a bow, and quiver gay
Stuft with steel-headed dartes, wherewith she queld
The salvage beastes in her victorious play,
Knit with a golden bauldricke which forelay
Athwart her snowy brest, and did divide
Her daintie paps; which, like young fruit in May,
Now little gan to swell, and being tide
Through her thin weed their places only signifide.

Her yellow lockes, crisped like golden wyre,
About her shoulders weren loosely shed,
And, when the winde emongst them did inspyre,
They waved like a penon wyde despred,
And low behinde her backe were scattered :
And, whether art it were or heedlesse hap,
As through the flouring forrest rash she fled,
In her rude heares sweet flowres themselves did lap,
And flourishing fresh leaves and blossomes did enwrap.

The daintie rose, the daughter of her morne,
More dear than life she tendered, whose flowre
The girlond of her honour did adorne :

dans le nectar béni et dans la source des purs plaisirs[1]. »

D'où vient-elle cette parfaite beauté, cette pudique et charmante aurore en qui il a rassemblé toutes les clartés, toutes les douceurs et toutes les virginités du matin? Quelle mère l'a mise au monde, et quelle naissance merveilleuse a produit à la lumière une semblable merveille de grâce et de pureté? Un jour, dans une fraîche fontaine solitaire où le soleil étalait ses rayons, Chrysogone baignait son corps parmi les roses et les violettes d'azur. Elle s'endormit lassée sur l'herbe épaisse, et les rayons du soleil épanchés sur son sein nu la fécondèrent[2]. Les mois s'écoulaient. Inquiète et honteuse, elle s'en alla dans les bois déserts et s'assit en pleurant, « l'âme enveloppée dans un noir nuage de tristesse. » Cependant Vénus parcourait toute la

> Ne suffred she the middayes scorching powre,
> Ne the sharp northerne wind thereon to showre;
> But lapped up her silken leaves most chayre,
> Whenso the froward sky began to lowre;
> But, soon as calmed was the cristall ayre,
> She did it fayre dispred and let to florish faire.
> (Liv. III, ch. v, str. 51, et liv. II, chant 3.)

1. Sweet love, that doth his golden wings embay
In blessed nectar and pure pleasures well.
(Liv. III, ch. II, st. 2.)

2. It was upon a sommers shiny day,
When Titan faire his beames did display,
In a fresh fountaine, far from all mens vew,
She bath'd her brest the boyling heat t'alley;
She bath'd with roses red and violets blew
And all the sweetest flowers that in the forrest grew.

Till faint through yrkesome wearines adowne
Upon the grassy ground herself she layd
To sleep, the whiles a gentle slombring swowne
Upon her fell all naked bare displayd....
(Liv. III, chant VI.)

terre, cherchant son fils Cupidon, qui s'était mutiné contre elle et avait fui au loin. Elle l'avait cherché dans les cours, dans les cités, dans les chaumières, promettant de doux baisers à qui dénoncerait sa retraite, et à qui le ramènerait, des choses plus douces encore. Elle arriva ainsi jusqu'à la forêt où Diane, lassée, se reposait avec ses nymphes. Quelques-unes lavaient leurs membres dans le flot clair ; d'autres étaient couchées à l'ombre ; le reste, comme une guirlande de fleurs, entourait la déesse, qui dénouant ses tresses blondes, et rejetant sa tunique, avançait son pied vers l'eau transparente[1]. Surprise, elle rebuta Vénus, se moqua de ses plaintes, et jura que si elle rencontrait Cupidon, elle lui couperait ses ailes libertines. Puis elle eut pitié de la déesse affligée et se mit à chercher le fugitif avec elle. Elles arrivèrent à la feuillée où Chrysogone endormie avait mis au monde, sans le savoir, deux filles aussi belles que le

---

1. Shortly into the wastefull woods she came,
Whereas she found the goddesse with her crew,
After late chase of their embrewed game,
Sitting beside a fountaine in a rew ;
Some of them washing with the liquid dew
From off their dainty limbs the dusty sweat
And soyle, which did deforme their lively hew ;
Others lay shaded from the scorching heat ;
The rest upon her person gave attendance great.

She, having hong upon a bough on high
Her bow and painted quiver, had unlaste
Her silver buskins from her nimble thigh,
And her lank loynes ungirt, and brests unbraste,
After the heat the breathing cold to taste ;
Her golden lockes, that late in tresses bright
Embreaded were for hindring of her haste,
Now loose about her shoulders hong undight,
And were with swet ambrosia all besprinkled light.
  (Liv. III. chant vi.)

jour naissant. Diane prit l'une, et en fit la plus pure des vierges. Vénus emporta l'autre dans le jardin d'Adonis, où sont les germes de toutes les choses vivantes, où joue Psyché, l'épouse de l'Amour, où Plaisir, leur fille, folâtre avec les Grâces, où Adonis, couché parmi les myrtes et les fleurs riantes, revit au souffle de l'Amour immortel. Elle l'éleva comme sa fille ; elle la choisit pour être la plus fidèle des amantes, et après de longues épreuves la donna au bon chevalier sire Scudamour.

XV

Voilà ce que l'on rencontre dans la forêt merveilleuse. Y êtes-vous mal et avez-vous envie de la quitter parce qu'elle est merveilleuse? A chaque détour d'allée, à chaque changement du jour, une stance, un mot fait entrevoir un paysage ou une apparition. C'est le matin, l'aube blanche luit timidement à travers les arbres; des vapeurs bleuâtres s'envolent à l'horizon comme un voile et s'évanouissent dans l'air qui rit; les sources tremblent et bruissent faiblement entre leurs mousses, et dans les hauteurs les feuilles des peupliers commencent à remuer et à battre comme des ailes de papillons. Un chevalier met pied à terre, un vaillant chevalier qui a désarçonné maint Sarrasin et accompli mainte aventure. Il délace son casque, et soudain l'on voit apparaître les joues roses d'une jeune fille et de longs cheveux qui, « comme un voile de soie, tombent jusqu'à terre. » Le soleil joue dans leur nappe ondoyante, et l'on pense en les voyant « à ces cieux qui dans une nuit ardente d'été scintillent empanachés par des traînées de lumières[1]. » C'est Britomart, une vierge et une héroïne, comme Clorinde ou Marphise, mais combien plus idéale ! Le profond sentiment de la nature, la sincérité de la rêverie, la fécondité de l'inspiration toujours coulante, le sérieux germanique raniment ici les inventions classiques ou chevaleresques qui semblent les plus vieillies et les plus usées. Le défilé des magnificences et des paysages ne s'arrête pas. Des promontoires désolés fendus de plaies béantes ; des entassements de roches foudroyées et noircies où viennent se briser les flots rauques ; des palais étincelants d'or où des dames, belles comme des anges, nonchalamment penchées sur des coussins de pourpre, écoutent avec un doux sourire les accords d'une musique invisible ; de hautes allées silencieuses, où les chênes rangés en colonnades étendent leur ombre

---

[1]. With that, her glistring helmet she unlaced ;
Which doft, her golden lockes, that were up bound
Still in a knot, unto her heeles down traced,
And like a silken veile in compasse round
About her back and all her bodie wound ;
Like as the shining skie in summers night,
What times the dayes with scorching heat abound,
Is creasted all with lines of firie light,
That it prodigious seemes in common people sight.
(Liv. IV, ch. I, str. 13.)

Her golden locks, that were in tramells gay
Up bounden, did themselves adowne display
And raught unto her heeles ; like sunny beames
That in a cloud their light did long time stay,
Their vapour vaded, shewe their golden gleames,
And through the azure aire shooke forth their persant streames.
(Liv. III, ch. IX, 20.)

CHAPITRE I. LA RENAISSANCE PAÏENNE. 343

immobile sur des touffes de violettes vierges et sur des gazons que n'a jamais foulés un pied humain : à toutes ces beautés de l'art et de la nature, il ajoute les merveilles de la mythologie, et il les décrit avec autant d'amour et d'aussi bonne foi qu'un peintre de la Renaissance ou un poëte ancien. Voici venir sur des nacelles d'écaille la belle Cymoent et ses nymphes traînées par des dauphins agiles comme des hirondelles. Elles glissent sur les vagues brillantes; les cheveux sont dénoués, et le vent fait flotter leurs boucles blondes; une âpre senteur marine emplit l'air; le soleil étend son manteau de lumière sur la plaine d'azur, hérissée de flots innombrables; la mer infinie qui sourit vient baiser les pieds d'argent de ses filles divines[1]. — Rien de plus doux et de plus calme que le palais de Morphée. Au plus profond de la terre, il repose, enveloppé dans les molles vapeurs dont Téthys baigne son lit humide; Diane répand les perles de la rosée sur sa tête éternellement penchée : et la Nuit mélancolique a posé sur lui sa robe obscure. Non loin de là, un ruisseau tombe goutte à goutte du haut d'une roche, mêlant son clapotement monotone au bruissement de la pluie fine; et la brise, semblable

---

1. A teme of Dolphins raunged in aray
  Drew the smooth charett of sad Cymoent.
  They were all taught by Triton to obay
  To the long raynes at her commaundement.
  As swift as swallows on the wawes they went.
  That their broad flaggy finnes no fome did reare,
  Ne bubbling rowndell they behinde them sent;
  The rest of other fishes drawen weare
  Which with their finny oars the swelling sea did sheare.
  (Liv. III, ch. iv, 33.)

au long bourdonnement d'un essaim d'abeilles, berce le sommeil immobile du dieu appesanti[1]. — Ne voulez-vous pas aussi regarder au coin de cette forêt une bande de satyres dansant sous les feuilles vertes? Ils viennent en sautant comme des chevreaux folâtres, « aussi gais que les oiseaux du joyeux printemps. » La belle Hellénore, qu'ils ont choisie pour reine de mai, accourt aussi toute rieuse et couronnée de lauriers et de fleurs. Le bois retentit du son de leurs flûtes. Leurs pieds de corne usent le frais gazon de la clairière. Ils dansent gaillardement tout le jour avec de brusques mouvements et des mines provoquantes, pendant qu'autour d'eux, leurs troupeaux broutent capricieusement les arbousiers. — A chaque livre, nous voyons passer des processions étranges, mascarades allégoriques et pittoresques, pareilles à celles qui s'étalaient alors à la cour des princes, tantôt celle de Cupidon, tantôt celle des Fleuves, tantôt celle des.

> He making speedy way through spersed ayre,
> And through the world of waters wide and deepe,
> To Morpheus' house doth hastily repaire.
> Amid the bowels of the earth full steepe,
> And low, where dawning day doth never peepe,
> His dwelling is, there Tethys his wet bed
> Doth ever wash, and Cynthia still doth steepe,
> In silver deaw his ever drouping hed,
> Whiles sad Night over him her mantle black doth spred.
>
> And more to lulle him in his slumber soft,
> A trickling streame from high rock tumbling downe,
> And ever-drizling raine upon the loft,
> Mixt with a murmuring winde, much like the sowne
> Of swarming bees, did cast him in a swowne.
> No other noyse, nor peoples troublous cryes,
> As still are wont t' annoy the walled towne,
> Might there be heard; but careless Quiet lyes
> Wrapt in eternal silence farre from enimyes.

CHAPITRE I. LA RENAISSANCE PAÏENNE. 345

Mois, ici celle des Vices. Jamais l'imagination ne fut plus prodigue ni plus inventive. L'orgueilleuse Lucifera s'avance sur un char paré de guirlandes et d'or, rayonnante comme l'aurore, entourée d'un peuple de courtisans qu'elle éblouit de sa gloire et de sa splendeur : six bêtes inégales la traînent, et chacune d'elles est montée par un Vice. L'un sur un âne paresseux, vêtu d'une robe noire comme un moine, malade d'oisiveté, laisse tomber sa tête pesante et tient entre les mains un bréviaire qu'il ne lit pas ; un autre, sur un pourceau ignoble, se traîne déformé, le ventre gonflé par la luxure, les yeux bouffis de graisse, le cou allongé comme celui d'une grue, habillé de feuilles de vigne qui laissent voir son corps pourri d'ulcères, et tout le long du chemin vomissant le vin et les viandes dont il s'est soûlé. Un autre, assis entre des coffres de fer, sur un chameau chargé d'or, manie des pièces d'argent, déguenillé, les joues creuses, les pieds roidis par la goutte ; un autre, sur un loup affamé, grinçant ses dents infectes, mâche un crapaud vénéneux dont le poison suinte le long de ses gencives, et sa tunique décolorée, peinte d'yeux menaçants, cache un serpent replié autour de son corps. Le dernier, couvert d'une robe déchirée et sanglante, s'avance monté sur un lion, brandissant autour de sa tête une torche allumée, les yeux étincelants, le visage pâle comme la cendre, serrant dans sa main fiévreuse la garde de son poignard. Le bizarre et terrible cortège défile, conduit par l'harmonie solennelle des stances, et la musique grandiose des rimes redoublées soutient l'imagination dans le monde fantastique, mêlé d'horreurs et de magnificences, qui vient d'être ouvert à son vol.

XVI

Et cependant c'est peu que tout cela. Quoi que puissent fournir la mythologie et la chevalerie, elles ne suffisent pas aux exigences de cette conception poétique. Le propre de Spenser, c'est l'énormité et le débordement des inventions pittoresques. Comme Rubens, il crée de toutes pièces, en dehors de toute tradition, pour exprimer de pures idées. Comme chez Rubens, l'allégorie chez lui enfle les proportions hors de toute règle, et soustrait la fantaisie à toute loi, excepté au besoin d'accorder les formes et les couleurs. Car, si les esprits ordinaires reçoivent de l'allégorie un poids qui les opprime, les grandes imaginations reçoivent de l'allégorie des ailes qui les emportent. Dégagées par elle des conditions ordinaires de la vie, elles peuvent tout oser, en dehors de l'imitation, par delà la vraisemblance, sans autre guide que leur force native et leurs instincts obscurs. Trois jours durant sir Guyon est promené par l'esprit maudit, Mammon le tentateur, dans le royaume souterrain, à travers des jardins merveilleux, des arbres chargés de fruits d'or, des palais éblouissants et l'encombrement de tous les trésors du monde. Ils sont descendus dans les entrailles de la terre et parcourent ses cavernes, abîmes inconnus, profondeurs si-

CHAPITRE I. LA RENAISSANCE PAÏENNE.

lencieuses. Un démon épouvantable marche derrière lui à pas monstrueux sans qu'il le sache, prêt à l'engloutir au moindre signe de convoitise. L'éclat de l'or illumine des formes hideuses, et le métal rayonnant brille d'une beauté plus séduisante dans l'obscurité du cachot infernal.

La forme du donjon au dedans était grossière et rude, — comme une caverne énorme taillée dans une falaise rochéuse. — De la voûte raboteuse descendaient des arceaux déchirés — bosselés d'or massif et de glorieux ornements, — et chaque poutre était chargée de riche métal, — tellement qu'elles semblaient vous menacer d'une ruine pesante ; — et par-dessus eux Arachné avait porté haut sa toile industrieuse et étendu ses lacs subtils, — enveloppés de fumée impure et de nuages plus noirs que le jais.

Le toit, le plancher et les murs étaient tout d'or, — mais couverts de poussière et de rouille antique, — et cachés dans l'obscurité, de sorte que personne n'en pouvait voir — la couleur ; car la lumière joyeuse du jour — ne se déployait jamais dans cette demeure, — mais seulement une douteuse apparence de clarté pâle, — comme est une lampe dont la vie s'évanouit, — ou comme la lune enveloppée dans la nuit nuageuse — se montre au voyageur qui marche plein de crainte et de morne effroi.

Dans cette chambre il n'y avait rien qu'on pût voir, — sinon de grands coffres énormes et de fortes caisses de fer, — toutes serrées de doubles nœuds, tellement que personne — ne pouvait espérer les forcer par violence et par vol. — De chaque côté ils étaient placés tout du long. — Mais tout le sol était jonché de crânes — et d'ossements d'hommes morts épars tout à l'entour, — dont les vies, à ce qu'il semblait, avaient été là répandues, — et dont les vils squelettes étaient restés sans sépulture.

...:. Puis le démon le mena en avant et le conduisit bientôt

— à une autre chambre, dont la porte, tout d'un coup, — s'ouvrit devant lui. comme si elle eût su obéir d'elle-même ; — là avaient été placées cent cheminées — et cent fournaises toutes brillantes et brûlantes ; — près de chaque fournaise se tenaient maints démons, — créatures déformées, hideuses à regarder, — et chaque démon appliquait sa peine industrieuse — à fondre le métal d'or prêt à être éprouvé.

L'un, avec un soufflet énorme, aspirait l'air sifflant, — puis, avec le vent comprimé, enflammait la braise ; — l'autre ramassait les brandons mourants — avec des pinces de fer, et les arrosait souvent — de flots liquides pour apprivoiser la rage du furieux Vulcain, — qui, les maîtrisant, reprenait sa première ardeur. — Quelques-uns enlevaient l'écume qui sortait du métal, — d'autres agitaient l'or fondu avec de grandes pelles ; — et chacun d'eux peinait, et chacun d'eux suait.

Il le mena ensuite, à travers un sombre passage étroit, — jusqu'à une large porte toute bâtie d'or battu ; — la porte était ouverte ; mais là attendait — un puissant géant aux enjambées roides, et hardies, — comme s'il eût voulu défier le Très-Haut. — Dans sa main droite il tenait une massue de fer ; — mais il était lui-même tout entier en or, — ayant pourtant le sentiment et la vie, et il savait bien manier — son arme maudite quand il abattait ses ennemis acharnés.

.... Ils entrèrent dans une chambre grande et large, — comme quelque grande salle d'assemblée, ou comme un temple solennel. — Maints grands piliers d'or supportaient — le toit massif et soutenaient de prodigieuses richesses, — et chaque pilier était richement décoré — de couronnes, de diadèmes et de vains titres, — que portaient les princes mortels pendant qu'ils régnaient sur la terre.

Une multitude d'hommes étaient assemblés là, — de toutes les races et de toutes les nations sous le ciel, — qui avec un grand tumulte se pressaient pour approcher — de la partie supérieure, où se dressait bien haut — un trône pompeux de majesté souveraine. — Et dessus était assise une femme

CHAPITRE I. LA RENAISSANCE PAÏENNE.

magnifiquement parée — et opulemment vêtue des robes de la royauté, — tellement que jamais prince terrestre, d'un semblable appareil — ne releva sa gloire et ne déploya un orgueil si fastueux. — Elle, assise dans sa pompe resplendissante, — tenait une grande chaîne d'or aux anneaux bien unis, — dont un bout était attaché au plus haut du ciel, — et dont l'autre atteignait au plus bas enfer[1].

Nul rêve de peintre n'égale ces visions, ce flamboiement de la fournaise sur les parois des cavernes,

1. The houses form within was rude and strong,
    Like an huge cave hewne out of rocky clifte,
    From whose rough vault the ragged breaches hong
    Embost with massy gold of glorious guifte,
    And with rich metall loaded every rifte,
    That heavy ruine they did seeme to threatt;
    And over them Arachne high did lifte
    Her cunning web, and spred her subtile nett,
    Enwrapped in fowle smoke and clouds more black then jett.

    Both roof and floor and walls were all of gold,
    But overgrown with dust and old decay,
    And hid in darknes, that none could behold
    The hew thereof; for vew of cherefull day
    Did never in that house itselfe display,
    But a faint shadow of uncertein light,
    Such as a lamp whose life does fade away;
    Or as the moon, cloathed with clowdy night,
    Does shew to him that walkes in feare and sad affright.

    Il all that rowme was nothing to be sene,
    But huge grete yron chests and coffers strong,
    All bart with double bends, that none could weene
    Them to enforce by violence or wrong.
    On every side they placed were along.
    But all the grownd with sculs was scattered
    And dead mens bones which round about were flong;
    Whose lives, it seemed, whilome there were shed,
    And their vile carcases now left unburied....

    Thence forward he him led and shortly brought
    Unto another rowme, whose dore forthright
    To him did open as it had beene taught;
    Therein an hundred raunges were pight,
    And hundred fournaces all burning bright;
    By every fournace many Feends did byde,
    Defourmed creatures horrible in sight;

ces lumières vacillantes sur la foule, ce trône et cet étrange scintillement de l'or qui partout luit dans

>And every Feend his busie paines applyde
>To melt the golden metall ready to be tryde.
>
>One with great bellowes gathered filling ayre,
>And with forst wind the fewell did inflame;
>Another did the dying bronds repayre
>With yron tongs, and sprinkled ofte same
>With liquid waves, fiers Vulcans rage to tame
>Who, maystring them, renewd his former heat.
>Some scumd the drosse that from the metall came,
>Some stird the molten owre with ladles great.
>And every one did swincke, and every one did sweat....
>
>He brought him, through a darksom narrow strayt,
>To a broad gate all built of beaten gold :
>The gate was open; but therein did wayt
>A sturdie villein, stryding stiff and bold,
>As if the highest god defy he would.
>In his right hand an yron club he held,
>But he himselfe was all of golden mould,
>Yet had both life and sence, and well could weld
>That cursed weapon, when his cruell foes queld....
>
>He brought him in. The rowme was large and wide,
>As it some Gyeld or solemne temple weare;
>Many great golden pillours did upbeare
>The massy roofe and riches huge sustayne;
>And every pillour decked was full deare
>With crownes and diademes and titles vaine,
>Which mortall princes wore whiles they on earth did rayne.
>
>A route of people there assembled were,
>Of every sort and nation under skye,
>Which with great uprore preaced to draw nere
>To the upper part: where was advanced hye
>A stately siege of soveraine majestye;
>And thereon satt a woman gorgeous gay
>And richly cladd in robes of royaltye,
>That never earthly prince in such aray
>His glory did enhaunce, and pompous pryde display...
>
>There, as in glistring glory she did sitt,
>She held a great gold chaine ylinked well
>Whose upper end to highest heven was knitt,
>And lower part did reach to lowest bell.
>
>(Liv. II, ch. vu.)

l'ombre. C'est que l'allégorie pousse au gigantesque. Quand il s'agit de montrer la tempérance aux prises avec les tentations, on est porté à mettre toutes les tentations ensemble. Il s'agit d'une vertu *générale*, et comme elle est capable de toutes les résistances, on lui demande à la fois toutes les résistances ; après l'épreuve de l'or, celle du plaisir : ainsi se suivent et s'opposent les spectacles les plus grandioses et les plus délicieux, tous au delà de l'humain, les gracieux à côté des terribles, les jardins fortunés à côté du souterrain maudit :

Le portail de branches entrelacées et de fleurs penchées — était embrassé par une vigne courbée en arches, — dont les grappes pendantes semblaient inviter — tous les passants à goûter leur vin délicieux. — Elles s'inclinaient d'elles-mêmes vers les mains, — comme si elles s'offraient pour être cueillies : — quelques-unes d'une pourpre sombre pareille à l'hyacinthe ; — d'autres comme des rubis, riantes et doucement vermeilles ; — d'autres, comme de belles émeraudes encore vertes.

Au milieu du jardin était une fontaine — de la plus riche substance qu'il puisse y avoir sur la terre, — si pure et si transparente, que l'on eût pu voir — le flot d'argent courant dans chacun de ses canaux. — Très-splendidement elle était décorée — de curieux dessins et de figures d'enfants nus, — dont les uns semblaient, avec une gaieté rieuse, — voler çà et là et s'ébattre en jeux folâtres, — pendant que les autres se baignaient dans l'eau délicieuse.

Et sur toute la fontaine une traînée de lierre de l'or le plus pur — s'étendait avec sa teinte naturelle. — Car le riche métal était coloré de telle sorte — que l'homme qui l'eût vu sans être bien averti — l'eût pris sûrement pour du vrai lierre. — Bien bas jusqu'au sol rampaient ses bras lascifs, —

qui, se baignant dans la rosée d'argent, — trempaient craintivement dans l'eau leurs fleurs laineuses ; — et leurs gouttes de cristal semblaient des pleurs d'amour.

Un nombre infini de courants incessamment sortaient — de cette fontaine, doux et beaux à voir. — Ils tombaient dans un ample bassin — et arrivaient promptement en si grande abondance — qu'on eût cru voir un petit lac. — Sa profondeur n'excédait pas trois coudées, — si bien qu'à travers ses flots on pouvait voir le fond, — tout pavé par-dessous de jaspe étincelant, — et la fontaine voguait droit dans cette mer.

Les oiseaux joyeux abrités dans le riant ombrage, — accordaient leurs notes suaves avec le chœur des voix. — Les angéliques voix tremblantes et tendres — répondaient aux instruments avec une divine douceur. — Les instruments unissaient leur mélodie argentine — au sourd murmure des eaux tombantes. — Les eaux tombantes, variant leurs bruissements mesurés, — tantôt haut, tantôt bas, appelaient la brise ; — et la molle brise murmurante leur répondait à tous bien bas.

Sur un lit de roses Acrasie était couchée, — alanguie par la chaleur ou prête pour son doux péché ; — un voile l'habillait ou plutôt la laissait déshabillée, — un voile transparent tout d'argent et de soie, — qui ne cachait rien de sa peau d'albâtre, — mais la montrait plus blanche, si plus blanche elle pouvait être. — Arachné n'eût su ourdir un filet plus subtil, — et les toiles brillantes que nous voyons souvent tissées — par les fils de la rosée séchée ne volent pas plus légèrement dans l'air.

Son sein de neige était une proie offerte — aux yeux avides qui ne savaient s'en rassasier. — La langueur de sa douce fatigue y avait laissé — quelques gouttes plus claires que le nectar, qui glissaient — comme de pures perles d'Orient tout le long de son corps ; — et ses beaux yeux, qui de volupté souriaient doucement encore, — humectaient sans les éteindre les rayons de feu — dont ils perçaient les cœurs fragiles. Ainsi

CHAPITRE I. LA RENAISSANCE PAÏENNE.

la clarté des étoiles, — lorsqu'elle scintille sur les vagues silencieuses, paraît plus brillante [1].

N'y a-t-il ici que des féeries ? Il y a ici des tableaux tout faits, des tableaux vrais et complets, composés avec des sensations de peintre, avec un choix de couleurs et de lignes : les yeux ont du plaisir. Cette Acrasie couchée a la pose d'une déesse et d'une courtisane de Titien. Un artiste italien copierait ces jar-

---

1.   .... No gate, but like one, being goodly dight
    With bowes and braunches wich did broad dilate
    Their clasping armes in wanton wreathings intricate :

   So fashioned a porch with rare device,
   Archt over head with an embracing vine,
   Whose brounches hanging downe seemed to entice
   All passers-by to taste their lushious wine,
   And did themselves into their hands incline,
   As freely offering to be gathered,
   Some deepe empurpled as the hyaline.
   Some as the rubine laughing sweetely red,
   Some like faire emeraudes not yet well ripened....

   And in the midst of all a fountaine stood,
   Of richest substance that on earth might bee.
   So pure and shiny that the silver flood
   Through every channell running one might see.
   Most goodly it with curious ymageree
   Was over-wrought, and shapes of naked boyes,
   Of which some seemd with lively jollitee
   To fly about, playing their wanton toyes,
   Whylest others did themselves embay in liquid joyes.

   And over all of purest gold was spred
   A trayle of yvie in his native hew;
   For the rich metall was to coloured,
   That wight, who did not well avis'd it vew,
   Would surely deeme it to bee yvie trew;
   Low his lascivious armes adown did creepe,
   That themselves dipping in the silver dew
   Their fleecy flowres then fearfully did steepe,
   Which drops of christall seemd for wantones to weep.

   Infinit streames continually did well
   Out of this fountaine, sweet and fair to see,
   The which into an ample laver fell,
   And shortly grew to so great quantitie,

dins, ces eaux courantes, ces Amours sculptés, ces traînées de lierre qui serpente chargé de feuilles luisantes et de fleurs laineuses. Tout à l'heure, dans les profondeurs infernales, les clartés avec leur long ruissellement étaient belles, demi-noyées par les ténèbres, et le trône exhaussé dans la vaste salle entre les piliers, au milieu de la multitude fourmillante, reliait autour de lui toutes les formes en ramenant

> That like a little lake it seemd to bee,
> Whose depth exceed not three cubits hight,
> That through the waves one might the bottom see,
> All pav'd beneath with jaspar shinning bright,
> That semd the fountaine in that sea did sayle upright....
>
> The joyous birds, shrouded in chearefull shade
> Their notes unto the voyce attempred sweet;
> Th' angelical soft trembling voyces made
> To th' instruments divine respondence meet;
> The silver-sounding instruments did meet
> With the base murmure of the waters fall;
> The waters fall with difference discreet
> Now soft, now loud, unto the wind did call;
> The gentle warbling wind low answered to all....
>
> Upon a bed of roses she was layd,
> As faint through heat, or dight to pleasant sin;
> And was arayd or rather disarayd,
> All in a vele of silke and silver thin,
> That hid no whit her alabaster skin,
> But rather shewd more white, if more might bee :
> More subtile web Arachne cannot spin;
> Nor the fine nets, which oft we woven see
> Of scorched deaw, do not in th'ayre more lightly flee.
>
> Her snowy brest was bare to ready spoyle
> Of hungry eyes, which n' ote therewith be fild;
> And yet, through languour of her late sweet toyle,
> Few drops, mor cleare than nectar, forth distild,
> That like pure Orient perles adowne it trild;
> And her faire eyes, sweet smyling in delight
> Moystened their fierie beams, with which she thrild
> Fraile harts, yet quenched not; like starry light
> Which, sparckling on the silent waves, does sceme more bright.
>
> (Liv. II, ch. xu.)

sur lui tous les regards. Le poëte est ici et partout coloriste et architecte. Si fantastique que soit son monde, ce monde n'est point factice; s'il n'est pas, il pourrait être; même il devrait être; c'est la faute des choses si elles ne s'arrangent pas de manière à l'effectuer; pris en lui-même, il a cette harmonie intérieure par laquelle vit une chose réelle, même une harmonie plus haute, puisque, à la différence des choses réelles, il est tout entier jusque dans le moindre détail construit en vue de la beauté. L'*art* est venu, voilà le grand trait du siècle, le trait qui distingue ce poëme de tous les récits semblables entassés par le moyen âge. Incohérents, mutilés, ils gisaient comme des débris ou des ébauches que les mains débiles des trouvères n'avaient pas su assembler en un monument. Enfin les poëtes et les artistes paraissent et avec eux le sentiment du beau, c'est-à-dire la sensation de l'ensemble. Ils comprennent les proportions, les attaches et les contrastes; ils *composent*. Entre leurs mains, l'esquisse brouillée, indéterminée, se limite, s'achève, se détache, se colore et devient un tableau. Chaque objet ainsi pensé et imaginé acquiert l'être définitif en acquérant la forme vraie; après des siècles, on le reconnaîtra, on l'admirera, on sera touché par lui; bien plus, on sera touché par son auteur. Car, outre les objets qu'il peint, l'artiste se peint lui-même. Sa pensée maîtresse se marque dans la grande œuvre qu'elle produit et qu'elle conduit. Spenser est supérieur à son sujet, l'embrasse tout entier, l'accommode à son but, et c'est pour qu'il y imprime la marque propre de son âme et de son génie. Chaque récit est ménagé en vue d'un autre, et tous en vue d'un certain effet qui s'accomplit; c'est pour cela que de ce concert une beauté se dégage, celle qui est dans le cœur du poëte, et que toute son œuvre a travaillé à rendre sensible; beauté noble et pourtant riante, composée d'élévation morale et de séductions sensibles, anglaise par le sentiment, italienne par les dehors, chevaleresque par sa matière, moderne par sa perfection, et qui manifeste un moment unique et admirable, l'apparition du paganisme dans une race chrétienne et le culte de la forme dans une imagination du Nord.

§ 3. LA PROSE.

I

Un pareil moment ne dure guère, et la séve poétique s'use par la floraison poétique, en sorte que l'épanouissement conduit au déclin. Dès les premières années du dix-septième siècle, l'affaissement des mœurs et des génies devient sensible. L'enthousiasme et le respect baissent. Les mignons, les fats de cour intriguent et grappillent, parmi les pédanteries, les puérilités et les parades. La cour vole et la nation murmure. Les Communes commencent à se roidir, et le roi, qui les tance en maître d'école, plie devant elles en petit garçon. Ce triste roi se laisse rudoyer par ses favoris, leur écrit en style de commère, se dit un Salomon, étale une vanité d'écrivain, et, donnant audience à un courtisan, lui recommande sa réputation de savant, à charge de revanche. La dignité du gouvernement s'affaiblit et la loyauté du peuple s'attiédit. La royauté déchoit et la révolution se prépare. En même temps le noble paganisme chevaleresque dégénère en sensualité vile et crue[1]. « Le roi, dit un contemporain, vient de s'enivrer si bien avec le roi Christian de Danemark, qu'il a fallu les porter sur un

---

1. Harrington's *Nugæ antiquæ*.

lit tous les deux.... » Les dames quittent leur sobriété, et dans les festins on les voit qui roulent çà et là prises de vin. « Dernièrement, dit un malin courtisan, dans un masque, la chose a fait scandale. La dame qui jouait le rôle de la reine de Saba arrivait pour présenter des dons précieux à Leurs Majestés; mais ayant oublié les marches qui menaient au dais, elle renversa ses cassettes dans le giron de Sa Majesté danoise, et lui tomba sur les pieds ou plutôt sur la face. Grandes furent la hâte et la confusion. Essuis et serviettes travaillèrent aussitôt à tout nettoyer. Alors Sa Majesté se leva et voulut danser avec la reine de Saba. Mais il se laissa choir, et s'humilia devant elle, et fut emporté dans une chambre intérieure et mis sur un lit de parade, lequel ne fut pas médiocrement gâté par les présents que la reine de Saba avait répandus sur ses vêtements, tels que vin, crème, gelée, boisson, gâteaux, épices et autres bonnes choses. La fête et la représentation continuèrent, et la plupart des acteurs s'en allèrent ou se laissèrent choir, tant le vin occupait leur étage supérieur.... Alors parurent, en riches habits, la Foi, l'Espérance et la Charité. L'Espérance essaya de parler; mais le vin rendait ses efforts si faibles qu'elle se retira, espérant que le roi excuserait sa brièveté.... La Foi quitta la cour dans un état chancelant.... Toutes deux étaient malades et allèrent vomir dans la salle d'en bas.... Pour la Victoire, après un lamentable bégaiement, on l'emmena comme une pauvre captive, et on la déposa, pour qu'elle fît un somme, sur les marches extérieures de l'antichambre.

Quant à la Paix, elle cassa sa branche d'olivier sur le crâne de ceux qui voulaient l'empêcher d'entrer. » Notez que ces ivrognesses étaient de grandes dames. « On ne faisait point ainsi, ajoute l'auteur, sous la reine Élisabeth; » elle était violente et terrible, mais non ignoble et ridicule. C'est que les grandes idées qui mènent un siècle finissent, en s'épuisant, par ne garder d'elles-mêmes que leurs vices; le superbe sentiment de la vie naturelle devient le vulgaire appel aux sens. Il y a telle *entrée*, tel arc de triomphe, sous Jacques, qui représente des priapées, et quand les instincts sensuels, exaspérés par la tyrannie puritaine, parviendront plus tard à relever la tête, on verra sous la Restauration l'orgie s'étaler dans sa crapule et triompher de son impudeur.

En attendant, la littérature s'altère; le puissant souffle qui l'avait portée, et qui, à travers les singularités, les raffinements, les exagérations, l'avait faite grande, se ralentit et diminue. Avec Carew, Suckling, Herrick, le joli remplace le beau. Ce qui les frappe, ce ne sont plus les traits généraux des choses; ce qu'ils tâchent d'exprimer, ce n'est plus la nature intime des choses. Ils n'ont plus cette large conception, cette pénétration involontaire, par laquelle l'homme s'assimilait les objets et devenait capable de les créer une seconde fois. Ils n'ont plus ce trop-plein d'émotions, cette surabondance d'idées et d'images qui forçait l'homme à s'épancher par des paroles, à jouer extérieurement, à miner librement et hardiment le drame intérieur qui faisait tressaillir tout son corps et tout son cœur. Ce sont plutôt des beaux esprits de cour, des cavaliers à la mode, qui veulent faire preuve d'imagination et de style. Entre leurs mains l'amour devient une galanterie ; ils écrivent des chansons, des pièces fugitives, des compliments aux dames. Plus d'élans du cœur ; ils tournent des phrases éloquentes pour être applaudis et des exagérations flatteuses pour plaire. Les divines figures, les regards sérieux ou profonds, les expressions virginales ou passionnées qui éclataient à chaque pas dans les premiers poëtes ont disparu ; on ne voit plus ici que des minois agréables peints par des vers agréables. La polissonnerie n'est pas loin ; on la trouve déjà dans Suckling, et aussi la crudité, l'épicurisme prosaique ; ils diront bientôt : « Amusons-nous et moquons-nous du reste. » Les seuls objets qu'ils sachent encore peindre, ce sont les petites choses gracieuses, un baiser, une fête de mai, un narcisse, une primevère humide de rosée, une matinée de mariage, une abeille [1].

---

[1].
Some asked me where the rubies grew,
   And nothing did I say,
But with my finger pointed to
   The lips of Julia.
Some asked how pearls did grow, and where;
   Then spake I to my girl,
To part her lips, and show me there
   The quarelets of pearl.
One ask'd me where the roses grew ;
   I bade him not go seek ;
But forthwith bade my Julia show
   A bud in either cheek.
                              (Herrick.)

About the sweet bag of a bee,
   Two Cupids fell at odds ;
And whose the pretty prize should be,

CHAPITRE I. LA RENAISSANCE PAÏENNE.

Herrick surtout et Suckling rencontrent là de petits poëmes exquis, mignons, toujours riants ou souriants, pareils à ceux qu'on a mis sous le nom d'Anacréon ou qui abondent dans l'Anthologie. En effet, ici comme là-bas, c'est un paganisme qui décline ; l'énergie s'en va, l'agrément commence. On garde toujours

> They vowed to ask the gods.
> Which Venus hearing, thither came,
>   And for their boldness stript them;
> And taking thence from each his flame,
>   With rods of myrtle whipt them.
> Which done, to still their wanton cries,
>   When quiet grown sh' had seen them,
> She kiss'd and wiped their dove-like eyes,
>   And gave the bag between them.
>   (Herrick.)

> Why so pale and wan, fond lover?
>   Prithee, why so pale?
> Will, when looking well can't move her,
>   Looking ill prevail?
>   Prithee, why so pale?
> Why so dull and mute, young sinner?
>   Prithee, why so mute?
> Will, when speaking well can't win her,
>   Saying nothing do't?
>   Prithee, why so mute?
> Quit, quit for shame, this will not move,
>   This cannot take her;
> If of herself she will not love,
>   Nothing can make her :
>   The devil take her.
>   (Suckling.)

> As when a lady, walking Flora's bower,
> Picks here a pink, and there a gilly-flower,
> Now plucks a violet from her purple bed,
> And then a primrose, the year's maidenhead,
> There nips the brier, here the lover's pansy.
> Shifting her dainty pleasures with her fancy,
> This on her arms, and that she lists to wear
> Upon the borders of her curious hair;
> At length a rose-bud (passing all the rest)
> She plucks, and bosoms in her lily breast.
>   (Quarles.)

le culte de la beauté et de la volupté; mais on joue avec elles. On les pare et on les accommode à son goût; elles ont cessé de maîtriser et de plier l'homme; il s'en égaye et il en jouit. Dernier rayon d'un soleil qui se couche; avec Sedley, Waller et les rimeurs de la Restauration, le vrai sentiment poétique disparaît; ils font de la prose en vers; leur cœur est au niveau de leur style, et l'on voit avec la langue correcte commencer un nouvel âge et un nouvel art.

A côté de la mignardise arrivait l'affectation : c'est le second signe des décadences. Au lieu d'écrire pour dire les choses, on écrit alors pour les bien dire; on enchérit sur son voisin, on outre toutes les façons de parler; on fait tomber l'art du côté où il penche, et comme il penche en ce siècle du côté de la véhémence et de l'imagination, on entasse l'emphase et la couleur. Toujours un jargon naît d'un style. Dans tous les arts, les premiers maîtres, les inventeurs découvrent *l'idée*, s'en pénètrent et lui laissent produire sa forme. Puis viennent les seconds, les imitateurs, qui de parti pris répètent cette forme et l'altèrent en l'exagérant. Plusieurs ont du talent néanmoins, Quarles, Herbert, Babington, surtout Donne, un satirique poignant, d'une crudité terrible[1], un puissant poëte

---

1. Voyez surtout sa satire contre les courtisans. Ceci est contre les imitateurs :

> But he is worst, who beggarly doth chaw
> Other's witt fruits, and in his ravenous maw
> Rankly digested, doth those things outspue
> As his own things; and they are his owne, 't is true,
> For if one eate my meat, though it be known
> The meat was mine, th' excrement is his own.

CHAPITRE I. LA RENAISSANCE PAÏENNE.

d'une imagination précise et intense[1], et qui garde encore quelque chose de l'énergie et du frémissement de la première inspiration. Mais il gâte tous ces dons de parti pris, et réussit, à force de peine, à fabriquer du galimatias. Par exemple, les poëtes passionnés ont dit à leur maîtresse que s'ils la perdaient, ils prendraient en aversion toutes les femmes. Afin d'être plus passionné, Donne déclare à la sienne qu'en pareil cas il haïra tout le sexe, elle avec le reste, parce qu'elle en aura fait partie[2]. Vingt fois en le lisant on se frappe la tête et on se demande avec étonnement comment un homme a pu se tourmenter et se guinder ainsi, alambiquer son style, raffiner les raffinements, découvrir des comparaisons si saugrenues. C'était là l'esprit du temps; il fait effort pour être ingénieusement absurde. Une puce avait mordu Donne et sa maîtresse : voilà que cette puce, ayant réuni leur sang, se trouve être « leur lit de mariage

---

[1]. When I behold a stream, which, from the spring,
Doth, with doubtful melodious murmuring.
Or in a speechless slumber calmly ride
Her wedded channels bosom, and there chide
And bend her brows, and swell, if any bough
Does but stoop down to kiss her utmost brow;
Yet if her often gnawing kisses win
The traiterous banks to gape and let her in,
She rusheth violently and doth divorce
Her from her native and her long-kept course,
And roares, and braves it, and in gallant scorn
In flatt'ring eddies promising return,
She flouts her channel, which thenceforth is dry,
Then say I : That is she, and this I am.

[2]. O do not die, for I shall hate
All women so, when thou art gone,
That thee I shall not celebrate,
When I remember thou wast one.

et leur temple de mariage[1]. A présent, dit-il, la belle et ses parents ont beau gronder, nous sommes unis, et tous deux cloîtrés dans ces murs vivants de jais (la puce). » Le marquis de Mascarille n'a jamais rien trouvé d'égal. Eussiez-vous cru qu'un écrivain pût inventer de pareilles sottises ? Continuez, il y a pis. « L'habitude vous engage peut-être à me tuer ; mais n'ajoutez pas à ce meurtre un suicide et un sacrilége, trois péchés en trois meurtres. » Comprenez-vous ? Cela signifie qu'elle ne fait qu'un avec lui, parce que tous deux ne font qu'un avec la puce, et qu'ainsi on ne peut tuer l'un sans l'autre. Remarquez que le sage Malherbe a écrit des énormités presque semblables dans *les larmes de saint Pierre,* que les faiseurs de sonnets en Italie et en Espagne atteignent en ce moment le même degré de démence, et vous jugerez qu'en ce moment par toute l'Europe il y a un âge poétique qui finit.

Sur cette frontière de la littérature qui finit et de la littérature qui commence, paraît un poëte, l'un des plus goûtés et des plus célèbres[2] de son temps, Abraham Cowley, enfant précoce, liseur et versificateur comme Pope, et qui, comme Pope, ayant moins

---

1. This flea is you and I, and this
    Our marriage bed and marriage temple is.
    Though parents grudge and you, w'are met,
    And cloyster'd in these living walls of jet.
    Though use make you apt to kill me,
    Let not to that selfe murder added be,
    And sacriledge, three sins in killing three.

Aussi Suckling l'appelle *the Great lord of witt.*

2. 1608-1667. J'ai sous les yeux la onzième édition de 1710.

connu les passions que les livres, s'est moins occupé
des choses que des mots. Rarement l'épuisement littéraire fut plus sensible. Il a tous les moyens de dire
ce qui lui plaira, et justement il n'a rien à dire. Le
fonds a disparu, laissant à la place une forme vide.
En vain il manie le poëme épique, la strophe pindarique, toutes les sortes de stances, d'odes, de petits
vers, de grands vers ; en vain il appelle à l'aide toutes
les comparaisons botaniques et philosophiques, toute
l'érudition de l'Université, tous les souvenirs de l'antiquité, toutes les idées de la science nouvelle; on
bâille en le lisant. Sauf quelques vers descriptifs,
sauf deux ou trois tendresses gracieuses [1], il ne sent
rien, il ne fait que parler; il n'est poëte que de cervelle. Son recueil de pièces amoureuses ne lui sert
qu'à faire preuve de science, à montrer qu'il a lu ses
auteurs, qu'il connaît la géographie, qu'il est versé
dans l'anatomie, qu'il a une teinture de médecine et
d'astronomie, qu'il sait trouver des rapprochements
et des allusions capables de casser la tête du lecteur.
Il dira que « la beauté est un mal actif-passif, parce
qu'elle meurt aussi vite qu'elle tue ; » que sa maîtresse
est criminelle d'employer chaque matin trois heures à
sa toilette, parce que « sa beauté, qui était un gouvernement tempéré, se change par là en tyrannie
arbitraire. » Après avoir lu deux cents pages, on a
envie de lui donner des soufflets. On a besoin, pour
s'apaiser, de songer que tout grand âge doit finir, que

---

1. Par exemple : *The Spring* (*The Mistress*, tome Ier, page 72).

celui-ci ne pouvait finir autrement, que l'ancienne et ardente éruption, le soudain regorgement de verve, d'images, de curiosités capricieuses et audacieuses qui jadis coula à travers l'esprit des hommes, maintenant arrêté, refroidi, ne peut plus montrer que des scories, de l'écume figée, et une multitude de pointes brillantes et blessantes. On se dit qu'après tout Cowley a peut-être du talent, et on trouve qu'en effet il en a un, talent nouveau, inconnu aux vieux maîtres, qui indique une autre culture, qui exige d'autres mœurs et qui annonce un nouveau monde. Cowley a ces mœurs et il est de ce monde. C'est un homme régulier, raisonnable, instruit, poli, bien élevé, qui, après douze ans de services et d'écritures en France sous la reine Henriette, finit par se retirer sagement à la campagne, où il étudie l'histoire naturelle et prépare un traité sur la religion, philosophant sur les hommes et la vie, fécond en réflexions et en idées générales, moraliste, et disant à son exécuteur testamentaire de « ne rien laisser passer dans ses écrits qui puisse sembler le moins du monde être une offense à la religion ou aux bonnes manières. » De telles dispositions et une telle vie préparent et indiquent moins un poëte, c'est-à-dire un voyant et un créateur, qu'un écrivain, j'entends par là un homme qui sait penser et parler, et qui, partant, doit avoir beaucoup lu, beaucoup appris, beaucoup rédigé, posséder un esprit calme et clair, avoir l'habitude de la société polie, des discours soutenus, du demi-badinage. En effet, Cowley est un écrivain, le plus ancien de tous ceux qui en Angleterre méritent ce nom. Sa prose est aussi aisée et aussi sensée que sa poésie est contournée et déraisonnable. Un « honnête homme » qui écrit pour d'honnêtes gens, à peu près de la façon dont il leur parlerait s'il était avec eux dans un salon, voilà, je crois, l'idée que, dans notre dix-septième siècle, on se faisait d'un bon auteur; c'est l'idée que les *Essais* de Cowley laissent de sa personne; c'est ce genre de talent que les écrivains de l'âge prochain vont prendre pour modèle, et il est le premier de cette grave et aimable lignée qui par Temple rejoint Addison.

II

Il semble qu'arrivée là la Renaissance ait atteint son terme, et que, pareille à une plante épuisée et flétrie, elle n'ait plus qu'à laisser la place au nouveau germe qui commence à lever sous ses débris. Voici pourtant que du vieux tronc défaillant sort un rejeton vivant et inattendu. Au moment où l'art languit, la science pousse; c'est à cela qu'aboutit tout le travail du siècle. Les deux fruits ne sont point disparates; au contraire, ils viennent de la même séve, et ne font que manifester par la diversité de leurs formes deux moments distincts de la végétation intérieure qui les a produits. Tout art se termine par une science, et toute poésie par une philosophie. Car la science et la philosophie ne font que traduire par des formules précises la conception originale que l'art et la poésie rendent sensibles par des figures imaginaires; une fois que l'idée d'un siècle s'est manifestée en vers par des créations idéales, elle arrive naturellement à s'exprimer en prose par des raisonnements positifs. Ce qui avait frappé les hommes au sortir de l'oppression ecclésiastique et de l'ascétisme monacal, c'était l'idée païenne de la vie naturelle et librement épanouie; ils avaient retrouvé la nature enfouie derrière la scolastique, et ils l'avaient exprimée dans des poëmes et des peintures, par de superbes corps florissants en Italie, par des âmes véhémentes et abandonnées en Angleterre, avec une telle divination de ses lois, de ses instincts et de ses formes, qu'on pouvait tirer de leurs tableaux et de leur théâtre une théorie complète de l'âme et du corps. L'enthousiasme passé, la curiosité commence. Le sentiment de la beauté fait place au besoin de la vérité. La théorie enfermée dans les œuvres d'imagination s'en dégage. Les yeux restent attachés sur la nature, non plus pour l'admirer, mais pour la comprendre. De la peinture on passe à l'anatomie, du drame à la philosophie morale, des grandes divinations poétiques aux grandes vues scientifiques; les unes continuent les autres, et c'est le même esprit qui perce dans toutes les deux; car ce que l'art avait représenté et ce que la science va observer, ce sont les choses vivantes, avec leur structure complexe et complète, remuées par leurs forces intérieures, sans aucune intervention surnaturelle. Artistes et savants, tous partent, sans s'en douter, de la même idée maîtresse,

CHAPITRE I. LA RENAISSANCE PAÏENNE.

c'est que la nature subsiste par elle-même, que chaque être enferme dans son sein la source de son action, que les causes des événements sont des lois innées dans les choses : idée toute-puissante d'où sortira la civilisation moderne et qui en ce moment en Angleterre et en Italie, comme autrefois en Grèce, à côté de l'art complet suscite les vraies sciences; après Vinci et Michel Ange, l'école des anatomistes, des mathématiciens, des naturalistes, qui aboutit à Galilée; après Spenser, Ben Jonson et Shakspeare, l'école des penseurs qui entourent Bacon et préparent Harvey.

Il n'y a pas besoin ici de chercher bien loin cette école; dans l'interrègne du christianisme, le tour d'esprit qui domine partout est justement le sien. C'est le paganisme qui règne à la cour d'Elisabeth, non-seulement dans les lettres, mais dans les doctrines, un paganisme du Nord, toujours sérieux, le plus souvent sombre, mais qui, comme celui du Midi, a pour substance le sentiment des forces naturelles. Chez quelques-uns tout christianisme est effacé; plusieurs vont jusqu'à l'athéisme par excès de révolte et de débauche, comme Marlowe et Greene. Chez d'autres, comme Shakspeare, c'est à peine si l'idée de Dieu apparaît; ils ne voient dans la pauvre petite vie humaine qu'un songe, au delà le grand sommeil morne; pour eux la mort est la borne de l'être, tout au plus un gouffre obscur où l'homme plonge incertain de l'issue. S'ils portent les yeux au delà, ils aperçoivent[1], non point l'âme spirituelle reçue dans

1. Shakspeare: *Tempest, Measure for measure, Hamlet;* Beau-

un monde plus pur, mais le cadavre abandonné dans la terre humide ou le spectre errant autour du cimetière. Ils parlent en incrédules ou en superstitieux, jamais en fidèles. Leurs héros ont des vertus humaines, non des vertus religieuses ; contre le crime, ils s'appuient sur l'honneur et l'amour du beau, non sur la piété et la crainte de Dieu. Si d'autres, de loin en loin, comme Sidney et Spenser, entrevoient ce Dieu, c'est comme une vague lumière idéale, sublime fantôme platonicien, qui ne ressemble en rien au Dieu personnel, rigide examinateur des moindres mouvements du cœur. Il apparaît au sommet des choses comme le magnifique couronnement du monde, mais il ne pèse pas sur la vie humaine, il la laisse intacte et libre, et ne fait que la tourner vers le beau. On ne connaît pas encore l'espèce de prison étroite où le *cant* officiel et les croyances bienséantes enfermeront plus tard l'action et l'intelligence. Même les croyants, les sincères chrétiens, comme Bacon et Browne, écartent tout rigorisme oppressif, réduisent le christianisme à une sorte de poésie morale, et laissent le naturalisme subsister sous la religion. Dans cette carrière si ample et si ouverte, la spéculation peut se déployer. Avec lord Herbert apparaît le déisme systématique ; avec Milton et Algernon Sidney apparaîtra la religion philosophique ; Clarendon ira jusqu'à comparer les jardins de lord Falkland à ceux de l'Académie. Contre le

---

mond and Flechter : *Thierry and Theodoret*, acte 4ᵉ. Voyez aussi Webster, *passim*.

CHAPITRE I. LA RENAISSANCE PAÏENNE.

rigorisme des puritains, Chillingworth, Hales, Hooker, les plus grands docteurs de l'Église anglicane, font à la raison naturelle une large place, si large que jamais, même aujourd'hui, elle n'a retrouvé un tel essor.

Une étonnante irruption de faits, l'Amérique découverte, l'antiquité ranimée, la philologie restaurée, les arts inventés, les industries développées, la curiosité humaine promenée sur tout le passé et sur tout le globe, sont venus fournir la matière, et la prose a commencé. Sidney, Wilson, Asham et Puttenham ont cherché les règles du style ; Hackluit et Purchas ont rassemblé l'encyclopédie des voyages et la description de tous les pays ; Holinshed, Speed, Raleigh, Stowe, Knolles, Daniel, Thomas More, lord Herbert fondent l'histoire ; Camden, Spelman, Cotton, Usher et Selden instituent l'érudition ; une légion de travailleurs patients, de collectionneurs obscurs, de pionniers littéraires amassent, rangent et trient les documents que sir Robert Cotton et sir Thomas Bodley emmagasinent dans leurs bibliothèques, tandis que des utopistes, des moralistes, des peintres de mœurs, Thomas More, Joseph Hall, John Earle, Owen Felltham, Burton, décrivent et jugent les caractères de la vie, poussent leur file par Fuller, sir Thomas Browne et Isaac Walton, jusqu'au milieu du siècle suivant, et s'accroissent encore des controversistes et des politiques qui, avec Hooker, Taylor, Chillingworth, Algernon Sidney, Harrington, étudient la religion, la société, l'Église et l'État. Ample et confuse fermentation, d'où se dégagent beaucoup de pensées, mais d'où sortent peu de beaux livres. La belle prose, telle qu'on l'a vue à la cour de Louis XIV, chez Pollion, dans les gymnases d'Athènes, telle que les peuples rhétoriciens et sociables savent la faire, manque tout à fait. Ceux-ci n'ont pas l'esprit d'analyse qui est l'art de suivre pas à pas l'ordre naturel des idées, ni l'esprit de conversation qui est le talent de ne jamais ennuyer ou choquer autrui. Leur imagination est trop peu réglée et leurs mœurs sont trop peu polies. Les plus mondains, même Sidney, disent rudement ce qu'ils pensent et comme ils le pensent. Au lieu d'atténuer, ils exagèrent. Ils hasardent tout et ils n'omettent rien. Ils ne quittent les compliments outrés que pour les plaisanteries brutales. Ils ignorent l'enjouement mesuré, la fine moquerie, la flatterie délicate. Ils se plaisent aux grossiers calembours, aux allusions sales. Ils prennent pour de l'esprit des charades entortillées, des images grotesques. Grands seigneurs et grandes dames, ils causent en gens mal élevés, amateurs de bouffons, de parades et de combats d'ours. Chez d'autres, comme Overbury ou sir Thomas Browne, la poésie déborde dans la prose si abondamment, qu'elle couvre le discours d'images et fait oublier les idées sous les tableaux. Ils chargent leur style de comparaisons fleuries, qui s'engendrent l'une l'autre et montent l'une par-dessus l'autre, de telle façon que le sens disparaît et qu'on ne voit plus que l'ornement. Enfin, le plus souvent, ils sont pédants, encore tout roidis par la rouille de l'école; ils divisent et subdivisent, ils posent des thèses, des définitions; ils argumentent solidement et lourdement, ils citent leurs auteurs en latin, et même en grec; ils équarrissent des périodes massives, ils assomment doctement leur adversaire, et par contre-coup le lecteur. Ils ne sont jamais au niveau de la prose, mais toujours au-dessus et au-dessous, au-dessus par leur génie poétique, au-dessous par la pesanteur de leur éducation et par la barbarie de leurs mœurs. Mais ils pensent sérieusement et par eux-mêmes; il sont réfléchis; ils sont convaincus et touchés de ce qu'ils disent. Jusque dans les compilateurs on sent une force et une loyauté d'esprit qui donnent confiance et font plaisir. Leurs écrits ressemblent aux puissantes et pesantes gravures des contemporains, aux cartes d'Hofnagel par exemple, si âpres et si instructives; leur conception est poignante et précise; ils ont le don d'apercevoir chaque objet non d'une façon générale, comme les classiques, mais en particulier et singulièrement. Ce n'est point l'homme abstrait, le citadin tel qu'il est partout, le paysan en soi qu'ils se représentent; mais Jacques ou Thomas, Smith ou Brown, de telle paroisse, dans tel comptoir, avec tel geste et tel habit, distinct de tous les autres; bref, ils voient non *l'idée*, mais *l'individu*. Figurez-vous le remue-ménage qu'une telle disposition produit dans la tête humaine, combien l'ordre régulier des idées s'en trouve dérangé, comme chaque objet, avec le pêle-mêle infini de ses formes, de ses propriétés, de ses appendices, va désormais s'accrocher par cent attaches imprévues aux autres, et amener devant l'esprit une file et une famille ; quel relief en prendra le langage, quels mots familiers, pittoresques, saugrenus y éclateront coup sur coup ; comme la verve, l'imprévu, l'originalité, les inégalités de l'invention y feront saillie. Figurez-vous en même temps quelle prise cette forme d'esprit a sur les choses, combien de faits elle concentre en chaque conception, quel amas de jugements personnels, d'autorités étrangères, de suppositions, de divinations, d'imaginations elle déverse sur chaque objet, avec quelle fécondité hasardeuse et créatrice elle enfante les vérités et les conjectures. Il y a là un fourmillement extraordinaire de pensées et de formes, souvent avortées, plus souvent encore barbares, quelquefois grandioses. Mais dans cette surabondance quelque chose de viable et de grand se dégage, la science, et il n'y a qu'à regarder de près une ou deux de ces œuvres pour voir la créature nouvelle éclore parmi les ébauches et les débris.

III

Deux écrivains surtout manifestent cet état d'esprit, le premier, Robert Burton, ecclésiastique et solitaire d'Université, qui passa sa vie dans les bibliothèques et feuilleta toutes les sciences, aussi érudit que Rabelais, d'une mémoire inépuisable et débordante ; inégal d'ailleurs, doué de verve et gai par saccades, mais le plus souvent triste et morose, jusqu'à confesser dans son épitaphe que la mélancolie a fait sa

CHAPITRE I. LA RENAISSANCE PAÏENNE. 375

vie et sa mort ; avant tout original, amateur de son propre sens et l'un des premiers modèles de ce singulier tempérament anglais qui, retirant l'homme en lui-même, développe en lui tantôt l'imagination, tantôt le scrupule, tantôt la bizarrerie, et fait de lui, selon les circonstances, un poëte, un excentrique, un humoriste, un fou ou un puritain. Trente ans durant il a lu, il s'est mis une encyclopédie dans la tête, et maintenant pour s'amuser et se décharger, il prend un in-folio de papier blanc. Vingt vers d'un poëte, douze lignes d'un traité sur l'agriculture, une colonne d'in-folio sur les armoiries, la description des poissons rares, un paragraphe d'un sermon sur la patience, le compte des accès de fièvre dans l'hypocondrie, l'histoire de la particule *que*, un morceau de métaphysique, voilà ce qui a passé dans son cerveau en un quart d'heure : c'est un carnaval d'idées et de phrases grecques, latines, allemandes, françaises, italiennes, philosophiques, géométriques, médicales, poétiques, astrologiques, musicales, pédagogiques, entassées les unes sur les autres, pêle-mêle énorme, prodigieux fouillis de citations entre-croisées, de pensées heurtées, avec la vivacité et l'entrain d'une fête de fous. « J'apprends, dit-il, de nouvelles nouvelles
« tous les jours,—et les rumeurs ordinaires de guerre,
« pestes, incendies, inondations, vols, meurtres, mas-
« sacres, météores, comètes, spectres, prodiges, ap-
« paritions, villes prises, cités assiégées en France, en
« Germanie, en Turquie, en Perse, en Pologne, etc. ;
« les levées et préparatifs journaliers de guerre et

« autres choses semblables qu'amène notre temps
« orageux, batailles livrées, tant d'hommes tués, mo-
« nomachies, naufrages, pirateries, combats sur mer,
« paix, ligues, stratagèmes et nouvelles alarmes, —
« une vaste confusion de vœux, désirs, actions, édits,
« pétitions, procès, défenses, proclamations, plaintes,
« griefs, — sont chaque jour apportés à nos oreilles.
« — De nouveaux livres chaque jour, pamphlets, nou-
« velles, histoires, catalogues entiers de volumes de
« toute sorte, paradoxes nouveaux, opinions, schis-
« mes, hérésies, controverses en philosophie, en reli-
« gion, etc. Puis viennent des nouvelles de mariages,
« mascarades, fêtes, jubilés, ambassades, joutes et
« tournois, trophées, triomphes, galas, jeux, pièces
« de théâtre. Aujourd'hui nous apprenons qu'on a
« créé de nouveaux seigneurs et officiers, demain
« qu'il y a des grands déposés, puis que de nou-
« veaux honneurs ont été conférés. L'un est mis en
« liberté, l'autre est emprisonné. L'un achète, l'au-
« tre ne peut payer; celui-ci fait fortune; son voisin
« fait banqueroute. Ici l'abondance, là la cherté et la
« famine. L'un court, l'autre chevauche, querelle, rit,
« pleure, etc. Ainsi tous les jours j'apprends des nou-
« velles publiques et privées[1]. » — « Quel monde de

---

1. This roving humour (though not with like success) I have ever had, and, like a ranging spaniel, that barks at every bird he sees, leaving his game, I have followed all, saving that which I should, and may justly complain, and truly, *qui ubique est, nusquam est*, which Gesner did in modesty : that I have read many books, but to little purpose, for want of good method; I have confusedly tumbled over divers authors in our libraries with small

« livres ne s'offre pas, en tous les sujets, arts et
« sciences, pour le contentement et selon la capacité

profit, for want of art, order, memory, judgment. I never travelled but in map or card, in which my unconfined thoughts have freely expatiated, as having ever been especially delighted with the study of cosmography. Saturn was lord of my geniture, culminating, etc., and Mars principal significator of manners, in partile conjunction with mine ascendent; both fortunate in their houses, etc. I am not poor, I am not rich; *nihil est, nihil deest;* I have little, I want nothing: all my treasure is in Minerva's tower. Greater preferment as I could never get, so am I not in debt for it. I have a competency (*laus Deo*) from my noble and munificent patrons. Though I live still a collegiate student, as Democritus in his garden, and lead a monastic life, *ipse mihi theatrum* sequestered from those tumults and troubles of the world, *et tanquam in specula positus* (as he said) in some high place above you all, like *stoicus sapiens, omnia sæcula præterita præsentiaque videns, uno velut intuitu,* I hear and see what is done abroad, how others run, ride, turmoil, and macerate themselves in court and country. Far from those wrangling law-suits, *aulæ vanitatem, fori ambitionem, ridere mecum soleo :* I laugh at all, " only secure, lest my suit go amiss, my ships perish, corn and cattle miscarry, trade decay, I have no wife nor children, good or bad, to provide for;" a mere spectator of other men's fortunes and adventures, and how they act their parts, which methinks are diversely presented unto me, as from a common theatre or scene. I hear new news every day: and those ordinary rumours of war, plagues, fires, inundations, thefts, murders, massacres, meteors, comets; spectrums, prodigies, apparitions; of towns taken, cities besieged in France, Germany, Turkey, Persia, Poland, etc., daily musters and preparations, and such like, which these tempestuous times afford, battles fought, so many men slain, monomachies, shipwrecks, piracies and sea-fights, peace, leagues, stratagems, and fresh alarms — a vast confusion of vows, wishes, actions, edicts, petitions, lawsuits, pleas, laws, proclamations, complaints, grievances — are daily brought to our ears: new books every day, pamphlets, currantoes, stories, whole catalogues of volumes of all sorts, new paradoxes, opinions, schisms, heresies, controversies in philosophy, religion, etc. Now come tidings of weddings, maskings, mummeries, entertainments, jubilees, embassies, tilts, and tournaments, trophies, triumphs, revels, sports, plays:

« du lecteur ? En arithmétique, géométrie, perspec-
« tive, optique, astronomie, architecture, *sculptura*,
« *pictura*, sciences sur lesquelles on a dernièrement
« écrit tant de traités si élaborés ; dans la mécanique
« et ses mystères, dans l'art de la guerre, de la navi-
« gation, de l'équitation, de l'escrime, de la natation,
« des jardins, de la culture des arbres ; de grands vo-
« lumes sur l'économie domestique, la cuisine, l'art
« d'élever des faucons, de chasser, de pêcher, de
« prendre les oiseaux, etc. ; avec des peintures exactes
« de tous les jeux, exercices ; que n'y a-t-il pas ? En
« musique, métaphysique, philosophie naturelle et
« morale, philologie, politique, chronologie, dans les
« généalogies, dans le blason, etc. : il y a de grands
« volumes ou ces traités des anciens, etc. *Et quid*
« *subtilius arithmeticis inventionibus ? Quid jucundius*
« *musicis rationibus ? Quid divinius astronomicis ? Quid*
« *rectius geometricis demonstrationibus ?* Quel plus grand
« plaisir que de lire ces fameuses expéditions de
« Christophe Colomb, Améric Vespuce, Marc-Paul le
« Vénitien, Vertomannus, Aloysius Cadamustus, etc. ?
« ces journaux exacts des Portugais, des Hollandais,

then again, as in a new shifted scene, treasons, cheating tricks, robberies, enormous villanies, in all kinds, funerals, burials, death of princes, new discoveries, expeditions ; now comical, then tragical matters. To-day we hear of new lords and officers created, tomorrow of some great men deposed, and then again of fresh honours conferred : one is let loose, another imprisoned : one purchaseth, another breaketh : he thrives, his neighbour turns bankrupt ; now plenty, then again dearth and famine ; one runs, another rides, wrangles, laughs, weeps, etc. Thus I daily hear, and such like, both private and public news.

« de Bartison, d'Olivier à Nort, etc.? les voyages
« d'Hakluit, les décades de Pierre Martyr, les récits
   de Linschoten, les Hodœporicons de Jodocus à Meg-
« gen, de Brocarde le Moine, de Bredenbachius, de
« Sands, de J. Dubinius à Jérusalem, en Égypte et
« autres endroits reculés du monde? ces agréables
« itinéraires de Paulus Hentzerus, de Jocodus Sincerus,
« de Dux Polonus, etc.? ces parties de l'Amérique,
« curieusement dessinées et gravées par les frères
« A. Bry? de voir un herbier gravé, les herbes, les
« arbres, les fleurs, les plantes, tous les végétaux
« représentés avec les couleurs naturelles de la
« vie, comme dans Matthiolus sur Dioscorides, De-
« lacampius, Lobel, Bauhinus, et ce dernier herbier
« volumineux et énorme de Besler de Nuremberg,
« où presque toute plante est figurée avec sa vraie
« grandeur? de voir les oiseaux, les bêtes, les pois-
« sons de la mer, les araignées, les moucherons, les
« serpents, les mouches, etc., toutes les créatures
« figurées par le même art et représentées exacte-
« ment en vives couleurs, avec une fidèle descrip-
« tion de leurs natures, vertus et qualités, etc., comme
« l'ont fait soigneusement Ælien, Gesner, Ulysse Al-
« drovandus, Bellonus, Rondoletius, Hippolytus Sal-
« vianus, etc.[1]? » Il ne finit pas ; les mots, les phrases

---

1. For what a world of books offers itself, in all subjects, arts, and sciences, to the sweet content and capacity of the reader? In arithmetic, geometry, perspective, optic, astronomy, architecture, *sculptura, pictura*, of which so many and such elaborate treatises are of late written: in mechanics and their mysteries, military

regorgent, s'accumulent, se recouvrent, et roulent emportant le lecteur assourdi, étourdi, demi-noyé,

> matters, navigation, riding of horses, fencing, swimming, gardening, planting, great tomes of husbandry, cookery, falconry, hunting, fishing, fowling, etc., with exquisite pictures of all sports, games, and what not? In music, metaphysics, natural and moral philosophy, philology, in policy, heraldry, genealogy, chronology, etc., they afford great tomes, or those studies of antiquity, etc., *et quid subtilius arithmeticis inventionibus? quid jucundius musicis rationibus? quid divinius astronomicis? quid rectius geometricis demonstrationibus?* What so sure, what so pleasant? he that shall but see that geometrical tower of Garizenda at Bologna in Italy, the steeple and clock at Strasburgh, will admire the effects of art, or that engine of Archimedes to remove the earth itself, if he had but a place to fasten his instrument? *Archimedis cochlea*, and rare devises to corrivate waters, music instruments, and trisyllable echoes again, again, and again repeated, with myriads of such. What vast tomes are extant in law, physic, and divinity for profit, pleasure, practice, speculation, in verse or prose, etc.? Their names alone are the subject of whole volumes: we have thousands of authors of all sorts, many great libraries full well furnished, like so many dishes of meat, served out for several palates; and he is a very block that is affected with none of them. Some take an infinite delight to study the very languages wherein these books are written, Hebrew, Greek, Syriac, Chaldee, Arabic, etc. Methinks it would well please any man to look upon a geographical map (*suavi animum delectatione allicere, ob incredibilem rerum varietatem et jucunditatem et ad pleniorem sui cognitionem excitare*) chorographical, topographical delineations; to behold, as it were, all the remote provinces, towns, cities of the world, and never to go forth of the limits of his study; to measure, by the scale and compass, their extent, distance, examine their site. Charles the great (as Platina writes) had three fair silver tables, in one of which superficies was a large map of Constantinople, in the second Rome neatly engraved, in the third an exquisite description of the whole world; and much delight he took in them. What greater pleasure can there now be, than to view those elaborate maps of Ortelius, Mercator, Hondius, etc., to peruse those books of cities, put out by Braunus, and Hogenbergius? to read those exquisite descriptions of Maginus, Munster, Herrera, Laet, Merula, Boterus, Leander

CHAPITRE I. LA RENAISSANCE PAÏENNE. 381

incapable de trouver terre au milieu de ce déluge. Burton est intarissable. Il n'est point d'idées qu'il ne répète sous cinquante formes ; quand il a épuisé les siennes, il verse sur nous celles des autres ; les classiques, les auteurs plus rares, connus seulement des savants, les auteurs plus rares encore, connus seulement des érudits, il prend chez tous. Sous ces profondes cavernes d'érudition et de science, il en est une plus noire et plus inconnue que toutes les autres, comblée d'auteurs ignorés, de noms rébarbatifs, Besler de Nuremberg, Adricomius, Linschoten, Brocarde, Bredenbachius. Parmi tous ces monstres antédiluviens, hérissés de terminaisons latines, il est

---

Albertus, Camden, Leo Afer, Adricomius, Nic. Gerbelius, etc.? those famous expeditions of Christopher Columbus, Americus Vespucius, Marcus Polus the Venitian, Vertomannus, Aloysius Cadamustus, etc.? those accurate diaries of Portugals, Hollanders, of Bartison, Oliver à Nort, etc., Hacluit's voyages, Pet. Martyr's Decades, Benzo, Lerius, Linschoten's relations, those Hodœporicons of Jod. à Meggen, Brocarde the Monk, Bredenbachius, Jo. Dublinius, Sands, etc., to Jerusalem, Egypt, and other remote places of the world? those pleasant itineraries of Paulus Hentzerus, Jodocus Sincerus, Dux Polonus, etc., to read Bellonius's observations, P. Gillius his surveys; those parts of America, set out, and curiously cut in pictures, by Fratres à Bry? to see a well cut herbal, herbs, trees, flowers, plants, all vegetals, expressed in their proper colours to the life, as that of Matthiolus upon Dioscorides, Delacampius, Lobel, Bauhinus, and that last voluminous and mighty herbal of Besler of Noremberge; wherein almost every plant is to his own bigness. To see birds, beasts, and fishes of the sea, spiders, gnats, serpents, flies, etc., all creatures set out by the same art, and truly expressed in lively colours, with an exact description of their natures, virtues, qualities, etc., as hath been accurately performed by Ælian, Gesner, Ulysses Aldrovandus, Bellonus, Rondoletius, Hippolytus Salvianus, etc.

à son aise ; il se joue, il rit, il saute de l'un sur l'autre, il les mène de front. Il a l'air du vieux Protée, hardi coureur, qui en une heure, sur son attelage d'hippopotames, fait le tour de l'Océan.

Quel sujet prend il? La mélancolie[1], son propre état d'esprit, et il le prend en homme d'école. Nul traité de saint Thomas n'est plus régulièrement construit que le sien. Ce torrent d'érudition vient se distribuer en canaux géométriquement tracés qui divergent à angles droits sans dévier d'une seule ligne. En tête de chaque partie vous apercevez un tableau synoptique et analytique, avec tirets, accolades, chaque division engendrant des subdivisions, chaque subdivision engendrant des sections, chaque section engendrant des sous-sections : de la maladie en général, de la mélancolie en particulier, de sa nature, de son siége, de ses espèces, de ses causes, de ses symptômes, de son pronostic; de la cure par moyens permis, par moyens défendus, par moyens diététiques, par moyens pharmaceutiques : selon la méthode scolastique, il descend du général au particulier, et dispose chaque émotion et chaque idée dans une case numérotée. Dans ce cadre fourni par le moyen âge, il entasse tout, en homme de la Renaissance, la peinture littéraire des passions et la description médicale de l'aliénation mentale, les détails d'hôpital avec la satire des sottises humaines, les documents physiologiques à côté des confidences personnelles, les re-

1. *Anatomy of melancoly*, 1621.

cettes d'apothicaire avec les conseils moraux, les remarques sur l'amour avec l'histoire des évacuations. Le triage des idées n'a pas encore été fait : médecin et poëte, lettré et savant, l'homme est tout à la fois ; faute de digues, les idées viennent comme des liqueurs différentes se déverser dans la même cuve avec des pétillements et des bouillonnements étranges, avec une odeur déplaisante et des effets baroques. Mais la cuve est pleine, et de ce mélange naissent des composés puissants que nul âge n'avait encore connus.

IV

Car, dans le mélange, il y a un ferment efficace, le sentiment poétique qui remue et anime l'érudition énorme, qui refuse de s'en tenir aux secs catalogues, qui, interprétant chaque fait, chaque objet, y démêle ou y devine une âme mystérieuse, et trouble tout l'homme en lui représentant comme une énigme grandiose le monde qui s'agite en lui et hors de lui. Figurons-nous un esprit parent de celui de Shakspeare, devenu érudit et observateur au lieu d'être acteur et poëte, qui, au lieu de créer, s'occupe à comprendre, mais qui, comme Shakspeare, s'applique aux choses vivantes, pénètre leur structure intime, s'attache à leurs lois réelles, imprime passionnément et scrupuleusement en lui-même les moindres linéaments de

leur figure ; qui en même temps projette au delà de l'observation positive ses divinations pénétrantes, entrevoit derrière les apparences sensibles je ne sais quel monde obscur et sublime, et tressaille avec une sorte de vénération devant la grande noirceur vague et peuplée à la surface de laquelle tremblote notre petit univers. Tel est sir Thomas Browne, naturaliste, philosophe, érudit, médecin et moraliste, presque le dernier de la génération qui porta Jérémie Taylor et Shakspeare. Nul penseur ne témoigne mieux de la flottante et inventive curiosité du siècle. Nul écrivain n'a mieux manifesté la splendide et sombre imagination du Nord. Nul n'a parlé avec une émotion plus éloquente de la mort, de l'énorme nuit de l'oubli, de l'engloutissement où toute chose sombre, de la vanité humaine, qui, avec de la gloire ou des pierres sculptées, essaye de se fabriquer une immortalité éphémère. Nul n'a produit au jour, par des expressions plus éclatantes et plus originales, la séve poétique qui coule dans tous les esprits du siècle. « L'injuste oubli,
« dit-il, secoue à l'aveugle ses pavots, et traite la mé-
« moire des hommes sans distinguer entre leurs
« droits à l'immortalité. Qui n'a pitié du fondateur des
« Pyramides ? Érostrate vit pour avoir détruit le tem-
« ple de Delphes, et celui-là qui l'a bâti est presque
« perdu. Le temps a épargné l'épitaphe du cheval
« d'Adrien et anéanti la sienne.... Tout est folie, vanité
« nourrie de vent. Les momies égyptiennes que Cam-
« byse et le temps ont épargnées, sont maintenant la
« proie de mains rapaces. Mizraïm guérit les blessu-

« res, et Pharaon est vendu pour fabriquer du baume...
« Le plus grand nombre doit se contenter d'être comme
« s'il n'avait pas été et de subsister dans le livre de
« Dieu, non dans la mémoire des hommes. Vingt-sept
« noms font toute l'histoire des temps qui précèdent
« le déluge, et tous les noms conservés jusqu'aujour-
« d'hui ne font pas ensemble un seul siècle de vivants.
« Le nombre des morts excède de beaucoup tout ce
« qui vit ; ce que le monde a vécu dépasse beaucoup
« ce qui lui reste à vivre, et chaque heure ajoute à ce
« nombre grandissant qui ne sait s'arrêter une seule
« minute.... D'ailleurs l'oubli enlève au souvenir une
« large part de nous-mêmes, même lorsque nous
« sommes vivants encore. Nous ne nous rappelons
« que faiblement nos félicités, et les plus poignants
« coups des afflictions ne laissent en nous que des ci-
« catrices éphémères. La sensibilité n'endure rien
« d'extrême, et les chagrins nous détruisent ou se dé-
« truisent.... Nous ignorons nos maux à venir, nous
« oublions nos maux passés par une miséricordieuse
« prévoyance de la nature, qui nous fait digérer ainsi
« notre mélange de courts et mauvais jours, et qui,
« délivrant nos sens des souvenirs qui les blesseraient,
« laisse à nos plaies saignantes le temps de se refermer
« et de se guérir. » Ainsi de toutes parts la mort nous
entoure et nous presse. « Elle est l'accoucheuse de la
« vie, et puisque le sommeil son frère nous hante jour-
« nellement de ses avertissements funéraires ; puisque
« le temps, qui vieillit de lui-même, nous défend d'es-
« pérer une grande durée, c'est à nous de regarder

« les longs espoirs comme des rêves et comme une at-
« tente d'insensés¹. »

Voilà presque des paroles de poëte, et c'est juste-

---

1. But the iniquity of oblivion blindly scattereth her poppy, and deals with the memory of men without distinction to merit of perpetuity: who can but pity the founder of the pyramids? Herostratus lives that burnt the temple of Diana; he is almost lost that built it; time hath spared the epitaph of Adrian's horse; confounded that of himself. In vain we compute our felicities by the advantage of our good names, since bad have equal durations; and Thersites is like to live as long as Agamemnon, without the favour of the everlasting register. Who knows whether the best of men be known? or whether there be not more remarkable persons forgot than any that tand remembered in the known account of time? Without the favour of the everlasting register, the first man had been as unknown as the last, and Methuselah's long life had been his only chronicle.

Oblivion is not to be hired: the greatest part must be content to be as though they had not been; to be found in the register of God, not in the record of man. Twenty-seven names make up the first story before the flood; and the recorded names ever since contain not one living century. The number of the dead long exceedeth all that shall live. The night of time far surpasseth the day, and who knows when was the equinox? Every hour adds unto that current arithmetic which scarce stands one moment. And since death must be the Lucina of life: and even Pagans could doubt whether thus to live were to die; since our longest sun sets at right descensions, and makes but winter arches, and therefore it cannot be long before we lie down in darkness, and have our light in ashes; since the brother of death daily haunts us with dying mementos, and time, that grows old in itself, bids us hope no long duration; diuturnity is a dream, and folly of expectation.

Darkness and light divide the course of time, and oblivion shares with memory a great part even of our living beings; we slightly remember our felicities, and the smartest strokes of affliction leave but short smart upon us. Sense endureth no extremities, and sorrows destroys us or themselves. To weep into stones are fables. Afflictions induce callosities; miseries are slippery, or fall like snow upon us, which, notwithstanding, is no unhappy stupidity. To be ignorant of evils to come, and forgetful of evils past, is a merciful provision in nature, whereby we digest the mixture of our few and

CHAPITRE I. LA RENAISSANCE PAÏENNE. 387

ment cette imagination de poëte qui le pousse en avant dans la science[1]. En présence des productions naturelles, il fourmille de conjectures, de rapprochements ; il tâtonne à l'entour, proposant des explications, essayant des expériences, portant ses divinations comme autant de palpes flexibles et frémissantes aux quatre coins du monde, dans les plus lointaines régions de la fantaisie et de la vérité. En regardant les croûtes arborescentes et foliacées qui se forment à la surface des liqueurs qui gèlent, il se demande si ce n'est point une résurrection des essences végétales dissoutes dans le liquide. A la vue du sang ou du lait qui caille, il cherche s'il n'y a point là quelque chose d'analogue à la formation de l'oiseau dans l'œuf, ou à cette coagulation du chaos qui a enfanté notre monde. En présence de la force insaisissable qui fait geler les liquides, il se demande si les apoplexies et les cataractes ne sont pas l'effet d'une puissance semblable et n'indiquent pas aussi la présence d'un esprit congélateur. Il est devant la nature comme un artiste, un écrivain

---

evil days; and our delivered senses not relapsing into cutting remembrances, our sorrows are not kept raw by the edge of repetitions.... All was vanity, feeding the wind, and folly. The Egyptian mummies, which Cambyses or time hath spared, avarice now consumeth. Mummy is become merchandise; Mizraim cures wounds, and Pharaoh is sold for balzams.... Man is a noble animal, splendid in ashes, and pompous in the grave, solemnising nativities and deaths with equal lustre, nor omitting ceremonies of bravery in the infamy of his nature.... Pyramids, arches, obelisks, were but the irregularities of vain glory, and wild enormities of ancient magnanimity.

1. Consulter Milsand, étude sur sir Thomas Browne, *Revue des Deux-Mondes*, 1858.

en présence d'un visage vivant, notant chaque trait, chaque mouvement de physionomie pour parvenir à deviner les passions et le caractère intérieur, corrigeant et défaisant sans cesse ses interprétations, tout agité par l'idée des forces invisibles qui opèrent sous l'enveloppe visible. Tout le moyen âge et l'antiquité avec leurs théories et leurs imaginations, platonisme, cabale, théologie chrétienne, formes substantielles d'Aristote, formes spécifiques de l'alchimie, toutes les spéculations humaines enchevêtrées et transformées l'une dans l'autre se rencontrent à la fois dans sa tête pour lui ouvrir des percées sur ce monde inconnu. L'amas, l'entassement, la confusion, la fermentation et le fourmillement intérieur, mêlé de vapeurs et d'éclairs, le tumultueux encombrement de son imagination et de son esprit, l'oppressent et l'agitent. Dans cette attente et dans cette émotion, sa curiosité se prend à tout ; à propos du moindre fait, du plus spécial, du plus archaïque, du plus chimérique, il conçoit une file d'investigations compliquées, calculant comment l'arche a pu contenir toutes les créatures avec leur provision d'aliments ; comment Perpenna, dans son festin, rangea les invités afin de pouvoir frapper Sertorius, son hôte ; quels arbres ont pu bien pousser au bord de l'Achéron, à supposer qu'il y en ait eu ; si les plantations en quinconce n'ont pas leur origine dans le paradis terrestre, et si les nombres et les figures géométriques contenues dans le losange ne se rencontrent pas dans tous les produits de la nature et de l'art. Vous reconnaissez ici l'exubérance et les bizarres caprices d'une végétation intérieure trop ample et trop forte. Archéologie, chimie, histoire, nature, il n'y a rien qui ne l'intéresse jusqu'à la passion, qui ne fasse déborder sa mémoire et son invention, qui n'éveille en lui l'idée de quelque force, certainement admirable, peut-être infinie. Mais ce qui achève de le peindre, et ce qui annonce l'approche de la science, c'est que son imagination se fait contre-poids à elle-même. Il est fertile en doutes autant qu'en explications. S'il voit les mille raisons qui poussent dans un sens, il voit aussi les mille raisons qui poussent dans le sens contraire. Aux deux bouts du même fait il entasse jusqu'aux nuages, mais en piles égales, l'échafaudage des arguments contradictoires. La conjecture faite, il sait qu'elle n'est qu'une conjecture, il s'arrête, finit sur un *peut-être*, conseille de vérifier. Ses écrits ne sont que des opinions qui se donnent pour des opinions ; même le principal est une réfutation des erreurs populaires. En somme, il fait des questions, suggère des explications, suspend ses réponses ; rien de plus, et c'est assez ; quand la recherche est si ardente, quand les voies où elle se répand sont si nombreuses, quand elle est aussi scrupuleuse à s'assurer de sa prise, l'issue de la chasse est sûre ; on est à deux pas de la vérité.

V

C'est dans ce cortége d'érudits, de songeurs et de chercheurs que paraît le plus compréhensif, le plus

sensé, le plus novateur des esprits du siècle, François
Bacon ; ample et éclatant esprit, l'un des plus beaux
de cette lignée poétique, et qui, comme ses devan-
vanciers, se trouva par nature enclin à recouvrir ses
idées de la plus magnifique parure ; une pensée ne
semblait achevée en cet âge que lorsqu'elle avait pris
un corps et une couleur. Mais ce qui distingue celui-ci
des autres, c'est que chez lui l'image ne fait que concentrer la méditation. Il a réfléchi longuement, il a
imprimé en lui-même toutes les portions et toutes les
liaisons de son sujet ; il le possède, et à ce moment,
au lieu d'étaler cette conception si pleine en une file
de raisonnements gradués, il l'enferme sous une comparaison si expressive, si exacte, si transparente, qu'à
travers la figure on aperçoit tous les détails de l'idée,
comme une liqueur dans un vase de beau cristal. Jugez
de son style par un seul exemple : « Comme l'eau,
« dit-il, soit qu'elle vienne de la rosée du ciel, soit
« qu'elle sorte des sources de la terre, se disperse et
« se perd dans le sol, à moins qu'elle ne soit rassem-
« blée dans quelque réceptacle où par son union elle
« peut se conserver et s'entretenir, d'où il est arrivé
« que l'industrie de l'homme a construit et disposé des
« bassins, des conduits, des citernes et des étangs
« que l'on s'est accoutumé à parer et à embellir pour
« la magnificence et l'apparat, comme pour l'usage et
« la nécessité ; ainsi la science, soit qu'elle descende
« de l'inspiration divine, soit qu'elle jaillisse de l'ob-
« servation humaine, périrait bientôt et s'évanouirait
« dans l'oubli, si elle n'était point conservée dans des

CHAPITRE I. LA RENAISSANCE PAÏENNE. 391

« livres, dans des traditions, dans des assemblées,
« dans des endroits disposés comme les universités,
« les écoles et les colléges, pour sa réception et son
« entretien [1]. » C'est de cette façon qu'il pense, par des
ymboles, non par des analyses; au lieu d'expliquer
son idée, il la *transpose* et la traduit, et il la traduit entière, jusque dans ses moindres parcelles, enfermant
tout dans la majesté d'une période grandiose ou dans
la brièveté d'une sentence frappante. De là un style [2]

---

1. As water, whether it be the dew of heaven or the springs of the earth, doth scatter and lose itself in the ground, except it be collected into some receptacle, where it may by union comfort and sustain itself, and, for that cause, the industry of man hath framed and made spring-heads, conduits, cisterns, and pools, which men have accustomed likewise to beautify and adorn with accomplishments of magnificence and state, as well as of use and necessity; so knowledge, whether it descend from divine inspiration or spring from human sense, would soon perish and vanish to oblivion, if it were not preserved in books, conferences and places appointed, as universities, colleges and schools, for the receipt and comforting the same....

The greatest error of all the rest, is the mistaking or misplacing of the last or farthest end of knowledge : for men have entered into a desire of learning and knowledge, sometimes upon a natural curiosity and inquisitive appetite; sometimes to entertain their minds with variety and delight; sometimes for ornament and reputation; and sometimes to enable them to victory of wit and contradiction; and most times for lucre and profession; and seldom sincerely to give a true account of their gift of reason, to the benefit and use of men: as if there were sought in knowledge a couch whereupon to rest a searching and restless spirit; or a terrace, for a wandering and variable mind to walk up and down with a fair prospect; or a tower of state, for a proud mind to raise itself upon; or a fort or commanding ground, for strife and contention; or a shop, for profit or sale; and not a rich storehouse, for the glory of the Creator, and the relief of man's estate.

2. *Voir* surtout les *Essais*.

d'une richesse, d'une gravité, d'une force admirables, tantôt solennel et symétrique, tantôt serré et perçant, toujours étudié et coloré. Il n'y a rien dans la prose anglaise de supérieur à sa diction.

De là aussi sa manière de concevoir les choses. Ce n'est point un dialecticien, comme Hobbes ou Descartes, un homme habile à aligner les idées, à les tirer les unes des autres, à conduire son lecteur du simple au composé par toute la file des intermédiaires. C'est un producteur de *conceptions* et de *sentences*. La matière explorée, il nous dit : « Elle est telle, n'y touchez point de ce côté, il faut l'aborder par cet autre. » Rien de plus ; nulle preuve, nul effort pour convaincre ; il affirme, et s'en tient là ; il a pensé à la manière des artistes et des poëtes, et parle à la façon des prophètes et des devins. *Cogitata et visa*, ce titre d'un de ses livres pourrait être le titre de tous ses livres. Le plus admirable de tous, le *Novum Organum*, est une suite d'aphorismes, sortes de décrets scientifiques, comme d'un oracle qui prévoit l'avenir et révèle la vérité. Et pour que la ressemblance soit complète, c'est par des figures poétiques, par des abréviations énigmatiques, presque par des vers sibyllins, qu'il les exprime : *Idola specûs, Idola tribûs, Idola fori, Idola theatri*, chacun se rappelle ces noms étranges qui désignent les quatre espèces d'illusions auxquelles l'homme est soumis[1]. Shakspeare et les voyants n'ont pas des con-

---

1. Voyez aussi dans le *Novum Organum*, liv. I et liv. II, les vingt-sept genres d'exemples, avec leurs noms métaphoriques. *In-*

densations de pensées plus énergiques, plus expressives, qui ressemblent mieux à l'inspiration, et Bacon en a partout de semblables. En somme, son procédé est celui des créateurs, non l'argumentation, mais l'*intuition*. Quand il a fait sa provision de faits, la plus vaste qui se peut, sur quelque énorme sujet, sur quelque province entière de l'esprit, sur toute la philosophie antérieure, sur l'état général des sciences, sur la puissance et les limites de la raison humaine, il jette sur tout cela une vue d'ensemble comme un grand filet, rapporte une idée universelle, enclôt son idée dans une maxime, et nous la livre en disant : « Vérifiez et profitez. »

VI

Rien de plus hasardeux, de plus voisin de la fantaisie que cette façon de penser, quand elle n'a pas pour frein le bon sens instinctif et positif. Ce bon sens, cette espèce de divination naturelle, cet équilibre stable d'un esprit qui gravite incessamment vers le vrai, comme l'aiguille vers le nord, Bacon le possède au plus haut degré. Il a par excellence l'esprit pratique, utilitaire même, tel qu'il se rencontrera plus tard dans Bentham, tel que l'habitude des affaires va de plus en plus l'imprimer dans les Anglais. Dès l'âge de seize

---

stantiæ crucis, divortii, januæ, Instantiæ innuentes, polychrestæ, magicæ, etc. Voyez encore *les Géorgiques de l'esprit, la première Vendange de l'induction,* et autres titres semblables.

ans, à l'Université, la philosophie d'Aristote lui déplut[1], non qu'il fît peu de cas de l'auteur ; au contraire, il l'appelait un grand génie ; mais parce qu'elle lui semblait inutile pour la vie, « incapable de produire des œuvres qui servissent au bien-être de l'homme. » On voit que dès son début il tomba sur son idée maîtresse ; tout le reste chez lui en dérive, le dédain de la philosophie antérieure, la conception d'une philosophie différente, la réforme entière des sciences par l'indication d'un but nouveau, par la définition d'une méthode distincte, par l'ouverture d'espérances inattendues[2]. Nulle part ce n'est la spéculation qu'il goûte, partout c'est l'application. Il a les yeux tournés non vers le ciel, mais vers la terre, non vers les choses « abstraites et vides, » mais vers les choses palpables et solides, non vers les vérités curieuses, mais vers les vérités profitables. Il veut « améliorer la condition humaine, » « travailler au bien-être de l'homme, » « doter la vie humaine de nouvelles inventions et de nouvelles ressources, » « munir le genre humain de nouvelles puissances et de nouveaux instruments d'action. » Sa philosophie n'est elle-même qu'un instrument, *organum*, une sorte de machine ou de levier construit pour que l'esprit puisse soulever des poids, rompre des barrières, ouvrir des percées, exécuter des travaux qui jusqu'ici dépassaient sa force. A ses yeux,

---

1. *The Works of Francis Bacon.* London, 1824. Tome VII, p. 2. *Biographie latine*, par Rawley.

2. Ce point a été mis en évidence par l'admirable *Étude* de lord Macaulay. — *Critical and historical Essays*, tome III.

chaque science particulière, comme la science tout entière, doit être un outil. Il engage les mathématiciens à quitter leur géométrie pure, à n'étudier les nombres qu'en vue de la physique, à ne chercher des formules que pour calculer les quantités réelles et les mouvements naturels. Il recommande aux moralistes d'observer l'âme, les passions, les habitudes, les tentations, non en oisifs, mais en vue de la guérison ou de l'atténuation du vice, et donne pour but à la science des mœurs la réformation des mœurs. Toujours pour lui l'objet d'une science est l'établissement d'un art, c'est-à-dire la production d'une chose active et utile; quand il veut rendre sensible par un roman la nature efficace de sa philosophie, il décrit dans sa *Nouvelle Atlantide*, avec une hardiesse de poëte et une justesse de devin, presque en propres termes, les applications modernes et l'organisation présente des sciences, académies, observatoires, aérostats, bateaux sous-marins, amendements des terres, transformations des espèces, reviviscences, découverte des remèdes, conservation des aliments. Aussi bien, dit son principal personnage, « le but de notre Institut est la découverte des causes et la connaissance de la nature intime des forces primordiales et des principes des choses, en vue d'étendre les limites de l'empire de l'homme sur la nature entière et d'exécuter tout ce qui lui est possible. » Et ce possible est l'infini.

D'où vient-elle, cette idée si grande et si juste? Sans doute il a fallu pour l'atteindre du bon sens et aussi du génie; mais ni le bon sens ni le génie n'ont manqué aux hommes ; il y en a eu plus d'un qui, remarquant comme Bacon le progrès des industries particulières, a pu, comme lui, concevoir l'industrie universelle, et, de certaines améliorations limitées, conclure l'amélioration sans limites. C'est ici que la puissance des alentours se manifeste ; l'homme croit tout faire par la force de sa pensée personnelle, et il ne fait rien que par le concours des pensées environnantes ; il s'imagine suivre la petite voix qui parle au dedans de lui, et il ne l'écoute que parce qu'elle est grossie de mille voix bruissantes et impérieuses qui, parties de toutes les circonstances voisines ou lointaines, viennent se confondre avec elle en vibrant à l'unisson. Le plus souvent, comme Bacon, il l'a entendue dès le premier éveil de sa réflexion ; mais elle a disparu sous les sons contraires qui du dehors sont arrivés pour la recouvrir. Cette confiance en l'élargissement infini de la puissance humaine, cette glorieuse idée de la conquête universelle de la nature, cette ferme espérance en l'augmentation continue du bien-être et du bonheur, croyez-vous qu'elle eût pu germer, grandir, occuper tout un esprit, et de là s'enraciner, se propager et se déployer dans les intelligences voisines, en un temps de découragement et de décadence, quand on croyait la fin du monde prochaine, quand les ruines se faisaient tout autour de l'homme, quand le mysticisme chrétien comme aux premiers siècles, quand la tyrannie ecclésiastique comme au quatorzième siècle, lui démontraient son impuissance en pervertissant son invention ou en écrasant sa liberté? Bien loin de là : de telles espérances devaient paraître alors des révoltes de l'orgueil ou des suggestions de la chair. Elles parurent telles, et les derniers représentants de la science antique, comme les premiers représentants de la science moderne, furent exilés ou enfermés, assassinés ou brûlés. Pour se développer, il faut qu'une idée soit en harmonie avec la civilisation qui l'entoure; pour que l'homme espère l'empire des choses et travaille à refondre sa condition, il faut que de toutes parts l'amélioration ait commencé, qu'autour de lui les industries grandissent, que les connaissances s'amassent, que les beaux-arts se déploient, que cent mille témoignages irrécusables viennent incessamment lui donner la preuve de sa force et la certitude de son progrès. « L'enfantement viril du siècle[1], » ce titre que Bacon décerne à son œuvre, est le véritable. En effet, tout le siècle y a coopéré; c'est par cette création qu'il s'achève. Le sentiment de la puissance et de la prospérité humaine a fourni à la Renaissance son premier ressort, son modèle idéal, sa matière poétique, son caractère propre, et maintenant il lui fournit son expression définitive, sa doctrine scientifique et son objet final.

Ajoutez encore sa méthode. Car une fois le but d'un voyage marqué, la route est désignée, puisque partout c'est le but qui désigne la route; quand le point d'arrivée devient nouveau, la voie pour arriver devient nouvelle, et la science, changeant d'objet, change de

---

1. *Temporis partus masculus.*

procédé. Tant qu'elle bornait son effort à contenter la curiosité oisive, à fournir des perspectives, à établir une sorte d'opéra dans les cervelles spéculatives, elle pouvait s'élancer au bout d'un instant dans les abstractions et les distinctions métaphysiques; c'était assez pour elle d'effleurer l'expérience; elle en sortait aussitôt; elle arrivait tout de suite aux grands mots, aux quiddités, au principe d'individuation, aux causes finales. Les demi-preuves lui suffisaient; au fond, elle ne s'occupait pas d'établir une vérité, mais d'arracher une conviction, et son instrument, le syllogisme, n'était bon que pour les réfutations, non pour les découvertes; il prenait les lois générales pour point de départ au lieu de les prendre pour point d'arrivée; au lieu d'aller les trouver, il les supposait trouvées; il servait dans les écoles, non dans la nature, et faisait des disputeurs, non des inventeurs. Du moment qu'une science a pour but un art, et qu'on étudie pour agir, tout est retourné; car on n'agit pas sans une connaissance indubitable et précise. Pour employer des forces, il faut qu'elles soient mesurées, vérifiées; pour bâtir une maison, il faut savoir avec exactitude la résistance des poutres, autrement la maison croulera; pour guérir un malade, il faut savoir avec certitude l'effet d'un remède, autrement le malade mourra. La pratique impose à la science la certitude et l'exactitude, parce que la pratique est impossible quand elle n'a pour appuis que des conjectures et des à-peu-près. Comment faire pour sortir des à-peu-près et des conjectures? Comment importer dans la science la solidité et la précision ? Il faut imiter les cas où la science, aboutissant à la pratique, s'est montrée précise et solide, et ces cas sont les industries. Il faut, comme dans les industries, observer, essayer, tâtonner, vérifier, tenir son esprit fixé « sur des choses sensibles et particulières, » n'avancer que pas à pas vers les règles générales, « ne point anticiper » sur l'expérience, mais la suivre, ne point supposer la nature, mais « l'interpréter. » Il faut, pour chaque effet général, comme la chaleur, la blancheur, la dureté, la liquidité, chercher une condition générale, en telle façon qu'en produisant la condition on puisse produire l'effet. Et pour cela il faut, « par des rejets et des exclusions convenables, » extraire la condition cherchée de l'amas de faits où elle gît enfouie, construire la table des cas où l'effet est absent, la table des cas où l'effet est présent, la table des cas où l'effet se montre avec des degrés divers, afin d'isoler et de mettre au jour la condition qui le produit[1]. Alors paraîtront non les axiomes universels inutiles, mais « les axiomes moyens efficaces, » véritables lois d'où l'on pourra tirer des œuvres, et qui sont des sources de puissance au même degré que des sources de lumière[2]. Bacon décrit et prédit ici la science et l'industrie moderne, leur correspondance, leur méthode, leurs ressources, leur principe, et après plus de deux siècles, c'est encore chez lui que nous allons chercher aujourd'hui la

1. *Novum Organum*, lib. II, 15 et 16.
2. *Novum Organum*, liv. I, 1 et 3.

théorie de ce que nous tentons et de ce que nous faisons.

Au delà de cette grande vue, il n'a rien trouvé. Cowley, un de ses admirateurs, disait justement que, pareil à Moïse sur le mont Phisgah, il avait le premier annoncé la terre promise; mais il aurait pu ajouter aussi justement que, comme Moïse, il s'était arrêté sur le seuil. Il a indiqué la route et ne l'a point parcourue; il a enseigné à découvrir les lois naturelles, et n'a découvert aucune loi naturelle. Sa définition de la chaleur est grossièrement imparfaite. Son histoire naturelle est remplie d'explications chimériques[1]. A la façon des poëtes, il peuple la nature d'instincts et d'inclinations; il attribue aux corps une véritable voracité, à l'air une sorte de soif pour les clartés, les sons, les odeurs, les vapeurs qu'il absorbe; aux métaux, une sorte de hâte pour s'incorporer les eaux-fortes. Il explique la durée des bulles d'air qui flottent à la surface des liquides, en supposant que l'air n'a qu'un appétit médiocre ou nul pour les hauteurs. Il voit dans chaque qualité, la pesanteur, la ductilité, la dureté, une essence distincte qui a sa cause particulière, de telle façon que lorsqu'on connaîtra la cause de chaque qualité de l'or, on pourra mettre toutes ces causes ensemble et faire de l'or. En somme, avec les alchimistes, avec Paracelse et Gilbert, avec Kepler lui-même, avec tous les hommes de son temps, gens d'imagination et élevés dans Aristote, il se représente la nature comme

---

1. *Natural history*, 800, 24, etc. *De Augmentis*, lib. III, 1.

un composé d'énergies secrètes et vivantes, de forces inexplicables et primordiales, d'essences distinctes et indécomposables, affectées chacune, par la volonté du Créateur, à la production d'un effet distinct. Peu s'en faut qu'il n'y voie des âmes douées de répugnances sourdes et de penchants occultes, qui aspirent ou résistent à certaines directions, à certaines mixtures et à certaines habitations. C'est pour cela encore que dans ses recherches il confond tout en un monceau, propriétés végétatives et médicinales, mécaniques et curatives[1], physiques et morales, sans considérer les plus complexes comme des dépendances des plus simples, au contraire, chacune d'elles en soi et prise à part comme un être irréductible et indépendant. Aheurtés à cette erreur, les penseurs de ce temps piétinent en place. Ils aperçoivent bien avec Bacon le grand champ des découvertes, mais ils n'y peuvent pénétrer. Il leur manque une idée, et, faute de cette idée, ils n'avancent pas. La forme d'esprit, qui tout à l'heure était un levier, maintenant est un obstacle; il faut qu'elle change pour que l'obstacle disparaisse. Car les idées, j'entends les grandes et les efficaces, ne naissent point à volonté et au hasard, par l'effort d'un individu ou par l'accident d'une rencontre. Comme les littératures et les religions, les méthodes et les philosophies sortent de l'esprit du siècle; et c'est l'esprit du siècle qui fait leur impuissance comme leur pou-

---

1. Voyez là-dessus presque tous les écrits de Bacon, et notamment son *Histoire naturelle*.

voir. Il y a tel état de l'intelligence publique qui exclut tel genre littéraire ; et il y a tel état de l'intelligence publique qui exclut telle conception scientifique. Quand il en est ainsi, les écrivains et les penseurs ont beau se travailler, le genre avorte et la conception n'apparaît pas. En vain ils tournent alentour, essayant de soulever le poids qui les arrête ; quelque chose de plus fort qu'eux énerve leurs mains et frustre leurs tentatives. Il faut que le pivot central de l'énorme roue par laquelle tournent toutes les affaires humaines se déplace d'un cran, et que par son mouvement tout soit mû. Le pivot tourne en ce moment, et voici qu'une révolution de la grande roue commence, apportant une nouvelle conception de la nature, et par suite la portion de méthode qui manquait. Aux divinateurs, aux créateurs, aux esprits compréhensifs et passionnés qui saisissaient les objets en blocs et par masses, ont succédé les discoureurs, les méthodiques, es ordonnateurs de raisonnements gradués et clairs qui, disposant les idées par séries continues, conduisent insensiblement l'auditeur de la plus simple à la plus composée par des passages aisés et unis. Descartes a remplacé Bacon ; l'âge classique vient d'effacer la Renaissance ; la poésie et la grande imagination se retirent devant la rhétorique, l'éloquence et l'analyse. Dans cette transformation de l'esprit, les idées se transforment. Tout se dessèche et se simplifie. L'univers, comme le reste, se réduit à deux ou trois notions, et la conception de la nature, qui était *poétique*, devient *mécanique*. Au lieu d'âmes, de forces vivantes, de ré-

CHAPITRE I. LA RENAISSANCE PAÏENNE.

pugnances et d'appétits, on y voit des poulies, des leviers et des chocs. Le monde, qui paraissait un amas de puissances instinctives, ne semble plus qu'une machine de rouages engrenés. Au fond de cette supposition hasardeuse gît une grande vérité certaine : c'est qu'il y a une échelle de faits, les uns au sommet, très-compliqués, les autres au bas, très-simples, ceux d'en haut ayant leur cause dans ceux d'en bas; en sorte que les inférieurs expliquent les supérieurs, et que c'est dans les lois du mouvement qu'il faut chercher les premières lois des choses. On les cherche, Galilée les trouve; désormais l'œuvre de la Renaissance, dépassant le point extrême où Bacon l'a poussée et laissée, peut s'étendre seule, et va s'étendre à l'infini.

FIN DU PREMIER VOLUME.

TABLE DES MATIÈRES

CONTENUES DANS LE PREMIER VOLUME.

INTRODUCTION.

L'histoire se transforme depuis un siècle. — Causes de cette transformation. — En quoi elle consiste III
I. Les documents historiques ne sont que des indices au moyen desquels il faut reconstruire l'individu visible............ IV
II. L'homme corporel et visible n'est qu'un indice au moyen duquel on doit étudier l'homme invisible et intérieur............
III. Les états et les opérations de l'homme intérieur et invisible ont pour causes certaines façons générales de penser et de sentir XV
IV. Principales formes de pensées et de sentiments. Leurs effets historiques XVIII
V. Les trois forces primordiales. — La race. — Le milieu. — Le moment. — Comment l'histoire est un problème de mécanique psychologique. Dans quelles limites on peut prévoir XXIII
VI. Comment se distribuent les effets d'une cause primordiale. Communauté des éléments. Composition des groupes. Loi des dépendances mutuelles. Loi des influences proportionnelles..... XXXIV
VII. Loi de formation d'un groupe. Exemples et indications. XLI
VIII. Problème général et avenir de l'histoire. Méthode psychologique. Valeur des littératures. Objet de ce livre.......... XLIII

LIVRE I.

LES ORIGINES.

Chapitre I. — Les Saxons.

I. L'ancienne patrie. — Le sol, la mer, le ciel, le climat. — La nouvelle patrie. — Le pays humide et la terre ingrate. — Influence du climat sur le caractère.... 2

II. Le corps. — La nourriture. — Les mœurs. — Les instincts rudes en Germanie et en Angleterre....................... .. 7

III. Les instincts nobles en Germanie. — L'individu. — La famille. — L'État. — La religion. — L'*Edda*. — Conception tragique et héroïque du monde et de l'homme......,................ 16

IV. Les instincts nobles en Angleterre. — Le guerrier et son chef. — La femme et son mari. — Poëme de Beowulf. — La société barbare et le héros barbare........................ 28

V. Poëmes païens. — Genre et force des sentiments. — Tour de l'esprit et du langage. — Véhémence de l'impression et aspérité de l'expression... 39

VI. Poëmes chrétiens. — En quoi les Saxons sont prédisposés au christianisme. — Comment ils se convertissent au christianisme. — Comment ils entendent le christianisme. — Hymnes de Cœdmon. — Hymne des Funérailles. — Poëme de Judith. — Paraphrase de la Bible.................................... 45

VII. Pourquoi la culture latine n'a point de prise sur les Saxons. — Raisons tirées de la conquête saxonne. — Bède, Alcuin, Alfred. — Traductions. — Chroniques. — Compilations. — Impuissance des latinistes. — Raisons tirées du caractère saxon. — Adhelm. — Alcuin. — Vers latins. — Dialogues poétiques. — Mauvais goût des latinistes 58

VIII. Opposition des races germaniques et des races latines. — Caractère de la race saxonne. — Elle persiste sous la conquête normande 69

Chapitre II. — Les Normands.

I. Formation et caractère de l'homme féodal 73
II. Expédition et caractère des Normands. — Contraste des Normands et des Saxons. — Les Normands sont Français. — Comment ils sont devenus Français. — Leur goût et leur architecture. — Leur curiosité et leur littérature. — Leur chevalerie et leurs amusements. — Leur tactique et leur succès............... 74
III. Forme d'esprit des Français. — Deux traits principaux : les idées distinctes et les idées suivies. — Construction psychologique de l'esprit français. — Narrations prosaïques, manque de coloris et de passion, facilité et bavardage. — Logique et clarté naturelle, sobriété, grâce et délicatesse, finesse et moquerie. — L'ordre et l'agrément. — Quel genre de beauté et quelle sorte d'idées les Français ont apportés dans le monde...................... 75
IV. Les Normands en Angleterre. — Leur situation et leur tyrannie. — Ils importent leur littérature et leur langue. — Ils oublient leur littérature et leur langue. — Peu à peu ils apprennent l'anglais. — Peu à peu l'anglais se francise................... 84
V. Ils traduisent en anglais des livres français. — Paroles de sir John Mandeville. — Layamon, Robert de Gloucester, Robert de Brunne. — Ils imitent en anglais la littérature française. — Manuels moraux, chansons, fabliaux, chansons de Geste. — Éclat, frivolité et vide de cette culture française. — Barbarie et ignorances de cette civilisation féodale. — La chanson de Geste de Richard Cœur de Lion, et les voyages de sir John de Mandeville. — Pauvreté de la littérature importée et implantée en Angleterre. — Pourquoi elle n'a point abouti sur le continent ni en Angleterre... 97
VI. Les Saxons en Angleterre. — Persistance de la nation saxonne, et formation de la constitution anglaise. — Persistance du caractère saxon et formation du caractère anglais............... 104
VII à XI. Opposition du héros populaire en France et en Angleterre. — Les fabliaux du Renard et les ballades de Robin Hood. — Comment le caractère saxon maintient et prépare la liberté politique. — Opposition de l'état des communes en France et en Angleterre. — Théorie de la constitution anglaise par sir John Fortescue. — Comment la constitution de la nation saxonne maintient et pré-

pare la liberté politique. — Situation de l'Église et précurseurs de la Réforme en Angleterre. — Pierre Plowman et Wyclef — Comment le caractère saxon et la situation de l'Église normande préparent la réforme religieuse. — Inachèvement et impuissance de la littérature nationale. — Pourquoi elle n'a pas abouti.   121

Chapitre III. — La nouvelle langue.

I. Chaucer. — Son éducation. — Sa vie politique et mondaine. — En quoi elle a servi son talent. — Il est le peintre de la seconde société féodale..   166

II. Comment le moyen âge a dégénéré. — Diminution du sérieux dans les mœurs, dans les écrits et dans les œuvres d'art. — Besoin d'excitation. — Situations analogues de l'architecture et de la littérature...   168

III. En quoi Chaucer est du moyen âge. — Poëmes romantiques et décoratifs. — *Le Roman de la Rose.* — *Troïlus et Cressida.* — *Contes de Cantorbéry.* — Défilé de descriptions et d'événements. — *La Maison de la Renommée.* — Visions et rêves fantastiques. — Poëmes d'amour. — *Troïlus et Cressida.* — Développement exagéré de l'amour au moyen âge. — Pourquoi l'esprit avait pris cette voie. — L'amour mystique. — *La Fleur et la Feuille.* — L'amour sensuel. — *Troïlus et Cressida*................   170

IV. En quoi Chaucer est Français. — Poëmes satiriques et gaillards. — *Contes de Cantorbéry.* — La bourgeoise de Bath et le mariage. — Le frère quêteur et la religion. — La bouffonnerie, la polissonnerie et la grossièreté du moyen âge..................   177

V. En quoi Chaucer est Anglais et original. — Conception du caractère et de l'individu. — Van Eyck et Chaucer sont contemporains. — *Prologue des Contes de Cantorbéry.* — Portraits du franklin, du moine, du meunier, de la bourgeoise, du chevalier, de l'écuyer, de l'abbesse, du bon curé. — Liaison des événements et des caractères. — Conception de l'ensemble. — Importance de cette conception. — Chaucer précurseur de la Renaissance. — Il s'arrête en chemin. — Ses longueurs et ses enfances. — Causes de cette impuissance. — Sa prose et ses idées scolastiques. — Comment dans son siècle il est isolé..................   180

VI à VIII. Liaison de la philosophie et de la poésie. — Comment les idées générales ont péri sous la philosophie scolastique. — Pourquoi la poésie périt. — Comparaison de la civilisation et de la décadence au moyen âge et en Espagne. — Extinction de la littérature anglaise. — Traducteurs. — Rimeurs de chroniques. — Poëtes didactiques. — Rédacteurs de moralités. — Gower. — Occleve. — Lydgate. — Analogie du goût dans les costumes, dans les bâtiments et dans la littérature. — Idée triste du hasard et de la misère humaine. — Hawes. — Barcklay. — Skelton. — Rudiments de la Réforme et de la Renaissance........................ 196

LIVRE II.

LA RENAISSANCE.

Chapitre I. — La Renaissance païenne.

§ 1. Les mœurs.

I. Idée que les hommes s'étaient faite du monde depuis la dissolution de la société antique. — Comment et pourquoi recommence l'invention humaine. — Forme d'esprit de la Renaissance. — Que la représentation des objets est alors imitative, figurée et complète... 238
II. Pourquoi le modèle idéal change. — Amélioration de la condition humaine en Europe. — Amélioration de la condition humaine en Angleterre. — La paix. — L'industrie. — Le commerce. — Le pâturage. — L'agriculture. — Accroissement de la richesse publique. — Les bâtiments et les meubles. — Les palais, les repas et les habits. — Les pompes de la cour. — Fêtes sous Élisabeth. — *Masques* sous Jacques Ier............................ 241
III. Les mœurs populaires. — *Pageants.* — Théâtres. — Fêtes de village. — Expansion païenne............................ 253
IV. Les modèles. — Les anciens. — Traduction et lecture des auteurs classiques. — Sympathie pour les mœurs et les dieux de l'antiquité. — Les modernes. — Goût pour les idées et les écrits des Italiens. — Que la poésie et la peinture en Italie sont païennes. — Le modèle idéal est l'homme fort, heureux, borné à la vie présente... 257

§ 2. La poésie.

I. La Renaissance en Angleterre est la renaissance du génie saxon 266
II. Les précurseurs. — Le comte de Surrey. — Sa vie féodale et chevaleresque. — Son caractère anglais et personnel. — Ses poëmes sérieux et mélancoliques. — Sa conception de l'amour intime 266
III. Son style. — Ses maîtres, Pétrarque et Virgile. — Ses procédés, son habileté, sa perfection précoce. — L'art est né. — Défaillances, imitation, recherche. — L'art n'est pas complet..... 274
IV. Croissance et achèvement de l'art. — L'*Euphuès* et la mode. — Le style et l'esprit de la Renaissance. — Surabondance et déréglement. — Comment les mœurs, le style et l'esprit se correspondent. — Sir Philip Sidney. — Son éducation, sa vie, son caractère. — Son érudition, son sérieux, sa générosité et sa véhémence. — Son *Arcadie*. — Exagération et maniérisme des sentiments et du style. — Sa *Défense de la poésie*. — Son éloquence et son énergie. — Ses *sonnets*. — En quoi les corps et les passions de la Renaissance diffèrent des corps et des passions modernes. — L'amour sensible. — L'amour mystique 277
V. La poésie pastorale. — Abondance des poëtes. — Naturel et force de la poésie. — État d'esprit qui la suscite. — Sentiment de la campagne. — Renaissance des dieux antiques. — Enthousiasme pour la beauté. — Peinture de l'amour ingénu et heureux. — Shakspeare, Jonson, Flechter, Drayton, Marlowe, Warner, Breton, Lodge, Greene. — Comment la transformation du public a transformé l'art... 281
VI. La poésie idéale. — Spenser. — Sa vie. — Son caractère. — Son platonisme. — Ses *Hymnes à l'amour et à la beauté.* — Abondance de son imagination. — En quoi elle est épique. — En quoi elle est féerique. Ses tâtonnements. — Le *Calendrier du Berger*. — Ses *Petits Poëmes*. — Son chef-d'œuvre. — *La Reine des fées*. — Son épopée est allégorique et pourtant vivante. — Elle embrasse la chevalerie chrétienne et l'olympe païen. — Comment elle les relie.. 283
VII à XVI. *La Reine des fées*. — Les événements impossibles. — Comment ils deviennent vraisemblables. — Belphœbe et Chrysogone. — Les peintures et les paysages féeriques et gigantesques. — Pourquoi

TABLE DES MATIÈRES.

ils doivent être tels. — La caverne de Mammon et les jardins d'Acrasia. — Comment Spenser compose. — En quoi l'art de la Renaissance est complet.................................... 291

§ 3. La prose.

I. Fin de la poésie. — Changements dans la société et dans les mœurs. — Comment le retour à la nature devient l'appel aux sens. — Changements correspondants dans la poésie. — Comment l'agrément remplace l'énergie. — Comment le joli remplace le beau. — La mignardise. — Carew. — Suckling. — Herrick. — L'affectation. — Quarles, Herbert, Babington, Donne, Cowley. — Commencement du style classique et de la vie de salon......... 357

II. Comment la poésie aboutit à la prose. — Liaison de la science et de l'art. — En Italie. — En Angleterre. — Comment le règne du naturalisme développe l'exercice de la raison naturelle. — Érudits, historiens, rhétoriciens, compilateurs, politiques, antiquaires, philosophes, théologiens. — Abondance des talents et rareté des beaux livres. — Surabondance, recherche, pédanterie du style. — Originalité, précision, énergie, richesse du style. — Comment, à l'inverse des classiques, ils se représentent non l'idée, mais l'individu.................................... 367

III. Robert Burton. — Sa vie et son caractère. — Confusion et énormité de son érudition. — Son sujet, *l'Anatomie de la mélancolie*. — Divisions scolastiques. — Mélange des sciences morales et médicales.. 374

IV. Sir Thomas Browne. — Son esprit. — Son imagination est d'un homme du Nord. — *Hydriotaphia, Religio medici*. — Ses idées, ses curiosités et ses doutes sont d'un homme de la Renaissance. — *Pseudodoxia*. — Effets de cette activité et de cette direction de l'esprit public....................................... 383

V et VI. François Bacon. — Son esprit. — Son originalité. — Concentration et splendeur de son style. — Ses comparaisons et ses aphorismes. — *Les Essais*. — Son procédé n'est pas l'argumentation, mais l'intuition. — Son bon sens utilitaire. — Point de départ de sa philosophie. — Que l'objet de la science est l'amélioration de la condition humaine. — *Nouvelle Atlantide*. — Comment cette idée est d'accord avec l'état des choses et de l'esprit du temps. — Elle achève la Renaissance. — Comment cette idée amène une nouvelle méthode. — L'*Organum*. — A quel point Bacon s'est arrêté. — Limites de l'esprit du siècle. — Comment la conception du monde, qui était poétique, devient mécanique. — Comment la Renaissance aboutit à l'établissement des sciences positives... 389

FIN DE LA TABLE.

8841. — Imprimerie générale de Ch. Lahure rue de Fleurus, 9 à Paris.

www.ingramcontent.com/pod-product-compliance
Lightning Source LLC
Chambersburg PA
CBHW070215240426
43671CB00007B/660